中国非传统安全研究报告（2017~2018）

REPORT ON CHINA'S NON-TRADITIONAL SECURITY STUDIES (2017-2018)

主　编／余潇枫　罗中枢　魏志江
副主编／王　卓　谢贵平

社会科学文献出版社
SOCIAL SCIENCES ACADEMIC PRESS (CHINA)

图书在版编目（CIP）数据

中国非传统安全研究报告．2017－2018／余潇枫，罗中枢，魏志江主编．－－北京：社会科学文献出版社，2018.9

（非传统安全蓝皮书）

ISBN 978－7－5201－3439－2

Ⅰ．①中…　Ⅱ．①余…　②罗…　③魏…　Ⅲ．①国家安全－研究报告－中国－2017－2018　Ⅳ．①D631

中国版本图书馆CIP数据核字（2018）第209917号

非传统安全蓝皮书
中国非传统安全研究报告（2017～2018）

主　　编／余潇枫　罗中枢　魏志江
副 主 编／王　卓　谢贵平

出 版 人／谢寿光
项目统筹／周　丽　王玉山
责任编辑／王玉山

出　　版／社会科学文献出版社·经济与管理分社（010）59367226
　　　　　地址：北京市北三环中路甲29号院华龙大厦　邮编：100029
　　　　　网址：www.ssap.com.cn
发　　行／市场营销中心（010）59367081　59367018
印　　装／三河市龙林印务有限公司

规　　格／开　本：787mm×1092mm　1/16
　　　　　印　张：24.5　字　数：368千字
版　　次／2018年9月第1版　2018年9月第1次印刷
书　　号／ISBN 978－7－5201－3439－2
定　　价／98.00元

皮书序列号／PSN B－2012－273－1/1

本书如有印装质量问题，请与读者服务中心（010－59367028）联系

权威·前沿·原创

皮书系列为

“十二五”“十三五”国家重点图书出版规划项目

本报告由四川大学中国西部边疆安全与发展协同创新中心、浙江大学非传统安全与和平发展研究中心共同主持

《中国非传统安全研究报告（2017～2018）》编委会

主要编撰者简介

王逸舟 博士，中国国际关系学会副会长，中国人民外交学会理事，北京大学国际关系学院副院长，教授、博士生导师，主要从事国际关系研究。

余潇枫 博士，中国人民外交学会理事，浙江大学非传统安全与和平发展研究中心主任，中国—上合组织司法交流合作培训基地特聘专家，教授、博士生导师，主要从事非传统安全研究。

罗中枢 博士，四川大学原党委常务副书记，中国西部边疆安全与发展协同创新中心主任，四川大学国际关系学院院长，四川大学喜马拉雅文化及宗教研究中心理事长，教授、博士生导师，主要从事边疆学研究。

魏志江 中山大学国际关系学院教授、博士生导师，兼行政负责人（执行院长），主要从事非传统安全、国际关系和丝绸之路区域史研究。

米　红 博士，浙江大学公共管理学院、浙江大学人口与发展研究所教授、博士生导师，主要从事非传统安全与社会保障、人口学研究。

樊高月 硕士，四川大学中国西部边疆安全与发展协同创新中心特聘教授，原中国人民解放军军事科学院外国军事研究部首席专家，主要从事国际军事学研究。

戴永红 博士，教育部人文社科重点研究基地四川大学南亚研究所、四川大学中国西部边疆安全与发展协同创新中心教授、博士生导师，主要从事南亚问题研究。

林爱珺 教授、博士生导师，暨南大学新闻学院新闻系主任，中国新闻史学会舆论学研究会副会长，中国新闻史学会传媒法规与伦理研究会副会长。全国新闻出版行业第三批领军人才。2012年获中国第六届吴玉章人文社会科学奖。主要研究传媒法学、新闻伦理学、风险沟通。

盛红生 博士，最高人民法院“一带一路”司法研究基地（上海政法学院）主任，上海政法学院教授，博士生导师，主要从事国际法研究。

谢贵平 博士，四川大学中国西部边疆安全与发展协同创新中心教授，博士生导师，主要从事边疆非传统安全研究。

杨　震 博士，北京大学海洋战略研究中心特约研究员，主要从事国际关系研究。

陈积敏 博士，中共中央党校国际战略研究院世界思潮研究室副主任、副研究员，主要从事美国外交与中美关系、美国国家安全战略、美非关系、非法移民问题研究。

黄云静 博士，中山大学国际关系学院副教授，主要从事东南亚政治、国际关系研究。

龚丽娜 博士，新加坡南洋理工大学拉惹勒南国际战略研究室副研究员，主要从事东南亚非传统安全研究。

廖丹子 博士，浙江财经大学公共管理学院副教授、硕士生导师，主要从事非传统安全研究。

孔桥雨　博士，中山大学国际关系学院副研究员，主要从事“一带一路”倡议推进中非传统安全问题、政治话语和认同建构研究。

朱士松　博士，新疆师范大学丝绸之路经济带研究中心主任、副教授，主要从事丝绸之路经济带研究。

章雅荻　浙江大学公共管理学院非传统安全管理专业博士生，浙江大学非传统安全与和平发展研究中心兼职研究员，主要从事非传统安全研究。

潘临灵　浙江大学公共管理学院非传统安全管理专业博士生，主要从事非传统安全研究。

陈　佳　浙江大学公共管理学院非传统安全管理专业博士生，主要从事非传统安全研究。

摘　要

2017年以来，全球依然面临着水安全、空气安全、粮食安全、生态安全、质量安全、海洋安全、核安全以及恐怖主义、难民危机、新冷战等多个领域的非传统安全威胁。因此，重视和维护非传统安全，打造一个全新的“和美世界”应成为人类向往和为之奋斗的目标。2017年3月，由中共中央总书记习近平提出的“人类命运共同体”这一概念被载入人权理事会的决议中，标志着蕴含中国哲学思想的“人类命运共同体”理念已经得到国际社会的认可。非传统安全威胁的挑战直接关涉全球治理的走向，而“人类命运共同体”的价值定位则为非传统安全的全球维护提供了总方向。新时代，“安全感”的获得是人民美好生活需要的重要方面，建设“持久和平、普遍安全”的世界，是构建“人类命运共同体”的重要前提。

本书共分为三部分：总报告、综合报告和专题报告。

总报告从“人类命运共同体”的价值定位切入，在深入分析多源/元性、外源性、双源性、内源性非传统安全与“人类核安全命运共同体”“全球质量安全共同体”“全球海洋命运共同体”“社会平安建设共同体”之间关系的基础上，对“可持续安全论”、“创造性介入论”、“道义现实主义论”、“关系—过程论”、“新天下体系论”、“国际共生论”、“和合主义”与“广义安全论”等非传统安全理论建构的新进展和学术活动进行了追踪和回顾，认为在新时代，人类从“部落人”“国家人”正在成长为关心整个世界环境的“地球人”，人类需要强化星球意识，把地球视作人类必须爱护的共同家园，并在同一个家园里共同思考人类的命运，共商、共建、共享各种类型的“非传统安全共同体”，共创人类美好的未来。

综合报告详尽梳理了2017年我国学者开展的非传统安全研究的文献特

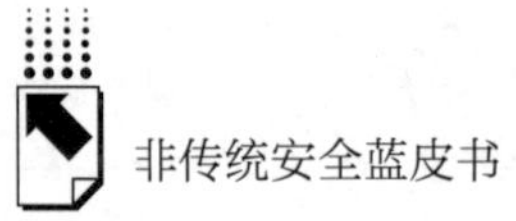

点、热点议题、整体特征，提出了下一步研究应加强非传统安全基本原理创新，应加强对国际非主流安全问题的关注及与国际同行对话。

十七篇专题报告按照“多源/元性”“外源性”“双源性”“内源性”非传统安全威胁类型的次序，着重阐述了中国军队和海军航空母舰执行非战争军事行动、联合国维持和平行动、核安全态势与核安全维护、当代国际移民和难民问题、东南亚非传统安全问题、身份认同与国家安全、海洋问题与海域安全化、中印新型大国关系建构、跨国犯罪治理、西部边疆的宗教问题、中日食品安全合作、司法舆情与社会安全、幼儿照护制度与人口安全、劳务移民与社会稳定、质量安全等安全领域中的非传统安全威胁及其治理对策。

人类共处一个“地球村”，各国之间相互联系，相互依存，一损俱损，一荣俱荣，已经形成利益互嵌、安全互保局面。传统安全的“零和博弈”“劣态对抗”思维已无法应对新形势下的各种非传统安全威胁，“人类命运共同体”成为新时代中国倡导的新型国际关系、新型全球治理的核心理念。中国在推进“人类命运共同体”建设的过程中，应奉行双赢、多赢、共赢理念，树立共同、综合、合作、可持续的全球安全观，促进和而不同、兼收并蓄的文明交流，树立合作应对安全挑战的意识，以合作谋安全、谋稳定，以安全促和平、促发展，维护国际公平正义，体现中国责任担当，积极参与全球治理体系改革和建设，不断贡献中国智慧和中国力量，努力为各国人民创造持久的安全稳定环境，增强中国在国际社会中的影响力、感召力和塑造力。

关键词： 人类命运共同体　非传统安全　中国智慧　合作应对　共建共享

Abstract

Since 2017, our global society has still been faceing non-traditional security challenges in terms of water security, air security, food security, ecological security, quality security, marine security, nuclear security, terrorism, refugee crisis and a new form of Cold War. It is therefore our imperative and long-term goal to attach great importance to non-traditional security issues, to maintain security, as well as to create a brand new "harmonious-better" world. In Mar. 2017, the concept of "a community of common destiny for all mankind" which was proposed by President Xi Jinping was incorporated in a resolution of UN Human Rights Council. This indicates that the concept of "a community of common destiny for all mankind" with Chinese philosophy has been accepted by international society. Non-traditional security governance is crucial to global governance and the concept of "a community of common destiny for all mankind" directs global maintenance of non-traditional security. In this new age, sense of security is an indispensable part of people's life. Furthermore, building a "long-term and general" peaceful world is a significant prerequisite for the development of "a community of common destiny for all mankind".

This book is divided into three parts as followed: a general report, a comprehensive report and 17 theme reports.

The general report reviews the new developments and literature of non-traditional security theories, including "sustainable security", "innovative involvement", "moral realism", "relation-process theory", "new Tianxia system", "international symbiosis thesis", "peace-cooperationism", "generalized security theory" based on an elaborative analysis of relations between multi-genous, exogenous, endogenous, dual-genous non-traditional security issues and "a nuclear security community of common destiny for all mankind", "a quality security community of common destiny for all mankind", "a marine security community of common destiny for all mankind " and " a societal security community of common destiny for all mankind" . The general report claims that people's identity has shifted from "tribal" and "national" layer to "global" layer. We need to emphasize the belongingness of the whole planet, which hold that people should regard the earth as our shared homeland, that people should think about the destiny of all mankind together, that people should negotiate, co-build and share different types of "a community of non-traditional security", as well as that people should co-create the future of all mankind.

The comprehensive report combs the characters, hotly discussed issues, and general traits of literature in non-traditional security studies. It proposes that it is necessary to enhance theory innovation of non-traditional security studies, to focus on more minority international security issues and to develop more international dialogues within academic field.

Seventeen theme reportsfocus on non-traditional security threats and its governance policies in non-military actions taken by Chinese army and Chinese naval aircraft carrier; UN peacekeeping operations; current situation of nuclear security and its maintenance; international migration and refugees; non-traditional security issues in Southeast Asia; identity and national security; marine issues and securitization of marine space; new form of relations between China and India; governance of transnational crime; religious issues in Western borders areas; China and Japan in food security cooperation; public opinions about judiciary and societal security; passport system for children and population security; labor migration and social stability and quality security.

We all live ina global village and are interconnected and interdependent. It is shown that the conventional wisdom of "zero-sum" games is failed to cope with new non-traditional threats under a new age. A "community of common destiny for all mankind" has become a core idea of new form of international relations and global governance. During the development of "community of common destiny for all mankind", China should implement the spirit of "win-win", "multi-win" and "all win"; embrace common, comprehensive, cooperative and sustainable global security concepts; improve security and stability through cooperation; enhance peace, development and international justice and take an active part in global governance system reform and build-up. Moreover, China should contribute its own wisdom and power, strive for long-term security and develop China's influence in international society to a higher level.

Key words: "community of common destiny for all mankind"; non-traditional security; Chinese wisdom; cope with security issues through cooperation; co-construction and sharing

序一　有质量的安全与“大写的人”

王逸舟*

余潇枫等学者提出“质量安全”思想，对非传统安全研究的推进颇有启示。它符合我们国家总的进步趋势，从一个侧面提示了“大写的人”日益增强的价值。

近期的中国，在高层领导的大力倡导和要求下，修复自然环境生态、帮助落后地区脱贫、遏制腐败势头等努力开始奏效；其进展是多年来不多见的，得到广泛的认可。不过，在公权力的监督和约束方面，在政府服务百姓、提供便利方面，在消除各种形式的歧视、不平等方面，还有不少缺失。我赞成“从高速度发展转向高质量发展”的总体方针，“高质量”不应当限于器物和技术层面，“以人为本”要成为新发展态势的中心。把“大写的人”放在首位，消除令人民群众不方便、不愉快、不自由、不安全的各种因素，是中国进步的关键。传统的安全观更多瞄准外部威胁，非传统安全分析既看外在威胁，也关注内部隐患。“有质量的安全”命题，延续了后者的思路。我希望对此有更充分的展开、更深入的探讨。

改革开放四十周年，中国的进步举世公认，对此有理由自豪，但不可自满。单从飞机上观察比较，我们国家可能是变化最大、崭新度最高的地方，然而一落地、进入日常生活的各个环节，百姓很容易感到各种不适尤其是“官本位传统”带来的不快甚至不安。我想强调，“安全”不应该只是对外防范式的东西，它同时须包含普通人的感受，涉及社会环境、治理方式、个

* 王逸舟，博士，中国国际关系学会副会长，中国人民外交学会理事，北京大学国际关系学院副院长，教授、博士生导师，主要从事国际关系研究。

人权利维护等方面的好坏强弱。

当代中国的演进，呈现三个不同时期：第一个时期“毛泽东时代”，作为一场政治革命，主要解决的是政治生存问题，即争取民族解放和政治独立；第二个时期“邓小平时代”，作为一个经济革命，主要解决的是经济发展问题，即释放经济活力和成长动力；第三个时期“习近平时代”，应该被记录为一场新的社会革命，它主要解决社会政治的公正公平——这里，公民权利的充分实现是核心，比如消除户籍歧视、消除性别歧视、消除对弱势族群的歧视、消除对公民政治权利的损害。

今年是马克思诞辰二百周年。在这位伟大的思想家那里，“人”始终是大写的主题，人的自由应当是新型国家的内在特质，个人的进步终将外化为国际史的高级阶段，整个人类社会的演化，是各种政治、经济、社会、法律和文化的形态，从更多束缚人到更多解放人的历史。中国是当今世界最隆重纪念马克思诞辰的一个国家，但愿这种纪念不只停留在口号或形式上。

是为序。

序二　深入推进边疆非传统安全研究

罗中枢*

在人类征服自然能力还比较弱的时期，边疆大多是人迹罕至的偏远地区，远离政治、经济、文化中心。近代以来，边疆一般意义上多指“靠近国界的领土”。[①] 在人类历史上，伴随着生产工具的变革、生产力的发展、生产关系变化、科学技术的进步和人类认识与实践能力的提升，边疆认识经历了多次质的飞跃，包括由无界边疆向有界边疆的飞跃、由静态边疆向移动边疆的飞跃、由陆地边疆向海洋边疆的飞跃、由有形边疆向无形边疆的飞跃、由封闭边疆向开放边疆的飞跃。

在全球化、信息化时代，“边疆”概念不断拓展和衍生，“高边疆”“软边疆”“网络边疆”等重要范畴受到人们的重视，边疆研究的视域、范式和意义发生了根本性变化。我国近年来取得的“天宫”“蛟龙”“天眼”“悟空”“墨子”等重大科技成果，更是不仅拓宽了人类的视野，而且拓展了我们对边疆的认识。现在我们所认识的边疆，不仅包括陆疆、海疆、空疆、底土等领土边疆，而且包括利益边疆、信息边疆、文化边疆、太空边疆等战略边疆；边疆不仅与边界、边境及陆域、水域、空域、底域相关，而且与海洋毗连区、专属经济区、大陆架、防空识别区以及大洋洋底、极地、外太空、电磁空间、网络空间等相关；边疆不仅与国家主权、领土、利益、安全密切联系，而且与地缘政治、周边环境、国际政治、国际关系交错关联。今天，

---

* 罗中枢，博士，四川大学原党委常务副书记，中国西部边疆安全与发展协同创新中心主任，四川大学国际关系学院院长，四川大学喜马拉雅文化及宗教研究中心理事长，教授、博士生导师，主要从事边疆学研究。

① 《现代汉语词典》，商务印书馆，1997，第74页。

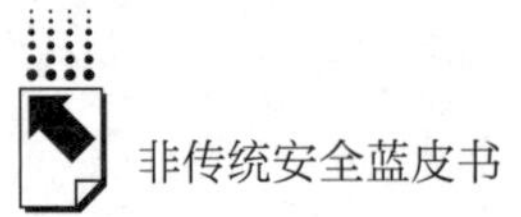

边疆事实上已成为复杂矛盾关系所决定的国家主权、利益、能力所及的边缘或前沿，是有形与无形的统一，是安全与发展重叠的场域，在统筹国内国际两个大局中具有重要的战略地位。

以往的边疆研究专注于研究陆疆，缺乏对极地、外太空、大洋洋底、利益边疆等方面的研究，对国家治国方略的整体性关注和对边疆问题的世界性观照不足；专注于研究陆疆的历史、地理、文化、自然条件和边界、边境、疆域等问题，缺乏对边疆的空间方位、地缘政治、周边环境和国际背景的研究；专注于研究边疆所涉及的政治、军事、外交等方面的传统安全问题，缺乏对边疆非传统安全问题的研究；专注于研究边疆自上而下的管理，缺乏对边疆特殊矛盾的研究和对边疆各族人民生存方式、生产方式、生活方式的研究，这样的情况不能适应时代和形势发展的需要。

在原初和传统边疆概念不断拓展、次生和衍生，边疆形态多维呈现的今天，边疆非传统安全研究者应以更宽广的视野和更宏大的创新勇气，深入推进边疆非传统安全研究，更好地发挥在边疆学建构和边疆治理中的作用。不仅要研究过去和当下不同领域、不同层次、不同场域的边疆非传统安全问题，还要研判和预测未来乃至代际的边疆非传统安全问题；不仅要重视边疆显在的非传统安全问题，还要关注边疆潜在的非传统安全问题；不仅要研究“高政治”边疆非传统安全问题，还要研究“低政治”边疆非传统安全问题；不仅要研究边疆非传统安全常态危机，还要研究边疆非传统安全非常态危机；不仅要研究资本、技术、劳动力、信息、产品、消费模式、文化等要素怎样在全球流动，还要研究这些要素是如何冲破地理边界的限制，渗透到各国经济社会生活的各个领域，并改变人们的生产生活方式的；不仅要研究人类活动怎样从陆地、海洋、太空拓展到大洋洋底、极地、外太空、电磁空间和网络空间等更为广阔的领域，还要研究国家之间的竞争是如何越来越聚焦于高科技，并超越主权边界而成为力量延伸和利益获取取向的。

“西方大国的某些理论鼓吹借助经济、网络等多种手段，从多种形态的‘边疆’打破发展中国家的国界，从而冲破地理上的有形的边界、边疆，对发展中国家进行渗透、颠覆和破坏。”① 随着经济全球化和我国改革开放进程的加快，尤其是随着“一带一路”建设的推进，中国边疆成为对外开放与交流交往的前沿、通道和国内与国际两种风险的叠加地带，不仅面临“三股势力”、跨国犯罪、反华势力渗透等挑战，而且面临诸多非传统战争、非常规灾害、非常态危机风险，各种新形态的非传统安全以非军事、软暴力、不流血的非直接对抗方式，通过内联、中转、外溢，对中国内地、周边和国际社会造成安全威胁。

中国边疆尤其是陆地边疆地区，自然条件恶劣，历史欠账较多，贫困人口集中连片，经济社会发展很不充分，而且是治理上的薄弱区域，干部队伍建设、民生事业发展、经济社会建设、生态环境保护、社会政治稳定等面临严峻挑战。各族人民“日益增长的美好生活需要”内涵更丰富，结构更复杂，特点更突出，心情更迫切，不仅包括期待有良好的收入、住房、交通、医疗、教育、社保和精神生活，而且包括在此基础上形成的获得感、幸福感、安全感，以及对加快发展、共同富裕、实现小康的期待，对尊严、权利、当家做主的要求，对民主、法治、公平、正义等方面的希望。如果不能很好地处理稳定、发展与改革的关系，边疆地区就可能成为影响全面建成小康社会和整个国家安全、发展和治理的“短板”。

在这种背景下，边疆安全研究特别是非传统安全研究需要突破传统的、单一的、封闭的边疆观，树立体现“场域安全”视角的复合边疆观，从更宽的视野和更深的层次积极拓展边疆概念，紧密结合科技进步、经济发展、文化融合以及国际关系相互依赖与互动的新形势，更多地关注区域、地缘、利益和网络，既要关注国家的生存利益，也要关注国家的发展利益；既要维护国家的领土边疆安全，也要维护国家的利益边疆安全，将“边疆”与“周边”加以一体化研究，积极推进边疆非传统安全治理体系和治理能力的现代化。

边疆是中国统一多民族国家和多元一体中华民族形成、发展的产物和有

① 董欣洁：《世界史中的边界、边疆与国家主权》，《中国社会科学报》2010 年 11 月 18 日。

机组成部分。边疆各族人民是边疆安全和发展的主体。边疆各族人民既是边疆的建设者，也是边疆的保卫者；既是边疆安全和发展的维护者和促进者，也是边疆安全和发展的共享者；既是边疆研究的主体，也是边疆研究的对象。边疆问题无论是边疆安全、稳定，还是边疆发展、治理，从根本上说都与人的认知、认同、利益和价值追求等相关。因此，边疆安全和发展最根本的问题，是边疆各族人民的政治认同、国家认同和社会认同。“如果说主权是国家安全的终极标准的话，那么认同就是社会安全的最终评判。”① 认同来源于共享的主张、态度、感觉和价值观，包括社会成员的“生存感”、“归属感”、“历史感”和“安全感”，等等。因此，对边疆各族人民的政治认同、国家认同和社会认同的研究，理应成为边疆非传统安全研究的重要内容。这种研究将有助于我们更加深刻地认识中国、中华民族和中华民族的伟大复兴，有助于引导人们树立正确的历史观、文化观、价值观、民族观和国家观，有助于把握边疆社会和边疆问题的新特点、新变化并提出战略性、前瞻性的治理方案。

党的十九大报告强调要“加快边疆发展，确保边疆巩固、边境安全”，这样的指导方针将促进边疆与腹地、西部与东部、陆疆与海疆的互动、协调和统筹，进而优化国家的整体安全和发展。因此，边疆研究应该更加注重边疆发展研究以及与边疆发展紧密相关的非传统安全研究，包括防范化解重大风险、资源安全、反贫困、生态环境、疾病蔓延、走私贩毒等方面的研究。新时代迫切需要以“更加自觉地维护我国主权、安全、发展利益”为核心，建构中国视角、中国范式、中国语境的边疆非传统安全理论。

---

① Ole Waever, “Securitization and Desecuritization,” in Ronnie D. Lipschutz (ed.), On Security, New York: Columbia University Press, 1995, p. 67.

目　录

Ⅰ　总报告

Ⅱ　综合报告

Ⅲ　专题报告

·多源/元性非传统安全研究·

CONTENTS

Ⅰ General Report

Ⅱ Comprehensive Reports

Ⅲ Theme Reports

总　报　告

General Report

B.1
非传统安全与“人类命运共同体”建设

余潇枫*

摘　要：　非传统安全威胁的挑战直接关涉全球治理的走向，而“人类命运共同体”的价值定位则为非传统安全的全球维护提供了总方向。随着“世界地球日”活动的深入，人类从“部落人”“国家人”正在成长为关心整个世界环境的“地球人”。与此相应，我们需要共建、共享各种类型的“非传统安全共同体”，我们还需要积极建构深化有中国特色的“非传统安全理论”。新时代，“安全感”的获得是人民美好生活需要的重要方面，而建设“持久和平、普遍安全”的世界是构建人类命运共同体的重要前提。

关键词：　非传统安全　人类命运共同体　非传统安全理论

* 余潇枫，博士，中国人民外交学会理事，浙江大学非传统安全与和平发展研究中心主任，中国－上合组织司法交流合作培训基地特聘专家，教授、博士生导师，主要从事非传统安全研究。

世界只有一个地球，共居“地球村”的我们在21世纪当下越来越多地反思自身的生存环境与共同命运，这是根植于人类本性的“星球意识”不断觉醒的体现。为了保护地球环境，人类把每年4月22日设定为“世界地球日”，表明人类从“部落人”“国家人”正在成长为关心整个世界环境的“地球人”。“世界地球日”强化了人类的星球意识，把地球视作人类必须爱护的共同家园，并在同一个家园里共同思考人类的命运，共同开创人类的未来。2018年中国的世界地球日主题是：“珍惜自然资源　呵护美丽国土——讲好我们的地球故事。”①

尽管人们对地球的关心与爱护在不断增强，但人类发展带来的非传统安全威胁与挑战也日趋严峻。2017年联合国《实现可持续发展目标进展情况》报告严峻地告诉世界，全球依然面临多个领域的非传统安全挑战如水安全、空气安全、粮食安全、生态安全、海洋安全等。② 21世纪人类已经从以往的饥荒、瘟疫和战争的局部地区的议题中扩展开来，开始思考更为基本、更为重要的“保护人类和地球不被自己力量所害”的议题。③ 为此，重视和维护非传统安全，打造一个全新的“和美世界”成为人们向往和为之奋斗的目标。“构建人类命运共同体”是中国人“星球意识”觉醒的关键性表达，是中国人“天下为公”式“类思维”的现代性转化，也是中国人对世界发展进入“新时代”的历史性创化。因而，从“人类命运共同体”的视角，解读非传统安全的现状与趋势，分析非传统安全的理论与实践，具有特别重要的时代意义。

一　非传统安全类型与“非传统安全共同体”

（一）多源/元性非传统安全与“人类核安全命运共同体”

与军事武力相关涉或者直接动用军事武力予以应对的非传统安全威胁被

---

① 《历次世界地球日我国活动主题》，新华网，http：//www. xinhuanet. com/forum/2017 – 04/20/c_ 129556855. htm。

② SDG's Progress Report 2017，IAEG-SDGs，https：//unstats. un. org/sdgs/files/report/2017/secretary – general – sdg – report – 2017 – – ZN. pdf.

③ 〔以色列〕尤瓦尔·赫拉利：《未来简史：从智人到神人》，林俊宏译，中信出版集团，2015，第17～18页。

称为“多源/元性非传统安全威胁”。“军事武力”是安全类型的重要“元”，与军事武力这一“元”无直接关涉的内源性非传统安全（食品安全等）、双源性非传统安全（水资源安全等）和外源性非传统安全（公共卫生安全等）可被称为“典型性”的非传统安全，而与军事武力这一“元”相关涉的非传统安全已经不是“纯粹的非传统安全”，故可被称为“非典型性”非传统安全。因而，核安全威胁、国际恐怖主义威胁、有“网军”介入的网络空间安全威胁、有海军介入的海盗威胁等均属于“非典型性”非传统安全威胁。目前，核安全威胁与国际恐怖主义威胁是多源/元性非传统安全威胁的重中之重，打造“人类核安全命运共同体”对人类安全有着根本的意义。

1.“人类核安全命运共同体”

在多源性非传统安全威胁的诸多类型中，对人类未来具有整体性威胁与致命性危害的是核安全威胁，因而我们可以这样认为：努力打造人类“核安全命运共同体”以确保核安全，是多源性非传统安全维护的重中之重。

核安全是一个复合性的安全领域，既与传统安全相关，又与非传统安全相连。涉及核武器研制的项目均属于传统安全领域，而核能源开发、生物技术与医疗核照射利用等项目则属于非传统安全领域，一定条件下它们之间相互交织、相互转化。人类受益于各种核能利用的同时，却越来越不安地被笼罩在核安全威胁的阴影之下。鉴于人类对核安全的关注，21 世纪以来，全球范围内已经举行过四次核安全峰会，在第四次核安全峰会上中国提出了“努力打造核安全命运共同体”的目标，并强调要“加强国际核安全体系，推进全球核安全治理”“为核能安全造福人类提供强有力、可持续的制度保障”。①

核安全威胁直接关系到人类的生死存亡。在传统安全领域，国家间的核武器危险仍然存在，国际核扩散与核武器小型化的趋势明显。迄今全球九个

① 习近平：《加强国际核安全体系，推进全球核安全治理——在华盛顿核安全峰会上的讲话》，《人民日报》（海外版）2016 年 4 月 4 日，第 2 版。

国家拥有大量的核武器，除了朝鲜以外其他八国共有约14935枚核弹头，其中处于战备状态的有4150枚，在核武库里储存置放的有5275枚，准备纳入裁军议程的有5275枚。[①] 在非传统安全领域，人类的核利用也充满危险，人类已有过24起核安全事故，如1979年美国三里岛核事故达到5级，其放射性气体溢出，经济损失高达24亿美元；1986年苏联切尔诺贝利重大核事故达到7级，不仅造成56人直接死亡、4000多人因辐射患癌症，而且有大量放射性物质泄漏和扩散，其经济损失高达67亿美元；2011年日本福岛发生的重大核事故也达到7级，不仅有大量放射性物质泄漏和扩散，直接死亡3人，而且事故的危害与影响仍在延续。[②] 再从交织安全的角度看，"国际核恐怖主义"威胁令人类担忧，其不对称性、不确定性与不易控性使得各国难以防控。联合国签署的《制止核恐怖主义行为国际公约》界定了核恐怖主义的若干类型，"类型一是利用放射材料或装置发动'脏弹'袭击的犯罪行为；类型二是直接使用核装置或是破坏核设施造成放射材料外泄的犯罪行为；类型三是非法和故意索要核材料、装置或核设施的犯罪行为"。[③] 至今，不排除还可能有第四种核恐怖主义类型，即通过现代信息技术或网络攻击手段对核电站的操作控制系统进行干扰与破坏，从而造成程度不同的核安全事故。

"人类核安全命运共同体"构建需要有作为人类社会福祉"最大公约数"的核正义理论。从较狭义的形式正义角度看，核正义强调核利用活动的"合法性"即符合国际与国内法律、规则、章程和条约；从较广义的实质正义角度看，核正义强调核利用活动的"安全性"即确保人类命运共同

---

① 这九个拥有核武器的国家分别是：美国、俄罗斯、英国、法国、中国、印度、巴基斯坦、以色列以及朝鲜。Stockholm International Peace Research Institute, *SIPRI Yearbook 2017: Armaments, Disarmament and International Security*, Oxford: Oxford University Press, 2017, p. 412.

② Benjamin K. Sovacool, "A Critical Evolution of Nuclear Power and Renewable Electricity in Asia", *Journal of Contemporary Asia*, Vol. 40, No. 3, 2010, pp. 393-400.

③ United Nations, "International Convention for the Suppression of Acts of Nuclear Terrorism", Article 2, 2005, pp. 3-4.

体的安全与发展。[①] 核正义在过程维度上强调：主权国家遵循国际法规和程序在核利用方面的限制要求，享有平等的机会与权利，并在核利用上具有自我约束性；在结果的维度上强调：传统安全领域中的“无核化”、无核扩散发生、无核战争爆发，非传统安全领域中的无核恐怖袭击、无核安全事故伤害、无核辐射废弃物污染。打造“人类核安全命运共同体”可以有多个方案与多种可能性途径，然而中国的选择与示范为世界提供了极有意义的价值导引。

2. 国际恐怖主义威胁

除了核安全威胁，国际恐怖主义威胁是另一“阴影”。反恐研究专家樊守政研究指出：2002 ~2017 年全球恐怖威胁水平共经历了 4 个不同的发展阶段：2002 ~2006 年全球恐怖威胁水平总体呈现下降趋势，虽有起伏，但变化不大。2008 ~2010 年全球恐怖威胁高发，相比 2008 年，2010 年的恐怖威胁水平上升了 15% 。2011 ~2016 年全球恐怖威胁再次出现高潮，2016 年的恐怖威胁水平较 2011 年上升了 38% ，较 2002 年上升了 51% ，充分说明全球的恐怖威胁水平持续升高，安全状况逐步恶化。其间，经历了“伊斯兰国”组织鼎盛活跃期。2017 年，全球恐怖威胁水平呈现下降趋势，“伊斯兰国”组织在伊叙控制地带被驱散。“伊斯兰国”组织头目巴格达迪被斩首之后，11 月 3 日叙利亚政府军收复被“伊斯兰国”组织控制的最后一个城市代尔祖尔，标志着中东反恐战争出现根本性转折。樊守政进一步分析指出，从国家层面来看，2017 年全球已有 133 个国家遭受恐怖灾害。有 70 多个国家的恐怖威胁呈恶化趋势，集中在中东北非、欧洲、萨赫勒沙漠以南非洲、亚太和俄罗斯欧亚，恶化程度最严重的国家分别是也门、比利时和利比亚；约 40 多个国家的安全局势呈好转趋势，主要集中在中美洲和加勒比海、南美洲、北美洲和南亚地区；仅有 30 个国家没有受到恐怖威胁的影响。至今，国际恐怖主义威胁仍在不断凸显，人类不仅没有走出国际恐怖主义的阴

① 余潇枫、陈佳：《核正义理论与“人类核安全命运共同体”》，《世界经济与政治》2018 年第 4 期，第 70 ~71 页。

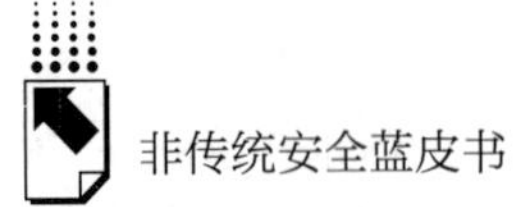

影，而且甚至出现了十分严重的袭击维和基地与人员现象。

2018 年世界已经出现了多起恐怖主义袭击事件，2 月 19 日尼日利亚极端组织“博科圣地”对学校进行袭击，2 人死亡；3 月 14 日巴基斯坦旁遮普省首府拉合尔附近发生自杀式爆炸袭击，造成 9 人死亡、至少 20 人受伤；3 月 21 日阿富汗首都喀布尔发生自杀式爆炸袭击，造成 33 人死亡，65 人受伤；3 月 22 日索马里首都摩加迪沙发生汽车炸弹袭击，造成 14 人死亡，多人受伤；3 月美国得克萨斯连续发生六起爆炸事件，造成 2 人死亡。特别是 2017 年 12 月 8 日，恐怖主义武装袭击针对的是联合国驻刚果（金）维和特派团的维和人员，并造成数十人伤亡。联合国秘书长古特雷斯对此予以强烈谴责，称这次袭击“构成了战争罪”①。为此，“谁来保护国际和平的‘保护者’”② 成为新的安全议题。盛红生在本书的《联合国维持和平行动中面临的安全威胁及其治理》一文中指出，为了实现联合国维护世界和平和国际安全的宗旨，联合国维持和平行动亟待安全治理，中国在获得更多国际话语权、影响力和决策权的同时，也应积极参加国际社会对维和行动中的安全风险进行有效治理，从而使维和行动真正能够促进国际和平与安全，并实现“持续和平”。

3. 非战争军事行动

非战争军事行动，是军事武装力量基于国家安全与发展需要而实施的战场外行动，如反恐维稳、国际维和、国际救援、抢险救灾、安保警戒、维护权益等。樊高月在本书的《中国军队非战争军事行动研究》一文中指出，我军从 21 世纪初开始建设非战争军事行动力量体系，先后组建了以抗洪抢险、地震灾害紧急救援、核生化应急救援、交通应急抢险、国际维和等 5 支专业部队为骨干的非战争军事行动力量体系。但我国非军事行动的开展面临

① 《联合国秘书长谴责驻刚果（金）维和部队遭袭事件》，新华网，2017 年 12 月 9 日，http：//military. china. com/important/11132797/20171209/31785895_ 1. html。

② 盛红生：《谁来保护国际和平的“保护者”？——联合国维和行动安全困境亟待破解》，中国社会科学网，2017 年 12 月 12 日，http：//ex. cssn. cn/gj/gj_ hqxx/201712/t20171212_ 3778234. shtml。

不少挑战，如涉及面广而行动受限，不确定性大而应急要求高，地方为主军队配合而沟通协调量大，力量构成多元而统一指挥难，领域多专业性强而超出军队传统作战技能等。杨震、郑海琦在本书的《非战争军事行动中的海军与航空母舰——以海上非传统安全威胁应对为例》一文中指出，海军这个战略性、综合性和国际性的军种在海洋空间实施非战争军事行动的可能性越来越大，海军的行动涵盖海上侦察、海上调查、海上维权、海上军事合作、海上反恐、反海盗、救援救灾、处置海上突发事件等非战争运用的主要领域，而作为远洋海军的核心舰种，航空母舰在海军实施非战争军事行动中占有突出地位。

（二）外源性非传统安全与“全球质量安全共同体”

源自某一国家外部的非传统安全威胁属于外源性非传统安全威胁，如侵扰本国经济的全球金融危机、影响本国生态的全球气候变暖危机、影响本国发展的世界能源危机、影响本国公共卫生状态的传染疫病危机等。至于外源性非传统安全威胁是全球性还是区域性的，这得依据这些威胁的危害范围和程度而定，如公共卫生安全威胁、人口安全威胁、移民难民问题、外来有害生物等。目前“质量安全”在世界相互依存的经济发展中也不断呈现为“危机”而成为一种外源性非传统安全威胁，人们开始认识到打造“全球质量安全共同体”[①] 将是非传统安全国际合作的重要方面。

1. “全球质量安全共同体”

在全球化时代，随着运输、通信、旅游、贸易网络的世界化，各类产品、各种服务、各个工程项目也快速地从一个国家融入其他国家，于是微观层面的产品质量、服务质量、工程质量、环境质量、监管质量，宏观层面的经济质量、产业质量、教育质量、区域质量、发展质量等越来越受到关注，越来越多的国家把“质量战略”纳入国家总体的发展战略中，人类已经切

① 余潇枫、渊临灵：《“质量安全”与新型国际关系构建》，《国际观察》2018 年第 2 期，第 27～34 页。

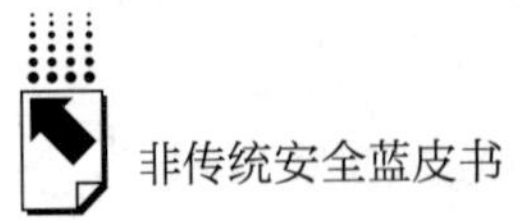

切实实地迎来了“全球质量新时代”。

回顾历史，我们知道“德国制造”源之于德国的“工匠精神”，“日本制造”源之于日本的“质量救国”，“美国制造”得益于美国把“美国标准”发展成为“世界标准”。但进入21世纪以来，不少跨国性的质量安全事件与危机频频发生，不仅危害消费者，而且还侵害国家形象与国家安全。欧洲的“疯牛病”危机曾严重威胁欧洲食品安全，使欧洲人“谈牛变色”，甚至影响到了欧洲的一体化进程；德国的大众汽车“尾气门”事件曾使“德国制造”蒙羞，也造成了德国与美国关系的紧张；韩国三星“电池门”事件曾对韩国数码产业打击重大，也给韩国国家形象抹了黑；日本神户制钢“造假门”事件曾使“日本制造”蒙上阴影，严重损害了日本国家形象。质量安全事件的频频发生，使得越来越多的国家试图通过技术性贸易措施来扎紧国家质量安全的“技术篱笆”，这其中不仅有发达国家，而且有越来越多的发展中国家紧跟其后。中国在技术性贸易壁垒中“吃亏”不小，2016年我国出口企业遭受国外技术性贸易措施打击而造成的损失竟达5300多亿元，较2013年增加近30%。[①] 目前在国际经济交往中，“质量失衡”“质量赤字”“质量失信”等引起的“质量困境”已成为一种特殊的“外源性非传统安全威胁”，不仅冲击国际市场，而且也影响国内自身的发展。中国制造业每年因质量问题造成的损失是个巨大的数字，据估算直接损失达1700多亿元，间接损失超过1万亿元。[②] 在全球流通过程中，各国国内的质量问题不断“外溢”为全球质量问题，逐渐成为全球非传统安全治理的新内容。2017年9月我国在中国质量大会上发布《上海质量宣言》，强调“当今世界的发展已经进入质量时代，质量越来越成为全球发展中面临的重大战略问题”。

质量安全的重要性是它既关乎安全，又关乎发展；既普遍存在于国内领

① 赵宇飞等：《发展中国家竞扎国际贸易“技术篱笆”》，《经济参考报》2017年12月12日，第5版。

② 《贾玉奎：质量有泪无泪?》，http：//www.ce.cn/cysc/zljd/gd/201801/10/t20180110_27665393.shtml。

域影响着自身的国内安全，又普遍关联着国际社会，影响着全世界的共同安全。[①] 因此，质量安全合作既是国际合作的一种重要方式，也是一个国家连接世界的一种重要方式，如中国政府努力为发展中国家提供农业和粮食安全方面的援助，帮助它们建立不同类型的农业技术示范中心；[②] 2017 年中国国内 251 次缺陷汽车召回活动中，属于全球召回的占 58% 且逐年递增；[③] 检验总局在连续三年的“清风行动”中，查获假冒伪劣商品 195 万件，将 15 个国家纳入“出口商品海外打假维权网”，预计“到 2020 年海外打假维权网覆盖全世界 30% 的国家”[④]。自 2018 年 1 月 1 日起，中国实行全面禁止废弃塑胶、纸类、钒渣、纺织品等 24 类外来固体废物，立即引起了许多国家的强烈反响，美国、英国、澳大利亚以及欧洲许多国家感到“失望”、“失落”与“失败”，因为它们不得不调整其自身的环境政策。[⑤]“全球质量安全共同体”将为解决国际性的质量安全问题与由此产生的“威胁”提供合作平台，这一平台将以合作共赢的原则超越以往安全共同体的“局部利益导向”而突出“人类命运导向”，除了国家行为体发挥主要作用外，非国家行为体如国际组织、智库、学术团体等也将积极参与并发挥重要作用。

在未来，质量安全不仅关联着人类共同面临的威胁与命运，也将成为国家、区域和世界之间联结的新形式。潘临灵在本书《中国质量安全研究的现状与趋势》一文中强调，国际质量合作机制缺失引起国际质量安全困境，质量问题从一个社会问题上升为一个安全问题，因而，能否承担大国职责，

① 卢厚林：《质量安全是新时期国家安全的重要内容》，http://zj.people.com.cn/n2/2016/0922/c228592-29044612.html。

② 《中国的对外援助白皮书》，http://jiuban.moa.gov.cn/fwllm/jjps/201104/t20110422_1976092.htm。

③ 《2017 年缺陷产品召回监管工作情况新闻发布会文字实录》，http://www.aqsiq.gov.cn/zjxw/zjxw/xwfbt/201712/t20171229_510455.htm。

④ 《质检总局：2020 年海外打假维权网覆盖全世界 30% 国家》，http://www.xinhuanet.com/legal/2017-05/23/c_1121019284.htm。

⑤ 政府文件的公开表述是：“2017 年年底前，全面禁止进口环境危害大、群众反映强烈的固体废物；2019 年年底前，逐步停止进口国内资源可以替代的固体废物。”参见《国务院办公厅印发禁止洋垃圾入境推进固体废物进口管理制度改革实施方案的通知》，http://www.gov.cn/zhengce/content/2017-07/27/content_5213738.htm。

化解、减少、消除此类安全威胁，并利用“质量外交”作为巧实力与隐形武器，维护正当的国家利益，塑造正面的国际形象，是中国构建新型国际关系的一个重要路径。

2. 作为外源性非传统安全威胁的移民难民问题

大规模移民难民对于输入国或目的国来说是一种由外而入的“非传统安全威胁”。陈积敏在本书的《当代国际移民的趋势、安全挑战及其应对》一文中指出，就国家安全而言，国际移民的影响主要体现在三个方面，即国土安全、公共安全与文化安全，不规则移民尤其是非法移民则被广泛视为对国家主权与安全构成了严重挑战，如国际恐怖主义势力会利用各国的移民体系漏洞发动恐怖袭击，非法移民与国际犯罪、边境控制等紧密相连（移民容易成为犯罪的客体即受侵害的对象），并且这一现象很容易引发民粹主义情绪，从而进一步恶化国际移民环境，除此之外还存在移民人权、社会融合、社会歧视、仇外心理等重要社会安全议题。陈积敏强调，要避免对国际移民的“脸谱化”“妖魔化”认识，构建科学的移民政策体系以实现有效国家治理，还要提高国家治理、区域治理与全球治理的互补性，以形成一个协调联动的治理格局。

（三）双源性非传统安全与“全球海洋命运共同体”

与接壤国家相关涉的非传统安全威胁多被纳入双源性非传统安全威胁，如跨国有组织犯罪、海洋非传统安全威胁、跨国水资源安全威胁、跨境民族分裂主义威胁、跨境宗教极端主义威胁、移民难民安全威胁等。海洋命运共同体的构建与海外安全保护加强是中国应对双源性非传统安全威胁的重中之重。

1. “全球海洋命运共同体”

海洋非传统安全的全球合作，需要中国与各国共同开创全新的“蓝色伙伴关系”，特别是在21世纪海上丝绸之路和海洋强国建设的推进中，“全球海洋命运共同体”的建构越来越成为中国参与全球海洋治理的主动意愿与价值追求。多年来，“非传统安全蓝皮书”十分重视对海洋非传统安全的专题研究，如周梦莹的《中韩海洋领域的非传统安全合作论析》一文，强调了海洋非传统安全问题的复杂性，既有外源性非传统安全问题，如海洋环境安全、海洋灾害等，又有双源性非传统安全问题，如海洋渔业安全、能源资源安全等；还有多源性非传统安全，如海难、海盗威胁、海上跨国有组织犯罪等。魏志江等的《中日韩三国海域安全复合体与东海的“安全化”》一文，创造性地提出了“海上安全复合体理论”指导下的海域区域安全结构分析框架。杨震、张杰的《海上丝绸之路视阈下的海盗问题与海洋综合治理》一文，强调中国是世界上最大的陆海复合型国家，其海权潜力的释放中，需要重视与沿岸国家携手进行海洋综合治理。杨震、杜雁芸的《非传统安全视域下的中美海洋事务合作》一文，强调了中国和谐海洋理念对中美海洋事务以及对新型大国关系产生的积极影响。今天，探讨“人类命运共同体”必须重视非传统安全合作与全球海洋命运共同体建构的关系。可以说，“‘全球海洋命运共同体’是中国参与全球海洋治理的最终目标”，而“这个共同体是‘五位一体’的即由海洋政治、海洋经济、海洋安全、海洋生态和海洋文化五个维度构成”。① 再从这五个维度展开去，其实海洋问题涉及人类生存发展的方方面面。

覆盖全球71%面积的是海洋，全球有30亿人“靠海吃海”以维持日常生计，人类产生的1/3左右的二氧化碳也是靠海洋吸收的；海洋对中国的重要性可以用这样的数据来表达：“我国远洋渔业作业海域已遍布近40个国家的专属经济区和太平洋、大西洋、印度洋公海及南极海域，在海外建立了100多个代表处、合资企业和后勤补给地，2016年远洋渔业产量达199万吨，是我国水产品总产量的30%。”②

然而，海洋的非传统安全威胁也是多方面的，以海盗威胁为例，国际海

① 楼春豪：《中国参与全球海洋治理的战略思考》，《中国海洋报》2018年2月14日，第2版。

② 刘堃、陈明宝、方春洪：《我国海洋产业“走出去”的形成因素及建议》，《中国海洋报》2018年1月3日，第2版。

事局发布的《2017 年全球海盗活动报告》称，2016 年海盗袭击创 1995 年来新低。全球共发生 180 起海盗袭击事件，有 136 艘船被海盗登船，22 艘被攻击，16 艘被枪击，仅有 6 艘被劫持；共有 166 名船员遭到绑架或沦为人质，其中 3 名被杀害，6 名船员受伤。但是该报告称，几内亚湾仍然是危险区域，索马里海盗在 2018 年初的一个月内就劫持了三艘货船而威胁颇大。值得一提的是 2017 年亚洲的海盗活动不减反而大幅增加。2017 年亚洲水域发生了 101 起海盗袭击和海上武装抢劫事件，相比 2016 年的 85 起增加了近 19%，其中马六甲海峡、新加坡海峡、菲律宾海域为海盗袭击增加的主要海域。①

多数海洋国家均十分重视参与全球海洋治理与全球海洋非传统安全维护。2017 年底，联合国计划委员会开启《公海生物多样性公约》谈判，预计在 2020 年底可完成该谈判的最终文本成果，如果它被通过将大大促进全球占海洋面积 2/3 的公海生物多样性保护。与此相应，墨西哥建立了北美最大的海洋保护区，智利政府决定建立与其自身国土面积相仿的拉丁美洲最大的海洋保护区。为了保护极地海域的资源环境，2017 年底，美国、俄罗斯、加拿大、挪威、中国、日本、韩国等以及欧盟 10 个国家和地区的政府代表历时两年经过六轮磋商，就《防止中北冰洋不管制公海渔业协定》文本内容达成一致意见，规定北冰洋中部的海洋（面积达 280 万平方公里）将在未来 16 年内禁止商业捕捞活动。该协定体现了北极国家与非北极国家共同治理北冰洋的携手合作精神，不仅是关于北冰洋公海捕捞活动的首个国际管理协定，而且开启了北极地区治理的新模式。

“全球海洋命运共同体”的打造需要从自身的海洋建设与海洋保护做起。中国确定深圳创建“全球海洋中心城市”，为此深圳提出了以“生态、生活、生产”为内容的“三生”空间统筹海岸带或“三生”融合海岸带，展开来说要打造融“绿色生态海岸带”“多元共享海岸带”“创新经济海岸

① 《国家海事局发布〈2017 年全球海盗活动报告〉》，中国海洋报网，2018 年 2 月 6 日，http：//www. oceanol. com/guoji/201802/06/c73945. html。

带”为一体的“世界级绿色·活力海岸带”。若要海洋绿色，须要入海无污染。深圳为了推进陆源入海污染物在线监测系统建设和实现“智慧海洋”目标，着手“从不同维度实现对海洋水源、水文、气象、生态等多种海洋要素的立体、实时、原位的全覆盖监测”。①

“全球海洋命运共同体”的打造还需要积极处理好周边国家间的海洋矛盾与冲突。魏志江、孙梓青在本书的《中韩海洋问题与海域“安全化”》一文中指出，中国的东海和黄海与韩国的海域相接，由于海洋相比于陆地更加具有同质性和均一性，安全问题在海洋上的扩散和传播更为便利，因此中韩两国实际上共享以中国东海岸到韩国西海岸为边界的“海域安全复合体”，中韩两国需要探索“去安全化”的途径，解构主体间的安全议题，将中韩海域问题恢复成为低政治化的公共议题，使中韩的“冲突之海”变为“和平之海”和“合作之海”，为东亚共同体乃至人类命运共同体的构建贡献积极的力量。

2. 海外利益与海外安全保护

随着中国改革开放的深入，“海外中国”已经成为一个不争的事实，于是与海外中国相关联的海外利益与海外安全保护成为新时代的重要议题。2017 年，中国内地居民出境人数达到 1.46 亿人次，首站赴外国突破 6000 万人次，我国在境外设立企业超过 3 万家，在海外劳务人员约 100 万人，留学生约 137 万人。2017 年，外交部和驻外使领馆会同各有关部门，妥善处置领事保护和协助案件 73172 起，共涉及中国公民 114099 人。② 2017 年海外意外身亡的中国公民达 695 人，根据死亡人员的案件类型，除疾病外，旅游活动、交通安全、社会治安、工伤事故是造成中国公民海外人身意外的最主要原因。其中各类旅游活动安全事故导致 182 名中国公民意外身亡，东南亚为主要事发地区。海外交通事故造成 165 名中国公民身亡，事发地仍然集中在中国游客较多的东南亚国家。海外中国公民在社会治安案件中身亡数字

① 《深圳全力打造全球海洋中心城市》，《中国海洋报》2017 年 12 月 8 日，第 8 版。

② 外交部领事保护中心：《2017 年驻外使领馆处理海外中国公民安全事件 73172 起》，https://mp.weixin.qq.com/s/tkF6kZ4kWPmWAVqCqT8pmA。

达126人。我国劳务人员在海外因工伤身亡达102人，事发地集中在东南亚以及中资企业承建项目较多的中亚、西亚、北非等地。[①] 在我国对外开放不断深化，“一带一路”建设全面推进的态势下，我国庞大的海外利益以及海外安全需求无法仅靠国家来满足，面对我国海外安全保护能力不足的现状，急需调适海外安全利益的维护机制。推进私营安保产业发展，促进我国海外安保多元化供给，或是有效的解决方案。

对中国人来说，“旅游安全”是海外安全保护的新内容。人类的迁徙与流动的加快是人类不断发展与不断进步的标志，全球化时代的一大特征就是人口的跨国流动与旅游业发展带来的新式国际交往。中国作为新兴发展中大国，跨国人口的流动逐年飙升，2017年中国出境旅游的人数达1.29亿人次；入境旅游人数为1.39亿人次，其中，外国人为2910万人次。[②] 然而在恐怖主义频繁袭击的背景下，“旅游安全威胁”成为跨国人口流动特别是跨境旅游的一大安全问题，于是“旅游安全”被列入非传统安全研究的重要议题。2017年震惊世界的旅游安全事件不断增加，如2017年8月17日，西班牙巴塞罗那市中心知名的加泰罗尼亚广场附近，发生驾车撞人恐怖袭击事件，造成21人死亡，130人受伤。旅游安全贯穿于吃、住、行、游览、购物、娱乐等旅游活动的全过程，其中还涉及旅游者的精神安全、财产安全、人身安全和旅游承载体的运营安全、环境安全、社会安全等。目前，被列为世界最危险的九大城市是：洪都拉斯的圣佩德罗苏拉、墨西哥的华雷斯、索马里的摩加迪休、伊拉克的巴格达、委内瑞拉的加拉加斯、也门的萨那、肯尼亚的内罗毕、南非的开普敦、巴西的贝伦市，这些城市可以说是旅游者的“冒险地”，谋杀率均为世界高水平，圣佩德罗苏拉的谋杀率竟达到158.87%，华雷斯的谋杀率达147.77%。[③]

---

① 《中国公民海外安全四大“杀手”》，中国领事服务网，http：//cs.mfa.gov.cn/gyls/lsgz/fwxx/t1528374.shtml。

② 《2017年中国人均出游达3.7次　出境游1.29亿人次》，http：//finance.sina.com.cn/china/gncj/2018－01－08/doc－ifyqiwuw8007164.shtml。

③ 《2017年最危险的9个城市，旅行的人注意》，https：//jingyan.baidu.com/article/20095761d6dc67cb0721b428.html。

3. 非传统安全问题的双边治理

双源性非传统安全维护需要国家间的双边合作以及在双边合作基础上的多边共治。龚丽娜在本书的《东南亚非传统安全研究与治理》一文中指出，非传统安全不仅取决于国内治理也与其他国家的安全息息相关，各国无法在非传统安全问题上独善其身，东盟在非传统安全治理中既为多边合作提供平台也是区域治理的领导者，如东盟自20世纪90年代起便建立一系列监控、报告和能力建设机制以针对跨境烟霾，2018年4月东盟在“坚韧与创新”的主题指导下，宣布建立智慧城市网络，首先在10个成员国的26个城市进行试点，尝试通过技术和数字化手段来面对城市发展的各类挑战。黄云静在本书的《21世纪中国与越南禁毒合作：基于非传统安全视角的跨国犯罪治理》一文中，从中越禁毒合作的回顾与评述引发出了对跨国犯罪治理与非传统安全合作的思考，认为无论是预防跨国犯罪外溢还是打击跨国犯罪，都需要构建“周边安全共同体”和“周边命运共同体”。

移民难民问题是典型的双源性非传统安全问题，需要通过跨国治理进行解决。章雅荻在本书的《难民问题全球治理的中国模式》一文中指出，在大规模的难民潮面前，国际层面机构的缺失、集体行动的困境、难民政策的差异等一些结构性问题日益凸显，而以中国传统文化的“天下”“关系”“中庸”“和合”等思想精髓为指导，对传统国际难民治理的责任分担的前提、方式及结果进行重新解读，以建构“人类命运共同体”为目标，探究国际难民问题治理的中国模式，具有重要意义。

戴永红在本书的《非传统安全治理与中印新型大国关系的构建》一文中指出，在地区非传统安全治理中存在着“虚无主义陷阱”，如忽视具体落实的国家主导性、政策倡议与治理对象不匹配性、有限资源条件下的国家利益的自私性与排他性等，因而以新型大国关系为背景的新型安全治理模式建构十分迫切，如开辟“非传统”市场实现多行为体共治，发挥经济资本、文化资本、社会资本以及象征资本作用以维护“场域安全”，将“定期交流机制”与“应急处理机制”的“定活两便”充分融入行为体间的共治共管的过程等。

（四）内源性非传统安全与“社会平安建设共同体”

内源性非传统安全多与国内的社会安全、人的安全相关涉。目前涉及民生的“低政治”非传统安全问题大量凸显，加之非传统安全威胁的“不对称性”“不确定性”“不单一性”“不易控性”特征，使得管理部门在维护非传统安全中存有诸多不足：如安全理念单一、安全体制离散、安全应对低效、安全评估缺少、安全能力缺项、安全研究滞后等，因而体现社会安全共治的“社会平安建设共同体”打造是中国社会安全与人的安全维护的重中之重。

中国和谐社会的打造与满足人民对美好生活的向往需要构建“社会平安建设共同体”。2004 年时任浙江省委书记的习近平提出了“平安浙江”的构想，习近平主持负责中央工作后，又进一步构想“平安中国”方略与落实“平安中国”建设的各项措施。从“治安”到“平安”在中国社会安全发展史上有着极其重要的意义。“平安”较之“治安”具有更广义的内涵，它涵盖了总体国家安全体系中的各个安全领域，也直接与人民日常生活工作中的公共安全、生产安全、生活安全相关联。

2018 年是“枫桥经验”55 周年。从总体国家安全观的广义视角，来重新思考枫桥经验，我们可以对枫桥经验的内涵作更为本质的理解。如果仅仅把枫桥经验局限为一般“治安”意义上的样板，那么我们最多只能是在社会维稳层面来拓展枫桥经验，而在与“风险”和“威胁”紧密关联的“紧急事件”“信访事件”“群体性事件”“危机性事件”频发的当下，我们会把更多的精力放在“管控”“管制”“管治”的刚性式表面维稳中，而不是在完善法律、改善体制、调整政策、改变决策、提升素质、促进发展的柔性式深度上下功夫。枫桥经验在经历 55 年的发展完善后具有的普适性意义，就是：推行“以人为本、以安为上”价值准则，丰富社会公共产品与保障人的安全感，在维稳与维权相结合的基础上，达成社会平安与民生改善的最大实效与可能。如今，我们有必要运用“场域安全”思维对“枫桥经验”进行再思考，拓展“治安”上的综治为“平安”上的建设，提升“上访”

中的应急为“法治”上的疏导，转变“维稳”上的投入为“维权”上的保障，让枫桥经验成为平安中国建设、法治中国建设、美丽中国建设的旗帜，成为人的安全维护、人的权利维护、人的环境维护的综合样板。枫桥经验给我们的重大启示是：“安全感”是社会安全的基本心理支撑，也是需要政府为主导来供给民众的特殊的“社会公共产品”。全球化与逆全球化导致的“风险社会”中，最需要打造的就是民众的“安全感”。林爱珺等在本书的《司法舆情与社会安全》一文中指出，尊重法律、重塑法律权威和司法公信力，对社会安全至关重要，尤其是当前中国，要让公众在每一个案件中感受到公平正义、获得安全感，就要花大力气修复和维护公众与司法之间的相互信任。

“社会平安建设共同体”打造要特别重视食品安全的维护。据国家食品药品监管总局统计，2017 年我国食品总体平均抽检合格率为 97.6%，比 2016 年提高了 0.8 个百分点。另据有关机构调查，“截至 2017 年第三季度，中国互联网第三方餐饮外卖市场用户规模已达 2.75 亿人；交易规模突破千亿元，达到 1151.6 亿元”。[①] 近年来政府的努力有：食品安全法治建设得到加强，食品安全标准不断完善，农业生产环境进一步净化，种养环节源头治理受到重视，生产经营过程监管日益严格，食品安全风险得到严密防控，食品产业转型升级不断推进，食品安全违法犯罪受到严厉打击，统一权威的食品安全监管体制得以建立，食品安全社会共治被不断推动，各级食品安全责任制得以落实等。根据国家食品药品监管总局发布的《2018 年食品安全抽检计划》，抽检将涵盖食品细类 218 个，食品品种 137 个，食品大类 33 个。2018 年 4 月 19 ~20 日在北京召开了第九届国际食品安全与健康大会，全球 20 多个国家和地区的 90 余位国际知名专家及百余名国内外知名食品企业代表参会，“食品安全的全球治理新模式”等议题成为大会聚焦点，开启了“食品安全与健康”并行的新阶段。

① 《2018 年第九届国际食品安全与健康大会 4 月在京启幕》，http：//www.ifofs.org/dahuibaodao/2018 -03 -01/140.html。

“社会平安建设共同体”也要特别重视网络社会安全的维护。在数字中国与智慧城市建设中，网络社会安全问题日益凸显与受到重视。截至2017年底我国网络社会规模已经跃升为世界第一，互联网普及率达55.8%，网民数量达到7.72亿。网络社会治理面临的紧迫事件有：信息泄露、网络诈骗、账号或密码被盗、病毒感染、网络谣言等。2018年5月发布的中国首部《网络社会安全风险指数报告》称，网络社会安全风险在整体分布上，呈现从西部向东部不断趋高、东南沿海地区十分突出的现象，并且在省级行政区的排序中，甘肃、贵州、青海、上海、云南的风险较小，广东、辽宁、天津、内蒙古、福建风险较大；其中32个中心城市中，贵阳、西宁、兰州、石家庄、南宁风险较小，大连、呼和浩特、太原、广州风险较大。

二 非传统安全理论建构新进展

安全越来越成为社会发展的稀缺资源，安全的维护与自觉也越来越成为当代人的时代意识。近两年来，学界在非传统安全研究与理论建构上有不少新的进展。

（一）“可持续安全论”

作为中国智慧，“可持续安全论”为国家发展走出“安全困境”提供了一个和合、包容的中国方案。刘江永认为，在当今世界不确定性与不稳定性突出、新旧矛盾不断交替交织中，一个国家要凭一己之力去谋求自身的绝对安全，或者试图通过投机的方式从别国的动荡中去收获稳定，都是不可能的。而中国则主张和平发展，以和平方式解决争端，以和平态度增进互信。因此，中国一再强调的共同安全、综合安全、合作安全、可持续安全，是中国智慧对国际安全领域的世界性贡献，也是推动世界安全治理的行动指南。[①]

① 刘江永：《可持续安全观是照亮世界和平的一盏明灯——深入学习习近平同志关于树立共同、综合、合作、可持续安全观的重要论述》，人民网，2017年3月16日，http://theory.people.com.cn/n1/2017/0316/c40531-29148225.html。

在全球意义上，“可持续安全论”为建设一个共建共享的、普遍安全的世界提供了一个涉及国际安全与国内安全两个大局，涉及传统安全与非传统安全的两大领域。刘江永强调，如果在战略上缺乏全球眼光、长远眼光，或者在实践中缺乏指导性、全局性、包容性强的安全理念，必然会导致国际治理难题，如美欧多国发动局部战争导致的动荡、欧洲难民潮引发的矛盾、美国大选显示出的社会分化；传统安全与主权安全和政治安全紧密相关，是各国安全政策的重点，但“21 世纪以来，防范非传统安全领域威胁的紧迫性明显增强，包括打击恐怖主义、保障经济金融安全、打击走私贩毒、反海盗以及防止大规模跨国传染病流行等，内容非常广泛。非传统安全因素有时又与传统安全因素交织在一起，使国际安全形势更趋复杂。尽管当前爆发世界性战争的可能性很小，但这些安全问题导致许多国家的安全感下降、许多民众的不安全感上升，局部地区甚至长期陷入战乱和冲突。任何一个负责任的政府都不能无视这一令人担忧的局面，世界应向何处去成为各国人民共同思考的问题”。[①]“可持续安全论”，不仅与西方某些国家只主张实力至上的绝对安全甚至把自身安全建立在牺牲别国安全的基础上的战略有区别，而且为构建人类命运共同体、促进国际安全合作提供了科学理念与可行方案。

（二）“创造性介入论”

王逸舟《创造性介入》的三部曲已有英文版、俄文版、韩文版和阿拉伯文版。王逸舟认为培养和建立符合时代特征的新型主权观极其必须，而“创造性介入”思想正是对新型主权观的一个“理论注脚”。

为何要强调“新型主权观”的培养与建立？王逸舟指出，主权范畴源起于近代西欧，以“自决”为核心的主权原则是国际社会与国际法的基石，“主权观念在传入中国后，反而更受重视、更深扎根，以至于从上到下人们普遍相信它的绝对性、完备性，任何对它的质疑及变通都不可接受”，然

① 刘江永：《可持续安全观是照亮世界和平的一盏明灯——深入学习习近平同志关于树立共同、综合、合作、可持续安全观的重要论述》，人民网，2017 年 3 月 16 日，http：//theory. people. com. cn/n1/2017/0316/c40531 – 29148225. html。

而，传统主权观较少考虑国际权利与国际义务的平衡，较少重视主权与人权的相互结合与彼此促进。原因之一是中国国家利益正在向外大大拓展，特别是中国正在诸如极地、外空、大洋洋底等“高边疆”的大量投入，使国家的核心利益、重大利益、次要利益、一般利益的顺序逐渐更换；原因之二是主权与人权不是对立的、分割的，“外交事务上的自主性确定，与对内事务上的进步性，应当成正比关系”。

“创造性介入”思想对新型主权观的理论注脚体现在三个方面：第一，“创造性介入”思想确认，全球化大势依然磅礴，世界政治不断进化，国际规范联通世界，各国交流、学习、合作的机会增加，“是主权国家提升自我的良机”。第二，“创造性介入”理论强调，“所谓‘创造性’，不只是外交家和政治人物的智慧或魄力发扬光大，更应有国民精神和社会气象的昂扬向上”，中国的进步世界瞩目，但总体上仍处于不高的层次，除处理国际争端的水平、公共产品供应能力、全球话语权、国际吸引力需要提升外，国内的诸多问题如政治体制、公民权利、法制保障、社会参与、生态环境、国家风范、国民心态等，都“远未达到令人满意的程度”。第三，“创造性介入”理论以新主权观为参照，“提示了外交主导、经济开发援助跟进、军事力量和武力手段殿后的多管并用及顺序，强调了中国提供国际公共产品的重要意义”，特别是强调了内政与外交的互动逻辑：“即国内进步是国际影响的基石，政治开明与人权保障是进步的核心；在整体主权的考量中，国际利益占有日益增大的比重，外部形象与经济收益同样重要。”①

预期不久王逸舟将出版新著《仁智大国：创造性介入概述》，该书“不仅对此前的三部曲做了整理提炼，而且提出了若干重要的新观点与新思路——比如，第一，第三代政治领袖不仅面临全新机遇，也会遇到大的挑战与‘瓶颈’；没有必然成功的道理。第二，‘仁智’概念得到创造性转换与再阐述，重点强调‘智的外交与仁的社会不可脱节’”②。

① 王逸舟：《实现安全先要强身分体：主权范畴再思考》，《中国非传统安全研究报告（2016～2017）》，社会科学文献出版社，2017，第3～5页。

② 此段引用乃是王逸舟教授专为“非传统安全蓝皮书”总报告所撰写。

（三）“道义现实主义论”

面对美国特朗普政府用“印度洋—太平洋”地区概念替代奥巴马的“亚太再平衡”战略的倾向，阎学通运用“道义现实主义”理论进行分析，认为特朗普“只想利用印度、日本跟中国的矛盾，向中国施压，以利于美国和中国做生意，并不想在战略上真的有所投入”。与此相应，“特朗普在东亚地区以经济利益为首要考虑，战略利益服务于经济利益，这就为我国拓展战略利益提供了机会”。[①] 阎学通强调：我国外交采取不结盟政策，但不可否认的是结盟可以扩大国际对我国的支持，实现国际战略力量的均衡，“美国现在有 50 多个盟友，而我国只有巴基斯坦算一个。双方战略力量不均衡，美国才有信心使强力打压我国。倘若中美战略力量均衡，美国就不再有这种信心了，中美关系也会更加稳定”。[②] 对今后中国如何向全球治理扩展与构建人类命运共同体问题，阎学通教授的观点是：“中国当前面临的最大机遇，是特朗普政府不愿承担国际领导责任及其对外政策的不确定性”，但“我国实力能支撑为东亚提供地区治理方案，但尚无力支撑全球治理的方案。国际格局两极化是个机遇，防止拓展速度过快是利用好这个机遇的先决条件”。[③] “随着中国在海外经济利益和百姓在海外财产利益的快速拓展，我国安全保护能力显得提速太慢，跟不上海外安全利益需求增加的速度。故此，我们需要进一步加强实力建设，特别是国防实力建设。保持实力增长和利益拓展速度相一致对于崛起成功很重要，拓展政治影响力也要与实力相一致。”[④]

---

① 郑嘉璐：《中国周边外交正面临重大战略机遇——专访清华大学国际关系研究院院长阎学通》，南风窗网，2017 年 12 月 14 日，http：//www. nfcmag. com/article/7694. html。

② 郑嘉璐：《中国周边外交正面临重大战略机遇——专访清华大学国际关系研究院院长阎学通》，南风窗网，2017 年 12 月 14 日，http：//www. nfcmag. com/article/7694. html。

③ 《阎学通：2018 年，中国崛起的外部环境会有哪些新变化?》，环球网，2017 年 12 月 26 日，http：//world. huanqiu. com/exclusive/2017 - 12/11475072_ 2. html。

④ 《阎学通：只有中国成唯一超级大国，“中国威胁论”才会消失!》，环球网，2018 年 2 月 26 日，http：//news. ifeng. com/a/20180228/56347200_ 0. shtml。

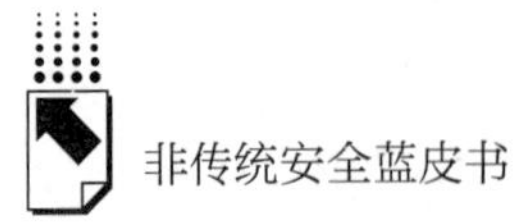

“道义现实主义论”在学界有较大的反响，如《道义现实主义批判》等论文对此进行了较深入的理论分析。

（四）“关系—过程论”

秦亚青的“关系—过程论”开创了有着“形上”意义的国际政治“关系理论”，颇具有国际关系理论“中国学派”的代表性且在国外产生了积极广泛的影响。

秦亚青认为，“行为体”首先是“关系中的行为体”（actors-in-relations），从关系理论的视角来剖析国际关系现状可以帮助我们更好地分析“权力”与“治理”，能得出更科学的结论。由此秦亚青分析了后冷战世界的秩序，认为其主要特征是：一超多强的霸权结构，相对开放的经济全球化，相互依存的全球合作态势，作为世界基本要素的多边主义，虽然“霸权可以帮助多边主义的形成，但多边主义的发展一定会形成霸权的掘墓人”[①]。秦亚青进一步指出世界的未来走向将会形成“新多边主义”或“新多边制度主义”，其主要特征是：体现国际民主化的“代表性”，尊重利益多样与文化多元的“包容性”，体现共商、共建、共享的“参与性”，跨国治理方式的“开放性”以及全球治理原则的“公正性”。[②]

秦亚青基于2018年出版的英文新著《世界政治的关系理论》[③]，对“关系—过程论”的新进展做了精要的概述：“世界政治的关系理论主张关系本体论，认为世界是由关系构成的，社会世界是由人的关系构成的，这就从根本上不同于以原子或个体为基本结构的实体本体论。据此，行为体只能是关系中的行为体，人的关系的流动形成了社会过程。关系理论以中庸辩证法为基本的认识论，彻底否认非此即彼的二元对立观点。阴阳关系构成了所有关系的原型，因此被称为元关系。阴阳关系的自然形态是和谐，阴阳关系互动因之也就是一个互融、互补、互为生命的和谐化过程。关系理论的核心是关

---

① 秦亚青：《世界秩序刍议》，《世界经济与政治》2017年第6期，第4~13页。

② 秦亚青：《世界秩序刍议》，《世界经济与政治》2017年第6期，第4~13页。

③ Yaqing Qin, *A Relational Theory of World Politics*, Cambridge University Press, 2018.

系逻辑。社会行为体的行动首先基于关系，个体利益虽然重要，但只能在关系中界定。不首先界定关系，则无法界定行动的理性与否，理性在社会中首先表现为关系理性。根据关系理论，社会科学的主要分析单位是关系，而不是个体。同时，世界政治中的重要概念需要再概念化。权力不能仅仅被视为强制性要素，权力完全可以成为互相加强的因素；合作不仅仅是强权合作或是制度合作，更是关系合作；全球治理的对象也不再仅仅是个体国家，更是国际行为体之间的关系。”①

（五）“新天下体系论”

赵汀阳在《“天下”的外运用与内运用》一文中认为，新天下体系需要满足地理学世界、心理学世界和政治学世界的“三者重叠”、“三重天下之合体”或“三重世界的三位一体”，中国古代的周朝体系封贡体系是天下方法论的“外运用”，大一统中国形成的“旋涡模式”则是天下方法论的“内运用”，而“新天下体系对‘天下’方法论的运用可能会是顺序颠倒的运用，即在其外运用中采用旋涡模式去实现世界内部化，而在实现世界内部化之后就不再有漩涡中心。于是，新天下体系的内运用就只有维持世界系统化秩序的功能了，其中最可期望的成就将是消除零和博弈”②。赵汀阳还对“中式天下”与“美式天下”进行了讨论，批评了塞尔瓦托·巴博纳斯的“美式天下”观，认为新天一体系只能以关系理性和共在理性为基础，美国体系的价值取向是单边主义和个体理性，因而“美国体系几乎不可能转化为一个天下体系”③。

郭盛民提出了“观念重构”对“秩序重构”先在性以及“全球化启蒙”的迫切性，认为“观念的重构可能比秩序的重构更为迫切，在所谓全球化时代，除了个人的、群体的反思和启蒙，也许更需要转向‘全球化的

---

① 此段引用乃是秦亚青教授专为“非传统安全蓝皮书”总报告所撰写。

② 赵汀阳：《“天下”的外运用与内运用》，《文史哲》2018 年第 1 期，第 9 页。

③ 赵汀阳：《天下究竟是什么?》，《西南民族大学学报》2018 年第 1 期。

启蒙'"。[①] 姚大力提出"新天下主义：拯救中国还是拯救世界?"的命题，认为这取决于"新天下主义"着眼于中国还是着眼于世界，前者强调中国成为世界秩序的引导者，后者强调帝国主义治下的世界无政府状态必被超越。[②] 但姚大力指出，当考察"世界主义"、"世界共和论"和"文化多元主义"之间的张力并需要作出选择时，"新天下主义"似乎还需要超越其自身的"空泛"与"含糊"，甚至需要怀疑"这种拯救世界的志向是不是过分夸大了中国因素在其中的重要性"。[③]

与新天下主义讨论相应，中国学者还开展了世界主义的深入研究，如蔡拓的《世界主义的类型分析》《世界主义的理路与谱系》《世界主义的新视角：从个体主义走向全球主义》，刘彬的《世界主义对世界秩序的建构及其挑战》，王金良的《大同、国家与天下：梁启超的世界主义思想及其意义》等，阐述了"天下主义的世界主义""世界主义类型""世界主义谱系""世界主义化""人类整体主义""世界的国家"等重要范畴与理论。

（六）"国际共生论"

"国际共生论"的提出在学界引发了广泛的关注与响应，夏立平的《全球共生系统理论与构建中美新型大国关系》一文认为，世界上存在着三种共生体系即国际体系、世界体系和全球体系，全球共生系统的初级状态是"相互联系"（interrelation），中级状态是"相互共存"（mutual coexistence），高级状态是"相互依存"（interdependence），"相互依存论"决定了优化全球体系的必要性，当然有"负面的相互依存"与"正面的相互依存"，正面的相互依存又可分为"对称性的"与"非对称性"的，关键是"人类社会必须树立共生责任观，通过合作来消除风险"。[④]

---

① 郭盛民：《"新天下主义"：观念与秩序的重构》，《读书》2016 年第 6 期。

② 姚大力：《追寻"我们"的根源——中国历史上的民族与国家意识》，生活·读书·新知三联书店，2018。

③ 姚大力：《新天下主义可以拯救世界吗?》，《探索与争鸣》2016 年第 5 期。

④ 夏立平：《全球共生系统理论与构建中美新型大国关系》，《美国研究》2017 年第 1 期，第 21 ~45 页。

袁胜育的《共生型国际体系：理论与挑战》一文对“国际共生论”进行了新的拓展，他认为当今世界正处在历史的转折点上，是退回到混乱无序、自然丛林状态还是进入到共生有序、社会和平中，取决于“共生型国际体系”的新建构。事实上，冷战后国际关系向有序化的演变，人类交往特别是经济联系的相互依赖加强，多样文明与全球共生思潮的聚集，为共生型国际秩序的生成提供了可能。但袁胜育认为，未来世界秩序取决于以美国为代表的原有大国与以中国为代表的新兴大国间的互动，美国与中国“合争”（coopetition）状态中的竞争性因素加强使得共生型国际体系面临挑战，全球治理中的挫折也在扩展这一挑战；而对中国而言，“中国必须回答中国和世界互动互享的价值是什么，必须将中国的国内制度体系讲清楚”“这也将要求对中国的一些传统思维和既有原则做出革命性的改变”。[①] 杨庆龙的《构建中美新型大国关系？——国际共生论的视角》一文，认为中国与美国处在“共生性—非共生性”的双重缠绕之中，如中美在政治安全领域存在较多矛盾和冲突，仍处于非共生状态，但在全球治理、经济贸易等领域具有共生性，然而到目前为止双方尚未形成全球治理所需要的全面和足够紧密的共生关系。[②]

（七）“和合主义”与“广义安全论”

余潇枫通过“和合主义”与“广义安全论”的关联性阐述试图为安全研究重新设定本体论与方法论基础。余潇枫认为，源自《周易》“保合太和”理念下的“和合主义”是实现“广义安全”的理论基础与价值核心。人类作为具有“类群”规定性的类存在物，在共时态中是“共生”“共存”“共建”“共享”的，再从部落、部落联盟、国家、国家联盟、超国家共同体且正走向更大的“命运共同体”的过程来看，人类在历时态中有“共同体演进”的特征，人类总体上在“战争—竞争—竞合—和合”的

① 袁胜育：《共生型国际体系：理论与挑战》，《社会科学》2014 年第 6 期，第 13 ~ 18 页。

② 杨庆龙：《构建中美新型大国关系？——国际共生论的视角》，《国际展望》2017 年第 1 期，第 109 ~ 125 页。

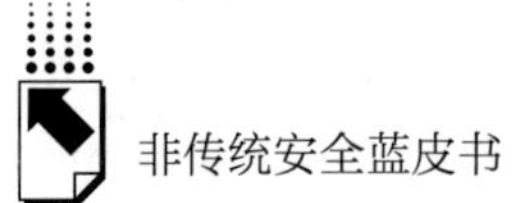

“安全抛物线”上不断地往和合的方向发展。这表明对人类来说冲突只有相对的意义，冲突不是人类的总体本质，“类群—和合”才是人类的总体本质。[①]

余潇枫指出，联合国“人的安全”范畴的提出和中国“总体国家安全”范畴的提出是安全从狭义走向广义的重要标志。“广义安全”是对安全在三个维度上进行扩展的结果：一是安全在指涉对象维度上的不断深化，使国家安全作为唯一的基本单元或唯一中心被超越；二是安全在领域设定维度上的不断拓展，使“低政治”的非传统安全领域进入了国家安全的议题之中；三是安全在价值整合维度上的不断融合，使得安全越来越成为安全理论研究的复合性议题。寻求“适然性安全境界”是建构“广义安全论”的目的所在，也是和合主义的价值依据所在。

当然，“广义安全论”并不排斥特定语境下的“狭义安全”。“广义安全论”的建构只是试图凸显“和合主义”的“合规律性”与“合目的性”。“和合主义”超越了传统安全的主体、议题、范围与路径，不仅把安全与发展关联起来了，还把“安全与正义”“安全与自由”“安全与解放”关联起来了。以“安全与发展”关系为例，安全与发展是互为前提和条件的，但在广义论的视角下，安全才是发展的前提、目的与实质。再以“安全与正义”的关系为例，和合主义不是“和稀泥”，而是随时需要有强大正义的力量来面对不正义的邪恶，或者随时需要有维护正义的勇气来和解非正义的冲突。2018 年余潇枫在《“质量安全”与新型国际关系构建》[②]、《中国未来安全的重要议题：质量安全》[③] 和《核正义理论与人类核安全命运共同体》[④]

① 余潇枫：《和合主义与“广义安全论”的建构与可能》，《南国学术》2018 年第 1 期，第 7 ~ 8 页。

② 余潇枫、渊临灵：《“质量安全”与新型国际关系构建》，《国际观察》2018 年第 2 期，第 16 ~ 34 页。

③ 余潇枫：《中国未来安全的重要议题：质量安全》，《学术前沿》2018 年第 4 期（下），第 52 ~ 60 页。

④ 余潇枫、陈佳：《核正义理论与“人类核安全命运共同体”》，《世界经济与政治》2018 年第 4 期，第 69 ~ 89 页。

三篇文章中进一步从和合主义理论与广义安全论视角，把“质量安全”与“核能安全”置于“本体安全”的地位，以推进对非传统安全的深入研究。

三　非传统安全学术活动新推进

在非传统安全理论不断深化的同时，我国学界关于非传统安全研究的学术活动仍十分活跃。2017 年初，首届“非传统安全研究前沿与趋势学术研讨会”在四川大学召开，该会由四川大学中国西部边疆安全与发展协同创新中心和浙江大学非传统安全与和平发展研究中心联合主办，会议以“总体国家安全观”为指导对边疆研究、非传统安全研究、“一带一路”倡议实施中的非传统安全问题进行了深入的探讨，并对边疆学体系的建构作了初步的探索。

2017 年 11 月 25 ~ 26 日，第十五届全国高校国际政治研究会年会暨“世界秩序转型与区域治理”研讨会在中山大学珠海校区举行，“非传统安全与区域治理”被设为四大分论坛主题之一，大会主旨演讲的题目有“非传统安全研究的中国传统话语体系”“质量安全与新型国际关系建构”“世界秩序转型中的结构与观念”“东北亚区域安全治理”“浅谈‘一带一路’与周边经略”等。

2017 年 12 月 5 ~6 日，主题为“深化法治交流合作，共建共享‘一带一路’”的中国—东盟法学家联谊会暨中国—东盟法律论坛在广西壮族自治区南宁市举办。在论坛上，中国和东盟国家 30 余位发言人围绕“中国—东盟共同应对非传统安全问题法律合作”等议题展开讨论。最高人民法院“一带一路”司法研究基地主任、上海政法学院国际法学院盛红生教授应邀与会，做了题为《“一带一路”与国际刑事司法合作》的发言，强调为了保障安全和正常的经贸往来，在落实“一带一路”倡议中，与沿线国家之间的国际刑事司法合作不可或缺，然而受各种因素影响，尤其是因各国国内法规定不同而产生冲突，国际刑事司法合作中尚存在不少难以解决的

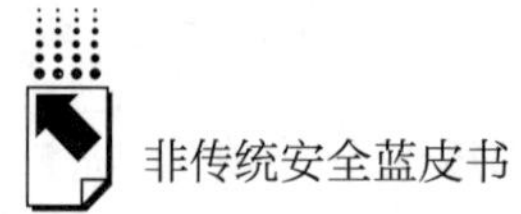

问题亟待应对，而欧盟国家在这个领域已经有不少成熟和有效的做法可资借鉴。

2017 年 12 月 29 ~ 30 日，“国家安全中的语言战略”高峰论坛在上海市教育科学研究院举行，论坛的五大主题是：国家安全视角下的语言和语言规划、汉语（文化）传播与国家安全、语言安全与国家安全、语言与国家安全的国别和历史研究、少数民族地区语言生活与国家安全。[①]

2018 年 4 月以“构建国家安全传播话语体系”为主题的第二届国家安全话语传播高峰论坛在杭州师范大学仓前校区召开，当代中国话语研究中心的施旭教授以“构建中国国家安全话语体系”为议题，从跨学科、跨文化的研究视角揭示话语与国家安全之间的内在联系，并提出了建立国家安全话语智库的构想。2018 年 5 月第二届中国网络安全国际峰会在沪举行。2018 年 6 月 13 日召开了第六届中国网络安全大会，2018 年 9 月 4 日还将召开中国互联网安全大会。

值得一提的是，安全研究的“大数据”化探索受到重视，由《国际安全研究》编辑部和对外经济贸易大学国际关系学院大数据国际关系研究中心联合发布的《国际安全态势感知指数》便是一例。2016 年版的《国际安全感知指数》选择的指标有 44 个，对国家的安全态势有了较准确的衡量。为了解决不同国家对指标有不同的依赖度以及不同指标的影响度不同的问题，2017 年版的《国际安全感知指数》引入了“安全敏感性”概念，以标示不同国家对同一指标不同重要性程度；同时通过对数据进行随机挖掘，以解决指标冗长问题；通过对安全态势感知的描述进行层次划分（如把安全划分为高度安全、相对安全、动荡、冲突和战争），使得安全指标更贴近现实。在此基础上，2017 年版的《国际安全感知指数》列出世界最安全的前 10 名国家是：新西兰、新加坡、冰岛、文莱、芬兰、爱尔兰、马尔代夫、奥地利、丹麦和澳大利亚；最不安全的前 10 名国家是：巴基斯坦、埃及、

① 《“国家安全中的语言战略”高峰论坛在沪举行》，教育部政府门户网，2018 年 1 月 4 日，http：//www. moe. edu. cn/s78/A19/moe_ 814/201801/t20180104_ 323724. html。

埃塞俄比亚、阿富汗、利比亚、尼日利亚、索马里、也门、伊拉克和叙利亚，并对世界主要大国、地区（大洲）层次和区域层次上的安全感知与指标进行了概括性的分析。其中，作为安全感知的重要“表象”——“恐慌情绪”受到研究者的重视。“在信息高度发达的现代社会，个人的恐慌情绪也会被无限放大，从而像传染病一样迅速在社会中传播。这种放大则体现在两个方面：第一，恐慌情绪会从个体迅速扩散到人群当中，从而最终导致全社会的恐慌。……第二，恐慌情绪往往还具有‘外溢’效应，即可以从一个领域溢出到另一个领域。这些不同的领域相互关联，一个领域的变化往往会带动其他领域的变化。”①

结　语

在全球命运共同体的倡议下，近年来中国积极践行“新安全观”下的“新型安全”的努力得到了国际社会的好评：欧洲议会的学者认为中国的新安全观的特点是“以统筹兼顾的方法破解安全难题，以和平方式解决争端，并以可持续发展促进安全”，从而打破了“狭义的对抗思维”，超越了“强权政治心态”；非盟学者认为“新安全观是中国为世界和平发展贡献的一种经验模式”；英国学者认为，基于合作共赢原则而非“零和博弈”思路的中国安全观，“为实现世界的普遍安全和共同繁荣提供了中国智慧”；墨西哥学者认为，中国的新安全观“是基于合作互利、避免使用武力的新型安全观，对解决当今热点问题具有重要的指导意义”；土耳其学者认为，“在热点问题此起彼伏、非传统安全威胁持续蔓延的当下，中国提出新安全观意义重大”。②

新时代，“安全感”的获得是人民美好生活需要的重要方面，同样，建

① 《国际安全态势感知指数》（IISSA2017），《国际安全研究》编辑部、对外经济贸易大学国际关系学院大数据国际关系研究中心于2017年6月15日联合发布。

② 《建设新型国际关系　完善全球治理体系——国际社会积极评价中国特色大国外交理念》，http://www.xinhuanet.com/politics/2018lh/2018-03/09/c_1122514864.htm/。

设“持久和平、普遍安全”的世界，是构建人类命运共同体的重要前提。因而要站在人类文明的高度来审视安全，倡导“安全文明”，特别“要尊重世界文明多样性，以文明交流超越文明隔阂、文明互鉴超越文明冲突、文明共存超越文明优越”。[①] 在新时代，“非传统安全—安全文明—人类命运共同体”相互交织，勾画出了人类发展与繁荣的必然走向。

① 《建设新型国际关系　完善全球治理体系——国际社会积极评价中国特色大国外交理念》，http：//www. xinhuanet. com/politics/2018lh/2018 -03/09/c_ 1122514864. htm/。

综合报告

Comprehensive Reports

B.2

2017年中国非传统安全研究综述*

——基于CNKI的文献计量分析

廖丹子　刘晓旭**

摘　要： 2017年党的十九大报告明确提出要“坚持总体国家安全观”“统筹传统与非传统安全”。非传统安全研究是一门理论性和应用性都较强、横跨多学科的综合研究领域，已成为当前我国国家安全研究领域的一个重要子方向，其学术动态既直接映射了安全政策和安全现实的变更，也为牵引和推动安全政策和安全现实的优化发挥了智力支持和舆论

* 本文系国家社科基金青年项目“中国国门非传统安全威胁识别与跨域治理研究”（15CZZ043）、海关总署2018年署级课题“构建人类命运共同体视角下的国门安全治理体系研究”的阶段性成果。

** 廖丹子，博士，浙江财经大学公共管理学院副教授、硕士生导师，主要从事非传统安全研究；刘晓旭，浙江财经大学公共管理学院硕士研究生。

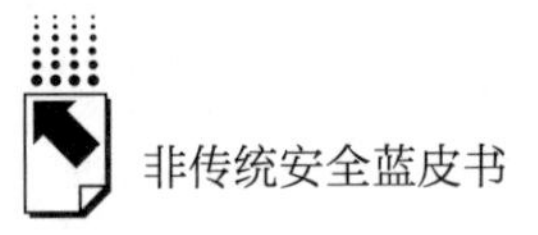

动力。本文主要基于对CNKI的文献搜索和计量可视化分析，梳理了2017年我国学者开展的非传统安全研究的文献特点、热点议题、整体特征，并提出了下一步研究应有的突破。

关键词： 非传统安全　文献计量分析　研究综述　命运共同体

2017年党的十九大报告明确指出，当前“世界面临的不稳定性不确定性突出，恐怖主义、网络安全、重大传染性疾病、气候变化等非传统安全威胁持续蔓延，人类面临许多共同挑战”，要“坚持总体国家安全观”，统筹“传统与非传统安全”，要努力构建“人类命运共同体”。“非传统安全”已成为当前我国国家安全与发展战略中日益重要的政策议题和交流话语，并成为跨学科研究及追踪国家安全改革动态的热门方向。安全研究与安全政策、安全现实紧密关联，相互推动，系统化、创新性的安全研究可以为安全决策的科学化和安全现实的优态化提供理论指导。本文通过对2017年中国学者开展的非传统安全研究文献和著作进行梳理与分析，以期明晰我国非传统安全研究领域的学术动态与遗缺，并提出下一步我国非传统安全研究应当深化之方向。

一　2017年中国非传统安全研究成果总体分析

本文的研究对象是以中国学术期刊全文数据库（CNKI）和当当、亚马逊等主要在线图书网站为搜索来源，以“非传统安全”为“主题”、“篇名”或“书名”进行文献或专著搜索，在CNKI搜索中剔除征稿启事、学术会议通知、短评等非学术性文献及工程科学、基础科学、农业科技、医药卫生科技等非直接关联性文献，研究方法是文献计量学并辅助以citespace III、Excel软件分析。对2017年“非传统安全”相关研究的总体成果（文章与专著），分别进行成果总数、高频关键词、来源期刊、作者单位、赞助基金等细致分析。

（一）成果总体分析

以 CNKI 数据库为文献搜索来源，剔除上述的非学术性及非直接关联性文献，以“非传统安全”为“主题”或“篇名”进行精确匹配，以 2017 年为搜索时限，分别搜索到 90 篇和 30 篇文献，各月发文变化见图 1。从图 1 来看，2017 年我国非传统安全研究的发文量，从以“非传统安全”为主题的发文量来看，1 月文献数量最多，共有 12 篇，8 月文献数量最少，只有 2 篇。但从整体看，1 月至 8 月呈下降趋势，9 月至 12 月又有所上升。从以“非传统安全”为篇名的发文量来看，2017 年发文量主要集中在上半年和年末，8 月和 10 月零发文量。总体观之，以“非传统安全”为篇名的发文量曲线波动基本上与以“非传统安全”为主题的发文量曲线波动一致。

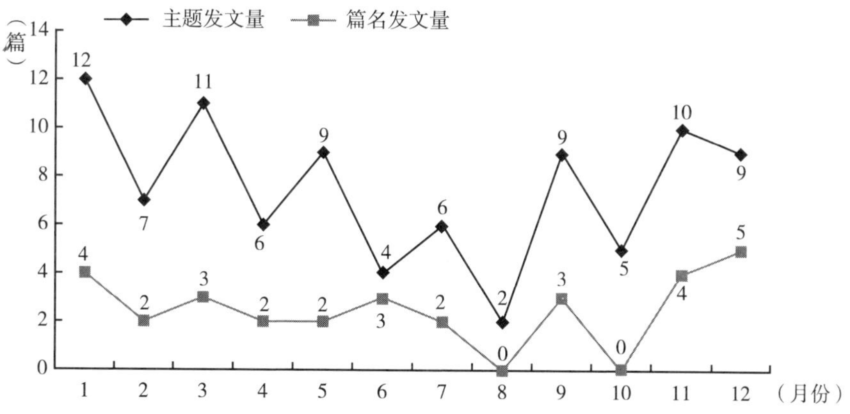

图 1　2017 年以“非传统安全”为主题和篇名的发文量（以月为单位）

搜索日期：2018 年 4 月 1 日。

通过对当当和亚马逊等主要在线图书网站进行以“非传统安全”为书名的专著搜索，结果显示，2017 年共出版 5 本以“非传统安全”为主题的著述，分别是曾祥裕与刘嘉伟的《可持续发展与非传统安全：印度水安全与能源安全研究》①、廖丹子的《非传统安全视角下的民防研究》②、李智环的《非传统安全视角下的跨境民族研究：以傈僳族为例》③、余潇枫与罗中枢的《中国非传统安全研究报告（2016～2017）》④、王君祥的《非传统安全犯罪治理问题研究》⑤。这些著作分别对社会治理、印度水安全、民众防护、跨境民族、犯罪治理以及年度重要的非传统安全问题进行了专题研究。

（二）高频关键词

关键词是文章内容、主题及学术旨趣的集中反映，关键词的出现频率可在一定程度上反映在特定研究领域研究者对某一研究主题或问题的关注程度，高频关键词同时也是热点研究问题。为更全面、客观地反映2017年我国非传统安全研究的热点问题，高频关键词分析选择CNKI中以"非传统安全"为主题的全部文献共90篇期刊论文为分析对象。

通过文献计量分析，关键词频数排名前十的分别是："非传统安全""国家安全""总体国家安全观""安全治理""全球治理""21世纪海上丝绸之路""中国""大学生""非传统安全威胁""一带一路"。其中，频数最高的为"非传统安全"，共有28次；其次是"国家安全"，共有11次；"总体国家安全观"与"安全治理"各有7次（见图2）。在关键词的统计中还发现，"边疆治理""命运共同体""金砖国家"等也是当下研究的热门话题。可见，研究中的高频关键词与国家安全政策中的热门话题紧密关联。

（三）以"非传统安全"为主题论文的期刊来源分布

学术期刊是公开学术研究成果和学者交流讨论的重要载体，也是推动研

---

① 曾祥裕、刘嘉伟：《可持续发展与非传统安全：印度水安全与能源安全研究》，时事出版社，2017。

② 廖丹子：《非传统安全视角下的民防研究》，中国社会科学出版社，2017。

③ 李智环：《非传统安全视角下的跨境民族研究：以傈僳族为例》，民族出版社，2017。

④ 余潇枫、罗中枢：《中国非传统安全研究报告（2016～2017）》，社会科学文献出版社，2017。

⑤ 王君祥：《非传统安全犯罪治理问题研究》，中国法制出版社，2017。

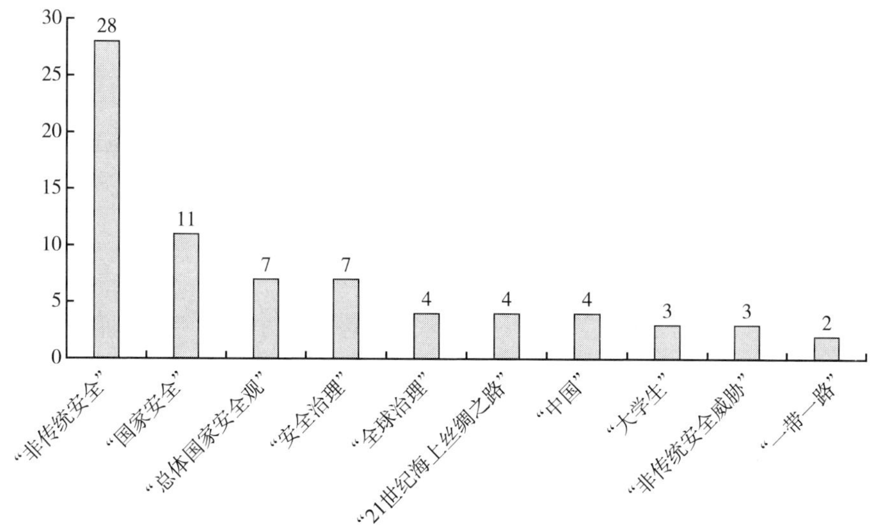

图2　2017 年非传统安全研究中的高频关键词（前十位）

搜索日期：2018 年 4 月 1 日。

究更加专题化、国际化、前沿化的重要平台。对 2017 年以“非传统安全”为主题、载文量排名前 8（载文量 2 篇及以上）的学术期刊进行统计得出，载文量排名前 3 的期刊是：《国际安全研究》《人民论坛》《现代国际关系》，共载文 14 篇。其中，《国际安全研究》发表的 5 篇文献主要是以非传统安全共同体、跨国安全治理、全球治理为主，《人民论坛》的 5 篇文献主要围绕“总体国家安全观”、国家视角下的非传统安全及非传统安全治理中的大数据应用等问题。

整体看，载文量前十的期刊集中关注了安全共同体、总体国家安全观、全球与区域治理、跨域非传统安全合作等问题，具体期刊及聚焦主题见表 1。

（四）以“非传统安全”为主题论文的作者单位分布

作者单位分布大致可以反映出非传统安全研究的地域分布。2017 年中国非传统安全研究发文作者单位的特征是：浙江大学作为发表单位的非传统安全研究发文量最多，共有 5 篇；其次是国际关系学院和中国人民公安大学。这三所大学发表的非传统安全研究文献占2017年发文总量的14.3%(见图3)。

表1　2017年中国非传统安全研究发文量前8位的期刊及文章聚焦主题

期刊	文献篇数	文章聚焦主题
《国际安全研究》	5	安全共同体,全球治理
《人民论坛》	5	总体国家安全观,大数据
《现代国际关系》	4	国际安全治理,安全区域治理
《太平洋学报》	2	海域海上安全合作
《江南社会学院学报》	2	中国与其他国家非传统安全合作
《辽宁大学学报》(哲学社会科学版)	2	北极生态安全,国际安全联合
《法制与社会》	2	边疆安全治理,总体国家安全观
《中国人民公安大学学报》(社会科学版)	2	安全警务合作

搜索日期：2018年4月1日。

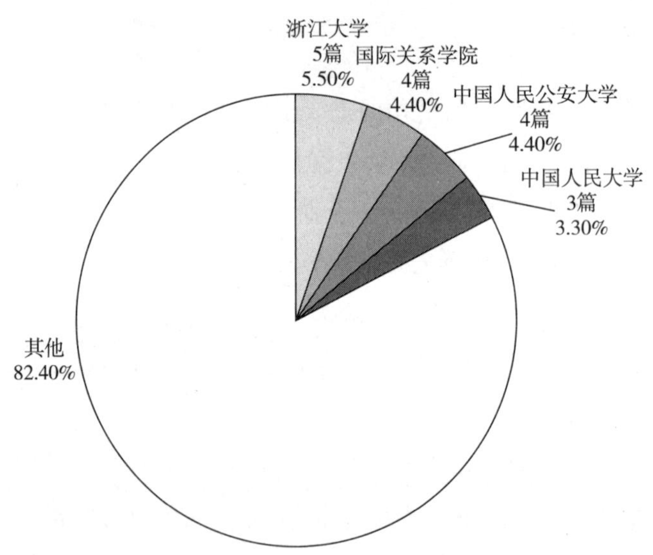

图3　2017年以“非传统安全”为主题的发文机构分布

搜索日期：2018年4月1日。

浙江大学的5篇论文中，有3篇各被引两次，其余2篇各被引1次，相对而言文章影响力较大，其中4篇文章论述国际非传统安全问题，1篇是从美国海权合作战略的演进看美国海权战略调整。国际关系学院的4篇文章中，3篇都是基于中国国家安全来论述相关问题，1篇论述当前国际乱象与治理困境。中国人民公安大学发表的4篇文章中，有3篇与警务合作相关，其中2篇论述欧盟警务合作，而4篇文章都涉及恐怖主义治理（见表2）。

表2　2017年以“非传统安全”为主题论文的发文机构及作者和文章主题（前5）

发文机构	主要发文作者	文章主题
浙江大学	余潇枫、周冉、章雅荻、杨震	“非传统安全共同体”、“外源性”、“周边信任”
中国人民公安大学	曾范敬、吴韬、张品泽、李泓霖	“国际警务合作”、“国家安全体制改革”
国际关系学院	刘跃进、林利民、袁考	“国际安全”、“国家安全”、“人民安全”
中国人民大学	胡明、杨震、王宏伟	“贸易安全”、“总体国家安全观”、“海权”
外交学院	任远喆、凌胜利、卢静	“周边安全共同体”、“总体国家安全观”

搜索日期：2018年4月1日。

（五）以“非传统安全”为主题论文的资助基金分布

研究的常态资助是研究制度化的一个重要保障。2017年选取的90篇非传统安全研究论文中，有23篇得到不同层次的基金资助，占总文献量的25.6%。其中，国家社会科学基金对于非传统安全研究的资助最多，论文篇数达20篇，占受资金资助文献总数的87%。国家社会科学基金资助的发文集中在国际合作安全治理、区域性国际组织协作、能源安全威胁及国家安全风险防范、非传统安全治理的大数据运用等重要领域（见图4）。

随着我国对内全面深化改革和对外建构新型国际关系，内政外交都处于大变革、大调整时期，公共领域的重大非传统安全问题也急剧增多。国家级基金对非传统安全研究资助的加重，一则表明非传统安全的现实挑战更加紧迫，二则也表明国家安全与国家发展政策重心向非传统安全问题的较大倾斜，这也为研究工作提供了动力和条件。除此，国家自然科学基金资助的文章数，相比于国家社科基金资助的文章数要少得多（只有1篇），这也从一个方面说明我国非传统安全的量化研究亟须加强。

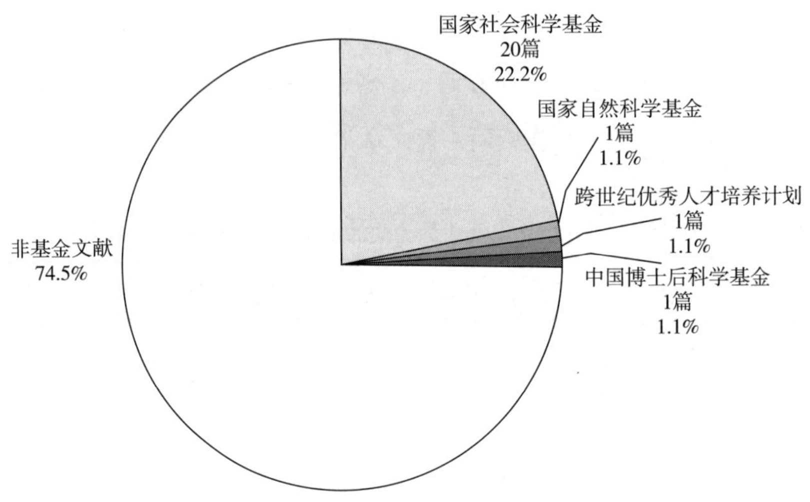

图4　2017年以"非传统安全"为主题论文的资助基金分布

搜索日期：2018年4月1日。

二　2017年中国非传统安全研究的主要议题分析

（一）区域非传统安全研究

在90篇期刊文献中，有15篇是关于区域性非传统安全问题，其中涉及金砖国家、东亚、南海、边疆等区域性非传统安全问题。金砖国家中，俄罗斯和印度在地理区位上与我国接壤，金砖国家中的南非和巴西更是我国"一带一路"倡议中重要的落脚点；东亚地区国家如蒙古国、朝鲜、韩国、日本等，与中国地理位置接近且有着密切的合作与竞争关系；而南海和边疆地区又是我国的边界领土，地理位置极为重要。因此，在区域性非传统安全研究中，围绕这些区域的专题研究是重点内容。

任琳在《金砖国家非传统安全合作的理论与实践路径》一文中认为，当前世界政治经济形势错综复杂，传统安全风险与非传统安全威胁相互交织，金砖国家安全合作既有难得机遇，也面临严峻挑战；金砖国家产生于一个特殊的全球化时代，全球性问题频发，安全内涵骤然丰富；治理这些全球性问题超越了单个国家的能力范围，因此在各国协作的基础上推进合作、共同治理是各国的明智选择。[①] 刘超在《金砖国家安全合作：机遇、挑战与对策》一文中提出，推动金砖国家安全合作的深入发展，需要着力构建安全伙伴关系，不断夯实金砖国家合作的价值基础、制度基础、物质基础、文化基础和信任基础。[②]

边疆非传统安全逐渐成为边疆安全的重要关注内容。从国家安全治理的角度来看，边疆非传统安全具有系统性、复合性、跨域性、转化性和民族宗教性等特点，边疆非传统安全治理体系上的条块分割化、结构上的主体碎片化和能力上的整体滞后化之间的张力凸显了边疆非传统安全合作治理的必要性。[③] 李智环的《非传统安全视角下的跨境民族研究：以傈僳族为例》一书在非传统安全的视角下对中国西南边疆地区集贫困、跨境、山地、宗教四位为一体的民族——傈僳族展开研究，在大量实地田野调查和一手资料的基础上，就傈僳族在全球化、一体化、信息化背景下的人口安全、生态安全、文化安全以及有关影响中缅边境地区安全的非传统安全因素进行了具体、系统的分析，其中还分析了少数民族的民族与国家认同之于跨境民族安全与发展和边疆安全的意义。[④] 在东北边疆合作治理问题上，白向龙认为我国东北边疆民族地区是典型的多民族聚居地，其面临的经济问题、宗教问题、跨境犯罪、朝核试验等非传统安全威胁具有跨国性、复杂性、交织性、突发性以及损害性大等特征，要积极发挥政府的主导作用，提升边境应急能力，加强东北亚区域的合作治理。[⑤] 刘雪莲认为，边疆治理和边境治理是两种空间逻辑不同的治理思路，传统民族问题视角下的边疆治理解决手段在跨境问题上不

① 任琳：《金砖国家非传统安全合作的理论与实践路径》，《国际安全研究》2017 年第 4 期。

② 刘超：《金砖国家安全合作：机遇、挑战与对策》，《金砖国家可持续发展》2017 年第 3 期。

③ 张立国：《边疆非传统安全的合作治理机制建构探析》，《西北民族大学学报》（哲学社会科学版）2017 年第 1 期。

④ 李智环：《非传统安全视角下的跨境民族研究：以傈僳族为例》，民族出版社，2017。

⑤ 白向龙：《东北边疆民族地区非传统安全及社会治理探析》，《新西部》2017 年第 34 期。

敷使用，全球治理理念下的边境治理具有独立研究价值，应从全球治理的角度，注重考虑跨境问题治理的多主体共同参与需求，寻求边境治理的议题构建，实现从边疆治理转向边境治理。①

冷战结束以来，面对日益严重的海盗活动、恐怖袭击、跨国犯罪、自然灾害、过度捕捞、生态保护等非传统安全问题，南海周边国家构建起了一系列囊括多边、双边及非官方层面的合作机制与准则。非传统安全合作已经成为中国—东盟海洋伙伴关系的重要组成部分。中国是南海地区非传统安全合作的重要倡议者、积极参与者和机制建设者。任远喆提倡引领构建新的南海地区合作机制，利用好当前推动南海地区合作的关键机遇期、充分照顾参与各方的舒适度、加强推动各国国内法律法规和执法部门之间的对接，并从战略高度看待实践层面创新南海地区非传统安全合作。② 卢筱捷提到《五国防务安排》为各国在东南亚海域进行安全合作提供了积极的示范作用，在维护南海海上安全，尤其是在应对非传统安全问题方面发挥着积极的作用。③

中日韩所处的东北亚地区局势总体呈现和平稳定局面，经济增长迅速，已经成长为世界经济第三极，成为最具发展潜力和前景的地区。李东燕在《中国参与区域组织安全合作：基本模式与前景》一文中提出，全球安全治理要加强亚太安全区域合作，要参与联合国框架下的区域安全治理，要适应和调整探索区域多边合作的新路径。④ 张屹提出中日韩作为东北亚的核心国家，对亚洲地区的和平繁荣负有重大责任，三国应共同致力于本地区的安定团结，夯实双边和多边合作的基础，尊重和照顾彼此的利益关切。⑤ 盛勰对 2017 年国际安全领域的传统安全与非传统安全形势进行

① 刘雪莲：《从边疆治理到边境治理：全球治理视角下的边境治理议题》，《教学与研究》2017 年第 2 期。

② 任远喆：《南海地区非传统安全合作与中国的角色》，《边界与海洋研究》2017 年第 3 期。

③ 卢筱捷：《“五国防务安排”与南海非传统安全》，《太平洋学报》2017 年第 12 期。

④ 李东燕：《中国参与区域组织安全合作：基本模式与前景》，《外交评论》2017 年第 1 期。

⑤ 张屹：《中日韩三方合作机制的理论困境及前景展望》，《邵阳学院学报》（社会科学版）2017 年第 1 期。

了整体分析，认为2017年局部冲突、核威胁、恐怖袭击、难民危机等呈现新变化，在传统安全领域中，局部冲突与核安全有可能发展成现实危机，在非传统安全领域，恐怖袭击、难民危机愈演愈烈，对国家安全形成挑战。①

（二）“一带一路”与非传统安全研究

90篇期刊文献中，有4篇是以“‘一带一路’中的非传统安全”为主题，具体是“一带一路”海外承包工程非传统安全风险分析、21世纪海上丝绸之路非传统安全问题、“一带一路”下新疆应对非传统安全的多边司法合作路径问题，等等。

王凤娟等在研究中认为，基于中国企业在“一带一路”沿线各国承包工程的实际情况，要建立“一带一路”沿线各国非传统安全风险识别库、绘制“21世纪海上丝绸之路”节点国家风险层级表、描述各节点国家非传统安全风险现状、总结主要风险源，并提出了21世纪海上丝绸之路相关国家开展工程承包的风险管理建议。② 马天在《“一带一路”下新疆应对非传统安全的多边司法合作路径分析》一文中认为，“一带一路”沿线各国应加强跨境法律合作，并对共同构建符合地区利益的泛国际司法体系的必要性与可行性进行分析论证，对开放时期的安全格局与法治化建设提出了合理性对策。③ 夏真真等提出沿线国家应从战略高度加强政治互信，实现经济联系和安全合作相互促进，注重发展双边—多边机制并存、政府—社会力量多层参与、法律权利—责任不断明晰的非传统安全合作安排。④ 扈琼琳在海上丝绸之路建设中提出要明确海上非传统安全问题的主要内容，针对其突发性、跨

① 盛畿：《浅析国际安全形势变化与未来趋势》，《黑河学刊》2017年第5期。

② 王凤娟、卢毅：《“一带一路”海外承包工程非传统安全风险分析——以21世纪海上丝绸之路为例》，《工程管理学报》2017年第31卷第1期。

③ 马天：《“一带一路”下新疆应对非传统安全的多边司法合作路径分析》，《山东农业工程学报》2017年第4期。

④ 夏真真、汪万发：《21世纪海上丝绸之路非传统安全问题及其合作安排》，《江南社会学院学报》2017年第19卷第4期。

国性、复杂性特性，中国应承担大国责任，加强与沿线各国合作，实现共同安全，为新海上丝绸之路营造良好的发展环境。①

（三）非传统安全专题研究

2017 年我国非传统安全研究专题主要是网络空间安全研究、气候安全研究、人民安全研究、总体国家安全研究、国际移民安全研究这五个方面。

1. 网络空间安全研究

李京航认为，计算机网络安全问题已经变成如今日益发达的信息时代的主要研究对象，当前网络存在着互联网病毒、黑客攻击等许多问题。② 2017 年我国多次召开关于网络安全的重要会议，习近平在国家安全工作座谈会上尤其强调网络安全，提出“要筑牢网络安全防线，提高网络安全保障水平”。由此可见，随着信息化的迅猛发展，网络空间不仅成为人类社会新的生存空间，而且也成为国家安全需要夺占的全新“制高点”。

2. 气候安全研究

刘长松在《气候变化与国家安全》一文中认为气候变化是一个综合性、全球性问题，发达国家较早关注了气候变化与安全问题之间的联系，气候变化既关系到传统安全，又关系到非传统安全。从我国对气候变化的国家评估结果来看，气候对我国经济社会发展众多领域具有广泛和深远的影响，并对我国政治安全、国土安全、军事安全、经济安全、社会安全、生态安全、资源安全等领域产生了不容忽视的影响，未来应对气候变化要在总体国家安全观的指导下，采取有效措施，降低不良影响。③

---

① 扈琼琳：《21 世纪海上丝绸之路面临的非传统安全问题研究》，《江汉大学学报》（社会科学版）2017 年第 34 卷第 3 期。

② 李京航：《“多元性”非传统安全威胁对网络安全的挑战与治理》，《电子技术与软件工程》2017 年第 24 期。

③ 刘长松：《气候变化与国家安全》，《战略》2017 年第 11 期。

3. 人民安全研究

习近平总书记在阐述国家安全风险防范思想时提到，努力使以人民为中心的发展思想成为紧紧依靠人民推动国家安全风险应对的“支点”，运用科学方法论积极消解改革悖论以应对国家安全风险。刘跃进在《把“以人民安全为宗旨”落实到国家安全各个领域》一文中提到，要贯彻落实总体国家安全观，必须切实保障人民群众的利益和安全，为人民群众安居乐业提供坚强的保障，“以人民安全为宗旨”是总体国家安全观的第一要义。[①] 廖丹子认为对民众实施综合性防护是现代国家的一项重要职能，随着传统安全威胁与非传统安全威胁的日益复杂与相互交织，民众防护能力的提升意义重大但也面临更大挑战，要探索建立“战备民防”“灾备民防”“生活民防”三位一体的内容新架构。[②]

4. 总体国家安全研究

康均心提出面对人类社会发展过程中出现的各种安全威胁，我们必须以“总体国家安全观”为指导，以法治思维为引导，将国家安全纳入法治轨道，建立完善的国家安全理论体系、法制体系和治理体系，选择适合我国的法律治理模式，有效解决各种安全威胁所带来的社会问题。[③] 王宏伟认为中国正在从工业社会向后工业社会过渡，国家安全面临着系统性风险的挑战，难以用工业社会的还原思维和控制手段加以解决，要在总体国家安全观指导下积极应对国家安全系统性风险。[④]

5. 国际移民安全研究

移民问题作为全球化的重要产物之一，日益显现出其重要性，并逐步得到各国政府和国际社会的关注。章雅荻认为移民问题所面临的四大困境来自

---

① 刘跃进：《把“以人民安全为宗旨”落实到国家安全各个领域》，《人民论坛》2017 年第 29 期。

② 廖丹子：《非传统安全视角下的民防研究》，中国社会科学出版社，2017。

③ 康均心：《全球反恐背景下国家安全法治体系构建》，《山东大学学报》（哲学社会科学版）2017 年第 2 期。

④ 王宏伟：《总体国家安全观指导下的国家安全系统性风险及其治理》，《现代国际关系》2017 年第 11 期。

哲学、法学、国际关系和技术四个层面，为了超越这一困境，为移民问题全球治理提供新的路径选择，要尝试借助从中国传统文化中衍生的“命运共同体”、“责任共同体”和“全人类价值”等概念，强调转变移民问题全球治理观念，以全人类的生命价值作为原点，以“天下”和全球作为情怀，改变合作模式，建立移民“责任共同体”或“治理共同体”，达到责任共担、安全共享的善治终极目标。①

（四）以非传统安全为视角的安全问题研究

1. 高校文化安全教育研究

2017 年关于“非传统安全”主题的高校文化安全文献有 4 篇，其中有 3 篇围绕高校学生文化安全教育。3 篇文献都提到新形势下大学生国家安全教育的缺乏以及大学生国家安全教育的必要性和面临的挑战。霍跃认为新形势下大学生国家安全教育仍面临诸多挑战与困境，如大学生对我国国家安全常识有大体了解，但不少学生还存在着盲区和误区，安全意识有热情但却无所适从、国家安全知识碎片化、国家安全教育供给还不足等，应融合教育渠道与主体以形成国家安全教育的合力。② 陈润认为高校必须强化大学生文化安全意识，加强大学生信息安全、反恐防爆能力等教育，加强大学生心理健康教育，提高大学生文化安全风险的甄别能力。③

2. 城市应急与城市安全研究

非传统安全突发公共事件种类越来越多，覆盖人民生活的方方面面，面对这些安全挑战，城市必须具有突发公共事件风险防范与治理能力再造的能力，提高城市安全能力。针对新时期的城市安全问题，2018 年 1 月我国还印发了《关于推进城市安全发展的意见》的文件。吴志敏认为，提升城市

① 章雅荻：《国际移民问题全球治理的现状、困境与展望——以欧洲移民危机为例》，《国际关系研究》2017 年第 1 期。

② 霍跃：《新形势下大学生国家安全教育的困境》，《黑龙江教育》（理论与实践）2017 年第 5 期。

③ 陈润：《提升大学生非传统安全应对能力研究》，《安徽工业大学学报》（社会科学版）2017 年第 3 期。

突发事件风险防范与治理能力，必须积极转变突发事件应急处置理念，强化风险治理机构职能，建构多主体协防风险机制，强化风险动态跟踪与治理，建构跨部门风险防范平台等。①

3. 人口安全问题研究

人口安全问题是关乎我国可持续、高质量发展的重大问题。贺丹在研究中提出，要化解当前人口社会风险，不仅要推进人口问题治理体系和能力的现代化，鼓励按政策生育，构建家庭发展支持体系，还要积极构建覆盖全民、包容差别、预先防范、底线保护的多维立体社会保护网，妥善应对人口流动的新趋势和新挑战，促进人口合理分布。②

三　2017年中国非传统安全研究的整体特征评析

（一）基本原理、方法有了新的推进

2017 年的文献还探讨了非传统安全研究和治理的新方法和新理论，如非传统安全共同体、非传统安全治理的大数据分析、非传统安全威胁的识别与评估等。

共同体是人类生存与发展的基本方式，也是人作为一种社会的存在进行其实践活动的重要标志，随着非传统安全研究的兴起，近年来非传统安全语境下的安全共同体也引起了学者们的关注和思考。2017 年，习近平在联合国日内瓦总部的演讲、达沃斯世界经济论坛 2017 年年会等国际重要场合都强调了共同构建人类命运共同体的构想。“构建人类命运共同体”的中国倡议也在 2017 年被写入联合国安理会、人权理事会、社会发展委员会的决议。

余潇枫、王梦婷在《非传统安全共同体：一种跨国安全治理的新探索》一文中认为，随着大量复杂多变的非传统安全问题的出现，以“非军事性”

① 吴志敏：《新媒体视域下城市突发公共事件的风险治理》，《甘肃社会科学》2017 年第 5 期。

② 贺丹：《非传统安全视角下我国现阶段人口社会风险》，《中国党政干部论坛》2017 年第 3 期。

为特征的“资源性”安全困境日益凸显，冲击着各国政府及跨国组织的现有安全政策和安全合作机制，传统安全共同体难以应对新的挑战；要通过对安全共同体理论的反思，建构“非传统安全共同体”；与传统安全共同体相比较，非传统安全共同体不是封闭排他的，而是开放相容的，不是相互制约且屈服于霸权的，而是相互学习且共商共享的，不是局限于国家安全的，而是除国家安全外还关注世界安全、社会安全与人的安全，不是以国家行为体为主角的，而是国家行为体和非国家行为体“合作共赢”的大平台；非传统安全共同体是一种跨国安全治理的新探索，它的构建或是人类应对非传统安全威胁的有效途径；它强调国家间面对共有威胁时的共同命运，“类安全”意义上的联合与共享是消解“资源型”安全困境的有效途径；“和合主义”以“优态共存”“共享安全”“安全治理”为核心范畴，是非传统安全共同体的价值前提，“多元多边合作”是建构非传统安全共同体的最佳方案；积极参与全球、区域、次区域等各层次的非传统安全共同体构建，也是中国践行“命运共同体”理念的重要路径。[①] 凌胜利在《构建周边安全共同体：挑战与对策》一文中提出了构建周边安全共同体的必要性、面临的挑战、构建路径以及中国“双重协调”的周边安全战略。为了更好地推动周边安全共同体的实现，中国不仅提出了亚洲新安全观，还谋求亚太地区安全新架构的建设。[②]

周冉的《中国“外源性”能源安全威胁研究——基于非传统安全视角的识别、评估与应对》一文是基于非传统安全研究的视角对中国能源安全面临的主要“外源性”威胁展开识别、评估和应对分析，文章认为近年来我国能源安全主要面临中东非洲主要产油国的国内冲突、破坏中东非洲石油生产的恐怖活动、霍尔木兹与马六甲海峡的航道封锁、索马里与亚丁湾海域的海盗活动、美国货币政策重大调整引发的油价上涨等“外源性”威胁；在评估方法上，威胁评估与风险评估、安全评估有着本质的区别，特征评估

① 余潇枫、王梦婷：《非传统安全共同体：一种跨国安全治理的新探索》，《国际安全研究》2017 年第 1 期。

② 凌胜利：《构建周边安全共同体：挑战与对策》，《国际问题研究》2017 年第 5 期。

法能够依托非传统安全威胁的“集合特征”为形态迥异、内容多样的威胁提供相互比较的可能，要建立涵盖突发性、扩散性、转化性的威胁评估的标准；在能源安全的应对战略上，中国应该以“一带一路”倡议为契机，运用“场有思维”，以主动介入的方式防范“突发性”影响，加强能源安全的“场有合作”，以优势互补的方式遏制“扩散性”影响，增进大国间的“场有关切”，以构建大国间新型关系的方式避免“转化性”影响。①

大数据与大数据分析为非传统安全治理提供了新的方法。大数据是一种海量的数据状态和储存技术，能够有效集成众多领域的信息资源，通过对其分析处理和应用，可以产生价值巨大的产品和服务。石杰琳指出，当今世界大数据潮涌而至，已经不局限于商业智能领域，在公共服务、科学研究等方面也日益彰显其巨大的影响力，但目前存在大数据存储孤岛林立、数据闲置、数据分析力薄弱、应用水平低下以及数据开放性、共享性与安全性的矛盾突出等不足；要提升非传统安全威胁治理能力，就需要树立大数据思维，建设统一的、共享的数据信息平台，加强数据分析和技术人才开发，通过制度创新明确信息安全边界。②

（二）研究议题与政策议题相呼应

研究议题和政策议题相呼应，新的政策议题的提出会带来研究议题的新发展，研究议题的深化与创新可为政策议题的拟订和执行提供依据，整体上看，政策议题与现实议题的动向大体一致。

2017 年是十八届中央委员会和中央政府的收官之年，也是十九届中央委员会和中央政府的开局之年，因此是中国特色社会主义建设承前启后的一年，尤其是党的十九大召开以来，国家改革和建设进入了一个新时代。从 2017 年国家改革和政策动向看，“一带一路”、总体国家安全、新型外交关系、人类命运共同体、全球治理、网络与空间安全、安全与发展等，都是各

① 周冉：《中国“外源性”能源安全威胁研究——基于非传统安全视角的识别、评估与应对》，《世界经济与政治》2017 年第 1 期。

② 石杰琳：《大数据应用与非传统安全威胁治理》，《人民论坛》2017 年第 18 期。

级政府和职能部门谈论最多的主题。作为理论研究者应对国家改革和发展问题给予热切关注，这些问题也就相应地成为2017年非传统安全研究领域的热门方向。在政策和研究的双向互动下，对这些问题的认识将逐步深化，对这些问题的综合治理能力也将逐步提高，同时，中国学者和决策者对这些问题的主张也不断走向世界舞台。

（三）老问题有新解读

暴恐、移民、气候、信息、科技、环境等一直是非传统安全研究领域的常规重要议题。2017年中国学者一如既往地在这些方面展开了积极探索，在整个2017年度的非传统安全研究中其占了相当比重。同时，围绕这些“老”问题，2017年的研究也显示了新时代的“新”内容，如提出“非传统安全共同体”、探索大数据的运用、非传统安全威胁识别与评估方法探索、交织安全背景下的我国现代民防体系探索、“一带一路”沿线国家的风险数据库建设、互联网时代的国家安全教育，等等。这些新的现实关注和理论探讨都是2017年我国非传统安全研究的新动向，这使非传统安全研究在研究方法、问题追踪、概念创新等方面有了新时代的新气息。

四　我国非传统安全研究下一步亟须深化之方向

非传统安全研究是一门理论性和应用性都较强的、横跨多学科的综合研究领域，其最终目标是更好地服务于国家安全与国家利益。基于上述对2017年我国非传统安全研究文献的分析，本文认为，我国非传统安全研究还有几方面不足与亟待深化的方向。

1. 研究方法大多属于定性规范研究，相比之下，基于一定数据搜集与分析的量化研究还十分薄弱

2017年，90篇相关文献中鲜有严格意义上的定量研究，23篇国家基金资助的文献中，仅有1篇是国家自然科学基金资助。当前大数据的理念与方法正被广泛应用于各个领域，期待非传统安全研究领域有实质性的量化方法突破。

2. 应加强基本原理创新

在2017年我国非传统安全研究的论文与著作成果中，解释性、应用性与对策性研究占据绝大多数，而具有开创性、奠基性的基本原理创新显得极少。我国非传统安全研究在理念、方法与议题等方面，仍需要有开拓性的基础原理创新。

3. 应加强对国际非主流安全问题的关注和加强与国际同行对话

在加强对国际非主流安全问题的研究方面，相比于常规的经典话题，一些看似“边缘”的问题如社群安全、少数族裔、话语安全、极地安全等，我国学者应给予更多关注。同时，要进一步丰富交流、对话等形式，加强与国际同行研究者的交流与对话。

习近平总书记在十九大报告“坚持总体国家安全观”中提出要“统筹发展和安全”“必须坚持国家利益至上，以人民安全为宗旨，以政治安全为根本，统筹外部安全和内部安全、国土安全和国民安全、传统安全和非传统安全、自身安全和共同安全，完善国家安全制度体系，加强国家安全能力建设，坚决维护国家主权、安全、发展利益”。在努力建设富强、民主、文明、和谐、美丽的社会主义新时代，我国积极推进全面深化改革与新型国际关系，国家的总体安全治理能力亟须提升，积极构建人类命运共同体的中国担当将更加受到各国期待。在此背景下，我国理论研究者应有更宽的视野和更大的创新勇气，来深化非传统安全研究，更好地发挥非传统安全研究作为智力支持和理论指导在国家安全治理能力现代化中应有的时代作用。

附录：

本文根据公众对某一（非传统）安全问题的关注和讨论，整理出2017年国内外发生的影响较大的非传统安全事件（见表3）。事件分为三种类型，政策事件体现为国家安全战略与政策；学术事件体现为学术界在非传统安全研究领域中的活动；突发事件体现为公共领域发生的非传统安全突发事件（排名不分先后）。

表3　2017年国内外非传统安全重大事件简录

事件类型	具体事件
政策事件	1.《中国的亚太安全合作政策》白皮书发布(1月11日) 2. 习近平主持召开国家安全工作座谈会(2月17日) 3. 北京市国家安全局发布《公民举报间谍行为线索奖励办法》(4月10日) 4.《中华人民共和国网络安全法》正式实施(6月1日起实施) 5.《国家情报法》颁布实施(6月27日) 6. 中国政府叫停比特币境内交易活动(9月4日) 7. 中共十九大报告提出要"统筹传统与非传统安全"(10月18日) 8."坚持总体国家安全观"载入中国共产党党章(10月24日) 9. 习近平在联合国日内瓦总部发表题为《共同构建人类命运共同体》的主旨演讲(1月18日) 10."建构人类命运共同体"写入联合国安理会、人权理事会、社会发展委员会的决议
学术事件	1. 2017年1月8~9日,四川大学中国西部边疆安全与发展协同创新中心与浙江大学非传统安全与和平发展研究中心在四川大学共同举办"非传统安全研究前沿与趋势"学术研讨会 2. 2017年4月1~2日,郑州大学公共管理学院与国际关系学院《国际安全研究》编辑部共同举办"网络空间安全治理与数据治国暨郑州大学首届国际公共安全研究学术研讨会" 3. 2017年5月13日,浙江大学非传统安全与和平发展研究中心主任余潇枫接受学术专访,提出重塑"安全文明"思想观点 4. 2017年6月16~17日,国际关系学院主办、《国际安全研究》编辑部和哈佛大学肯尼迪政府学院贝尔福中心"管控原子能项目"联合承办"国际核议程评估"国际学术研讨会 5. 2017年11月25~26日,全国高校国际政治研究会、中山大学主办,中山大学国际关系学院承办第十五届全国高校国际政治研究会年会暨"世界秩序转型与区域治理"研讨会
突发事件	1."伊斯兰国"疑似新疆男子威胁回国发动恐怖袭击(3月1日),"伊斯兰国"杀害两名中国人(6月9日) 2. 英国伦敦"独狼式"恐怖袭击(3月22日) 3. 驻韩美军部署萨德系统(4月26日) 4. 英国曼彻斯特"自杀式"恐怖袭击(5月22日) 5. 网络勒索病毒全球肆虐(5月和6月各一次) 6. 中国访美女学者章莹颖在伊利诺伊大学所在的伊利诺伊州香槟市失踪(6月9日) 7. 山西"8·11"边坡滑坡事故,贵州纳雍县山体滑坡灾害(9月28日) 8. 埃及北西奈省阿里什市一清真寺恐怖袭击等(11月24日) 9. 红黄蓝幼儿园"虐童"事件(11月) 10. 大兴火灾后北京拆除违章建筑(11月)

专题报告

Theme Reports

·多源/元性非传统安全研究·

B.3 中国军队非战争军事行动研究

樊高月*

摘　要： 中国人民解放军从建军之初就开始遂行非战争军事行动，但直到21世纪初才开始系统提出非战争军事行动理论。冷战结束后，传统安全威胁下降，非传统安全威胁上升，非战争军事行动成为我军保护人民利益、维护国家权益、提升国家影响力的重要形式。中国非战争军事行动分为抢险救灾、反恐怖、维护稳定、维护权益、安保警戒、国际维和、国际救援等7种类型，遵循依法行动、掌握政策，紧急行动、快速部署，统一指挥、联合行动，周密组织、全面保障，注重宣传、加强鼓动等原则，采用四级、三级、两级三种组织指挥模式，

* 樊高月，硕士，四川大学中国西部边疆安全与发展协同创新中心特聘教授，原中国人民解放军军事科学院外国军事研究部首席专家，主要从事国际军事学研究。

实施行动保障、后勤保障、装备保障和政治保障，呈现政治性强、行动受限，任务不确定性大、应急反应要求高，地方为主、协调性强，力量构成多元、指挥协调困难，涉及领域多、专业技术强等特点。

关键词： 中国军队　非战争军事行动　非传统安全

非战争军事行动，是武装力量为维护国家安全和发展利益而进行的不直接构成战争的军事行动，包括反恐维稳、抢险救灾、维护权益、安保警戒、国际维和、国际救援等行动。[①] 非传统安全威胁，是国家在传统意义之外的能源、金融、环境、文化、信息和网络等领域受到的威胁。包括恐怖活动、网络攻击、跨国犯罪、能源危机、金融危机、重大自然灾害、重大传染性疾病、生态环境恶化及社会动荡等。[②] 由此可见，中国非战争军事行动是指中国军队为应对非传统安全威胁而采取的行动，包括反恐怖、维护稳定、抢险救灾、维护权益、安保警戒、国际维和、国际救援等。

一　中国军队非战争军事行动的历史演进

中国人民解放军从诞生之初就不是单纯打仗的。早在 1927 年毛泽东创建井冈山革命根据地时期，就对军队提出了“打仗、筹款和做群众工作”三大任务。后来，毛泽东进一步丰富和发展了这一思想，为我军规定了“战斗队、工作队、生产队”三大任务，要求人民军队除行军打仗之外，还要做好帮助群众的工作，担负一定的生产和经济建设任务。

① 全军军事术语管理委员会/军事科学院：《中国人民解放军军语（全本）》，军事科学出版社，2011，第 163 页。

② 全军军事术语管理委员会/军事科学院：《中国人民解放军军语（全本）》，军事科学出版社，2011，第 162 页。

新中国成立后，中国军队在抵御外来侵略、保护国家权益、维护社会稳定的同时，自觉服从和服务于国家经济建设大局，积极参加国家经济建设，抢险救灾，为国家经济发展和保卫人民群众生命财产安全做出了重大贡献。

中国人民解放军虽然很早就有非战争军事行动实践，但在21世纪前没有使用“非战争军事行动”这个术语。1991年11月，美军颁发《美国武装部队的联合作战》，首次使用“非战争行动”（Operations Other Than War）这个术语。1993年，美国国防部在《防务全面审查报告》中首次使用“非战争军事行动”（Military Operations Other Than War）这个术语，强调美军不仅要善于实施战争行动，还要善于实施非战争军事行动。同年6月和9月，美军分别在陆军《作战纲要》和《联合作战纲要》中专门设置了“非战争军事行动”一章。1995年6月，美军颁发了联合出版物《非战争军事行动》和涉及反恐、维和、缉毒、撤侨、国际人道主义救援等6部条令。2006年，美军颁发新版《联合作战纲要》，停止使用“非战争军事行动”这个术语。但这种变化并没有削弱非战争军事行动地位的作用，也没有影响非战争军事行动的运用和实践，而是丰富和发展了非战争军事行动的内涵。

21世纪初，我军开始使用“非战争军事行动”这个术语。在2001年颁发的军事训练大纲中，我军首次使用了“非战争行动”这个术语。2002年出版的《中国军事百科全书》（增补卷）第一次对“非战争军事行动”做出定义。从2006年起，军事科学院、国防大学、陆军指挥学院等单位开始对“非战争军事行动”进行研究。《2008年中国的国防》白皮书明确提出：“把非战争军事行动作为国家军事力量运用的重要方式，科学筹划和实施非战争军事行动能力建设”“重视加强反恐、维稳、处突、维和、抢险救灾等非战争军事行动训练”。①

与此同时，我军不断加强非战争军事行动的法规建设。2005年6月7日，国务院和中央军委联合颁发了《军队参加抢险救灾条例》；2009年1月5日，下发了《军队非战争军事行动能力建设规划》，明确了军队非战争军

① 中华人民共和国国务院新闻办公室：《2008年中国的国防》，人民出版社，2009，第14页。

事行动能力建设的指导思想、原则、目标、力量规模和措施要求；同年3月，印发了《关于加强非战争军事行动政治工作意见》，提出了准确把握非战争军事行动中政治工作特点规律，紧贴任务实际开展工作，拓展政治工作的服务保障功能；2010年11月，发布了《军队处置突发事件应急指挥规定》，对军队参加维护社会稳定及处置其他各类突发事件的组织指挥、力量使用、综合保障和军地协调等问题做出明确规定；2012年3月，中央军委颁发《中国人民解放军参加联合国维持和平行动条例（试行）》；同月，总后勤部印发《军队非战争军事行动财务保障办法》。①

为更好地指导部队实践，我军还先后下发了《非战争军事行动教程》《反恐怖行动研究》《抢险救灾行动》《国际维和行动》等一批非战争军事行动教材，出版了《军队应对非传统安全威胁研究》《非战争军事行动概论》《军事力量的非战争运用》《非战争军事行动系列研究》丛书等专著。

在组织机构设置上，总参谋部设立了应急办公室，主要负责非战争军事行动的组织指挥。军事科学院、国防大学等单位成立了非战争军事行动研究中心，一些院校专门设置了非战争军事行动教研室，专门从事非传统安全威胁和非战争军事行动基础理论和应用理论的研究和教学，为国家、军队、总部提供决策咨询，为部队提供理论服务。

在专业力量建设上，我军从21世纪初开始建设非战争军事行动力量体系，先后组建了以抗洪抢险、地震灾害紧急救援、核生化应急救援、交通应急抢险、国际维和等5支专业部队为骨干的非战争军事行动力量体系，包括由全军工程兵部队组成19支抗洪抢险应急部队，担负全国主要江河流域的专业抗洪抢险任务；由有关军区的工程部队和武警医疗专业力量组成的地震灾害紧急救援队，担负国际国内重大地震灾害紧急救援任务；由有关军区、军兵种防化部队和总后军事医学科学院医学救援力量组成核生化应急救援队，担负陆上、海上和重度辐射污染区核化生应急救援任务；由工程兵部队和第二炮兵的工程部队组成10支交通应急抢险队，协助地方担负铁路、公

① 《解放军报》2012年9月6日。

路应急抢险任务；由工程兵、运输和医疗专业力量组成国际维和部队，担负联合国框架下的国际维和任务。[①] 随着这些专业力量的建立，我军遂行非战争军事行动的能力不断提高。

二 中国军队非战争军事行动的地位作用

随着冷战的结束，和平、发展与合作成为世界潮流，传统安全威胁下降，非传统安全威胁上升，非战争军事行动成为我军保护人民利益、维护国家权益、提升国家影响力的重要形式。

（一）非战争军事行动是和平时期维持社会稳定和保卫国家权益的重要形式

新中国成立后，各种敌对势力千方百计地破坏社会稳定，企图推翻党的领导和国家政权。我军协助政府积极开展军管、剿匪、镇反等行动，为全面恢复社会秩序、巩固新生政权做出了突出贡献。1959 年，我军采取军事打击、政治争取和发动群众等方法，一举粉碎了西藏反动集团分裂国家的阴谋，维护了国家的统一。改革开放以来，我军多次参加抢险救灾和反恐维稳行动，有效地维护了社会稳定。特别是我军近期在东海和南海进行了定期和不定期巡逻，跟踪和驱离非法进入我国领海和经济专属区的外国舰船，有效地保卫了我国海上权益，为未来发展奠定了坚实的基础。

（二）非战争军事行动是化解地区危机和维护世界和平的有效手段

应联合国秘书长请求，中国自 1990 年开始，每年向联合国派遣军事观察员执行维和任务。中国先后向纳米比亚、科威特、伊拉克、柬埔寨、刚果（金）、利比里亚、南苏丹、黎巴嫩等地派遣军事观察员或维和部队执行维和任务。21 世纪初，亚丁湾、索马里海域海盗日益猖獗，作案数量逐年递增。仅 2009 年初至 11 月，就有 40 多艘船只被索马里海盗劫持，涉及船员

① 《解放军报》2009 年 5 月 14 日。

600多人。针对亚丁湾、索马里海域的海盗行为，联合国安理会先后通过了4项决议，呼吁和授权世界各国到亚丁湾海域打击海盗。根据联合国安理会的有关决议，中国于2008年12月26日派出第一批护航编队，赴亚丁湾、索马里海域保护航经该海域的中国船舶和世界粮食计划署等国际组织运送人道主义物资的船舶。截至2017年12月13日，中国海军已派出28批护航编队，赴亚丁湾、索马里海域执行护航任务。这些维和与护航行动，对化解地区危机、缓和国际紧张局势和维护世界和平发挥了重要作用。

（三）非战争军事行动是树立我军威武之师、和平之师、文明之师形象的有效途径

中国军队虽然威震天下，名扬四方，但在遂行国际维和、国际救援等非战争军事行动之前，几乎没有机会与外国军队和民众接触，外界对中国军队的了解也停留在想象中。中国“蓝盔”部队在执行联合国维和任务中，与其他国家的军人并肩战斗，特别能吃苦、特别能战斗、特别能奉献，以“一不怕苦、二不怕死”的精神，完成了一个又一个“不可能完成的任务”，给外国军人留下了深刻印象。他们在圆满完成维和任务的同时，还主动帮助驻地民众清理废墟、整治道路、修建桥梁、重建家园，并且手把手地向他们传授水稻种植等技术，帮助他们脱贫致富。中国军人的真情和友谊感动了许多当地人，展示出中国军队威武之师、和平之师、文明之师的良好形象。

三　中国军队非战争军事行动分类

非战争军事行动主要应对非传统安全威胁，是军队在非战争条件下的运用，是化解危机、维持和平和维护国家利益的有效手段，大致可以分为抢险救灾、反恐怖、维护稳定、维护权益、安保警戒、国际维和、国际救援等7大类行动，还可细分为抗洪抢险、抗震救灾、森林灭火、核生化泄漏抢险等36小类行动（见图1）。[1]

① 郑守华主编《非战争军事行动教程》，军事科学出版社，2013，第3页。

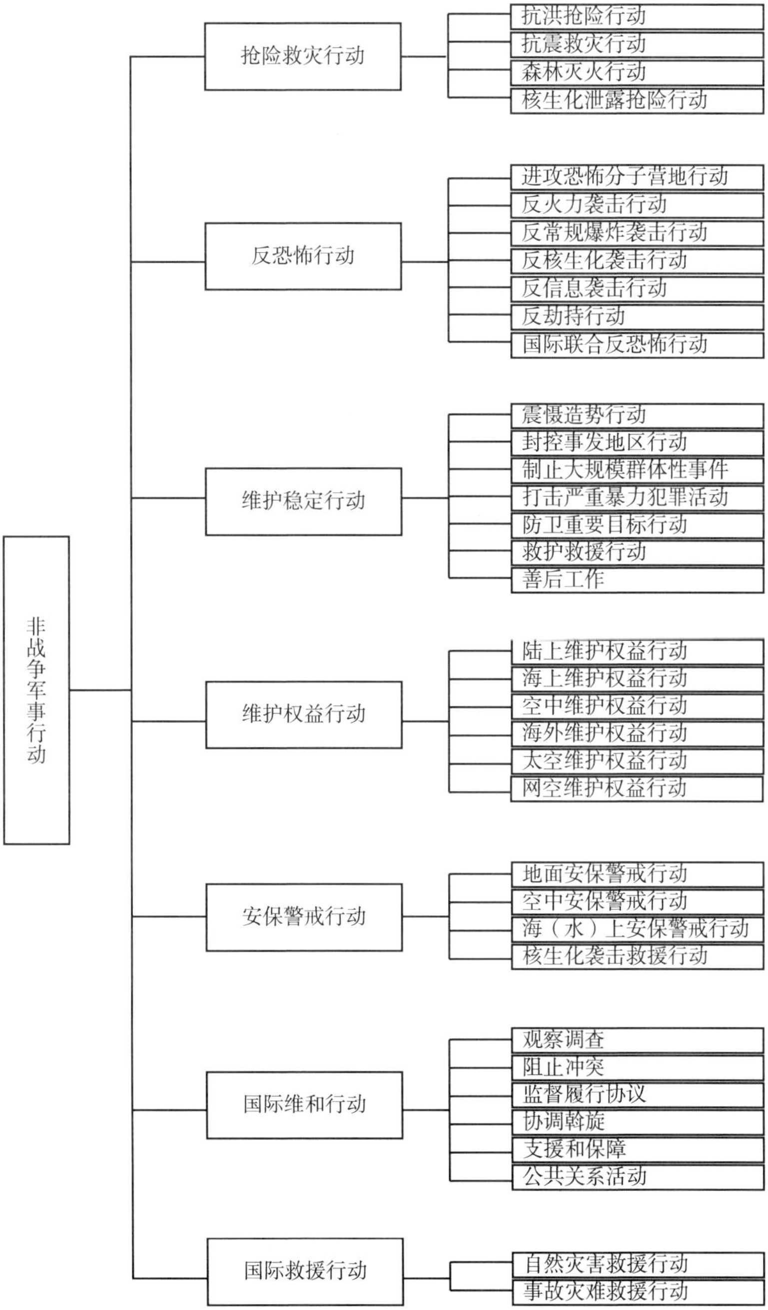

非战争军事行动
- 抢险救灾行动
  - 抗洪抢险行动
  - 抗震救灾行动
  - 森林灭火行动
  - 核生化泄露抢险行动
- 反恐怖行动
  - 进攻恐怖分子营地行动
  - 反火力袭击行动
  - 反常规爆炸袭击行动
  - 反核生化袭击行动
  - 反信息袭击行动
  - 反劫持行动
  - 国际联合反恐怖行动
- 维护稳定行动
  - 震慑造势行动
  - 封控事发地区行动
  - 制止大规模群体性事件
  - 打击严重暴力犯罪活动
  - 防卫重要目标行动
  - 救护救援行动
  - 善后工作
- 维护权益行动
  - 陆上维护权益行动
  - 海上维护权益行动
  - 空中维护权益行动
  - 海外维护权益行动
  - 太空维护权益行动
  - 网空维护权益行动
- 安保警戒行动
  - 地面安保警戒行动
  - 空中安保警戒行动
  - 海（水）上安保警戒行动
  - 核生化袭击救援行动
- 国际维和行动
  - 观察调查
  - 阻止冲突
  - 监督履行协议
  - 协调斡旋
  - 支援和保障
  - 公共关系活动
- 国际救援行动
  - 自然灾害救援行动
  - 事故灾难救援行动

图 1　非战争军事行动

抢险救灾行动，是武装力量参加中央或地方政府组织的对重大自然灾害及事故进行救援的非战争军事行动。[①] 抢险救灾行动具有事发突然、环境恶劣、参与力量多、组织协调难等特点，要求预有准备、精心谋划、快速反应、连续作战，以保障人民群众生命安全为核心，最大限度地保护人民群众利益，减少人员伤亡和财产损失。1998 年我国长江、松花江和嫩江发生洪灾，我军 30 多万名官兵前往抗洪救灾。2008 年初，我国南方遭受冰雪灾害，大约 10 万名解放军和武警官兵前往救援。2008 年 5 月 12 日四川汶川大地震，大约 15 万名解放军和武警官兵前往抗震救灾。我军的这些抢险救灾行动，最大限度地保护了人民群众安全，减少了人员伤亡和财产损失，密切了军民关系。

反恐怖行动，是军队根据党中央、中央军委决策，在地方党委、政府统一领导下，通常配合公安、武警部队，防范和打击恐怖势力及其活动的军事行动。反恐怖行动从属并服从于国家安全战略，是维护国家安全、社会稳定和打击严重违法犯罪的重要方式之一。反恐怖行动具有行动敏感、政策性强、联合行动、协调难度大等特点，要求防打结合、快速反应、慑打一体、多手并用，坚决打击恐怖组织头目和骨干分子，威慑一般恐怖分子，争取被欺骗被蒙蔽群众，以最小的代价达成行动目标。1990 年 4 月 5 日，恐怖分子在新疆维吾尔自治区阿克陶县巴仁乡制造武装暴乱。在新疆维吾尔自治区党委、政府的统一领导下，解放军驻新疆部队、新疆武警总队、公安民警和民兵密切协同，击毙恐怖分子 16 人，抓获 197 人，以牺牲 8 人、伤 20 人的代价，彻底平息了武装暴乱。

维护稳定行动，是军队按照党中央、中央军委决策指示，根据宪法和戒严法的有关规定，在地方党委、政府统一领导下，配合公安、武警部队，为维护社会秩序而进行的戒严、平暴等军事行动。维护稳定行动需要正确区分和处理敌我矛盾与人民内部矛盾两类不同性质的矛盾，正确把握和运用党的

① 全军军事术语管理委员会/军事科学院：《中国人民解放军军语（全本）》，军事科学出版社，2011，第 164 页。

民族宗教政策，争取多数群众，孤立、分化和打击少数敌对分子，具有情况复杂、升级迅速、政策性强等特点，要求统一指挥、快速反应、慎重用兵，灵活运用政治攻势、军事威慑和武力打击等多种行动手段，坚决、迅速、稳妥地阻止和平息事态，恢复正常的社会秩序，保护人民的生命和财产，维护国家的统一和稳定。2008 年 3 月 14 日，西藏拉萨市突发打砸抢烧严重暴力犯罪事件，军队和武警部队紧急出动 13 万余人，奔赴藏、川、甘、青、滇 5 省（区）的 59 个县（市）遂行维护稳定任务，协助地方政府清理、监控寺庙 1100 余座，抓捕犯罪嫌疑人 5800 余人，收缴大批枪支弹药、爆炸品和管制刀具，有力地打击了犯罪分子，恢复了正常的社会秩序。

维护权益行动，是武装力量在和平时期维护国家主权和利益的非战争军事行动。[①] 维护权益行动，主要包括陆上维护权益、海上维护权益、空中维护权益、海外维护权益、太空维护权益、网空维护权益等行动，事关国家尊严和经济秩序稳定，事关国家战略空间拓展，事关人民切身利益，具有战略性强、地域性广、对抗性强、影响巨大等特点，必须服从和服务于国家政治、经济和外交斗争的需要，敢于斗争，善于斗争，依法行动，灵活用兵。2008 年 12 月 26 日，中国海军派出第一批护航编队前往索马里海域打击海盗，保护过往的中国船舶和他国船舶。截至 2010 年 12 月 3 日，中国海军护航编队护送船舶总数达到 3014 艘，确保了被护船舶和人员的安全。中国海军舰艇和中国空军战机在南海和东海进行定期和不定期的巡航，跟踪监视进入我国经济专属区的外国舰船，驱离进入我国领海的外国舰船，有效地维护了我国海上权益。

安保警戒行动，是武装力量在国家重大活动中遂行安全保卫和警戒任务的非战争军事行动。包括对有关重要目标的防卫、暴力恐怖事件的应急处置、核生化袭击的防范与救援、大规模群体性事件的处置，以及应对可能发

① 全军军事术语管理委员会/军事科学院：《中国人民解放军军语（全本）》，军事科学出版社，2011，第 164 页。

生的自然灾害和传染病传播等。[①] 安保警戒行动，通常准备与实施周期较长，行动敏感，政策性强，力量多元，组织实施复杂，要求依法行动，预先防范，统一指挥，快速处置。2008 年 8 月至 9 月，举世瞩目的第 29 届夏季奥运会在我国首都北京举行。为确保奥运会成功举办，遵照党中央、中央军委和胡锦涛主席的指示，北京、沈阳、济南、南京、广州 5 个军区，海军、空军、武警、民兵和预备役 123 个团以上部队，共计 31 万名官兵参加了此次奥运会的安保警戒行动和援奥行动，承担了北京、天津等 7 个赛区的陆上、空中、海（水）上的安全警戒和防核生化恐怖袭击及医疗救援等任务。参加奥运安保行动的各级指挥机构和任务部队，在北京奥运安保工作协调小组和军队指挥小组的统一领导下，充分准备，严密组织，精心指挥，密切协作，出色地完成了党和国家赋予的光荣使命。

国际维和行动，是军队参与由联合国组织指挥、以非武力行动方式在世界冲突地区恢复和平与稳定的非战争军事行动。[②] 国际维和行动事关国家形象，组织纪律要求高，一般只接受联合国相关机构的指挥与协调，通过建立立体隔离区、维护社会秩序、帮助恢复当地基础设施等方式实施，要求依法行事，准备充分，安全优先，加强协调。中国于 1988 年成为联合国维持和平行动特委会成员。1989 年，中国首次派人参加了联合国纳米比亚过渡时期协助团，帮助纳米比亚实现脱离南非独立的进程。1992 年 4 月，中国正式组建第一支“蓝盔”部队——军事工程大队赴柬埔寨执行任务。1997 年 5 月，中国表示原则同意参加联合国“维和待命安排”。截至 2017 年 8 月 1 日，中国军队已参加 24 项联合国维和行动，累计派出维和官兵 3.5 万余人次，[③] 先后有 17 名维和官兵在执行任务中牺牲，数十人负伤。在联合国五个常任理事国中，中国派出的维和人员最多，贡献最大，截至 2016 年 5 月，

① 全军军事术语管理委员会/军事科学院：《中国人民解放军军语（全本）》，军事科学出版社，2011，第 164 页。

② 全军军事术语管理委员会/军事科学院：《中国人民解放军军语（全本）》，军事科学出版社，2011，第 164 页。

③ 《中国各维和部队多种形式庆祝建军 90 周年》，2017 年 8 月 1 日，http://www.yxtvg.com/toutiao/5111158/20170801A07TED00.html。

中国维和部队已累计新建、修复道路8000多公里、桥梁200多座；排除地雷和各种未爆炸物8700枚；运送物资43万多吨，运输总里程达700多万公里；接诊救治6万多病人。[①] 2015年4月8日，联合国和非洲联盟驻达尔富尔联合特派团（“联非达团”）总司令梅拉中将在联合国尼亚拉超级营地，授予中国第十批赴苏丹达尔富尔维和部队225名官兵“联合国维持和平勋章”；2017年2月9日，联合国驻马里特派稳定团（联马团）司令员阿马杜·凯恩少将授予中国第19批赴利比里亚维和部队124名官兵“联合国维持和平勋章”；2017年11月30日，联合国驻利比里亚特派团（联利团）代表联合国向中国第五支驻利比里亚维和警察防暴队140名队员授予“联合国维持和平勋章”，表彰他们在维和行动中做出的突出贡献。此外，中国还于2009年6月25日在北京怀柔建成首个维和专业培训与国际交流机构——国防部维和中心。[②] 该中心不仅培训中国维和教官，而且培训外国维和教官。2014年6月17日，由中国国防部和联合国维和部共同举办的维和教官国际培训班在该中心开班，来自联合国18个出兵国的33名维和教官（其中解放军军官10名）在北京进行了为期12天的集训。

国际救援行动，是军队参与的对在国外发生的重大自然灾害及事故等进行人道主义救助的非战争军事行动。[③] 国际救援行动，通常行动紧急，任务繁重，独立性强，事关国家形象，要求反应迅速，技术熟练，连续作战，有效缓解灾害尤其是特大灾害给一个国家带来的压力。2005年10月9日，中国国际救援队49名队员，携带6条搜索犬、8吨专业搜索设备和9吨救灾物资飞赴巴基斯坦，作为第一支到达地震重灾区巴拉考特的救援队，成功营救出7名幸存者，医治590多名伤员。2006年5月29日至6月17日，中国国际救援队44名队员，赴印度尼西亚日惹和中爪哇地区执行地震救援任务，共救治病人3015人，实施手术300多例。

---

① 《解读中国维和部队》，http：//baike. baidu. com/vbaike/解读中国维和部队/9103。

② 《解放军报》2009年6月26日。

③ 全军军事术语管理委员会/军事科学院：《中国人民解放军军语（全本）》，军事科学出版社，2011，第164页。

四　中国军队非战争军事行动原则

非战争军事行动原则，是中国军队在遂行非战争军事行动中必须遵守的基本准则。不论非战争军事行动是在国内实施还是在国外实施，都应根据行动的类型和性质，遵循相应的行动准则，确保达成预期目的。

一是依法行动，掌握政策。在非战争军事行动中，合法性是一个决定性因素。如果一项行动是合法的，它将得到各个方面的支持和帮助，很容易取得成功，相反，若是不合法，则很可能导致失败。因此，在非战争军事行动中，应注意掌握政策尺度，依法行动。一要在法律和政策允许的范围内使用武力，二要依照法律和政策处置行动对象，三要依照法律和政策管控行动区域。

二是紧急行动，快速部署。一些事件（如地震、火灾、恐怖袭击、核生化泄漏等）爆发突然，并且往往具有衍生性，时间越长，损失越大，而且还可能衍生出其他灾害。因此，接到非战争军事行动任务后，应迅速组织力量，紧急行动，以最快的速度进入预定任务区域，及时展开相关行动。一要预先筹划，做好实施非战争军事行动思想和物质准备；二要针对特点，制定应对各种非战争军事行动的实施方案；三要果断决策，快速高效地遂行非战争军事行动。

三是统一指挥，联合行动。非战争军事行动的组织工作非常复杂，特别是应对重大自然灾害、暴力突发事件等，往往是党、政、军、民等各种力量齐上阵。在这种情况下，要想有效地协调各方力量，必须建立区域性联合指挥机构，实行统一领导、分工负责的指挥方式，使各方力量在联合机构的统一指挥协调下，灵活机动地共同行动。一要着眼全局、把握关键，二要服从地方政府统一指挥，三要强化主动协调意识。

四是周密组织，全面保障。非战争军事行动保障是一项十分重要的工作，直接影响到非战争军事行动的成败。因此，要善于调动各方面的积极性，周密计划，充分运用现有条件并积极创造条件进行保障。一要提前做好准备，二要周密指挥协调，三要军地协力实施，四要多种方式并用。

五是注重宣传，加强鼓动。军队参与非战争军事行动的一举一动都展现在公众面前，搞好宣传报道，不仅有利于鼓舞官兵士气，促进部队更好地完成任务，而且有利于维护党和国家形象，提高非战争军事行动的效益。一要通过及时的信息沟通提高部队行动能力，二要通过及时的新闻发布消除各种误解，三要通过全方位宣传报道展示军队的良好形象。

五　中国军队非战争军事行动组织指挥

非战争军事行动的组织指挥，是军队各级指挥员及其指挥机关对所属部队非战争军事行动的组织领导活动。其基本任务是，根据总的行动意图，统一筹划组织非战争军事行动，正确使用各种行动力量，灵活运用行动手段和方法，在客观物质基础上，充分发挥主观能动性，圆满完成行动任务。中国军队非战争军事行动的组织指挥主要采取以下三种模式。

一是四级指挥体制。即构建由军委总部指挥机构——军区、军兵种指挥机构——责任区指挥机构——任务部队指挥机构组成的指挥体制。如汶川抗震救灾中，建立了军队抗震救灾指挥组、成都军区联合指挥部、五个责任区指挥所和任务部队指挥所四级指挥体系，较好地理顺了三军联合、军地协调、区域协作、兵种协同的指挥关系。

二是三级指挥体制。即构建由军委总部指挥机构——军区、军兵种指挥机构——任务部队指挥机构组成的指挥体制。如奥运安保行动中，建立了军队指挥小组——军区、海军、空军指挥所——任务部队指挥所三级指挥体制。实践证明，在参战力量多元、形成新的指挥关系时，建立这种扁平式指挥体制，有利于减少层次、提高指挥的时效性。

三是两级指挥体制。即构建由军委总部指挥机构——任务部队指挥机构组成的指挥体制。在特殊情况下，为了缩短指挥时间、简化指挥层次，可以建立“军队指挥小组——任务部队指挥组”两级指挥体制。在遂行有关安保警戒任务或情况紧急时，可视情况建立两级指挥体制。

从非战争军事行动实践看，国家级应急指挥部，应当由总部派遣指挥人员参加；省（自治区、直辖市）应急指挥机构，应当由省军区（卫戍区、警备区）领导参加，必要时驻地军级以上部队派遣指挥人员参加；市、县级应急指挥机构，分别由当地军分区（警备区）和人民武装部领导参加，必要时当地驻军和到达事发地区的任务部队派遣指挥人员参加。特殊情况下，当突发事件规模较大时，军区派出指挥人员进入省级应急指挥部；当多级、多建制单位在同一任务区时，由上级指定的指挥员或最高级别指挥员进入地方应急指挥部。例如，2009 年乌鲁木齐“7·5”事件发生后，总参谋部首长带精干人员立即随中央工作组赴新疆现场指导部队维护稳定行动；兰州军区、武警部队领导及时进入新疆维稳联合指挥部，担任副总指挥，统一组织部队维护稳定行动。

六　中国军队非战争军事行动保障

非战争军事行动保障，是军队为遂行非战争军事行动任务而进行的各项保证性措施及进行相应活动的总称。主要内容包括：行动保障、后勤保障、装备保障和政治保障。非战争军事行动保障，为部队提供有力的物质保障和强大的精神支持，是非战争军事行动重要组成部分，是遂行非战争军事行动的基础和保证。

一是行动保障，是指由司令机关组织的各种保障，主要包括情报信息、通信、电磁频谱、气象水文、测绘导航等保障。行动保障具有保障主体多、保障对象多、保障内容多、保障渠道多、保障范围大、保障环境差等特点，要求加强领导，着眼急需，突出重点，军地联合，精确可靠。必须紧紧围绕部队担负的任务，整体筹划、周密组织，充分发挥各种保障力量和资源的作用，灵活运用各种保障方法和措施，为非战争军事行动提供及时、可靠的保障。仅以气象水文保障为例。2008 年北京奥运会的气象水文保障，总参谋部气象部门的保障范围涉及北京、天津、上海、青岛、秦皇岛、沈阳、香港等 7 个城市及其 4 个港口和 9 个机场，气象预报的内容不仅包括城市的风、云、能见度、气温和天气现象等要素，还包括沿海城市港口的风、云、浪、海上能见度和大气现象等要素；不仅要为奥运安保军队指挥小组提供这些城市和港口的历史气象背景分析，还要发布长期、中短期、逐日滚动天气预报，甚至还要分时段预报开幕式、闭幕式当天各个时段的天气状况。要求高，工作量大，出不得半点纰漏。

二是后勤保障，是指根据非战争军事行动需要，在财务、军需物资油料、卫生勤务、运输保障等方面采取的一系列保证性措施。后勤保障具有响应时间短、保障需求大、保障范围广等特点，要求做好后勤保障准备，加强统一指挥，综合使用诸军兵种后勤力量和地方支援力量，实施财务、军需、卫勤和运输等保障，确保非战争军事行动顺利进行。例如，在 2010 年 4 月青海玉树抗震救灾中，针对该地区海拔高、气压低、含氧量少、饭菜煮熟难度大等问题，总后勤部军需物资油料部在灾后 3 日内就向救灾部队增配高原型饮食装备数十台，紧急采购供应冰箱、不锈钢保温箱、食品运输箱等五千多台（件），并为每支野战医疗队配备高原炊事挂车、压力锅、汽油炉等高原特种给养器材，保证了抗震救灾行动的顺利进行。

三是装备保障，是指根据非战争军事行动需要，在装备调配、装备技术、装备管理和装备经费等方面采取的一系列保证性措施。装备保障具有快速反应要求高、组织实施难度大、控制协调复杂等特点，要求增强装备保障的针对性，提高装备保障的适应性，加强装备保障的联合性，确保在有限时间内及时调整人员、力量和组织形式，迅速筹措、调拨所需装备，及时满足非战争军事行动装备保障需要。例如，四川汶川地震发生后，总装备部立即启动应急机制，在第一时间紧急启封库存和战储的装备器材，20 辆洗消车、12 万把土木工具、300 余吨消毒剂等救援装备物资，通过铁路输送等方式迅速运往灾区。当陆军装备科研订购部得知救援急需搜寻、破拆等便携式生命救助设备后，连夜派人分兵多路组织货源，21 小时后就将价值 860 多万元的 120 套多功能钳、液压顶杆、破拆工具、内燃切割锯等配发到一线部队。装备保障部门的快速反应为救援部队抢救人民生命财产赢得了宝贵的时间。

四是政治保障，是指军队党组织所进行的思想工作和组织工作，是用党中央、中央军委关于非战争军事行动的方针、原则、命令和指示，统一官兵思想的实践活动。政治保障具有目的鲜明、指向明确、内容丰富等特点，要求坚持党对军队的绝对领导，通过扎实有效的政治工作，激发广大官兵维护国家和人民根本利益的使命意识和战斗精神，树立敢打必胜的坚定信心和不怕牺牲的战斗意志，确保在任何艰难困苦的条件下都能无往而不胜。在抗洪抢险的前线，我军官兵忍受长时间的烈日暴晒和洪水威胁，在江堤上风餐露宿，夜以继日地艰苦奋战。在大堤发生溃口、出现管涌之时，他们用血肉之躯筑起击不退、冲不垮的铜墙铁壁。在解救被洪水围困的群众之时，他们奋不顾身，把救生衣让给群众，把死的危险留给自己。这种使命感、责任感和敢于牺牲的战斗精神是我军遂行非战争军事行动的不竭动力。

七 非战争军事行动的特点

非战争军事行动在地位作用、行动对象、实施手段等方面不同于战争行动，具有以下鲜明特点。

一是政治性强，行动受限。虽然非战争军事行动与战争行动都是政治的继续，但二者的地位作用是不同的。战争用于应对传统安全威胁，是武装斗争的最高形式；非战争军事行动则用于应对非传统安全威胁，是武装力量的非武力或低强度武力运用。因此，非战争军事行动涉及面更广，涉及对象更多，情况更为复杂，不仅涉及军事，而且涉及政治、经济、外交、民族、宗教、文化等多个领域，受国内、国际社会高度关注，关乎党、国家和军队形象。军队介入时机、规模、方式和武力使用程度等，均受国家方针政策和国际国内法律的严格制约，任何违背法律的行为，甚至个人的不当行动，都有可能导致矛盾激化、事态扩大和冲突升级。

二是任务不确定性大，应急反应要求高。战争行动的作用对象是敌方军队和高价值军事目标，比较单一；非战争军事行动的作用对象既包括敌对势力，也包括自然灾害、事故灾难、重大疫情等，涉及领域广阔，发生的时间、地点、形式、规模、程度等难以预测，往往爆发突然，蔓延快，影响大。军队遂行任务通常临机受命，紧急行动，准备仓促，且情况瞬息万变，时机稍纵即逝，应急反应、及时到位和临机处置至关重要。

三是地方为主，协调性强。国内非战争军事行动，多数是以地方为主，军队配合。首先，部队任务主要来源于国家和地方，用多少部队、需要什么专业兵种、完成任务的时限和标准等，通常由国家和地方政府主导，军队是任务的受领者和执行者。其次，在非战争军事行动中，地方政府和人员掌握着第一手资料和信息，熟悉当地社情民意，通常技术力量占有一定优势，部队行动需要地方的指导和配合。最后，部队遂行非战争军事行动往往远程机动，千里驰援，需要依靠地方人财物等资源的保障。由此可见，非战争军事行动只有紧紧围绕地方需求展开，进行大量细致的协调和沟通，才能使军地密切配合，形成合力。

四是力量构成多元，指挥协调困难。战争行动主要由军队实施，力量构成主要是各军种部队，现有联合指挥体制可以实施高效指挥。非战争军事行动涉及武装力量、国家机关、地方政府、公安和群众性专业力量等多种成分，任务头绪多，协调范围广，指挥关系交叉，信息融合难度大，力量难以统一部署，行动难以集中控制，指挥协调困难。

五是涉及领域多，专业性强。战争行动的手段，主要是杀伤性武器装备，要求将其性能发挥到极致，以赢得战争。非战争军事行动的手段，主要是非杀伤性武器装备，即使实施反恐怖和维护稳定行动，也要慎重使用武力，更多的是强调震慑，力求不战或小战而屈人之兵。非战争军事行动的类型多，涉及专业范围广，经常超出军队的传统作战技能，特别是在抢险救灾行动中，涉及水文、气象、地质、海洋、生化、卫生防疫、消防等专业领域，行动手段具有很强的专业性、技术性，需要专业人员、专业工具、专业技能和专业保障。

B.4

联合国维持和平行动中面临的安全威胁及其治理*

盛红生**

摘　要： 近年来，旨在维护和平与安全的联合国维持和平行动自身遭遇严重安全挑战，维和人员屡次受到武力攻击并造成重大伤亡。为了实现其维护世界和平和国际安全的宗旨，联合国维持和平行动亟待安全治理。国际社会应做出共同努力找到应对安全威胁的具体可行办法，以使联合国维和行动特别是维和人员在保障自身安全的同时，为维和任务区东道国带来持久和平，促进人类社会的和平与进步，为实现构建人类命运共同体做出贡献。

关键词： 联合国　维和行动　安全治理

第二次世界大战结束后，国际关系发展的一个显著特点是各国之间的联系加强，相互依赖程度提高，形成了所谓的“地球村”。受高新技术特别是信息技术的推动和促进，世界的空间和时间距离被缩小，呈现“海上生明月，天涯共此时”的景象。在信息技术和世界经济的共同作用下，全球化

---

* 基金项目：本文系2015年度国家社科基金一般项目“中国参与联合国维持和平行动法律问题研究”（15BFX187）的阶段性成果。

** 盛红生，博士，最高人民法院“一带一路”司法研究基地（上海政法学院）主任，上海政法学院教授、博士生导师，主要从事国际法研究。

的浪潮席卷各国，将本来相对分散的主权国家纳入一个相对集中和系统的国际体系之中。从积极方面来看，全球化的促进和国际贸易的发展，也使新技术和信息扩散传播的速度加快，在一定程度上缩小了发达与发展中国家的差距。但是在另一方面，全球化也带来了一系列负面影响。例如，跨国犯罪、气候变暖、恐怖主义等超越国界的现象的出现，使原来由单个主权国家可以应对的情况发生了根本改变。在影响世界的所有跨国或者全球性因素中，又以和平与安全变得最为突出。世界上不断发生的战争和武装冲突，既对国际原油供应的波动起到主导作用，又造成了大量难民的出现。为了应对这种挑战，1992 年，28 位国际知名人士发起成立了“全球治理委员会”（Commission on Global Governance），并由卡尔松和兰法尔任主席，该委员会于 1995 年发表了《天涯成比邻》（*Our Global Neighborhood*）的研究报告，较为系统地阐述了全球治理的概念、价值以及全球治理同全球安全、经济全球化、改革联合国和加强全世界法治的关系。最近 20 多年来，“国际治理”在国际社会生活中正发挥日益重要的作用。全球治理的客体即那些已经影响或者将要影响全人类的、很难依靠单个国家得以解决的跨国性问题，主要包括全球安全、生态环境、国际经济、跨国犯罪、基本人权等，而全球治理的主体即制定和实施全球规制的组织机构主要包括三类：（1）各国政府、政府部门及亚国家的政府当局；（2）正式的国际组织，如联合国、世界银行、世界贸易组织和国际货币基金组织等；（3）非正式的全球公民社会组织等。

在全球治理中，安全治理是极为重要的组成部分，而联合国实施维持和平行动无疑又是开展全球安全治理的重要途径和手段。然而令人深感忧虑的是，联合国维持和平行动旨在为冲突地区提供安全产品，但是其自身却存在严重的安全问题，亟待国际社会共同做出努力加以治理。

一 联合国维和行动安全风险明显增加

近年来，联合国维和行动遭受巨大挫折，任务增多，成本增加，风险增大，多次发生较大规模针对联合国维和行动的武装攻击，造成维和人员伤亡惨重。2018 年 2 月 28 日，一辆联合国马里维和部队的军用车辆在马里中莫普提地区（Mopti）遭到简易爆炸装置的袭击，并造成严重人员伤亡。报告显示 4 名维和人员在这起袭击中遇难，另有 4 人受伤。受伤的维和人员已被送往医院接受治疗。这是最新一起针对联合国维和人员的攻击事件。联合国秘书长马里事务特别代表阿纳迪夫（Mahamat Saleh Annadif）对这次袭击表示谴责。他同时向受害者家属表示哀悼，并希望受害者迅速康复。马里是联合国维和行动中最危险的任务区，仅 2017 年一年中就有 42 名维和人员在马里殉职。[①] 上一次联合国维和行动遭受严重的袭击事件发生在 2017 年 12 月 8 日。当天 14 名坦桑尼亚籍联合国驻刚果（金）特派团的维和人员在北基伍省遇袭丧生，另有 53 名联合国维和人员受伤，其中有 4 人伤势严重。联合国秘书长古特雷斯对当天发生在刚果民主共和国的大批维和人员遇害和受伤事件表示愤怒和悲痛，并对这一事件予以强烈谴责。同样的事件在不断发生，就在 4 天之前的 12 月 4 日，1 名在联合国中非维和特派团执行任务的毛里塔尼亚籍联合国维和人员遇袭身亡，另有两名维和人员受伤，1 名来自毛里塔尼亚，1 名来自赞比亚。这是 2017 年一年在中非共和国殉职的第 14 名联合国维和人员。

联合国秘书长古特雷斯对于 12 月 8 日联合国驻刚果（金）维和人员遭到袭击事件予以强烈谴责：“这些针对联合国维和人员的蓄意攻击不可接受，构成了战争罪。我呼吁刚果民主共和国当局调查这起事件，迅速将肇事者绳之以法。针对此类袭击不能存在有罪不罚，无论袭击发生在这里还是发生在别处。”古特雷斯还表示，这是联合国最近历史上针对联合国维和人员最严重的一起袭击事件，再次说明了出兵国在维护全球和平中所做出的巨大牺牲。这些维和人员每天在全世界为了维护和平和保护平民将自己的生命置于危险之中。古特雷斯强调，刚果民主共和国的局势，是当天联合国中央应急基金募捐呼吁强调的一个重点。这一最新的袭击事件，凸显了帮助存在需

① 联合国中文网 2018 年 2 月 28 日新闻：《联合国马里维和部队遭遇爆炸袭击　四名维和人员遇难》，https://news.un.org/zh/story/2018/02/1003321，2018 年 3 月 1 日访问。

求的人民和解决动荡局势的紧迫性。

2017 年，中国维和军人同样遭遇了两起袭击事件。马里当地时间 2016 年 5 月 31 日晚 8 时，联合国驻马里维持和平稳定团位于马里加奥的营地遭到汽车炸弹袭击，1 名中国维和军人牺牲、10 余人受伤，伤者中有 4 名中国官兵。当地时间 2016 年 7 月 10 日下午，位于南苏丹首都朱巴的“联合国南苏丹特派团”营地遭到猛烈炮击。当时，正在营地内部一号难民营维持秩序的中国赴南苏丹维和任务区步兵营一辆步战车被炮弹击中，造成中国军人重大伤亡，1 人当场牺牲，3 人重伤和另外 3 人轻伤。中国军队遭袭并导致维和军人不幸牺牲，举国深感震惊与悲痛，迅速引起国内强烈的舆论关注，中国外交部和国防部第一时间强烈谴责恐怖袭击事件，对遇难军人家属和受伤人员表示诚挚慰问。同时，有关专家针对维和力量不是常规作战部队，建议随着维和行动地区的不安全因素、危险性不断增加，应进一步提高中国维和人员武器装备方面的防护能力。

根据联合国统计，截至 2018 年 1 月底（其后伤亡人数有待统计更新），联合国维和行动中共有 3700 名各类维和人员在执行任务时殉职，[①] 这其中就包括 21 名中国维和军人和维和警察。在联合国维和史上，维和部队或者军事观察员遇袭遭受重大伤亡的事件已经发生过多起。例如，1993 年 6 月 5 日，24 名来自巴基斯坦的联合国维和士兵在索马里遇袭丧生，另有 47 人受伤；2005 年 2 月 25 日，联合国驻刚果（金）维持特派团维和部队的一支巡逻队，在伊图里地区遭到不明身份武装分子袭击，9 名孟加拉国籍维和士兵丧生；2008 年 3 月 17 日凌晨，联合国维和警察与北约领导的驻科索沃国际安全部队在科索沃北部米特罗维察市与当地塞族人发生冲突，导致 38 名联合国警察受伤。总体而言，执行联合国维和任务风险巨大，所有参加维持和平行动的人员都为世界局势动荡地区的稳定与和平做出了巨大贡献，甚至巨大的牺牲。

---

① United Nations-Peacekeeping-FATALITIES, https://peacekeeping.un.org/sites/default/files/statsbyyear_1_7.pdf，2018 年 3 月 8 日访问。

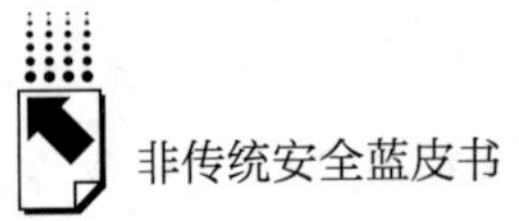

自从1948年联合国在实践中“发明”了维持和平行动，作为积极调解地区纷争、维护世界和平与安全的一种重要国际机制，联合国维持和平行动70年来为促进冲突地区的和平发挥了积极作用，受到国际社会的普遍认可和称赞。然而，基于各国的国情差异及历史文化因素与国际环境的各种突发事件的难以预测性，联合国维和行动也面临着不少亟待解决的重大现实问题，其中维和行动特别是维和人员的安全问题就是困扰联合国的严重问题。

联合国2018年1月22日发布的一份最新报告指出，联合国应该改变其在高度安全风险任务区开展维和行动的运作方式，并呼吁联合国更好地训练“蓝盔部队”，提高技术和获得更大的空间来应对来自武装团体的威胁，联合国维和行动不再为维和人员提供“自然”保护。这份题为《提高联合国维和人员安全》的报告指出，自1948年以来，共有3500多人在联合国维和行动中牺牲，其中943人因暴力行动而丧生。自2013年以来，维和伤亡人数猛增，暴力袭击事件造成195人死亡，超过历史上其他任何一个五年。因此，联合国秘书长古特雷斯2017年11月任命巴西前中将桑托斯（Carlos Alberto dos Santos Cruz）负责开展高层审查，以确定近年来暴力事件造成联合国维和行动人员大量伤亡的原因，以及减少伤亡的方案。该审查小组访问了联合国派驻在刚果民主共和国、中非共和国、马里和南苏丹的维和行动，查阅了联合国内部数据，并进行了160次访谈。这份已经提交给秘书长的报告指出，随着武装集团、极端分子、有组织犯罪以及其他犯罪分子和威胁的激增，联合国维和行动不再为维和人员提供“自然”保护。对于维和军警和文职人员来说，提高自身能力比规避风险更为安全。该审查小组确定了联合国和会员国必须采取行动减少伤亡的四大领域，包括改变思维方式，使维和人员意识到风险，并有权主动阻止、预防和应对袭击；提高能力，使特派团和维和人员能够在高度危险的环境中进行装备和训练；建立与特派团任务相一致的“对威胁敏感的特派团追踪”系统（threat sensitive mission footprint），并减少特派团所面临的威胁；加强问责制，确保有能力采取行动预防伤亡的人员履行其职责。联合国秘书长发言人办公室的媒体声明显示，联合国维和行动和外勤支助部门已经制订了一个行动计划，以执行报告的建议。该计划侧重于三个主要领域：运营行为和思维方式、能力建设和准备以及总部和实地提供支持的问题。①

联合国负责维和事务的副秘书长拉克鲁瓦曾经表示，联合国维和行动依赖于成员国提供人员和资源以确保维和行动能在全球最危险和复杂的环境中有效保护平民，支持政治进程。马里稳定团将继续夜以继日地开展工作，为该国带来和平。本着《联合国宪章》的精神，乍得作为出兵国，加大努力，为冲突中的人们提供保护。联合国对为和平事业牺牲的乍得士兵致以敬意，并感谢乍得政府和人民持续与联合国开展的合作以及对和平的承诺。鉴于当今世界的冲突带来越来越大的战争风险，近期维和人员伤亡人数大幅增加，联合国正在积极寻求解决办法，以减少死亡人数，改善人员的安全保障水平，提高联合国维和行动的总体表现水平。由于冲突升级，维和行动的意义也在不断演变。今天的维和行动必须履行一系列职能，包括保护平民、促进法治、维护人权、支持可信的选举、建立治理机构、支持裁军努力和尽量减少未爆炸的武器。今天，来自 120 多个国家的约 11 万名维和人员在世界各地的 15 个维和任务中开展行动。就像塔希尔一样，他们远离家人，身处严重动荡不安的环境，每天都在为维护世界和平而牺牲，他们唯一的愿望就是能够让世界各地的人们更加安全。②

二　联合国维和行动安全风险的主要类型

从总体上来看，联合国维和人员面临的安全风险主要包括六大类。

第一，枪击、绑架、触雷和骚乱事件时有发生。例如，在最危险的维和任务区马里，对于联合国维和士兵来说，每一次执行任务都可能是一场

① 参见联合国新闻网 2018 年 1 月 10 日新闻：《联合国报告：联合国维和行动不再为维和人员提供“自然”保护》，https://news.un.org/zh/story/2018/01/1000781，2018 年 1 月 10 日访问。

② 参见联合国中文网 2018 年 1 月 19 日新闻：《直击马里维和士兵的危险旅途：我们生于战乱，却用生命维护和平》，https://news.un.org/zh/story/2018/01/1000601，2018 年 1 月 21 日访问。

有去无回的亡命旅途。维和人员生来就是战士，他们生于战乱，枪声一直不绝于耳。但是作为维和士兵，他们的任务不是战斗，而是维护和平，即从“反向”角度使用武力的过程。[①] 联合国马里稳定团是联合国最危险的维和行动。自 2013 年成立以来，155 名维和人员在这个西非国家殉职。维和行动旨在支持实施“马里和平协议”，协助该国重建国家机构、推进外交关系、改善安全局势、促进维护人权。根据联合国秘书长最近关于马里的报告，2017 年，该国安全局势恶化，马里稳定团和马里国防安全部队遭受了更加激烈的攻击。来自乍得的维和士兵做出了特殊的贡献。截至 2017 年底，在 57 名殉职的乍得籍联合国维和人员中，有 47 人在马里牺牲。

2018 年 3 月 22 日当地时间下午 5 时 40 分许，距离马里首都巴马科约 400 公里的马西纳公路项目工地发生车辆触雷事件，一名中国葛洲坝集团的员工被炸身亡，同车的四名马里人一死三伤。[②] 维和任务区安全形势也非常复杂，社会矛盾纵横交织，对联合国维和行动的观点立场各异。由于长期陷于战乱，国内对立的武装派别众多，流落在民间的各种武器也是数量惊人，一旦联合国的行动触及某个团体或者派别的利益，很容易引发敌对情绪迁怒于联合国维和人员并实施武力攻击行为。前述马里事件和南苏丹事件都是出于类似原因。

第二，交通事故频发。联合国维和行动开展的地区大多是长期战乱、经济凋敝、基础设施年久失修的国家，因此交通事故成为导致联合国维和人员伤亡的重大隐患。

第三，卫生健康问题严重。有些任务区流行性传染病可谓防不胜防。仅以非洲热带国家为例，刚果（金）就有包括疟疾、肺鼠疫、猩红热、甲肝、

① *The Blue Helmets*（New York：United Nations Department of Public Information）（2nd edition, August 1990），19. 转引自盛红生《联合国维持和平行动法律问题研究》，时事出版社，2006，第 31 页。

② 参见“精忠蓝盔”网 2018 年 3 月 25 日新闻：《马里发生汽车触雷事件一名中国人身亡引发海外安全关注》，https：//sh. qihoo. com/989bf77d22e536b87？sign = look，2018 年 3 月 25 日访问。

乙肝、伤寒、天花、霍乱、埃博拉和艾滋病等十多种严重传染病。在有的任务区，维和人员还可能被毒蛇、毒蝎或者其他毒虫咬伤蜇伤，严重时会危及生命。联合国维和任务区卫生医疗条件一般都比较差，交通不便，有些维和人员在患病后常常无法得到及时救治。因此伤病风险也是威胁联合国维和人员安全的重要因素。

第四，维和任务区东道国经过长期战乱，基础设施差，缺乏必要的灾害防范能力和设备，应对自然灾害能力较弱。2010 年 1 月 12 日 21 时 53 分 9 秒（当地时间 12 日 16 时 53 分 9 秒）海地发生大地震，地震规模为里氏 7.0 级。此次地震中的遇难者有联合国驻海地维和部队人员，其中包括 8 名中国维和人员。由于长期战乱，联合国开展维和行动的地区大多基础设施较差，紧急救援能力较弱，因此自然灾害对联合国维和行动特别是维和人员的安全威胁也十分突出。

第五，刑事犯罪案件多发。有的联合国维和任务区遭受长期战乱的困扰，民生凋敝，社会动荡，缺乏法治，刑事犯罪案件经常发生，维和人员时常面临抢劫、绑架等严重刑事犯罪行为的威胁。

第六，心理问题需要解决。维和人员长期远离祖国和亲人，经常独自执行任务，孤独、寂寞甚至是恐惧难以排遣，有的出现严重的精神疾病甚至自杀，因此维和人员的心理健康问题也不容忽视。

三　应共同努力使维和行动走出安全困境

近年来刚果民主共和国北基伍省曾发生多起袭击联合国维和部队的事件。2017 年底发生的一次袭击导致了严重伤亡。联合国秘书长古特雷斯针对这一事件成立的一个特别调查小组 2018 年 3 月 2 日公布了调查结论（2018 年 1 月 5 日，联合国秘书长宣布成立一个特别调查小组，由联合国前负责法治和安全机构事务的助理秘书长德米特里蒂托夫（Dmitry Titov）领导。该小组调查了在刚果民主共和国北基伍省的贝尼上发生的对联合国维和人员的一系列攻击。2017 年 12 月 7 日，涉嫌由反叛组织民主力量联盟战斗人员发动的袭击事件造成15名来自坦桑尼亚的联合国维和人员在塞姆利基基地遇害，43人受伤，一人失踪。调查还涉及2017年9月16日和10月7日发生的两起针对坦桑尼亚维和人员的袭击。特别调查小组包括军事和安全专家、政治和后勤官员以及坦桑尼亚人民国防军的两名高级官员，旨在确定导致袭击发生的原因，并评估联合国刚果（金）稳定特派团的反应，以确定防止此类袭击再次发生所需采取的行动）。特别调查组的结论是，对联合国维和部队的三起袭击都是采用类似手段进行的。所有证据都指出，民主力量联盟战斗人员发动了袭击。此外，调查小组指出，特派团没有应急预案，以便在袭击发生时加强对维和人员的保护和撤离。此外，指挥和控制、领导力问题以及缺乏在航空、工程师和情报方面的能力也是主要障碍，需要紧急解决。小组建议联合国驻刚果民主共和国稳定特派团（简称“联刚稳定团”）、联合国总部和部队派遣国应积极实施相关战略，让部队干预旅（Force Intervention Brigade）更强大、敏捷并更适于开展进攻性行动，特别是在偏远和困难的地形中。除了军事行动之外，调查组还强调要加强与区域政治行为者和利益攸关方的接触，以更好地了解和应对民主力量同盟造成的威胁。根据特别调查小组的调查结果，联刚稳定团更新了关于加强维和人员安全的行动计划。与此同时，特派团安装了外围照明设备，升级了通信基础设施，并加强了几个基地周边的安保工作。联刚稳定团还在继续努力寻找自塞姆利基袭击以来失踪的联合国维和人员。特派团还在按照秘书长2017年9月29日对联刚稳定团进行战略审查的特别报告中的建议，采取步骤提高部队干预旅的行动能力。联合国总部将继续与南部非洲发展共同体合作解决现存的不足。①

有分析人士认为，联合国不再为“蓝盔部队”提供“自然”保护，实际上是对“自然”保护已难以落实的承认，这意味着“蓝盔部队”未来在执行维和任务时受到的相应约束也会减少，从而能根据部署地的实际情况进

① 参见联合国新闻网2018年3月2日新闻：《联合国特别调查小组公布坦桑尼亚维和人员遇袭事件的调查结论》，https：//news. un. org/zh/story/2018/03/1003501，2018年3月3日访问。

行调整，提升自身安全保障。①

为了应对当前联合国维持和平人员面临的巨大风险，联合国已向其成员国提出了减少“蓝盔部队”伤亡的四项建议：一是改变思维方式，使维和人员意识到风险，并有权主动阻止、预防和应对袭击；二是提高能力，加强对维和人员部署前培训的质量管控，提供资源使特派团和维和人员能够在高危环境中改进装备和进行有针对性的训练；三是改进维和行动指挥体系，提高应急指挥能力，加强“蓝盔部队”派出国、当事国的协调沟通，加强对当地安全形势的跟踪研判、信息共享和危机预警；四是健全问责机制，与当事国协作将袭击“蓝盔部队”的罪犯绳之以法，采取切实措施加强维和人员安全保障，并提高在危险环境下的伤员救护能力。为此，联合国维和行动和外勤支援部门已制订了一个联合行动计划。如果计划能得以落实，预计将对改善当前联合国维和行动的安全环境、促进维和事业长远发展产生积极影响。②

面对维和任务区安全环境脆弱复杂，联合国维和人员在安全得不到切实保障的形势下执行任务，如何有效维护冲突战乱地区的和平与安全？联合国维和人员究竟面临哪些安全风险，应当采取哪些具体措施积极应对维和人员自身的安全挑战？

联合国传统的维持和平行动，主要是执行观察和监督停战、停火，促使交战双方脱离接触以维持和平。在后来的实践中，联合国维和行动已把任务的执行扩大到“保护平民”，但是执行保护平民任务的联合国维和人员自身安全却无法得到有效保障，这对联合国维持和平行动构成了极大的挑战。

虽然联合国维和行动奉行“哈马舍尔德三原则”，即“同意”、“中立”和“非强制”（除自卫外不得使用武力）是联合国维和长期以来取得成功的“不二法门”，但是近年来国际形势的急剧变化特别是联合国维和行动实施

① 丁盛：《联合国维和部队安全“新逻辑”》，“精忠蓝盔”2018年3月3日新闻，http：//mp. weixin. qq. com/s/j6N973aVNHxAghRvPOrbSw>，2018年3月8日访问。

② 丁盛：《联合国维和部队安全“新逻辑”》，“精忠蓝盔”2018年3月3日新闻，http：//mp. weixin. qq. com/s/j6N973aVNHxAghRvPOrbSw>，2018年3月8日访问。

地区的东道国政治安全条件恶化，环境凶险，经常使联合国人员处于高度危险的安全境地。为了持续发挥联合国维和行动的积极作用，必须尽快寻求联合国维和人员摆脱安全困境的解决之道。

第一，从战略层次来看，联合国应当敦促开展维和任务的东道国拿出政治意愿，为联合国维和行动特别是维和人员提供必要的安保措施。如果实施维和行动的基本条件不复存在，联合国安理会应当审时度势，果断决策，中止甚至撤销该维和任务区。

第二，从战术层面来看，军事观察员、维和医疗队和工兵分队等单位每次执行维和任务时，东道国都必须提供武装护送。联合国军事观察员被称为“穿军装的外交官”，不配备武器，主要是通过观察、报告、调停和斡旋的方式来执行维和任务。维和医疗队仅仅装备用于自卫的轻武器，外出巡诊时医生护士容易遭受当地武装分子的袭击。工兵分队配备必要的武器，但是他们承担的道路、桥梁和机场施工地点分散，无法在项目作业时具备安全保障条件。工兵营区同样需要日常安保警卫和防范武装袭击。因此，他们外出作业时也需要由东道国警卫部队提供安全保障。

第三，从国际法层面来看，应当更加充分利用国际刑事司法的震慑和防范作用，制止和惩处攻击联合国维和人员的严重行为。针对这次联合国驻刚果民主共和国维和人员遭受重大伤亡，联合国秘书长立即指出应以战争罪起诉肇事者。因此，联合国应吁请各会员国采取切实措施，对袭击联合国维和人员的行为以战争罪进行起诉与惩处。1994 年 12 月 9 日《联合国人员和有关人权安全公约》第 9 条“危害联合国人员和有关人员的罪行”就明确要求，“1. 各缔约国应将蓄意犯下的下列行为定为其国内法上的犯罪行为：(a) 对任何联合国人员或有关人员进行谋杀、绑架或其他侵害其人身或自由的行为；(b) 对任何联合国人员或有关人员的公用驻地、私人寓所或交通工具进行暴力攻击因而可能危及其人身或自由的行为；(c) 威胁进行任何这类攻击，其目的是强迫某自然人或法人从事或不从事某种行为；(d) 企图进行任何这类攻击；(e) 构成同谋参与任何这类攻击或企图进行这类攻击或策划或指挥他人进行这类攻击的行为。2. 各缔约国应按照第 1 款所列举的罪行的严重性，对各罪行处以适当的惩罚”。与此同时，联合国应促使该条约缔约国修改或者制定国内法，将承担的条约义务转化为国内法上的具体规定，以切实增强履约的实效。然而，迄今为止通过转化或者直接在国内法院适用此公约对攻击联合国及有关人员行为进行惩处的实践却付诸阙如，这种局面也从客观上鼓励了那些对联合国维和行动特别是维和人员进行攻击的肇事者，因为先例表明违法犯罪行为并未当然导致产生消极的法律后果，存在着事实上的“有罪无罚”（impunity）现象。

第四，从舆论支持层面来看，媒体应广为报道长期以来联合国维和行动在维持国际和平与安全、促进冲突战乱地区实现和平与恢复社会秩序等领域做出的突出贡献，消除当地武装对联合国特别是联合国部队的误解、抵触甚至敌对情绪，与以联合国为代表的国际社会一道，为各冲突地区的维持和平与建设和平提供必要的帮助和支持，发挥国际舆论的积极作用和国际正义的价值引导。

第五，联合国所有维和单位人员必须定期参加安全演习，了解防范安全风险的基本方法和手段，做到发生突发情况时按照预案和规定处置。

中国应积极参与联合国维持和平行动的安全治理。在过去的近 30 年间，包括军人和警察在内的 3.6 万多人次的中国维持和平人员参加了联合国在世界各地开展的共计 24 项维持和平行动。据联合国官方最新统计，目前中国共有 2641 人正在执行联合国维和任务，其中包括 155 名警察、69 名军事观察员和参谋军官以及 2417 名维和部队人员。中国于 2000 年首次向联合国派遣维和警察，迄今为止共向东帝汶、波黑、阿富汗、科索沃和海地等维和任务区派遣维和警察 2600 余人次。据联合国统计，截至 2018 年 1 月 31 日，共有 3700 名联合国各类维和人员在执行任务中牺牲，而这其中就包括 8 名中国维和警察和 13 名中国维和军人。近 30 年来，通过参与维持和平行动，中国为联合国的和平事业做出了突出贡献，获得了联合国和国际社会的普遍赞誉。从中国方面来看，我们也发现其实中国参与联合国维持和平行动的实质是推进国家总体外交战略、维护国家安全的一种“军事外交”活动。新形势下军事外交在国家外交和安全战略全局中的重要性进一步增强，地位更加突出。参与联合国维持和平行动无疑是中国通过在“高政治”（High Politics）领域向国际社会提供公共产品（国际和平与安全以及人道主义保护等）的有效方式，同时也是借助于“创造性介入”[①] 进一步彰显“负责任大国”地位和作用的途径。我们在获得更多国际话语权、影响力和决策权的同时，也应当为维持国际社会的和平与安全担负起和履行与自身地位和权利相称的义务与责任。为了维护我国重要国家利益，我们也应积极参加国际社会对维和行动中的安全风险进行有效治理，从而使维和行动真正能够促进国际和平与安全，并实现“持续和平”。

① 参见王逸舟《创造性介入：中国外交新取向》，北京大学出版社，2011。

B.5

非战争军事行动中的海军与航空母舰

——以海上非传统安全威胁应对为例*

杨 震 郑海琦**

摘　要： 在当今世界的时代主题已经从“战争与革命”转向“安全与发展”的背景下，武装力量从事大规模战争的概率显著下降。作为军队的一项重要职能，非战争军事行动的重要性日益突出。作为人类社会最复杂庞大的武器系统，航空母舰在非战争军事行动中发挥着日益重要的作用，突出表现在应对海上非传统安全威胁领域。在这方面，美国积累了大量经验。作为一个新兴的海洋强国，中国有必要学习美国这方面的经验，从而为航母的运用打下良好基础。

关键词： 中国　印度　海权　南海

冷战结束以后，世界地缘政治格局与时代主题都发生了巨大变化。作为一个国际性、战略性和综合性的军种，海军的作战职能与以往相比发生了巨大变化，而非作战职能——非战争军事行动职能却得到加强。与此同时，海

---

* 基金项目：上海市哲学社会科学规划研究基金项目“习近平强军思想研究”（2018XAA025），国家社科基金2011年度重大项目“当代国际核政治和我国国家安全研究”（11&ZD181），国家社科基金一般项目“亚投行与区域内传统国际金融机制叠加互动的间性治理优势研究”（17BGJ036）。

** 杨震，博士，北京大学海洋战略研究中心特约研究员，主要从事国际关系研究；郑海琦，中国人民大学国际关系学院博士研究生。

洋这个地球表面的最大公共空间、人类的第二生存空间的战略价值却不断得到提升，海洋不仅为人类提供了航运、捕捞、养殖空间，而且还提供了人类发展所需要的海上城市、海上工厂、海上娱乐场、海底隧道、海底仓库等新兴海洋工程的建设空间。海洋为未来人类发展提供了广阔的空间。海洋使沿海地区成为经济、社会和文化最发达，人口最密集的地区。海洋多使沿海地区雨量充沛，适合发展农业；海洋为沿海地区提供优越的区位优势，便于进行区域间、国家间的经济和文化交流；海洋多使沿海地区（个别冰封区除外）气候适宜、空气清新，适合人类生存。全世界经济、社会和文化最发达的区域多位于沿海地区，世界上 60% 的人口居住在距海岸 100km 的沿海地区内。经济和社会发展水平越高，人口越向最适合人类居住的沿海地区集中。进入 21 世纪，沿海地区的人口有可能达到人口总数的 75% 。参照发达国家的历史经验，21 世纪中叶中国可达到中等发达国家的水平，50% ~60% 的人口将居住在沿海地区，400mm 降水线以下的地区人口比重会进一步下降，沿海地区总人口可能达到 8 亿 ~10 亿，人口密度可能达到 500 ~800 人/平方公里。[①] 有鉴于海洋的战略价值不断上升，围绕海洋产生的矛盾愈演愈烈，各种源于海洋的非传统安全问题也越来越引起国际社会的关注。海军是夺取制海权的主战军种，而航空母舰是制海能力最强的舰种。在实施非战争军事行动过程中，海军及航空母舰在应对海上非传统安全威胁问题上发挥了重大且不可替代的作用。

一　非战争军事行动的概念及范畴

一般而言，军事行动可分为战与非战两大类。较之战争行动，非战争军事行动的主要属性有二：一是性质非战，二是重在平时。随着军队遂行非战争军事行动实践的发展，非战争军事行动的定义引起过军事理论的探讨。美

① 朱晓东、李杨帆、吴小根、邹欣庆、王爱军编著《海洋资源概论》，高等教育出版社，2005，第 7 ~8 页。

国最早正式提出“非战争军事行动”概念，将正式宣战及《战争权力法》授权以外的所有军事行动列为非战争军事行动。2001年美军《联合作战纲要》又将其定义为“除战争中大规模交战行动之外军事力量进行的一系列行动”。国内新版《中国人民解放军军语》的定义是：“武装力量为维护国家安全和发展利益而进行的不直接构成战争的军事行动。包括反恐维稳、抢险救灾、维护权益、安保警戒、国际维和、国际救援等行动。”通常讲，军事行动是指武装力量为完成军事任务而进行的有组织的活动。因此，军队从事的所有行动并非都是军事行动，战争之外的所有行动也并非都是非战争军事行动。

非战争军事行动是有界限、有标准的，有广义和狭义之分。广义的非战争军事行动覆盖面广，即只要不是战争，为达成一定政治目的而展开的军事行动均属于非战争军事行动，内容包含了军队参与的几乎所有军事行动。广义的非战争军事行动主要着眼于维护国家安全、社会稳定和慑止战争，行动指向明确，军事和政治意义突出，军事属性和特点鲜明。从军事战略的角度看，狭义的非战争军事行动更贴近军事实践，更便于在战略上筹划指导军队建设和军事斗争准备，也可避免简单解读并流于泛泛而论。“非战争军事行动”概念出现在军事术语中，与信息化社会的形成和全球化的发展密切相关，是国家安全观念和军事思维变化的结果，是维护国家安全和利益手段选择多样化的产物，也是军事行动发展历史性进步的必然。和平与发展时代，战争的控制性大为增强，成本增加，难度增大，使用范围严格受限。以非暴力为特征的非战争军事行动顺应时代特征，出现的频率越来越高，行动种类不断增多，在社会政治经济生活和国际关系中使用越来越广泛，其重要性也日益增强。总之，非战争军事行动通过力量的和平宣示、体现和运用，对内可消除安全隐患、促进社会安定与和谐，对外可营造安全环境、维护国家利益。①

① 军事科学院军事战略研究部编著《战略学》（2013年版），军事科学出版社，2013，第154～155页。

在大战略领域，非战争军事行动主要包括军事威慑、军备控制、军事援助、军事外交等。[①] 美军认为，非战争军事行动的类型及具体任务包括对民事当局的一般军事支援；在罢工期间提供带有政府职能的援助；在发生自然灾害期间为政府提供援助；为地方当局提供搜救援助；对民事执法机构提供军事援助；法治与秩序的恢复（平民骚乱）；关键设施的保护；执法支援培训；对反毒品行动的支援；对国内反恐斗争的支援。主要在国外实施的类型：在发生危机地区进行人道主义援助；国外灾难救援；对难民的支援；确保提供救助者的安全；技术援助和支持；专家援助与支持；平暴安全援助；外国内部防御人道主义/公民援助（不发生危机时）；非战斗人员撤离行动；和平行动；维持和平行动；强制和平行动；显示力量行动。[②] 中国学者郑守华则认为，非战争军事行动包括抢险救灾行动、反恐怖行动、维持稳定行动、维护权益行动、安保警戒行动、国际维和行动、国际救援行动。其中，抢险救灾行动由抗洪抢险行动、抗震救灾行动、森林灭火行动、核生化泄露抢先行动构成。反恐怖行动由进攻恐怖分子营地行动、反火力袭击行动、反常规爆炸袭击行动、反核生化袭击行动、反信息袭击行动、反劫持行动、国际联合反恐怖行动构成。维护稳定行动则包括震慑造势行动、封控事发地区行动、制止大规模群体性事件、打击严重暴力犯罪活动、防卫重要目标行动、救护救援行动、善后工作等。维护权益行动包括陆上维护权益行动、海上维护权益行动、空中维护权益行动、海外维护权益行动、太空维护权益行动、网电领域维护权益行动。安保警戒行动包括地面安保警戒行动、空中安保警戒行动、海（水）上安保警戒行动、核生化袭击救援行动。国际救援行动包括自然灾害救援行动和事故灾难救援行动。[③]

海军非战争军事行动是非战争军事行动的一种，主要是指为达成一定的政治、经济或人道主义目的，在平时运用海军兵力实施的低强度军事行动，

① 周丕启：《大战略分析》，上海人民出版社，2009，第 37 页。

② 〔美〕基思·波恩、安东尼·贝克：《美国非战争军事行动指南》，杨宇杰、庞旭、朱帅飞译，解放军出版社，2011，第 13 ~ 14 页。

③ 郑守华：《非战争军事行动教程》，军事科学出版社，2013，第 3 页。

是海军完成多样化军事任务的重要方式，对于抗击自然灾害、预防处置恐怖袭击，维护社会安全稳定，遏制海上军事危机发生，营造和平稳定战略环境，维护国家领土主权、海洋权益和海外利益，服务国家政治外交斗争，做好海上军事斗争准备以及提升信息化条件下海军作战能力具有极为重要的作用。

二　海军是执行非战争军事行动的重要力量

在从事非战争军事行动、完成多样化任务中，海军具有自己得天独厚、无可比拟的优势。一是海军舰艇是和平时期唯一能够跨出国门在公海上自由航行的活动平台。尤其是大中型水面战舰，其吨位较大，航程较远，而且有较强武器装备为其提供海空保护；在海上行动时，不会受到恐怖分子和海盗等的威胁。二是海军舰艇特别是大中型水面战舰，海上自持力和保障能力均较强，能在海上停泊或游弋较长的时间，在执行撤侨护航、抢险救灾，保护海上通道安全，为商船护航等诸多方面均具有相当大的优势。三是海上舰艇活动海域范围广，进退自如，且可在任务海区反复多次使用。一旦需要或将出现不利状况时，能迅速地撤离到公海，暂时避开风险和危机，择机再做决定。①

海军在执行非战争军事行动任务中的优势很早就引起美军重视。美国海军提出 21 世纪海军部队要发挥的基本作用是通过保持海上优势、促进地区稳定、实施海上和从海上的作战行动、夺取并保卫海军前进基地以及实施对海上战役有重大影响的陆上作战，来促进和保卫美国的国家利益。海军部队通过实施威慑和平时特定的军事行动来完成上述任务，同时保持持续的前沿存在、保持强大的海运能力和提高与其他军种的有效协同能力来保持战备水平。为此，美国规定海军的使命任务主要是威慑、前沿存在、非战争军事行动、海运、战争行动等。威慑主要通过海军部队的前沿存在和向危机地区机

① 李杰：《海外撤侨行动，海军依然给力!》，《现代舰船》2011 年第 5 期，第 54 页。

动来实现，通常包括核威慑和常规威慑。核威慑主要通过弹道导弹潜艇的部署来保持可靠的、生存能力强的海基战略威慑能力；常规威慑主要通过持续的前沿存在或有限使用武力来实现。前沿存在主要通过前沿部署的海军舰艇、飞机和陆战队，增加海外影响力，增强进入全球关键地区的能力，建立地区联盟和集体安全，促进稳定，慑止侵略，提供最初的危机反应能力，维护美国的安全利益，巩固美国的世界领导地位。非战争军事行动主要运用海军力量实施应急行动，撤离非战斗人员，打击恐怖主义，通过安全援助和加强外国的内部防御来援助东道国，支援其他国家的自我防卫，执行联合国的经济制裁，参加和平支持行动，拦截船只以阻止非法移民，计划和实施灾难救援、人道主义援助和平民支援行动，协同公共卫生行动，支援跨部门缉毒行动等。① 美国学者赛思·克罗普西曾不无炫耀地介绍，美国海军还是一支永恒不变的人道主义救援和救灾力量。2010 年春天，当危地马拉遭受一场大范围的热带风暴时，美国海军“安德伍德”号护卫舰接到命令离开正在执行的反毒品巡逻任务，前往灾区向受灾人员运送了几吨食品，海军海豹突击队也接到命令投入到救援工作中。而众所周知的是发生在海地的救援行动，2010 年 1 月海地发生地震，23 万人丧生其中，美国当即派遣了一艘航母、三艘大型两栖攻击舰，载有两支陆战远征部队和一艘“舒适”号医院船参与了救援行动。世界上没有哪个国家的海军能反应如此迅速，提供救援，美国海上力量赢得了赞誉。②

中国军队对海军的非战争军事行动运用也积累了一定的经验。以亚丁湾和索马里护航、利比亚撤侨等行动为标志，海军非战争军事行动出现了远海护航常态化、远海活动经常化、行动内容多样化的新特征。海军的航迹遍及世界绝大部分海域，海军的行动涵盖海上侦察、海上调查、海上维权、海上军事合作、海上反恐、反海盗、救援救灾、处置海上突发事件等非战争运用

① 周德华、陈炎、陈良武编著《21 世纪初的海洋与海军》，海潮出版社，2013，第 33 ~ 35 页。

② 〔美〕赛思·克罗普西：《紧急呼救——美国制海权的衰落》，梁莉、徐征、杨静译，海潮出版社，2016，第 12 页。

的主要领域。新形势下，人民海军开展非战争军事行动，既是国家对外政策的重要体现，也是我国构建和谐海洋的具体实践。海军非战争运用应坚持服从国家政治、外交政策和经济发展需要，以海上维权为重点，以海上安全合作为依托，着眼服务大局，积极参与、广泛合作，不断扩大活动范围和领域，着力扩大国家和军队影响，促进地区和世界和平。应突出把握好以下方面：一是扩展兵力活动空间。国家海洋领域新的安全和利益格局客观上要求海军不断提高应对海上突发事件、维护海外利益的能力，必然要求海军进一步扩展兵力平时活动的空间范围，进一步加强针对战略运输通道和重要利益区的海上军事存在。这种扩展和加强，既包括海军赴远海开展反恐、反海盗活动的进一步经常化，也包括远洋科考调查、海上医疗、舰艇出访以及海上维和、人道救援等活动的进一步经常化。二是扩展兵力使用范围。非战争军事行动是提高和检验核心军事能力的重要途径。我国海上威胁的多样性决定了海军非战争军事的多样性和部队任务的广泛性。海军应进一步拓宽开展非战争军事行动的兵力使用范围。要让更多作战部队通过参与非战争军事行动检验装备、锤炼作风、提高能力。同时，也要注重发挥海军专业保障力量的作用，加强海军专业力量的建设和统一调配使用，以医疗救护、物资补给、特装维修和外事、法律专业为重点，逐步打造一支适应远海任务要求、具备多种能力的海军非战争专业队伍，让更多的医院船、补给船和专业保障分队走向海上军事行动的前台。三是扩展海上安全合作。海军应本着开放精神，适应海军护航任务常态化、兵力行动远洋化等新特点新要求，重点围绕国际维和、救灾救援、海上反恐、反海盗等海洋公共安全领域，深化与友好国家海军关系，加强与相关国家海军的联系，加大人员和军舰互访、军事磋商的力度，尤其要充分利用远海护航、联合救援行动提供的国际平台，不断扩大和深化海上安全合作，逐步提高我国在国际海洋安全事务中的话语权和影响力。[①]

① 军事科学院军事战略研究部编著《战略学》（2013 年版），军事科学出版社，2013，第 217～218 页。

三　非战争军事行动中的航空母舰与海上非传统安全问题

在海军诸舰种中，航空母舰在非战争军事行动中发挥的作用最为引人注目。作为海军的主战舰种，航空母舰集中应用了现代科学技术，是高新科技的集中体现。航空母舰应用现代科学技术的广泛性、先进性、前瞻性，研制建造的复杂性、系统性、集成性是其他任何先进武器装备都无法比拟的，它汇聚了现代材料技术、动力技术、舰船技术、航空技术、航海技术、军械技术、电子技术、信息技术等众多高科技领域的最新成果，它代表了国家制造工业和军事工业的最高水平，是国家高新科技水平的集中体现。航空母舰涉及现代军事科学的各个领域，集军事科学理论之大成。航空母舰作为海军的中坚力量，其使命任务不断拓展，编成结构不断创新，战略战术不断发展，在海空攻防作战、反潜作战、封锁作战、两栖作战、对陆作战，以及各种非战争军事行动中发挥了重要的作用，并由此带动军事科学理论日新月异的发展。它涉及军事思想学、战略学、战役学、战术学、作战学、军事训练学、军事管理学、军事装备学、军事后勤学、军事指挥学、军事运筹学、军事历史学、海洋环境学等众多军事学科，构成了一个庞大的军事学科群。①

在兰德公司的一份报告中，美国学者认为在许多方面，一艘航空母舰就是一个提供一系列服务的小城市，包括制造和传送新鲜淡水、产生和输送电力、保持每天 24 小时的餐饮服务、进行电视信号发送、提供医疗服务、传递邮件以及提供理发服务，这个城市由 5000 名拥有航海、工程、航空、电子、医疗、后勤以及战斗天赋与尖端技术的男女组成。航空母舰的军事优势是相当明显的：能快速出动舰载航空兵并在远距离上进行战场支援；能够以强大的火力进行快速反应并改变战术态势；能够以每天多架次立即支援许多任务；无须和任何国家进行谈判就能部署在国际水域；并且保持部署达数月

---

① 田小川：《航空母舰的“衣食住行”》，海潮出版社，2011，第 8 页。

之久。无论如何，正如本土和海外最近发生的事件所揭示的那样，冲突的本质正在改变，美国不再将其自身视为无懈可击的避难所。此外，随着日益恶化的安全形势下的防务费用削减，决策者们在日益增加的压力下正全力探索所有军事设施的效率最大化。在这样的环境下，航空母舰作为美军最昂贵的平台，被呼吁更频繁地使用并承担更重大的责任。航空母舰及其飞机、直升机、无人飞机、广阔开放的空间、巨大的人力资源、巨大的发电能力将使它以非传统的方式进行部署。[1] 从航母打击群的整个发展历程看，它几乎提供了执行或保障所有类型海上行动的有效手段，这些行动包括：打击作战、水面作战（SUW）、一体化防空反导（IAMD）、反潜战（ASW）、水雷战（MIW）、两栖作战、海上拦截行动（MIO）、海运保护、侦察以及人道主义救援和救灾（HA/DR）等。美国在阿富汗、伊拉克和叙利亚所实施的军事行动中，航母打击群曾多次展示了作战能力以及灵活性和多种用途。[2]

作为一个制海能力最强的舰种，航空母舰在非战争军事行动中发挥了重大作用。航空母舰非战争军事行动的概念主要从以下四个方面来理解：一是概念的主体，航空母舰非战争军事行动是相对于航空母舰战争军事行动的概念提出的，排除战争军事行动之外的军事行动，就属于航空母舰非战争军事行动。二是行动的目的，航空母舰非战争军事行动是武装力量遂行战争目的之外的军事行动，如反恐维和、抢险救灾、维护海上权益等，其行动是以促进和平，维护国家安全稳定，保障国家的利益不受侵犯为根本目的。三是任务环境，航空母舰非战争军事行动是在相对和平的环境中进行的，虽然在战争状态下也有非战争军事行动，如军事威慑，但这种行动是在相对和平或者说局部和平环境下的行动。四是表现形式，航空母舰非战争军事行动与战争

---

① John Gordon IV, Peter A. Wilson, John Birkler, Steven Boraz, Gordon T. Lee: *Levering America's Aircraft Carrier Capabilities, Exploring New Combat and Noncombat Roles and Missions for the U. S. Carrier Fleet*, 2006, http://www.rand.org/content/dam/rand/pubs/monographs/2006/RAND_ MG448.pdf, pp. xiv - xv.

② Seth Cropsey, Bryan G. McGrath, Timothy A. Walton, *Sharpen the Spear: The Carrier, the Joint Force, and High End Conflict*, Octber, 2015, www.hudson.org/policycenters/25 - center - for - american - seapower, p. 5. 上网时间：2016 年 2 月 20 日。

军事行动在表现形式上最大的区别在于战争军事行动是指敌对双方为了一定的政治、经济目的而使用武力进行的有组织、有计划的军事对抗活动，通常表现为激烈的战场较量。而航空母舰非战争军事行动虽然也是有组织有计划的军事行动，但是其表现形式则大多是非暴力的，即使在个别行动中使用暴力，也是有限的暴力。对于每个拥有航母的国家而言，对于航母非战争军事行动的具体定义和定位也略有不同。具体对于我国而言，航空母舰非战争军事行动的定义，就是指在相对和平的环境下，动用军事力量有组织有计划地采取战争以外的军事手段，遂行打击恐怖主义，维护国家合法权益，抢险救灾，参与国际维和等应急行动任务，以促进和平，维护国家安全和社会稳定减免灾害为目的的特殊军事行动。①

从上述内容来看，航空母舰参与非战争军事行动往往体现出以下几个特征。首先是突出救灾活动。航母吨位大，力量投射能力强，不仅可以为灾区提供应急电力和通信，还能利用舰载直升机运送伤员和投送救灾物资。可以说，航空母舰在救灾领域大显身手是其参与非战争军事行动的亮点。

其次是执行任务的范围广。航空母舰及其舰载航空器的作战领域涵盖陆地、海洋和天空，甚至还有电磁空间。因此，航空母舰天然是战场上的“多面手”。这种多样化的能力在非战争军事行动中也有所体现。按照国内权威专家的研究分类，航空母舰非战争军事行动类型分为航空母舰海上运输行动、航空母舰人道主义救援行动、航空母舰特种作战行动、航空母舰维护海上权益行动、航空母舰海空威慑行动、航空母舰军事演习行动。

最后是战略色彩浓厚。作为一国海军的象征，航空母舰的出动从来都是显示国家意志、展示国家力量的。在非战争军事行动中，航空母舰的出动也不例外。而在外界看来，这就是国家战略布局与谋划的举措，因此，航空母舰参与非战争军事行动的战略色彩显得非常浓厚。

如前所述，航空母舰是实施救灾的重要舰种。沿海地区的救灾向来是一

---

① 高小标、姚依函：《航空母舰在非战争军事行动中的运用与探索》，《兵工科技》2017 年第 4 期，第 68 ~ 69 页。

个重要问题。在沿海地区的人道主义救灾行动中，航母有着得天独厚的优势。首先，航空母舰拥有完善的雷达、通信指挥系统，可为其他参与救援或撤侨的飞机、船舶提供导航、通信中继等关键服务。在陆路交通网络严重受损、机场瘫痪的情况下，航母能够在最短时间内机动至灾区外缘，成为救援飞机的起降平台与救灾通信指挥中心。其次，航空母舰上的医疗、生活设施较完善，能为大量灾民提供庇护。航母编队可进行包括外科手术在内的大部分医疗救护活动，也可对危重病人实施空中转移。再次，航母编队具备强大的发电和海水淡化能力。核动力航空母舰电力充足，可利用海水淡化装置将大量海水淡化，提供几乎源源不尽的生活用淡水。在印度尼西亚海啸救灾过程中，美军航母编队在距离海岸两英里处，通过浮动软管向岸上直接输送饮用水。在海地救灾中，美国“卡尔·文森”号作为紧急的发电基地，为陆上提供电力输出。最后，航母编队的侦察力量能够在较短时间内获取灾区第一手信息，为后续陆上救援行动提供情报支撑。在必要情况下，航母编队搭载的兵力也可参与恢复和维持灾区秩序。如海地地震后，美军派遣大约2000名海军陆战队员随舰前往海地以维持岛上“平稳局面”。[①] 此外，大型核动力航空母舰仓储空间非常大，可运送大量油料、食品、饮用水及其他救灾设备的零件。其携带的航空油料及编队中的补给舰，还能分别为其他的救援直升机、船舶补充燃料，支援其他舰艇的救灾和撤侨行动。

1929年，“列克星敦”号（CV 2）航母在华盛顿州塔科马城发生大面积停电后，向其紧急提供电力供应；1954年，“塞班”号（CVE 48）航母在海地岛遭受飓风袭击后向该地区提供了淡水、食物、医疗物资等援助；1975年，“汉科克”号（CV 19）和“中途岛”号（CV 41）参与了从越南撤离侨民的行动；2004年，“林肯”号（CVN 72）核航母参与了东南亚大地震和海啸后的救灾行动；2005年，“杜鲁门”号（CVN 75）航母参与了对遭受“卡特里娜”飓风袭击的美国南部的救援；2010年，“文森”号（CVN 70）核航母参与了海地地震后的救援行动；2011年，“里根”号

① 海韬：《航母救灾能力不容小视》，《国防时报》2011年3月30日，第15版。

（CVN 76）核航母参与了日本大地震和海啸后的救灾行动；2013 年，“华盛顿”号（CVN 73）核航母在菲律宾遭受台风袭击后参与了救援行动。尼米兹级核航母具备的人道主义救援功能可提供 150 张病床、3 间重症监护室等医疗设施，以及 10 名军医官和数十名普通医护人员；海水净化设备每天可生产 40 万加仑（约合 1512 立方米）淡水；舰载直升机每日可完成 100 个飞行架次的输送救援物资任务；可以 30 节的航速迅速抵达任务区；日常生活必备品可供航母使用 90 天；牙科诊疗设施每天治疗 70 名患者；厨房每天可制作 18000～20000 份食品。① 由此可见，航空母舰在海上非传统安全领域的独特作用。

四　对中国海军的建议与思考

当今时代，非传统安全威胁凸显，恐怖主义呈蔓延之势，海盗猖獗，给人类带来了巨大灾难与损失，甚至成为战争的直接诱因，影响国家和地区的安全稳定。应对非传统安全威胁，执行非战争军事行动任务，是新世纪新阶段我军的重要职能之一，也是维护国家利益的重要保障。反恐怖、维护社会稳定、海上救灾、维护国家主权与海洋权益、海上军事安全合作、维护海上交通线安全和国外救援等海上非战争军事行动，使海洋成为执行海上非战争军事行动的主战场。

有鉴于此，中国海军必须做好以下准备。首先是提高战场环境适应能力。战场环境适应能力是海军部队遂行任务时快速适应各种自然环境和人文环境的能力，具备战场环境适应能力是完成非战争军事行动的基础。海军非战争军事行动任务多样，条件不一，从行动所处的自然环境看，既包括沿海、近海、远洋，也包括濒海、内陆，还包括热带、温带、寒带；从行动所处的人文环境看，包括国内、国外，境内、境外，还包括辖海域和争议海

① 苏明：《美海军航母执行的人道主义救援任务（1929～2013 年）》，《舰船知识》2014 年第 1 期，第 15 页。

区。一方面，海军部队必须具备很强的社会环境适应能力，能够迅速熟悉和适应事发海区（海域）的社会背景与人文环境，协调、调动、利用各种资源完成任务；另一方面，海军部队还必须具备很强的自然环境适应能力，特别是遂行抢险救灾、国际援助和国际维和等跨区、跨国任务时，必须能够适应不同的地理和气候环境。同时，非战争军事行动还要面临生与死的严峻考验，承受生理与心理的巨大压力，要求遂行任务的海军部队官兵必须具备很强的心理控制和适应能力。①

其次是提高海上力量投射能力。美军认为，在历史上，维持远程行动的能力是海军力量投射的一个基石。海军力量投射能力也为“灵巧力量”使命的其他成分提供了条件，诸如人道主义援助和救灾行动，例如，2010 年的海地地震、2011 年的日本大海啸以及 2013 年的菲律宾飓风。推进海上力量被安排在可以对关键地区的灾难做出迅速反应的位置，与盟国和伙伴国合作，时刻准备拯救生命，提供即时救援，并且提供条件对民众做出有效的反应，而无须依赖岸上被损坏或者无法使用的港口或者机场。这种功能可以支援海军保卫国土、危机反应、遏阻冲突、击败进犯以及提供人道主义援助和救灾的使命。② 从未来我国武装力量可能担负的作战和非战争军事行动任务看，我国应具备向东南沿海方向、西南方向、第一岛链内的重要地（海）域投送武装力量遂行作战任务的能力；逐步具备向非洲、中亚、中东、拉美等进口石油产地投送遂行非战争军事行动任务的武装力量的能力。③

最后是提高海外军事行动的综合能力。海外军事行动能力的重点在于提高综合作战能力，尤其是要具备应对多种安全威胁、完成多样化军事任务的综合作战能力。一是提高全方位、多层次的情报侦察能力。海军遂行非战争

① 刘晓静、柳锋、朱强、付金超：《世界海洋军事地理研究》，解放军出版社，2011，第 11 页。

② U. S. Department of the Navy, *A Coopertative Strategy for 21st Century Seapower: Forward Engage Ready*, *http://www.navy.mil/local/maritime/150227 - CS21R - Final.pdf*, pp. 24 - 26. March, 2015，上网时间：2015 年 3 月 13 日。

③ 刘晓静、柳锋、朱强、付金超：《世界海洋军事地理研究》，解放军出版社，2011，第 265 ~ 266 页。

军事行动任务，必须具备覆盖陆、海、空、天、网、电的立体化信息获取手段和全天时、全天候的多种侦察能力。二是提高快速机动的立体投送能力。从世界各国遂行非战争军事行动的成功案例可以看出，快速机动的立体投送能力决定着军队能否在非战争军事行动中迅速反应、及时应对，有效控制事态和化解危机。三是重视远距离海上综合补给点建设。随着海军非战争军事行动任务的日益增多以及行动范围的拓展，对后勤、装备保障的要求越来越高。提高海军兵力远洋保障能力，除了发展大型伴随保障舰船外，还要重视建设远距离海上综合补给点，多途径保障海军兵力在远洋遂行非战争军事行动。四是提高协同效率。海军遂行的非战争军事行动任务多样，包括海上联合军演、海上反恐、海上护航和海上救援等，往往具有复杂的国际背景。执行非战争行动任务中海军的军地协同、国际协同能力，直接影响任务的完成。要重点加强与地方相关部门特别是外交、商务、海外企业的协同，加强与相关国家和国际机构的合作与交流，确保更好地完成各种海外非战争军事行动任务。①

此外，加强对港口设施的安全保卫也是增强海军非战争军事行动的有效手段。即便是在非战争军事行动中，冲突强度与保障港口和其他设施安全的必要性两者之间存在直接关系。必要的安全措施可能包括派遣巡逻艇在港口内进行监视和巡逻；由潜水员对水下破坏活动进行监视；在为舰船提供保障的码头周边设置新泽西式混凝土护栏以及其他防护装置；在大门增设安全警戒人员等。商业性设施主要依赖要价较高的私营承包商或是内部人员提供此类服务。与之相比，军事设施内的军人能够更加有效地执行类似任务。舰船和军事装备维修也面临代价极高的局面。虽然商业性设施能够为在低强度作战行动中受损的舰船进行维修，但此类保障也具有代价高昂的特点。②

---

① 肖天亮主编《战略学》，国防大学出版社，2015，第343页。

② Christopher D. Yung and Ross Rustici with Scott Devary and Jenny Lin, *Chinese Overseas Basing Requirements in the 21st Century*, Center for the Study of Chinese Military Affairs Institute for National Strategic Studies China Strategic Perspectives, No. 7, Institute for National Strategic Studies National Defense University, pp. 24 – 25. http://ndupress.ndu.edu/Portals/68/Documents/stratperspective/china/ChinaPerspectives-7.pdf，上网时间：2016年5月2日。

值得一提的是航空母舰。自从“辽宁”舰入列后，中国海军正式进入航母时代。如何发挥航空母舰的优势，并成功使其执行非战争军事行动任务，成为一个超越军事领域的战略性问题——如果能做到这一点，不仅可以有效反击“中国威胁论”以及“中国海军民族主义”等谬论，更有利于中国远洋海军的长远建设。

结　论

随着全球化进程的不断发展，海洋这个地球表面最大的公共空间越来越成为非传统安全问题的策源地。海军这个战略性、综合性和国际性的军种在海洋空间实施非战争军事行动的可能性越来越大。而作为远洋海军的核心舰种，航空母舰在海军实施非战争军事行动中占有突出地位。作为一个新兴海洋强国，中国在上述领域有必要做好强化远程力量投射能力、提高海外军事综合能力、提升战场适应能力、强化对港口设施的保护等工作。此外，随着中国航空母舰陆续入列和形成战斗力，中国海军在实施非战争军事行动中将会有更加雄厚的物质基础与保障。

B.6
二十一世纪的国际核安全态势与核安全维护*

陈　佳**

摘　要： 二十一世纪以来的国际安全态势是传统安全与非传统安全共同凸显，同时还有两类安全相互交织。从传统安全领域来看，核安全面临着核战略竞争与核武器扩散的问题；从非传统安全领域来看，核安全面临着核安全事故与放射性废弃物处置的问题；从交织安全领域来说，核安全面临的是核恐怖主义袭击的问题。本文分别从这三个方面对二十一世纪以来的核安全态势进行剖析，并且对相应的核安全维护措施进行分析评估。总体上，核安全威胁已经在国际范围内受到重视，并且形成了一些有效的维护机制和理念，但是在传统安全领域的核安全维护上仍然面临着"安全困境"的阻碍。核安全态势未来的发展具有不确定性，核安全维护需要克服现有机制的缺陷和"安全困境"，最终才能构建一个"人类核安全命运共同体"。

关键词： 核安全态势　核安全威胁　核安全维护　国际机制

---

* 本文获得国家留学基金管理委员会"建设高水平大学公派研究生项目"资助（项目编号：CSC NO. 201706320206）。

** 陈佳，浙江大学公共管理学院非传统安全管理专业博士生，主要从事非传统安全研究。

随着全球化进程的发展，从20世纪90年代开始整个人类社会的联系更加紧密，人类的生存突破空间范围的限制，进入了“地球村”时代。国家间的相互依赖成为现状，地区间的合作更趋紧密，因此出现了国家让渡部分主权而成立地区间组织或者国际组织的现象。人类生存状态逐渐突破了国家藩篱的限制走向更高层次的生存状态，进入了“类存在”的生存状态。在以人的“类本性”为基础对安全的关切，是超越个体、地域、国家及民族的狭隘利益，是一种以人的类存在为出发点的“类安全”[①]。当前的现实是传统安全与非传统安全威胁共同凸显，从“类安全”的高度去认识当前人类面临的安全威胁，能够更加客观和全面地观察当前的安全态势。西方安全研究越来越成熟，在传统安全与非传统安全领域各有相当分量的研究流派。中国对当前安全态势的认知也不断提高，2014年提出了要坚持总体国家安全观，既重视传统安全又重视非传统安全，提出建立集核安全在内的十一类安全于一体的国家安全体系。[②]

核安全不仅是国家性课题，也是全球性课题。从所涉及的问题领域来看，核安全既有传统安全领域的核武器战争和核扩散问题，又有非传统安全领域的核安全事故与辐射材料危害问题，同时还有交织安全领域的核恐怖主义威胁。因为涉及问题领域的广泛性，“核安全”这一概念本身也包括丰富的含义，其一是核安全（Nuclear Safety），即以核设施、核材料等本身为防护对象，重点在于技术领域的提升与稳定；其二是核安保（Nuclear Security），即以人的活动为防护对象，目的在于禁止人为破坏行径的发生；其三是核保障（Nuclear Safeguards），即确保核材料与设施的和平利用，防止军事使用的发生。三个内涵之间虽然内容差异分明，通常所论及的核安全问题三个内涵时有相伴出现。核安全的维护需要防范核攻击、核事故或者核

① 所谓类安全，指“关心和维护作为‘类存在体’的人的安全，即把人的安全的维护建立在人之所以为人的本质统一为整体的‘类’的安全”。参见余潇枫《非传统安全研究》，知识产权出版社，2014，第32页。

② 习近平：《坚持总体国家安全观，走中国特色国家安全道路》，《人民日报》2014年4月16日，第1版。

犯罪行为的发生，坚持核不扩散的立场，防止和应对核材料的非法获取与贩运之类的行为，防范核恐怖主义袭击的发生等。

进入二十一世纪，核安全形势更加复杂多样。在核安全威胁方面，大规模核武器战争的威胁减小，但是核扩散形势依然严峻；核恐怖主义袭击发生的可能性逐步增加；重大核安全事故的发生让人类开始重新反思核能的利用。在核安全威胁的应对方面，国际社会核安全维护的合作更加紧密，虽然过程曲折艰难，但是也取得了一些成就和形成了核安全维护的机制。

一　传统安全领域的核安全威胁与应对

传统安全领域的核安全威胁主要是核武器的使用和扩散。核武器使用的风险随着美苏冷战的结束已经大大降低，尤其是进入二十一世纪以来，核战争已经不被作为重大的安全威胁来看待，但是大国间的核战略竞争没有完全消除。与此同时，核扩散的风险却急剧提升，局势越来越趋紧张。二十一世纪的核扩散危机，既有核门槛国家发展核武器从而成为拥有核武器国家的横向核武器扩散，又有已经拥有核武器国家发展新的核武器发射运载或是核弹头技术的纵向核武器扩散。随着核武器扩散紧张局势的升级，虽然爆发核战争的可能性依然较低，但增加了局部冲突中核武器被使用的可能性。

（一）大国间的核战略竞争与协商

美国是迄今为止唯一使用过核武器的国家，同时凭借其强大的核力量自美苏冷战结束以来，在国际核战略与核安全态势的演变中一直扮演着主导性角色。美国在二十一世纪里的三届政府都将与俄罗斯以及中国的战略竞争视为发展自身核力量的重要原因，在一些关系到国际核安全的领域又进行了相关合作与磋商。

美国布什政府时期在核战略上采取的是单边主义政策，主要目的是通过维持核武器优势从而维持美国在国际上的霸权和主导地位。布什政府寻求核武器新的运用，不但没有完成《不扩散核武器条约》第六条所规定的义务，反而与规定背道而驰。更甚的是美国取消了美俄签订的《反弹道导弹条约》，研制钻地核武器。[①] 即使参与到核军控和核不扩散行动，其目的也是为了在全球核军控和核不扩散机制中要占据主导地位，甚至是通过核军控和防扩散来进一步使自己变得相对更强大。[②] 布什政府在2002年发布的《核态势评估报告》中重新确立了核武器在国家安全战略中的重要性，并且制订一系列将大大增强美国核武库进攻能力的计划，提出了可替代核弹头计划来应对不确定的未来形势和保持美国核武器的设计能力。美国甚至明确提出了可以实施“先发制人”核打击的情况有以下三种：“伊拉克攻击以色列或者邻国；朝鲜进攻韩国；台湾问题出现军事对抗。”在必要的情况下可对朝鲜、伊朗、伊拉克、利比亚、叙利亚、中国及俄罗斯进行核打击。[③] 在布什政府的单边主义压迫下，俄罗斯和中国被迫做出回应。2003年10月2日，俄罗斯国防部发布了《俄武装力量现代化学说》逐步将“不首先使用”演变为“先发制人”的核战略。[④] 中国的核战略一直保持着和平时期低战备状态，甚至采取导弹与核弹头分开存放。但是面对布什政府咄咄逼人的核战略，在2004年发表的《2004年中国的国防》白皮书中虽然声明不会进行核军备竞赛，但是也强调要增强核反击能力和精确打击能力。[⑤] 在当时可谓是局势十分紧张，庆幸的是最后核冲突没有发生。

奥巴马2009年开始执政，他一上台就在核政策上进行了明显的改革，想以此扭转前任政府的政策对美国领导力和国际安全环境造成的恶劣影响。

---

① Bonnie Jenkins, “Combating Nuclear Terrorism: Addressing Non-state Actor Motivations”, *Annals of the American Academy of Political and Social Science*, Vol. 607, Confronting the Specter of Nuclear Terrorism, Sep. 2006, pp. 33 -42.

② Joachim Krause, “Enlightenment and Nuclear Order”, *International Affairs*, 83: 3, 2007, pp. 483 -499.

③ “Nuclear Posture Review: Excerpts”, pp. 3 - 5, http://web.stanford.edu/class/polisci211z/2.6/NPR2001leaked.pdf，登录时间：2017年5月8日。

④ 松鸣岛：《俄核军演背后的核战略——“先发制人”》，人民网，2004年2月17日，http://www.people.com.cn/GB/guoji/14549/2343515.html，访问时间：2018年5月26日。

⑤ 国务院新闻办公室：《2004年中国的国防》，http://www.scio.gov.cn/zfbps/ndhf/2004/Document/307905/307905.htm，访问时间：2018年5月5日。

2009 年 4 月他在布拉格发表了著名的“无核武器世界”的演讲，让国际社会看到了核军控向好发展和实现消除核安全威胁的希望。奥巴马政府执政前期在核军控上行动积极，为了实现核不扩散还在通过《全面禁止核试验条约》和复兴《削减核裂变材料条约》上努力。① 2010 年在美俄双方的共同努力下，最终签订了双边核军控与裁军的《新削减战略武器条约》。奥巴马政府倾向于保持美俄之间的核力量平衡和相等，但是不把完全的相等看成是必要条件。赞同通过合作、互惠的方式来实现削减军备。② 然而，奥巴马政府没有放弃对美国核力量进行现代化更新，同时在 2013 年核武器使用战略中高调地重新确认了核三位一体的军事力量。③ 奥巴马政府在核武器的使用上只提出了“有条件不首先使用核武器”，坚持为其盟国提供核保护伞的延伸核威慑战略，并且在地区核问题上一直持“双重标准”。面对奥巴马政府核政策的两面性，俄罗斯在合作的同时也不肯放弃自身的核威慑能力，2012 年 10 月和 2013 年 10 月分别举行了两次大规模的战略核力量演习。2013 年 11 月，乌克兰危机爆发，美俄关系降到冷战结束后的谷底，使得全球核裁军处在十字路口。乌克兰危机的进一步深化，使得任何关于削减核武器和导弹防御进行正式或双边会谈不具有可能性。④ 在乌克兰危机中俄罗斯与西方国家矛盾升级，甚至一度导致双方的核威慑升级。为了应对奥巴马政府的核力量现代化，2015 年中国也提出了要依靠科技进步来完善核力量，并且提高战略威慑和核反击能力。⑤

2017 年 1 月 20 日，特朗普就任美国总统，他改变了前任政府以美国国际形象为考量的核战略，实施“美国优先”精神下的核战略。在核力量建

---

① Cole Harvey, “Obama Sets New Course on Arms Control”, *Arms Control Today*, Mar. 2009, pp. 35 – 36.

② Amy F. Woolf, “Next Steps in Nuclear Arms Control with Russia: Issues for Congress”, *Current Politics and Economics of Russia*, Volume 29, Number 1, January 6, 2014, pp. 143 – 191.

③ Hans M. Kristensen, “Nuclear Weapons Modernization: A Threat to the NPT?” *Arms Control Today*, May 2014, pp. 8 – 15.

④ Daryl G. Kimball, “Arms Control after the Ukraine Crisis”, *Arms Control Today*, April 2014, p. 3.

⑤ 中华人民共和国国务院新闻办公室：《中国的军事战略》，http://www.mod.gov.cn/auth/2015 – 05/26/content_ 4586723.htm，访问时间：2018 年 5 月 2 日。

设的总体规划上，特朗普政府提出了几项优先行动：继续保持美国强大的核力量；对核武器及其基础设施进行现代化建设；维持稳定的核威慑力量。[①]他明确提出，“与中国和俄罗斯的长期战略竞争对于国防部来讲是基本要务，因为它们在当前对美国的安全和繁荣带来巨大威胁，并且将来这些威胁的可能性还会增加”。[②] 2018 年 2 月初，美国特朗普政府发布了《核态势评估报告》，再一次提高了核武器使用的可能性，指出美国将会在遭受极端非核武器攻击时使用核武器来保卫美国及其盟国的关键利益，将回应网络攻击等情况包括在内。[③] 为了保障核力量的多样性和灵活性，美国国防部计划对包括核指挥、控制和通信系统（简称为核 C3 系统）以及配套设施在内的核力量三位一体进行现代化建设。[④] 特朗普政府的核战略开启了新一轮的核军备竞赛，这次竞赛的重点是在核武器相关的技术领域，俄罗斯与中国已经提出谴责，但是未来中俄很有可能会陷入与美国的核军事技术的竞赛中。

（二）地区核扩散危机

二十一世纪科学技术的进步使得核扩散的可能性大大提高，并且一些地下核交易的存在，使得有意图进行核扩散的国家能够秘密地获取发展核武器所需要的技术和材料。虽然国际社会通过单边、双边或多边努力取得了一定的成果，但是也留下了一些对国际安全的威胁因素，有些核扩散问题至今尚未解决。

---

① The White House, “National Security Strategy of the United States of America”, December 2017, p. 30 – 31.

② Department of Defense, “Summary of 2018 National Defense Strategy of the United States of America: Sharpening the American Military's Competition Edge”, Jan. 19, 2018, p. 2. https://www.defense.gov/Portals/1/Documents/pubs/2018 – National – Defense – Strategy – Summary.pdf. 访问时间：2018 年 2 月 8 日。

③ Office of the Secretary of Defense, “Nuclear Posture Review”, February 2018, p. 21.

④ Department of Defense, “Summary of 2018 National Defense Strategy of the United States of America: Sharpening the American Military's Competition Edge”, Jan. 19, 2018, https://www.defense.gov/Portals/1/Documents/pubs/2018 – National – Defense – Strategy – Summary.pdf, 登录时间：2018 年 2 月 8 日。

1. 南亚地区的核扩散问题

南亚地区的印度和巴基斯坦在20世纪90年代末双方的竞争激烈，两国都拒绝加入《不扩散核武器条约》进行核扩散而成为有核国家。南亚地区的核安全态势具有非对称性和大国介入性两大特征，二十一世纪的核安全环境依然不容乐观。美国在介入这一地区的核安全问题时采取的是“双重标准”政策。2005年7月美印双方达成了民用核合作协议，但是美国却以巴基斯坦核信用记录不良为由拒绝与巴基斯坦开展任何形式的合作。美印核合作将印度的核项目分为受国际监管的民用部分和不受国际监管的军用部分，使得印度的核计划合法化，然而印度又处在《不扩散核武器条约》之外使其享受权利的同时不尽国际义务。这种行径给南亚地区稳定和核不扩散带来消极影响，同时也影响了国际核不扩散的发展。①

印巴两国虽然早已通过非法核扩散行为发展了核武器，但是双方在核导弹的竞争上持续不断。2012年4月19日，印度试射了可以携带核弹头的“烈火-5”型号远程弹道导弹，紧接着在2012年4月25日，巴基斯坦试射了一枚能携带核弹头的“沙欣-1A”型中程弹道导弹，射程几乎能够覆盖印度全境。② 这样的竞争在印巴两国间不断出现，不仅使得地区局势紧张，更有可能导致核武器冲突的发生。除了两国的竞争以外，由于它们不是《不扩散核武器条约》成员国，扩大了核扩散的风险。2004年1月30日，巴基斯坦核技术科学家卡迪尔·汗由于在黑市进行核技术与核设备交易被捕，伊朗、朝鲜和利比亚都被牵涉在内。③

2. 利比亚与叙利亚的核扩散问题

2003年12月19日，利比亚同意移除与生产核武器及其他国际禁止发展武器相关的所有材料、装备和计划。当时的利比亚领导人卡扎菲承认利比

① Zahid Ali Khan, Indo-US Civilian Nuclear Deal: The Gainer and the Loser, *A Research Journal of South Asian Studies*, Vol. 28, No. 1, January-June 2013, pp. 241-257.

② 《巴基斯坦成功试射中程弹道导弹几乎覆盖印度全境》，中国新闻网，http://www.chinanews.com/gj/2012/04-25/3845656.shtml，访问时间：2018年5月8日。

③ Molly Maclman, “A. Q. Khan Nuclear Smuggling Network”, *Journal of Strategic Security*, Number 1 Volume 9, 2016, pp. 104-118.

亚违反了《不扩散核武器条约》的规定发展核武器。2004 年，在国际原子能机构的监督之下美国和英国拆除了利比亚的核武器相关设施。在揭露自己的秘密核武器项目之后，利比亚试图建立起自己的核能发电项目和生产医用同位素，并且在2006 年批准了《不扩散核武器条约》附加议定书。① 但是2011 年利比亚内战爆发，卡扎菲政权被推翻，这也使得利比亚核项目在以后的发展中受到很大的影响，并且存在安全风险。

叙利亚于 1991 年从中国购买了一个微型中子反应堆开始发展民用核项目，直到 2011 年叙利亚内战爆发，外界所知道的叙利亚核反应堆仅此一座。在 2007 年 9 月 6 日，以色列军队曾在美国的授意下对叙利亚代尔祖尔地区的疑似核反应堆发起空袭，随后美国情报官员含糊地宣称叙利亚的这座核反应堆有可能制造武器级核材料，并且与朝鲜和伊朗有相关合作。② 之后，叙利亚将自己的核反应堆开放给国际原子能机构进行检查。2008 年 11 月 26 日国际原子能机构理事会同意给予叙利亚技术支持，并且谴责了西方大国在没有证据的情况下拒绝叙利亚的合理要求。③ 在后来的检查中，叙利亚在某些检测上拒绝配合国际原子能机构。最终在 2011 年 5 月 24 日，国际原子能总干事天野之弥发布了一则报告，认为之前被摧毁的建筑很有可能是一座在建的反应堆，④ 并且在 6 月 9 日的国际原子能机构理事会上认定叙利亚违反联合国安理会决议。

3. 朝鲜核扩散问题

朝鲜核问题是当前国际社会需要面对和处理的重大安全问题。2002 年底朝鲜宣布退出美朝核问题《框架协议》，东北亚地区的局势动荡和核扩散

---

① NTI, “Libya Nuclear”, http：//www. nti. org/learn/countries/libya/nuclear/，访问时间：2018 年 5 月 11 日。

② Yossi Melman, “IAEA slams Israel for bombing alleged nuclear reactor in Syria”, https：//web. archive. org/web/20080426141322/http：//www. haaretz. com/hasen/spages/978043. html，访问时间：2018 年 5 月 18 日。

③ “Nuclear Threat Initiative：ElBaradei Lashes Critics of Syrian Nuclear Aid Request”. Globalsecuritynewswire. org，访问时间：2018 年 5 月 20 日。

④ Board of Governors, “Implementation of the NPT Safeguards Agreement in the Syrian Arab Republic”, GOV/2011/30, 24 May 2011.

危机增大。然而布什政府对朝鲜采取一系列强硬政策，将朝鲜划归为“邪恶轴心”国家之一，并且称之为“无赖国家”，推行“鹰派”政策，加强对朝的核威慑等使情况更加恶化。2003 年朝鲜宣布退出《不扩散核武器条约》，进而在 2006 年进行了第一次核试验。针对朝鲜的第一次地下核试验，联合国于 2006 年 10 月 14 日颁布第 1718 号决议表示谴责，并且就相关领域进行了制裁。

“六方会谈”机制一度被看成是解决朝核问题的一个具有创造性的平台。从 2003 年开始到 2007 年为止，朝核“六方会谈”共进行了六轮会议，达成了一定成果。在第三轮会谈中，朝鲜表示愿意以透明的方式放弃核武器计划，强调进行核冻结，并且还提出了实施核冻结的具体方案，对此与会各方达成共识。2005 年 9 月 19 日，与会各方通过《第四轮六方会谈共同声明》，朝鲜就放弃核武器计划和接受国际监督做出了承诺。2009 年 4 月 14 日朝鲜外务省宣布：“退出朝核问题六方会谈，并将按原状恢复已去功能化的核设施。”① 同年，朝鲜进行了第二次核试验。

2012 年金正恩成为朝鲜最高领导人后更加强化了拥核的决心，将核武器与朝鲜作为自主性国家存在相关联。面对国际社会对其卫星试射和核试验的谴责，朝鲜采取全面对抗。2012 年 4 月，“核拥有国”被正式写入宪法。2013 年 3 月 31 日，朝鲜提出了经济建设和核武力建设的“并举路线”。2016 年 1 月朝鲜进行了第四次核试验，5 月朝鲜劳动党“七大”上金正恩再度声明奉行“并举路线”，称其“不是对付剧变形势的暂时性对应措施……是旨在铜墙铁壁般地巩固以核武力为中枢的国防力量”。② 2016 年 9 月朝鲜进行了第五次核试验，11 月 30 日联合国安理会在经过近三个月的讨论后决定对朝鲜采取更为严厉和综合性的制裁措施，“重点是大幅度削减朝

---

① 《朝鲜宣布退出六方会谈》，新华网，http://news.xinhuanet.com/world/2009-04/14/content_11184071.htm，访问时间：2017 年 1 月 18 日。

② 详细内容参见：《金正恩在朝鲜劳动党第七次代表大会上所作的中央委员会工作总结报告（全文）》，朝中社，2017 年 1 月 15 日，http://www.kcna.kp/kcna.user.article.retrieveNewsViewInfolist.kcmf。

鲜从出口煤炭和其矿产品中获得的收入，以钳制其用这些资金开展核活动的能力”。[1] 但是面对联合国的制裁，朝鲜采取了“以强硬对强硬”的态度，进一步加快核试验的步伐。

2017年9月3日，朝鲜进行了第六次核试验，其核技术得到了很大的提升，随着导弹发射试验的成功，尤其是2017年11月29日，朝鲜中央通讯社发布了有关“火星－15”型洲际弹道火箭试射成功的消息，说明朝鲜的核武器已经在可作战化发展上取得重大进展。朝鲜宣称，“针对美国的核威胁，为自保已拥有了强大的核力量，将毫不迟疑地以全面战争回答全面战争，以朝鲜式核打击战回应核战”[2]。特朗普政府毫不示弱，在《国情咨文》中明确表示：“过去的经验告诉我们，容忍和让步只能换来侵犯和挑衅。我不会再蹈前任政府的覆辙，使我们陷入这样的危险境地。”[3] 针对朝鲜利用地下设施和自然地形特征来保护自己的军事力量，特朗普政府提出“将会继续发展能够针对打击这些目标的相关传统武器和核武器能力”。[4] 特朗普与金正恩之间极具挑衅的言行，使得朝核问题更为紧张。朝鲜核问题局势在2018年有了重大的转变，朝鲜就去核化与美国举行会谈，未来局势的走向值得关注。

4. 伊朗核扩散问题

伊朗核扩散问题在2002年由于美国有关情报揭露在纳坦兹核试验基地建有秘密的地下核浓缩设备而成为国际关注的问题。布什政府实行的是单边主义政策，并将伊朗也归为“邪恶轴心”国家之一。布什政府坚持用核威慑和政治高压政策来应对伊朗核问题，试图推翻现有政权建立所谓“自由

① 《安理会因朝鲜核试验对该国实施第六轮制裁》，联合国新闻，http：//www. un. org/chinese/News/story. asp？ NewsID＝27182，访问时间：2017年01月18日。

② 朝鲜中央通讯社：《朝鲜外务省发言人称对美国将以全面战争回答全面战争，以朝鲜式核打击战回应核战争》，平壤4月21日电，http：//www. kcna. kp/kcna. user. article. retrieveNewsViewInfoList. kcmsf#this，登录时间：2017年5月8日。

③ The White House，“President Donald J. Trump's State of the Union Address”，Issued on：January 30，2018，https：//www. whitehouse. gov/ briefings－statements/president－donald－j－trumps－state－union－address/，访问时间：2018年2月20日。

④ Office of the Secretary of Defense，*Nuclear Posture Review*，February 2018，p. 33.

体制的国家”来缓解伊朗核问题。[①] 高压政策并没有使伊朗就范，反而导致地区安全局势和国际体系失衡，加重了中东地区核扩散的危机。奥巴马就任美国总统之后改变前任的政策，在伊朗核问题上寻求国际合作与谈判的方式解决，但同时也声明自己的底线是不接受伊朗拥有核武器。[②] 国际社会也在应对伊朗核问题，联合国安全理事会在2009 年9 月通过1887 号决议，确认了伊朗的违法核扩散行为。国际原子能机构也在11 月对伊朗进行了制裁，紧接着，国际原子能机构在11 月通过针对伊朗进行秘密核浓缩行为的制裁决议。2010 年6 月9 日，联合国安全理事会针对伊朗持续的核扩散行为，通过了对伊朗实行更为严厉广泛新制裁的1929 号决议。[③]

在美国和平谈判的橄榄枝和国际制裁的双重作用下，伊朗开始公开声明愿意就核问题进行会谈。2010 年12 月6 日，伊朗核问题回到和平谈判的轨道上来。参与谈判的P5 +1 成员国与伊朗在2014 年1 月12 日就联合行动计划达成技术性理解，P5 +1 成员国与欧盟暂时减轻对伊朗一些特定领域的制裁，涉及金额60 亿~70 亿美元，并在接下来的六个月之内逐步解冻之前伊朗被冻结的42 亿美元资金。[④] 2015 年7 月14 日，P5 +1 成员国与伊朗签订了《联合全面行动计划》(*Joint Comprehensive Plan of Action*，JCPOA)，伊朗核扩散危机得到解决。

---

① Wade L. Huntley, “Rebels without a Cause: North Korea, Iran and the NPT”, *International Affairs*, 2006, pp. 723 -742.

② “Interview Transcript: President Obama with Jose Diaz - Balart,” NBC Universal Press Centre online, September 12, 2012, http://www.nbcuniversal.presscentre.com/content/detail.aspx? AddPreview = True&ReleaseID = 12443&NewsAreaID = 2&ClientID = 12&attmtType = 0&PreviewId = 893, 783, 885, 855, 782, 684, 710, 705, 765, 674, 677, 767, 684, 762, 718, 674, 708, 683, 706, 718, 674. 访问时间：2016 年5 月4 日。

③ The White House, Office of the Press Secretary, “Fact Sheet on the new UN Security Council Sanctions on Iran”, June 09, 2010. https://www.whitehouse.gov/the - press - office/fact - sheet - new - un - security - council - sanctions - iran，访问时间：2016 年5 月4 日。

④ The White House, Office of the Press Secretary, “Summary of Technical Understandings Related to the Implementation of the Joint Plan of Action on the Islamic Republic of Iran's Nuclear Program”, January 16, 2014, https://www.whitehouse.gov/the - press - office/2014/01/16/summary - technical - understandings - related - implementation - joint - plan - actio，访问时间：2016 年5 月4 日。

然而特朗普执政之后却对伊朗核问题的处理结果多加指责，坚持认为伊朗核协议存在一些根本性的缺陷。指出虽然伊朗已经同意按照《联合全面行动计划》限制其核项目，但是协议中对伊朗核项目的许多项限制将会在2031年失效。此外，伊朗保持着发展核武器的技术能力，如果它决定要发展核武器的话可在一年内获得所需要的能力。因此特朗普政府坚持单边行动，于2018年5月8日正式宣布退出伊朗核协议，使得伊朗的核问题再次出现紧张局势。

二　非传统安全领域的核安全威胁与应对

核能利用技术发展到二十一世纪已经趋于成熟，核民用项目迎来了发展高峰，同时核放射技术在医疗、生物科技、工程和农业等领域也有了长足发展，核安全越来越成为需要高度关注的话题。世界经济合作与发展组织的国际能源署2017年发表的《世界能源概况》报告根据当前核能政策预计核能发电将会从2015年的4040千兆瓦增长到2040年的5160千兆瓦，增长率达到25%。截至2017年底，全球有57座在建的核电反应堆。① 在民用核利用过程中，人类所需应对的核安全威胁有核安全事故和放射性材料及废弃物的危害。

《核材料实物保护公约》对辐射材料在储存、运输和使用过程中的安全管理有着严格的规范。但是在使用的过程中也有一些因事故导致人员伤亡或者蓄意盗窃核材料的情况发生。2013年在墨西哥发生了一起钴-60材料从运输卡车上被盗走事件，这种材料主要用于癌症的治疗。据官方消息，这次被盗材料的放射性对盗窃者来说有致命威胁，但是对周边居民几乎没有健康影响。②

① World Nuclear Association, "Plans for New Reactors Worldwide", http://www.world-nuclear.org/information-library/current-and-future-generation/plans-for-new-reactors-worldwide.aspx，访问时间：2018年5月22日。

② BBC news, "Mexico radioactive material found, thieves' lives' in danger'", http://www.bbc.com/news/world-latin-america-25224304，访问时间：2018年5月31日。

2016 年 2 月 17 日有新闻报道，在伊拉克发生了一起高放射性辐射材料丢失事件，据伊拉克当局描述有可能会被恐怖主义用作武器。[①] 即使放射性材料在利用的过程中没有发生任何意外事故，但是核技术利用留下来的辐射废弃物对人类来说也是重大安全威胁之一。

《国际核与辐射事故分级》将发生的事故根据影响程度分为七级，一级到三级称为安全事件，四级到七级则被定义为安全事故。四级事故的影响范围限于事故发生当地，五级事故的影响扩大出去，六级已算严重事故，七级则为重大事故。[②] 2011 年日本福岛核电站因为大地震引发海啸，再加上操作控制不够及时，最后导致七级重大核事故发生，造成大量放射性物质泄漏和扩散。[③] 这次事故是二十一世纪人类所经历的最重大核安全事故，福岛核事故让人们在核能发展上进行重新思考与选择，当时许多国家都临时关停了一些核电站，德国甚至从此宣布要逐步关停核电站，最终完全废除核能。

核能与核技术的利用给人类带来巨大的收益，但是也伴随着核安全威胁。为了应对可能发生的核安全威胁，国际社会从核材料的管理、放射性废弃物的管理和核电厂安全运行等方面进行了规范与合作，各个国家在内部也在不断地完善核安全相关法规与管理。欧盟 2002 年对《欧洲原子能共同体条约》进行了修订，为保护大众和从事核相关工作人员的健康设立关于免遭辐射伤害的标准，并且对核原料的运输安全设定标准。同时欧盟委员会从各成员国抽调专家组成核安全工作临时工作组，对新加入欧盟的成员国的核能态势和安全进行评估。2002 年 11 月，欧盟委员会制定了一系列的法律为核能发展保驾护航。[④] 在 2011 年福岛核灾难发生之后欧盟委员会为了加强

① Ahmed Rasheed, "Exclusive: Radioactive material stolen in Iraq raises security concerns", February 17, 2016, https://www.reuters.com/article/us-mideast-crisis-iraq-radiation/exclusive-radioactive-material-stolen-in-iraq-raises-security-concerns-idUSKCN0VQ22F? utm_ source=twitter，访问时间：2018 年 5 月 31 日。

② IAEA, "The International Nuclear and Radiological Event Scale", Information Series: 08-26941/E.

③ "Fukushima Accident", http://www.world-nuclear.org/information-library/safety-and-security/safety-of-plants/fukushima-accident.aspx，访问时间：2018 年 5 月 28 日。

④ Regina S. Axelrod, "The European Commission and Member States: Conflict Over Nuclear Safety", *Perspectives*, No. 26, Summer 2006, pp. 5-22.

核设施立法和安全管理框架，在2013年对《核安全指令》进行修订，并于2014年7月完成修订。①

国际原子能机构在核安全维护上也不断地进行管理和立法完善，提出了系列安全标准文件，共分为三个层次：第一层，基本安全原则（safety fundamental）；第二层，安全要求（safety requirement）；第三层，安全导则（safety guides）。从2009年开始，国际原子能机构从核能发展的情况出发，重点加强对新加入成员国的相关核能与核技术利用进行安全建设，并且制定了“响应援助网”进一步加强成员国的核应急能力建设。2015年2月9日，国际原子能机构总部举行了《核安全公约》缔约方外交大会，大会讨论了吸取福岛核安全事故教训与如何进一步加强全球核安全，并且通过了《维也纳核安全宣言》。②

国际双边合作在核安全领域也获得了不小的成就，中美两国的核安全双边合作更具有特殊意义。2006年12月16日，美国能源部与中国国家发展改革委员会签订了《关于在中国合作建设先进压水堆项目及相关技术转让的谅解备忘录》，积极开展核电技术合作，强化核电安全。③ 2016年3月18日，中美两国合作建设的“中美核安保示范中心”在北京房山科技园正式建成启用，成为整个亚洲最大规模的核安全研究与人员培训基地。为了进一步巩固和加强双边合作，2016年两国还共同发表了《中美核安全合作联合声明》，共同加强全球核安全体系建设，实现核利用下的共赢和共同安全。④

在国际多边和双边合作之外，各国在国内也进行了核安全立法和管理方

---

① European Nuclear Safety Regulators Group，“Nuclear Safety Directive”，http：//www. ensreg. eu/nuclear - safety - regulation/eu - instruments/Nuclear - Safety - Directive，访问时间：2018年5月31日。

② 国际原子能机构：《关于落实〈核安全公约〉防止事故和减轻放射性后果之目标原则的维也纳核安全宣言》，INFCIRC/872（中文），2015年2月20日。

③ 欧阳予：《世界核电发展形势与核电安全要求的提高》，《科学文化评论》2011年第5期，第17～22页。

④ 新华社：《中美核安全合作联合声明》，http：//www. xinhuanet. com/world/2016 - 04/01/c_1118505584. htm，访问时间：2018年5月30日。

面的建设。例如，英国为了加强核安全监管工作，2011 年 4 月英国核监管局挂牌成立，将核设施的安全与核材料的运输与监管等各种职能合并。法国的核能发电在能源占比上居于世界前列，对核安全维护也是倍加重视。2006 年法国国会颁布了《核透明与安全法》，并且设立了国家核安全局统一负责法国民用核设施与行动的安全监管。中国在核能利用方面已经成为当前全球新建核反应堆最多的国家，在 2017 年 9 月 1 日，《中华人民共和国核安全法》在全国人大常务委员会第二十九次会议上通过，中国的核安全建设和监管进入法制高度。

三　交织安全领域的核安全威胁与应对

在核利用的过程中，人类还需面对的一项复杂的传统安全与非传统安全相交织的核恐怖主义威胁。《制止核恐怖主义行为国际公约》对核恐怖主义进行了清晰的阐释，可以总结为以下三种类型：一是利用放射材料或装置发动的犯罪行为；二是直接使用核武器或者破坏核设施造成放射材料外泄的犯罪行为；三是非法和故意索要核材料、核武器的犯罪行为。[①] 当下，核恐怖主义还有新的表现形式，即利用网络病毒对核设施的控制设备或系统发动攻击，从而导致运行的失序而发生核安全事故。2001 年的“9·11”事件使得国际社会开始关注可能发生的核恐怖主义袭击。当时的国际原子能机构总干事巴拉迪在核安全评估会议上呼吁“要警惕恐怖主义攻击核设施或者利用放射性物质在平民中引发恐慌、破坏财产甚至是引发伤亡”，同时还披露了一些恐怖主义组织曾经企图获取核材料。[②] 美国布什政府在“9·11”事件之后将核恐怖主义袭击看作美国即将面临的重大威胁，重复宣称对扩散大规

---

① United Nations, “International Convention for the Suppression of Acts of Nuclear Terrorism”, Article 2, 2005, pp. 3 -4.

② IAEA, “Calculating the New Global Nuclear Terrorism Threat”, https://www.iaea.org/newscenter/pressreleases/calculating-new-global-nuclear-terrorism-threat-0，登录时间：2017 年 5 月 8 日。

模杀伤性武器“零容忍”。[①]

核恐怖主义袭击灾难迄今为止尚未真正发生过，但是核恐怖主义袭击并不是天方夜谭。二十一世纪在全球核利用不断增长的同时，核材料的丢失、走私和盗窃等时有发生，核设施受到攻击的情况也有发生，核恐怖主义袭击灾难可能发生的概率急速上升。俄罗斯警方在 2001 年 12 月 6 日曾公布他们逮捕了一个企图出售 900 多克铀的犯罪组织；2005 年俄罗斯披露近几年有国际恐怖分子谋划袭击其核设施和核电站。2010 年伊朗核设施控制系统遭到震网病毒的攻击而震惊全球。美国在 2015 年 2 月由联邦调查局破获了一件高放射性材料铯 -137 的走私案件，查明这个团伙试图与“伊斯兰国”联系，同年还有数起类似案件被侦破。据统计，2016 年有 34 个国家报告了 189 起涉及核材料及其他放射性材料的非法活动和事件。[②]

为了防范可能发生的核恐怖主义灾难，国际社会从核材料的管控、防止大规模杀伤性武器的扩散和打击恐怖主义等多种措施着手。2001 年“9·11”恐怖袭击事件发生后，联合国安理会反恐委员会迅速通过了 1373 号决议，加强国际合作打击恐怖主义活动，并且呼吁各国加强防范恐怖主义组织运送核材料等制造大规模杀伤性武器材料。[③] 美国布什政府虽然执行的是单边主义的强硬外交，但是为了应对核恐怖主义袭击，还是与国际社会展开相关合作。2003 年 5 月布什在访问波兰时提出了《防扩散安全倡议》，倡导全球共同努力以防止大规模杀伤性武器及其材料从国家扩散到非国家行为体，目前已经发展到有 105 个国家加入这个倡议。[④] 2004 年 4 月 28 日，为了打击核恐怖主义，联合国安理会通过了 1540 号决议。2005 年联合国大会通过

① Graham Allison, “How to Stop Nuclear Terror”, *Foreign Affairs*, Vol. 83, No. 1, Jan. - Feb. 2004, pp. 64 - 74.

② IAEA Incident and Trafficking Database (ITDB), “Incidents of Nuclear and Other Radioactive Material out of Regulatory Control, 2017 Fact Sheet.

③ United Nations, “United Nations Security Council resolution 1373 (2001)”, S/RES/1373 (2001), 28 September 2001.

④ U. S. Department of State, “Proliferation Security Initiative”, https://www.state.gov/t/isn/c10390.htm，访问时间：2018 年 6 月 1 日。

了《制止核恐怖主义行为国际公约》来防范核恐怖主义行为。[①]

到了奥巴马政府时期，因为美国在防止核恐怖主义扩散与核安全保障方面的参与度非常高，推动了国际合作发展到新的高度。2009 年联合国安理会通过了 1887 号决议，提出严重关切核恐怖主义威胁，确认所有国家必须采取有效措施来阻止恐怖分子获取核材料和核技术，并且提出了一些改进核安保的措施和建议。[②] 在联合国框架以外，奥巴马倡导建立了国际“核安全峰会”的机制，高度关注核恐怖主义对全球的威胁，并且寻求加强核安全的共同方法。2010 年首届核安全峰会在美国华盛顿召开，共有 47 个国家的领导人及 3 个国际组织负责人参会，发布了《华盛顿核安全峰会公报》和《华盛顿工作计划》等一系列文件。2012 年在首尔、2014 年在海牙以及 2016 年在华盛顿，分别召开了第二届、第三届和第四届核安全峰会，国际社会在加强核材料安全与国际核安全机制方面取得了显著成果。

结　语

二十一世纪以来，人类在核安全的认识上有了发展，在实际的合作中也取得了显著成果。在国际机构与核利用大国引领推动国际协同合作下，国际核安全维护已经确立了一种共同治理的框架。各国在核材料储存、运输和使用的安全管控上用实践贡献力量和经验，在核安全观念的建设上也提供了智慧支持。保障核安全是核利用生命线的观点已经成为广泛共识，核安全文化建设得到大力发展。在非传统安全以及交织安全领域所面临的核安全威胁方面，国际社会已经形成了高度一致，在各方面展开了卓有成效的合作与对话。

但是，国际核安全维护也存在着有待改善和加强的领域。当前的核安全

① United Nations, “International Convention for the Suppression of Acts of Nuclear Terrorism”, 2005, p. 1.

② United Nations, “United Nations Security Council resolution 1887 (2009)”, S/RES/1887 (2009), 24 September 2009.

维护机制主要还是美国主导、大国协商的机制，小国的作用发挥很弱，在国际合作上只能配合相关行动。在传统安全领域仍然需要克服安全困境在国际合作与对话过程中所形成的障碍，虽然在军控与核不扩散领域有了一定的共识，但是核军控领域的困境需要以更加积极和谨慎的姿态来应对。各国要超越政治体制与意识形态的差异，树立“核正义”理念，以人类生存的安全为基本出发点来维护核安全。在核安全威胁的应对上要站在人类的生存与安危的高度，克服狭隘的国家利益的桎梏，各国要发挥最大作用，最终才能构建起一个“人类核安全命运共同体”。

·外源性非传统安全研究·

B.7 当代国际移民的趋势、安全挑战及其应对

陈积敏*

摘　要： 国际移民未来发展趋势呈现三大特点：一是国际移民数量继续增加，但占总人口的比例变化不大；二是国际非法移民数量总体保持稳定，发达国家的非法移民态势有望缓解；三是国际难民问题恐将更加突出，难民保护与治理机制成为国际社会关注的焦点。国际移民对民族国家以及国际体系产生了深刻影响，但首先并主要体现在对国际移民目的国的影响。就国家安全而言，国际移民的影响主要体现在三个方面，即与恐怖主义相关的国土安全，与犯罪率相关的公共安全，与文化冲突相关的文化安全。国际移民对国家安全的影响既有实际存在的客观影响，同时也有主观建构的成分。有鉴于此，国际社会应建立起对国际移民的正确认知，构建科学的移民政策体系，并提高国家治理、区域治理与全球治理的互补性，从而实现国际移民安全、规范、有序、可循环的跨国流动。

关键词： 国际移民　发展趋势　安全挑战

* 陈积敏，博士，中共中央党校国际战略研究院世界思潮研究室副主任、副研究员，主要从事美国外交与中美关系、美国国家安全战略、美非关系、非法移民问题研究。

国际移民是当前国际社会交流互动的一个重要体现，展示了人类社会发展与进步的力量。它既是全球化的结果，同时也推动了全球化的深度发展。与此同时，国家移民所带来的安全挑战也日益引起人们的关注，建立符合本国利益的移民体系成为各国相对优先的政策领域。

一　国际移民发展趋势研判

当今世界，各国政治、经济、文化联系日益紧密，相互依赖程度明显提高。同时，国家间的人员流动也更加频繁，方式更加多样、便捷，体现出明显的全球化特征，也呈现鲜明的时代特点。（1）国际移民在绝对数量上呈增长态势，2017 年全球移民数量达到 2.58 亿人（2010 年 2.2 亿人，2000 年 1.73 亿人）①，这反映出当今世界人口跨境流动依然强劲，但移民人数占总人口比重未见明显提高。（2）国际移民流向更加多元，其中南北流动与南南流动是主要形式。与区域间流动相比，国际移民的区域内流动更为频繁。（3）国际移民的性别比例相对均衡，且多属于工作年龄阶段。2017 年国际移民年龄中位数为 39 岁，比 2000 年的 38 岁稍长。②（4）国际移民占发达国家人口比例要高于发展中国家的移民人口比例。③

根据当前国际移民的现状与特点，我们可以对未来国际移民的发展趋势做出一定的预估与研判。

---

① United Nations, Department of Economic and Social Affairs, Population Division (2017). *International Migration Report 2017: Highlights* (ST/ESA/SER. A/404), http://www.un.org/en/development/desa/population/migration/publications/migrationreport/docs/MigrationReport2017_Highlights.pdf, 2018-04-18.

② United Nations, Department of Economic and Social Affairs, Population Division (2017). *International Migration Report 2017: Highlights* (ST/ESA/SER. A/404), http://www.un.org/en/development/desa/population/migration/publications/migrationreport/docs/MigrationReport2017_Highlights.pdf, 2018-04-18.

③ 陈积敏：《当前国际移民的特点与舆情评估》，《国际研究参考》2017 年第 11 期，第 7～9 页。

（一）国际移民数量继续增加，但占总人口比例变化不大

近年来，全球经济复苏乏力，国际安全形势复杂，中东北非等地区形势动荡，一股强烈的反全球化与逆全球化趋势兴起。然而，结合过去数十年的国际移民变化轨迹来判断，未来国际移民的绝对数将进一步增加。一方面，国际移民已经形成了一种惯性，无论是移民文化建构还是移民网络的形成，抑或是现代交通通信技术的发展等，都为国际移民的持续增长提供了有利条件。[①] 另一方面，更为重要的是，由于经济增长的不均衡性、全球人口增长与分布的不平衡性，以及由此所带来的劳动力与资源供需等方面的矛盾，人口跨境流动必然是一种调配资源的重要手段。颇为吊诡的是，劳动力资源的不均衡分布，尤其是发展中国家处于“移民赤字”状态，大量的“人才流失”（brain drain）现象可能会进一步造成全球发展失衡，并进而使国际移民长期处于不对称流动状态。从这个角度来说，如何实现人口的循环流动是一项重大研究课题。不过，相对于全球人口总量，国际移民在世界人口总数中的占比应不会有太大变化。

（二）国际非法移民数量总体保持稳定，发达国家的非法移民态势有望缓解

国际非法移民主要集中于美欧等发达国家。就美国而言，21 世纪以来，非法移民数量持续走高，并在 2007 年达到顶峰，2007 年至 2010 年呈下降态势。2010～2014 年非法移民数量保持基本稳定。[②] 从美国边界巡逻队的拘捕案例数来看，这种相对稳定的非法移民态势表现得较为明显（见表 1）。

---

① 陈积敏：《非法移民与美国国家战略》，九州出版社，2013，第 94～98 页。

② Jeffrey Passel and D'Vera Cohn, "Unauthorized immigrant population stable for half a decade," July 22, 2015, http://www.pewresearch.org/fact-tank/2015/07/22/unauthorized-immigrant-population-stable-for-half-a-decade/, 2017-07-20.

表 1　2013～2018 财年美国西南边界拘捕案例数

类别	FY 2013	FY 2014	FY 2015	FY 2016	FY 2017	FY 2018
无陪伴未成年人	38759	68541	39970	59692	41435	21720
家庭	14855	68445	39838	77674	75622	39984
个人	360783	342385	251525	271504	186859	111895
总数	414397	479371	331333	408870	303916	173599

注：2018 财年统计时段是 2017 年 10 月到 2018 年 3 月。

资料来源：CBP，"United States Border Patrol Southwest Family Unit Subject and Unaccompanied Alien Children Apprehensions Fiscal Year 2016，" October 18，2016，https：//www. cbp. gov/newsroom/stats/southwest – border – unaccompanied – children/fy – 2016；"Southwest Border Migration FY2017，" December 15，2017，https：//www. cbp. gov/newsroom/stats/sw – border – migration – fy2017#；"Southwest Border Migration FY2018，" April 4，2018，https：//www. cbp. gov/newsroom/stats/sw – border – migration.，2018 – 04 – 18。

美国非法移民的数量保持相对稳定的状态，其中一个主要原因是来自墨西哥的非法移民大量减少。皮尤研究中心 2017 年 9 月的研究报告显示，那些表示即便没有合法许可也愿意在美国居留或工作的人数比例从 2015 年的 20% 下降到 2017 年的 13%。①

不仅如此，特朗普政府加强移民执法与边境管控等措施也是美国非法移民减少的重要因素。例如，2017 财年美国海关与边境保护局（Customs and Border Protection，CBP）新增执法人员达 1477 人，比 2016 财年增加 14%，其中 CBP 官员增加 165%，边境巡逻队职员增长 205%，空中与海上执法人员增加 125%。2017 财年，边境巡逻队的拘捕案例数达 310531，不可入境案例数达 216370，比上一财年下降 23.7%，是 1971 年以来最低纪录。② 自 2017 年 1 月 21 日（即特朗普宣誓就职的次日）到 4 月，西南边境的非法移

① Margaret Vice and Hanyu Chwe，"Mexican Views of the U. S. Turn Sharply Negative，" September 15，2017，http：//www. pewglobal. org/2017/09/14/mexican – views – of – the – u – s – turn – sharply – negative/? utm_ source = Pew + Research + Center&utm_ campaign = 2b9e88618d – EMAIL_ CAMPAIGN_ 2017_ 09_ 13&utm_ medium = email&utm_ term = 0_ 3e953b9b70 – 2b9e88618d – 399888937，2017 – 09 – 21.

② "CBP Border Security Report Fiscal Year 2017，" December 5，2017，https：//www. cbp. gov/sites/default/files/assets/documents/2017 – Dec/cbp – border – security – report – fy2017. pdf，2018 – 01 – 08.

民入境量急剧下降。与此同时，特朗普政府国内执法力度也得到加强，移民与海关执法局（Immigration and Customs Enforcement，ICE）官员自2017年1月20日到9月的拘捕案例数达110568，比上一年同期增长42%。[①] 不过，2018年以来，通过墨西哥越境的非法移民数量有所增加，其中大部分来自中美洲等国。2018年3月，美国边境巡逻队非法移民拘捕数达37393人，比2月份增长37%，是上年同期的两倍有余。[②]

近年来，美国非法移民的数量虽然保持相对稳定，但从结构上来看，来自中美洲地区的非法移民数量有较大增加，其中较大部分是无陪伴未成年非法移民（见表2）。2014年美国西南部边界的拘捕数据显示，当年中美洲地区的非法移民拘捕案例数首次超过了墨西哥非法移民拘捕案例数，2016年这一现象再次发生。从这个角度来说，如何防范来自中美洲地区的移民借道墨西哥非法入境美国已成为美国非法移民治理的一个重大课题。对此，特朗普政府一方面对墨西哥政府施加更大的压力，另一方面加强美国的移民执法力量，如特朗普政府现已在与墨西哥接壤的西南部边境地区部署国民警卫队，为边境巡逻队的移民执法行为提供后勤与情报支持。

表2 2009～2016财年无陪伴未成年人入境数量（国别）

国家	FY 2009	FY 2010	FY 2011	FY 2012	FY 2013	FY 2014	FY 2015	FY 2016
萨尔瓦多	1221	1910	1394	3314	5990	16404	9389	17512
危地马拉	1115	1517	1565	3835	8068	17057	13589	18913
洪都拉斯	968	1017	974	2997	6747	18244	5409	10468
墨西哥	16114	13724	11768	13974	17240	15634	11012	11926

① Nick Miroff, "Arrests along Mexico border drop sharply under Trump, new statistics show," *The Washington Post*, December 5, 2017, https://www.washingtonpost.com/world/national-security/arrests-along-mexico-border-drop-sharply-under-trump-new-statistics-show/2017/12/05/743c6b54-d9c7-11e7-b859-fb0995360725_story.html?utm_term=.1c83e40cc53e, 2018-01-08.

② Joseph Tanfani and Brian Bennett, "Illegal border crossing arrests surged in March, administration says," April 5, 2018, https://www.msn.com/en-us/news/us/illegal-border-crossing-arrests-surged-in-march-administration-says/ar-AAvwIE9, 2018-04-18.

欧盟将非法移民视为重大挑战，“欧洲国家倾向于十分紧张地将国际移民视为对其领土、组织、理念疆界的挑战，也是对它们考察自我和他者思维方式的挑战”。[①]2009 年，欧洲晴雨表（Eurobarometer）的数据统计显示，欧盟公众将移民视为三项主要关注的议题之一。[②]2016 年 7 月，皮尤研究中心在一份报告中指出，欧盟成员国对于文化多样性的接受度要远低于美国。其中，58% 的美国受访者表示文化多样性令生活更美好。在受访的 10 个欧洲国家中，瑞典（36%）、英国（33%）、西班牙（31%）对这一观点的认同度位列前三。而 63% 的希腊受访者和 53% 的意大利受访者则认为多样性的增长令他们的生活更加糟糕，另有 41% 的匈牙利人和 40% 的波兰人也有同感。[③]另一份皮尤研究中心的调查同样反映出这个特点：49% 的澳大利亚人、56% 的美国人认为多样性将会令生活更美好，而选取的 10 个欧盟国家持类似观点的比例均值仅有 22%。[④]但是，对欧盟而言，如果考虑到未来的人口结构，国际移民可能不再是一种负担，而是一种不可或缺的资源。与此相适应，非法移民问题也有可能会变得缓和。

欧盟成员国的人口结构极不合理，人口老龄化加速，适龄劳动力人口锐减，这将会给欧盟的生产力、竞争力造成重大挫折，并会引发社会福利政策的不可持续，从而产生更为严重的连锁反应。2015 年联合国发布的研究报

① Andrew Geddes, *The Politics of Migration and Immigration in Europe*, SAGE Publications, 2003, p. 4.

② Christal Morehouse and Michael Blomfield, “Irregular Migration in Europe,” December 2011, p. 2, http: //www. migrationpolicy. org/pubs/TCMirregularmigration. pdf, 2017 -07 -20.

③ 民调问题是“您认为不同种族、族群或国籍的人数量的增加会让你更好地生活、更差地生活或没有太多变化”。参见 Bruce Drake and Jacob Poushter, “In views of diversity, many Europeans are less positive than Americans,” July 12, 2016, http: //www. pewresearch. org/fact - tank/2016/07/12/in - views - of - diversity - many - europeans - are - less - positive - than - americans/, 2017 -08 -21。

④ Jacob Poushter , “Diversity welcomed in Australia, U. S. despite uncertainty over Muslim integration,” Feb. 6, 2017, http: //www. pewresearch. org/fact - tank/2017/02/06/diversity - welcomed - in - australia - u - s - despite - uncertainty - over - muslim - integration/, 2017 -08 -15.

告显示，根据95%预测区间（95 per cent prediction intervals）的数据统计方法，与其他地区不同的是，2015～2030年，欧洲人口数量可能有轻微下降，从7.38亿减少到7.34亿（见图1）。① 与此同时，欧洲是世界上老龄化最为严重的地区之一，2000年年龄达到或超过60岁的人口占总人口数的比例为20%，2015年这一数值接近24%，预计到2030年将升至近30%。② 据估算，到2050年，在不考虑移民的情况下，欧盟27国年龄在65岁及以上的人口数量将增加5700万人，增幅达65%。如果包括移民，老龄化人口将达到6200万人，增幅为71%。③ 与全球情况相比，欧洲老龄化人群将是世界其他地区的两倍。④ 需要指出的是，欧洲人口缩减可能已不再是遥远的未来，而成为一种紧迫的现实。联合国经济与社会事务部人口司发布的《国际移民报告2017摘要》显示，欧洲2017年的人口规模增长2%，但如果不考虑移民因素，2017年欧洲的人口数量将萎缩1%。⑤

报告显示，2013～2020年，欧洲处于劳动年龄（15～64岁）的人口预计将减少750万人，下降2.2%。在移民迁入净人口为零的假设前提下，欧盟28国处于劳动年龄的人口同期将下降1170万人，下降3.5%。可见，未来欧洲社会的活力、经济竞争力以及国际影响力将与国际移民密切联系在一

① Sara Hertog and Barney Cohen, "Population 2030 Demographic challenges and opportunities for sustainable development planning," 2015, p. 4, http://www.un.org/en/development/desa/population/publications/pdf/trends/Population2030.pdf, 2017-08-15.

② Sara Hertog and Barney Cohen, "Population 2030 Demographic challenges and opportunities for sustainable development planning," 2015, p. 31, http://www.un.org/en/development/desa/population/publications/pdf/trends/Population2030.pdf, 2017-08-15.

③ Philippe Fargues, "International Migration and Europe's Demographic Challenge," September 2011, p. 9, http://cadmus.eui.eu/bitstream/handle/1814/17839/EU-US%20Immigration%20Systems%202011_09.pdf?sequence=1&isAllowed=y, 2017-08-20.

④ Philippe Fargues, "International Migration and Europe's Demographic Challenge," September 2011, p. 10, http://cadmus.eui.eu/bitstream/handle/1814/17839/EU-US%20Immigration%20Systems%202011_09.pdf?sequence=1&isAllowed=y, 2017-08-20.

⑤ United Nations, Department of Economic and Social Affairs, Population Division (2017). *International Migration Report 2017: Highlights* (ST/ESA/SER.A/404), http://www.un.org/en/development/desa/population/migration/publications/migrationreport/docs/MigrationReport2017_Highlights.pdf, 2018-04-18.

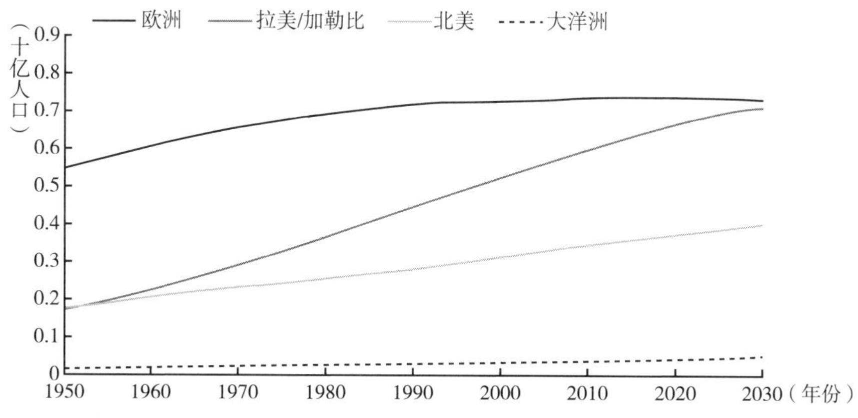

图1　1950～2030年主要区域人口数

资料来源：Sara Hertog and Barney Cohen，"Population 2030 Demographic challenges and opportunities for sustainable development planning，" 2015，p. 3，http：//www. un. org/en/development/desa/population/publications/pdf/trends/Population2030. pdf，2017－08－20。

起。如果这种情况真的发生，那么非法移民将不再是欧洲最紧迫的问题，如何吸引移民才是欧洲最重要的挑战。①

（三）国际难民问题恐将更加突出，难民保护与治理机制成为国际社会关注的焦点

难民问题是伴随着人类社会军事、政治、民族、宗教等纷争与冲突而产生的引发国际社会高度关注的世界性问题。二战后，国际难民及其保护议题引起国际社会的关注，并展开了行动。如果说合法移民以及非法移民是主动性人口迁移（volunteer migration），那么难民（以及流离失所者）则是被动式人口迁移（forced migration），受到外部环境因素的影响更大、更明显。②截至2016年底，全球难民（refugee）总数达到2250万人，其中联合国巴勒

① 关于欧盟非法移民的具体情况，可参见陈积敏《欧盟非法移民的现状与趋势》，《国际研究参考》2016年第11期，第31～37页。

② Fiona B. Adamson，"Crossing Borders：International Migration and National Security，" *International Security*，Vol. 31，No. 1（Summer，2006），p. 171.

斯坦难民救济和工程处（UNRWA）登记的巴勒斯坦难民有530万人，联合国难民署登记的难民人数为1720万人，是有记录以来的最高点。[①] 不仅如此，当前难民构成中未成年人占到了约一半的比重，更加凸显出难民的脆弱性、敏感性。[②] 或许正源于此，基于人道主义与保障人权等层面的考量，国际社会逐步建立起国际难民保护机制，并明确了难民保护的若干原则。根据1951年的难民公约与其后的难民议定书的规定，难民保护有着一定的规则，主要表现为两点：一是宽容和便利原则。1951年“难民公约”第31条规定：“（一）缔约各国……不得因该难民的非法入境或逗留而加以刑罚，但以该难民毫不迟延地自行投向当局说明其非法入境或逗留的正当原因者为限。（二）缔约各国对上述难民的行动，不得加以除必要以外的限制，……缔约各国应给予上述难民一个合理的期间以及一切必要的便利，以便获得另一国入境的许可。”[③] 二是不推回原则（non - refoulement），指国家不得以任何方式将难民驱逐或送回至其生命或自由受到威胁的领土边界，包括其原籍国或其他存此风险的任一国家。[④]

然而，当前国际难民保护制度缺少执行力与保障机制，反映出明显的外部依赖性与脆弱性。一方面，发展中国家是国际难民的主要安置者（世界前10大难民安置国中发展中国家占到了9个，其中3个为最不发达国家），但它们的安置能力与经验有限，从而制约了国际难民保护的效率。[⑤] 据联合国难民高级事务专员（即联合国难民署）统计，发展中国家在2016年安置了经由其认定的难民总数的84%，其中土耳其、巴基斯坦、黎巴嫩安置难

① UNHCR, “2016 in Review: Forced Displacement in 2016,” p. 13, http: //www. unhcr. org/5943e8a34. pdf, 2017 - 08 - 30.

② UNHCR, “2016 in Review: Forced Displacement in 2016,” p. 7, http: //www. unhcr. org/5943e8a34. pdf, 2017 - 08 - 30.

③ 《关于难民地位的公约》，中国人大网，http: //www. npc. gov. cn/wxzl/wxzl/2000 - 12/26/content_ 1325. htm, 2017 - 08 - 20。

④ UNESCO, “Refoulement,” http: //www. unesco. org/new/en/social - and - human - sciences/themes/international - migration/glossary/refoulement/, 2017 - 08 - 20.

⑤ UNHCR, “2016 in Review: Forced Displacement in 2016,” p. 14, http: //www. unhcr. org/5943e8a34. pdf, 2017 - 08 - 30.

民的数量都在100万人以上，土耳其更是达到了290万人，连续三年排名第一（见图2）。同时，最不发达国家为难民提供庇护的比例也在不断增加，达到了总数的28%。①

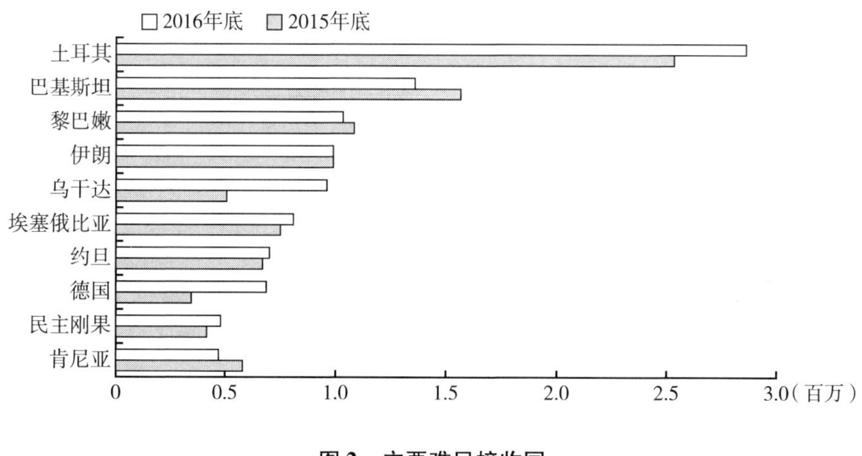

图2　主要难民接收国

资料来源：UNHCR，“2016 in Review：Forced Displacement in 2016，” p. 15，http：//www. unhcr. org/5943e8a34. pdf，2017－08－30。

另一方面，欧美等国在难民安置方面的态度总体较为消极。为了应对全球移民与难民问题，尤其是应对欧洲难民与移民危机，2016年9月19日，联合国大会通过的《难民与移民问题纽约宣言》（*New York Declaration for Refugees and Migrants*）呼吁，国际社会应致力于在2018年达成两项全球契约，即“全球难民协议”（Global Compact on Refugees）和“安全、正规和有序的移民全球协议”（Global Compact on Safe，Regular and Orderly Migration）。然而，2017年12月3日，美国国务院发表声明宣布退出《全球移民协议》（Global Compact on Migration），表示“尽管我们将继续在联合国展开许多方面的工作，但在这种情况下，我们根本不能真诚地支持一个可能会破坏美国主权的程序。美国支持在移民问题上的国际合作，但主权国家的

① UNHCR，“2016 in Review：Forced Displacement in 2016，” p. 20，http：//www. unhcr. org/5943e8a34. pdf，2017－08－30.

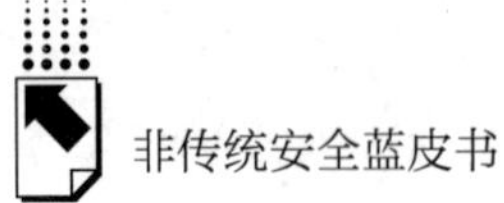

首要责任是确保移民安全、有序和合法”。[①] 美国驻联合国代表处也发表声明指出：“‘纽约移民与难民宣言’中包含大量与美国移民和难民政策以及特朗普政府的移民原则不一致的条款。因此，特朗普总统决定，美国将不再参与这项预期将于2018年在联合国获得国际共识的协议。”[②] 美国是唯一退出这一进程的国家，这“是一个战略错误，可能令美国更不安全，更没全球影响力，甚至因此对于不规则移民的边境管理更加失去控制”。[③]

与此同时，欧洲部分国家在面对二战后规模最大的移民与难民潮时不仅不能保障移民的权利，而且还出现了破坏人权的行为。一些欧洲国家为防止难民涌入相继恢复了边境管控措施，甚至宣称必要时可以对移民开枪射击。[④] 捷克政府将移民和难民拘留长达40天，有些甚至达90天。联合国负责人权事务的高级专员扎伊德（Zeid Ra'ad Al Hussein）批评这是一种系统性的侵犯人权行为。[⑤] 一些媒体不断丑化移民（如将移民称为蟑螂），引起目的国民众对移民的恐惧与抵制。[⑥] 不仅如此，欧洲一些国家的政党还将移

---

① Rex W. Tillerson, “U. S. Ends Participation in the Global Compact on Migration,” December 3, 2017, https: //geneva. usmission. gov/2017/12/04/u - s - ends - participation - in - the - global - compact - on - migration/ , 2017 - 12 - 20.

② “United States Ends Participation in Global Compact on Migration,” December 2, 2017, https: //usun. state. gov/remarks/8197, 2017 - 12 - 20.

③ Erol Yayboke, “The Strategic Implications of Exiting the Global Migration Compact Process,” December 22, 2017, https: //www. csis. org/analysis/strategic - implications - exiting - global - migration - compact - process, 2017 - 12 - 29.

④ Alison Smale, “Migrant Crisis Spawns Far-Right Leader's Rise,” *The New York Times*, March 10, 2016, p. A6; Kemal Kirişci, “The silver lining to the EU-Turkey migration deal,” March 14, 2016, http: //www. brookings. edu/blogs/order - from - chaos/posts/2016/03/14 - eu - turkey - migrant - deal - kirisci? utm_ campaign = Brookings + Brief&utm_ source = hs_ email&utm_ medium = email&utm _ content = 27268332& _ hsenc = p2ANqtz - - 0WXhEZhkYZlRWjh7qQJR0uR9eZMnEBsAe1jRq0T2yInIy2C04KkTIZs - C0cv2VsgPLjSEeNj - agKPWFPiMv5hxTnINg&_ hsmi = 27268332, 2017 - 08 - 20.

⑤ Krishnadev Calamur, “European Refugee Crisis: A ‘Systematic’ Violation of Human Rights,” *The Atlantic*, October 22, 2015, http: //www. theatlantic. com/international/archive/2015/10/czech - republic - un - human - rights - refugees/411862/, 2017 - 08 - 20.

⑥《人权高专：移民政策应基于事实而非偏见》，http: //www. un. org/chinese/News/story. asp? NewsID = 25312&Kw1 = % E7% A7% BB% E6% B0% 91, 2017 - 08 - 20。

民与难民视为攫取政治权力的工具。在经济形势不佳、失业率居高不下、欧洲民众“反移民”情绪高涨的背景下，这些政党通过大肆渲染移民危机对本国所造成的各种挑战来激起民众对现政府移民政策的不满，从而在选举中获得了巨大民意支持，如 2013 年成立的德国右翼政党“德国选择党”（Alternative für Deutschland）在 2017 年 9 月的德国大选中首次参选便成为德国第三大党。2018 年意大利议会选举结果显示，民粹主义政党五星运动党在参众两院选举中分别赢得 32.18% 和 32.64% 的选票，成为得票率最高的单一政党。另一持民粹主义立场的联盟党在参众两院选举中分别获得 17.64% 和 17.39% 的选票。[①] 从这个角度来说，国际移民权利保护（尤其是不规则移民，如难民与非法移民的权利保护）仍任重而道远。

二　移民对国家安全的影响[②]

国际移民对民族国家以及国际体系产生了深刻影响，但首先并主要体现在对国际移民目的国的影响。可以说，国际移民对一国的主权、安全与发展利益都造成了广泛而深远的影响。很大意义上来说，国际移民彰显并强化了国家主权意识。对领土边界的管理是一个国家主权的重要象征，而国际移民管理则充分体现了国家在允许什么人进入、多少人进入以及如何进入等方面拥有绝对权威。因而，合法移民依照目的国的移

① 李洁：《意大利中右翼联盟在议会选举中得票率第一》，新华网，2018 年 3 月 6 日，http://www.xinhuanet.com/2018-03/06/c_1122491991.htm，2018-03-20。

② 关于移民与安全的研究主要包括两个部分：一是对安全主体的研究，即“谁的安全”的研究，国家安全与人的安全是主要研究对象；二是对国家安全的具体分析，即国际移民来源国、中转国以及目的国的国家安全研究。本文主要从国际移民目的国的国家安全角度来加以考量，分析移民所带来的影响。关于移民与安全的研究可参见：Monika Wohlfeld, “Is Migration a Security Issue?” in Omar Grech and Monika Wohlfeld (eds), *Migration in the Mediterranean: Human Rights, Security and Development Perspectives*, MEDAC: Malta, 2014; Khalid Koser, “Irregular migration, state security and human security,” September 2005, https://www.iom.int/jahia/webdav/site/myjahiasite/shared/shared/mainsite/policy_and_research/gcim/tp/TP5.pdf, 2017-08-20。

民法律或入境规定有序进入目的国，这恰好反映了对目的国主权的尊重与认同。但不规则移民（irregular migration），尤其是非法移民则被广泛视为对国家主权与安全构成了严重挑战。这一现象很容易引发民粹主义情绪，从而进一步恶化国际移民环境。就国家安全层面而言，国际移民的影响主要体现在国土安全、公共安全与文化安全三个方面。[①]国土安全主要指国际移民与恐怖主义之间的关系，公共安全表示移民与犯罪率之间的关系，而文化安全主要指的是因文化差异以及融合问题而引发的不同族裔之间的社会关系。

（一）国土安全

自20世纪80年代起，国际社会便开始关注移民与国家安全的关系，如《申根协定》与《都柏林公约》将移民与恐怖主义、国际犯罪、边境控制等联系起来。[②] 但是，直到2001年“9·11”事件后，移民与恐怖主义才被建构起一种紧密的联系。例如，“9·11”事件后，英国工党与保守党纷纷表态，将恐怖主义与移民问题挂钩。2001年12月，英国政府通过了“反恐、犯罪与安全法”（the Anti-terrorism, Crime and Security Act 2001），在第四部分明确把恐怖主义与移民问题结合起来。法国政府也与意大利、英国和比利时建立了联合边界巡逻队，阻止那些持有有效签证的移民在这些国家自由流

---

① 美国学者菲奥娜·亚当森（Fiona B. Adamson）认为，国际移民对国家安全的影响主要体现在三个方面：一是对国家能力与自治权的影响，主要包括对边界控制与国家身份的影响；二是对国家力量平衡的影响，主要强调移民对一国的经济、军事与外交实力的影响，认为“如果国家有能力设计并执行有效的‘利用移民力量’（harness the power of migration）的政策，国际移民流动能够提升，而不是减损或折冲国家权力”；三是对暴力冲突性质的影响，主要指国际移民为激化内部冲突提供资源，为跨国有组织犯罪提供契机以及为国际恐怖主义提供路径。参见 Fiona B. Adamson, “Crossing Borders: International Migration and National Security,” *International Security*, Vol. 31, No. 1 (Summer 2006), p. 176, p. 185, p. 191。

② Jef Huysmans, “The European Union and the Securitization of Migration,” *Journal of Common Market Studies*, Vol. 38. Issue 5, December 2000, p. 756; Monika Wohlfeld, “Is Migration a Security Issue?” in Omar Grech and Monika Wohlfeld (eds), *Migration in the Mediterranean: Human Rights, Security and Development Perspectives*, MEDAC: Malta, 2014, p. 61.

动，同时增加边界警力的经费支出，以控制非法移民。[①] 美国更是将打击恐怖主义、维护国土与民众安全变成压倒一切的任务，无论是从立法方面，还是从军事方面，抑或在边界控制与移民管理方面，美国政府均采取了相应措施。

然而，移民与国际恐怖主义之间的联系很大程度上是人为建构与扩大化的结果。[②] 不可否认的是，国际恐怖主义势力的确利用各国的移民体系漏洞发动了多次恐怖袭击，例如，2001 年的“9·11”事件、2015 年 11 月的巴黎恐怖袭击事件。[③] 但是，这并不能将移民与恐怖主义画等号。不仅如此，如果这种观念不断强化，至少会产生两个方面的负面效果：（1）容易引发种族主义歧视问题，并导致相关国家公民的强烈不满，从而为恐怖组织招募人员提供了条件。实际上，很多恐怖主义组织是打着“反美”“反西方”的旗帜来吸引追随者的。（2）可能会分散打击恐怖主义的注意力，给真正的恐怖分子以可乘之机。因此，这种将国际移民视为引入恐怖分子、罪犯等的工具，并进而对国家安全构成威胁的观点尽管流行广泛，但却是具有相当危险的、误导性的认知。[④]

（二）公共安全

关于非法移民对社会公共安全的影响，学术界存在着两种颇为矛盾的假设。一是非法移民因为担心从事犯罪活动会暴露身份而招致驱逐，故他们的非法身份要求他们成为遵纪守法者；二是非法移民更可能从事违法行为，因为他们在无法享受社会福利与正常就业的情形下为了生存而不得不为之。换

---

① Alexander Spencer, “Linking Immigrants and Terrorists: The Use of Immigration as an Anti-Terror Policy,” *The Online Journal of Peace and Conflict Resolution*, Vol. 8, No. 1, 2008, p. 4, http://www.academia.edu/2596962/Linking_ Immigrants_ and_ Terrorists_ The_ Use_ of_ Immigration_ as_ an_ Anti - Terror_ Policy, 2017 - 08 - 20.

② María Soledad Saux, “Immigration and Terrorism: A Constructed Connection: The Spanish Case,” *European Journal on Criminal Policy and Research*, April 2007, Volume 13, Issue 1, p. 63.

③ 陈积敏：《反思巴黎暴恐事件》，《学习时报》2015 年 11 月 23 日，第 2 版。

④ Khalid Koser, “When is Migration a Security Issue?”, 2011 - 03 - 31, https://www.brookings.edu/opinions/when - is - migration - a - security - issue/, 2017 - 08 - 20.

言之，因非法身份而导致的贫穷与边缘化使得他们往往铤而走险。[①] 对此，不同的非法移民群体以及不同的非法移民目的国所呈现出来的结果可能会有所差异。从公众舆论的角度来看，欧洲移民目的国的社会大众更倾向于移民容易引发犯罪的这种认识。从经验证据上来看，与本国公民相比，非法移民的犯罪率相对较低。[②] 以美国为例。美国移民委员会（American Immigration Council）高级研究员沃尔特·尤因（Walter Ewing）等人研究发现，1990～2013 年，美国外国出生人口占美国总人口的比例从 7.9% 上升到 13.1%，非法移民也从 350 万人增加到 1120 万人，但根据同期美国联邦调查局的数据统计，暴力犯罪率下降了 48%，财产类犯罪率下降了 41%。因此，他们认为，高移民率与低犯罪率有正相关性。再以德国为例。德国联邦内政部 2017 年 4 月发布的 2016 年犯罪统计数据表明，德国犯罪率在持续多年下滑后首次上浮。其中包括谋杀在内的致死案件增加了 14.3%，强奸和其他性犯罪增加了 12.8%。联邦内政部长德迈齐埃委婉地表示，难民涌入是德国犯罪率不降反升的主要原因。但数据也表明，难民的犯罪率并不比德国人高，只是难民人数的增加导致案件增加，而且难民犯罪的受害者也主要是难民。[③]

可见，移民与犯罪率之间的强相关关系之所以被建构起来，具有深刻的现实原因。例如，移民往往与犯罪发生联系，这不仅意味着移民会参与犯罪，成为犯罪的主体，而且也表示移民容易成为犯罪的客体，即受侵害的对

---

① Godfried Engbersen and Joanne van der Leun, "Illegality and Criminality: The Differential Opportunity Structure of Undocumented Immigrants," in Khalid Koser and Helma Lutz eds., *The New Migration in Europe: Social Constructions and Social Realities*, Macmillan Press Ltd, 1998, p. 201.

② 鉴于相关国家将伪造证件纳入刑事犯罪序列之中，非法移民可能在这一犯罪类型中的比例相对较高。但是，对于伪造证件犯罪的危害性却存在争议。有人认为伪造证件可能为恐怖分子、跨国犯罪等活动提供了可乘之机，但也有人主张非法移民伪造证件的目的就是为了能够找到一份工作，移民执法机关应该将主要精力投入到调查国际恐怖分子等严重危害国家安全的事务之上。参见 Ruth Ellen Wasem, "Immigration Fraud: Policies, Investigations, and Issues," CRS Report for Congress, May 17, 2007, http://www.trac.syr.edu/immigration/library/P1866.pdf, 2017-08-20。

③ 王勍：《难民问题成德国"心病"》，《参考消息》2018 年 1 月 31 日，第 11 版。

象，特别是非法移民更容易造成这种印象，从而使得非法移民与犯罪联系在一起。另外，这也存在一个先入为主的因素。在很多人看来，非法移民首先是违法者，同时非法移民在入境过程中又常常会寻求人口走私者的协助，这又容易引发相关的公共安全问题。① 除此之外，大众传媒与公众人物的过分渲染与过度解读作用也不容忽视。

（三）文化安全

国际移民对目的国文化的影响难有定论，因为不同的国家以及不同的历史时期有着不尽相同的认识。例如，从历史上看，美国曾对外来移民持开放的态度，对于来自不同国家的移民文化也较为包容。然而，随着外来移民结构的变化，美国在对新移民进行文化融合或同化过程中遭遇了众多难题，并最终触发了“国家身份”与“国家认同”危机。② 在此背景下，美国在对移民文化包容性方面变得较为保守，这或可被视为美国在应对国家身份危机时做出的本能性反应。实际上，对于尊重多元文化的国家，移民的文化因素是一大财富；而对于那些尊崇单一文化的国家，对于移民文化则感受到的是一种威胁，尤其是这些国家难以对外来移民进行有效融合之时。例如，二战后，由于外部移民的涌入，欧洲很多国家原先的同质文化逐步变为异质文化，因而在很多国家（如德国、法国）看来，移民对该国的传统国家身份与核心价值构成了挑战与威胁。然而，传统移民接收国如加拿大则对国家身份持不同观念，对于不同语言、文化、信仰也抱有更大的忍耐心与接受力，继续奉行多元文化主义（multiculturalism）政策。③ 可见，移民对文化以及

---

① Pia M. Orrenius and Roberto Coronado, “The Effect of Illegal Immigration and Border Enforcement on Crime Rates along the U. S. -Mexico Border,” The Center for Comparative Immigration Studies, Working Paper 131, December 2005, p. 3, https://www.researchgate.net/publication/228737921_The_effect_of_illegal_immigration_and_border_enforcement_on_crime_rates_along_the_US-Mexico_border, 2017-08-30.

② 关于美国移民政策的历史演变，可参见陈积敏《非法移民与美国国家战略》，九州出版社，2013，第39~50页。

③ Jonathan Tepperman, “Canada's Ruthlessly Smart Immigration Policy,” *The New York Times*, June 29, 2017, p. 11.

国家身份的威胁也是一种主观认知的结果。[①]

不过，移民文化融合问题的确对目的国构成了挑战，这种挑战不仅体现在移民文化对目的国主流文化的冲击方面，而且还表现在目的国民众对移民及其文化的反应方面，种族主义、仇外情绪等是其较为极端的体现，这继而会引发目的国的社会割裂，甚至于暴力事件频发，而这反过来又加剧了移民文化与目的国主流文化的对立，从而为移民融合带来了更大的挑战，最终可能会形成一种恶性循环。美国《基督教科学箴言报》发表社论认为：欧洲欢迎移民不仅是一种人道主义表现，而且也应该包括对新移民的融合过程。两者要齐头并进，而“现在融合需要跟上移民的步伐”。[②]

显然，欧美等国在移民文化融合问题上出现了重大缺失。从整体趋势上来看，它们对于外来移民文化持日益保守的态度，很多国家明确要求移民必须接受该国的文化价值观，甚至有些国家对外来移民进行文化甄别。欧洲在面对移民危机时也感受到来自文化挑战方面的压力。对待不同文化的移民群体，欧洲国家纷纷表示要完善融合政策，从而保持本国文化的主流性。欧洲有学者表示，对于移民政策，我们需要面对一个现实，即我们需要移民，但必须要明确是什么样的移民，并且坚定一个信念，即移民若想获得成功必须要接受我们的价值观。[③] 欧洲大众认为，会使用目的国语言、共享该国的传统与习惯等是促进民族与国家认同的重要方面（见图 3）。

不过，外来移民在文化融合方面存在困难，一是因为民族文化认同具有一定的固定性，不会轻易在短时间内改变；二是这些移民（尤其是非法移民）在所在国所受的不公平待遇令其对当地文化采取了排斥心理。2017

---

① Julia Tallmeister, “Is Immigration a Threat to Security?” August 24, 2013, http: //www. e – ir. info/2013/08/24/is – immigration – a – threat – to – security/, 2017 – 08 – 20.

② The Monitor’s Editorial Board, “The next step in Europe’s refugee crisis,” January 11, 2016, http: //www. csmonitor. com/Commentary/the – monitors – view/2016/0111/The – next – step – in – Europe – s – refugee – crisis, 2017 – 08 – 20.

③ Roland Freudenstein, “A Clash of Cultures? Refugees and the new East-West divide in the EU,” December 17, 2015, http: //www. martenscentre. eu/blog/clash – cultures – refugees – and – new – east – west – divide – eu , 2017 – 08 – 20.

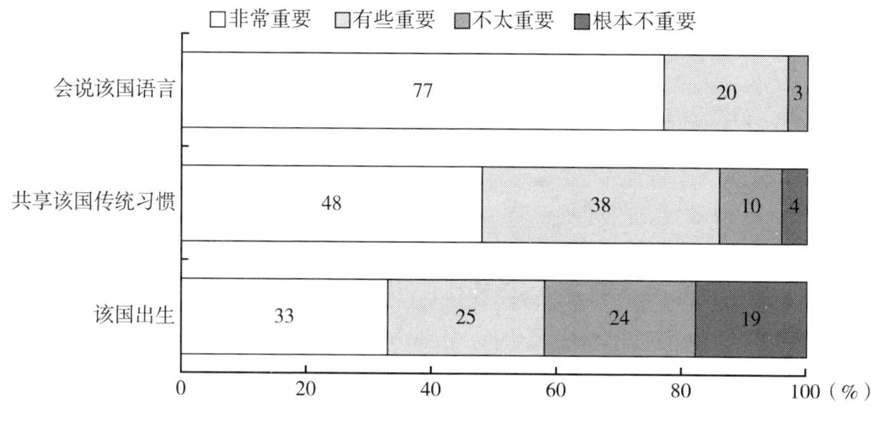

图3 欧洲国家认同决定要素

资料来源：Helen Dempster and Karen Hargrave，“Understanding public attitudes towards refugees and migrants，” Working paper 512，June 2017，p. 14，https：//www. odi. org/sites/odi. org. uk/files/resource - documents/11600. pdf，2017 - 08 - 20。

年10月26~27日，由联合国非洲经济委员会主办、非洲联盟委员会与国际移民组织协办的“非洲地区安全、有序、正规移民全球契约磋商会”（The African Regional Consultative Meeting on the Global Compact on Safe，Orderly and Regular Migration）在亚的斯亚贝巴举行，本次会议共包括六大议题，其中移民人权、社会融合、社会凝聚力与一切形式的歧视、种族主义、仇外心理以及不容忍态度等被列为第一项议题。[①] 这也反映出移民权利与社会融合等移民问题已经成为移民目的国与移民来源国共同关注的重大议题。

三 国际移民安全问题的应对

鉴于国际移民已成为一个基本国际现实，并将继续成为一种趋势存在下

① “African migration a greater factor within than outside the continent，” https：//uneca. org/stories/african - migration - greater - factor - within - outside - continent，2018 - 04 - 20.

去，我们就需要面对现实，并在此基础上做好引导与塑造工作，以发挥国际移民的积极效应，减少其不利影响。

（一）建立对国际移民的正确认知，避免“脸谱化”“妖魔化”认识

首先需要建立对移民权利与主权规范之间关系的正确认知。人类迁移是天性使然，也是人类本身的天赋权利。2002 年，联合国《国际移民报告》指出：“人类的一个基本特征是从一个地方迁移到另外一个地方。”[①] 联合国开发计划署《2009 年人类发展报告》也强调，“迁移是自由的一个维度，自由是人类发展的组成部分，并具有本质性和潜在工具性的价值”。[②] 从这个角度来说，尊重人们移民的权利，同时兼顾国家的主权规范应等量齐观，不可偏废。2016 年 9 月 19 日，第 72 届联合国大会通过的《难民与移民纽约宣言》指出：“我们重申每个人拥有离开任何国家，包括他/她自己国家和返回自己国家的权利。同时我们认为每个国家在决定允许何人入境国土上拥有主权权利，并应遵从该国的国际义务。”[③]

其次需要建立对国际移民尤其是不规则移民动因的客观认知。欧美学者认为，国际移民的动因主要包括四个方面：（1）发展中国家的政治动荡、经济停滞、人口增长过快等；（2）发达国家对于劳动力的内在需求；（3）技术层面的交通工具便捷、通信发达等；（4）移民治理的所在国政府管理不善等。[④] 卡斯

---

① UN Department of Economic and Social Affairs Population Division, *International Migration Report 2002*, p. 1, http://101.96.8.164/www.un.org/esa/population/publications/ittmig2002/2002ITTMIGTEXT22-11.pdf, 2017-08-20.

② UNDP, *Human Development Report 2009: Overcoming barriers: Human mobility and development*, p. 14, http://hdr.undp.org/sites/default/files/reports/269/hdr_2009_en_complete.pdf, 2017-08-20.

③ UN, “New York Declaration for Refugees and Migrants,” October 3, 2016, pp. 8-9, http://www.un.org/en/ga/search/view_doc.asp?symbol=A/RES/71/1, 2017-08-20.

④ Michael S. Teitelbaum, “Immigration, Refugees, and Foreign Policy”, *International Organization*, Vol. 38, No. 3, Summer, 1984, pp. 431-432；雷纳托·布鲁内塔、焦瓦尼·特里亚、安东尼奥·普雷托等：《安全、移民与发展援助：一种综合方法》，载切萨雷·杰荣齐著《移民与全球化》（罗红波译），社会科学文献出版社，2006，第 4 页。

尔斯（Stephen Castles）等人也总结出国际移民将会持续存在的三种主要动因：（1）不同国家的财富不平等现象继续促动人们追求更好的生活；（2）政治或民族冲突导致大规模难民流动；（3）新自由贸易区域的建成助推了劳动力人口的流动。[①] 美国学者莫妮卡·沃菲尔德（Monika Wohlfeld）总结认为，不规则移民主要源自四大因素：（1）全球化、交通通信技术的发展以及移民总体增长态势的结果；（2）合法移民机会不断受限，政府采取更多限制措施的结果；（3）全球劳动力供给失衡的结果；（4）大规模非规则移民主要是大范围侵犯人权行为和冲突的结果。[②] 从根本上来说，不规则移民是国际移民的一种特殊形式，它的形成是国家主权控制与全球政治经济失衡的产物，而战乱、地区冲突等又使这一现象变得更加突出而棘手。

最后需要建立对国际移民，尤其是不规则移民影响的辩证理性的认知。国际社会总体上对合法移民持正面看法。不过，与合法移民相比，近年来大众对非法移民则有着更多的担忧。

（二）构建科学的移民政策体系，发挥国家治理的核心作用

国家治理是国际移民治理体系的基础。国家治理的主要内核是构建科学的移民政策体系，包括两大方面：一是建立一套法律制度体系。目前，西方发达国家基本上都制定了移民法，像美国还制定了治理非法移民的专项法律，一部分发展中国家也建立了移民法律体系。可以说，随着国际移民的发展，制定移民法已成为一种国际大势。它不仅能够规范跨境人口流动，而且在移民权利保障、智力资源获取等方面都发挥着重要作用。值得一提的是，中国作为世界上最主要的移民来源国和最大的发展中国家，近年来也积极参与国际移民治理，并为此采取了诸多政策措施，如 2013 年颁布施行了《中

① Stephen Castles, Hein de Haas, Mark J. Miller, *The Age of Migration: International Population Movements in the Modern World* (fifth edition), Palgrave Macmillan, 2014, p. 7.

② Monika Wohlfeld, "Is Migration a Security Issue?" in Omar Grech and Monika Wohlfeld (eds), *Migration in the Mediterranean: Human Rights, Security and Development Perspectives*, MEDAC: Malta, 2014, pp. 63 – 64.

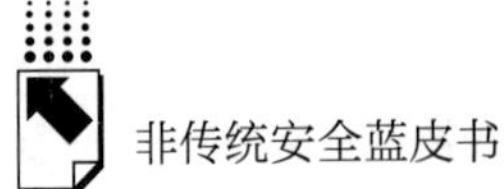

华人民共和国出境入境管理法》、2016 年加入了国际移民组织、2018 年新设立了国家移民管理局[①]等。二是强化移民执法能力建设，这一点对于应对非法移民的挑战尤为必要。一般而言，针对非法移民的执法措施主要是加强移民执法与边境控制。

科学的移民政策体系必须具有合理性与可操作性，即在合法移民资质与数量、合法迁徙渠道等方面保持动态平衡。从移民政策的宽松度来看，如果全球经济处于复苏乏力、动能不足以及发展不均衡的状态，目的国对于移民的反感情绪会不断高涨，在移民政策方面也将进一步予以限制。以欧盟为例。盖洛普（Gallup）创建了移民接受指数（the Migrant Acceptance Index）来衡量欧盟各国对移民的接受程度。结果发现，欧盟对移民的接受度仅略高于世界平均水平，其中德国、英国、法国和意大利等主要移民目的国的移民接受度有所降低。[②] 但是，如果移民目的国仅仅是为了迎合民众减少外来移民的诉求而制定过于严苛以致无法实现的限制性移民政策，其结果往往会适得其反，会进一步加深民众对外来移民"失去控制"而产生的担忧。[③] 因而，科学的移民政策需要在回应民众诉求与合理配置移民额度方面取得动态均衡。

从移民政策的偏好来看，随着新技术的发展，尤其是人工智能的发展，很多机械性劳动可能会被机器人所替代，因而国家在移民政策方面将更加注

---

① 国家移民管理局的主要职责是，协调拟定移民政策并组织实施，负责出入境管理、口岸证件查验和边民往来管理，负责外国人停留居留和永久居留管理、难民管理、国籍管理，牵头协调"三非"外国人治理和非法移民遣返，负责中国公民因私出入国（境）服务管理，承担移民领域国际合作等。参见王勇《关于国务院机构改革方案的说明——二○一八年三月十三日在第十三届全国人民代表大会第一次会议上》，《人民日报》2018 年 3 月 14 日，第 5 版。

② Julie Ray, Anita Pugliese and Neli Esipova, "EU Most Divided in World on Acceptance of Migrants," September 7, 2017, http://www.gallup.com/poll/217841/divided-world-acceptance-migrants.aspx?g_source=World&g_medium=newsfeed&g_campaign=tiles, 2017-09-20.

③ Helen Dempster and Karen Hargrave, "Understanding public attitudes towards refugees and migrants," Working paper 512, June 2017, p.16, https://www.odi.org/sites/odi.org.uk/files/resource-documents/11600.pdf, 2017-08-20.

重向专业性技术人才、高精尖人才、紧缺型人才与创新型人才倾斜，即移民政策智力化倾向进一步加强。以英国为例。尽管其总体主张减少移民数量，但对拥有专业技术的外来移民则保持开放与欢迎的态度。目前，诸多发达国家都采用独立技术移民制度与雇主担保移民制度相结合的技术移民政策体系来吸引外国移民。另外，为了推动国家的发展，尤其是在当前全球经济形势不甚乐观的情形下，如何利用国外投资，包括私人投资便成为国家发展战略的重要内容。由此可见，知识精英、财富精英等仍将是各国移民政策重点关注的对象。可是，如前所述，如果仅仅重视“高端人才”，而将普通劳动者拒之门外必然会造成非法移民问题。因此，科学的移民体系必须在重点突出（高端人才）的同时兼顾其他（普通劳动者）。

科学的移民政策体系还必须重视加强移民融合。现在很多国家的移民政策仅仅关注移民准入、居留、就业，而忽视了移民的社会融合，从而引发了一系列问题。以美国穆斯林群体为例。皮尤研究中心 2017 年 7 月发布的研究报告显示，美国穆斯林群体约有 335 万人，约占美国人口总数的 1%。多数（58%）年龄在 18 岁以上的成年穆斯林是来自南亚地区的移民。从年龄结构上来看，60% 的美国穆斯林人口平均年龄在 40 岁以下，这比美国成年人口在该年龄段的人群（38%）高出了 22 个百分点。然而，这个群体却感受到了一种压力与担忧，尤其是在特朗普总统执政时期。60% 的美国穆斯林认为媒体对穆斯林与伊斯兰教的报道有失公允，62% 的穆斯林认为美国人并没有将伊斯兰视为美国主流社会的一部分。最近一年，48% 的穆斯林受访者表示，他们曾至少经历过一次受歧视的经历。而多数（64%）外表上具有明显穆斯林特征的美国人表示都曾经遭遇过社会歧视。此外，源于穆斯林与恐怖主义或极端主义之间人为建构的某种关系，美国社会对于穆斯林群体也存在着一定程度的不信任。因此，加大移民融入的力度，使移民真正成为目的国的一分子，应是国家移民政策必须要加强的重要方面。

（三）充分发挥国家治理、区域治理与全球治理的互补性

国际移民现在已经超越了区域性范围，而具有全球性色彩。目前，国际

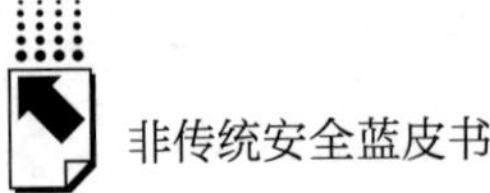

移民多层治理结构已初见雏形，但这一治理体系极不平衡，发挥着基础性、主导性核心作用的仍是国家治理，而区域治理与全球治理往往是辅助性的或象征性的。因而，在构建全球移民治理体系的过程中，需要实现保障国际移民的基本权利与保障主权国家利益的平衡。确保国际移民安全、规范、有序、可循环的跨国流动，让国际移民成为推动全球平衡、可持续发展的助力，这应当成为全球移民治理的努力方向与奋斗目标。

B.8

东南亚非传统安全研究与治理

龚丽娜*

摘　要： 中国与多个东盟国家海陆接壤，这使双方在非传统安全问题上面临着共同挑战。由于地理位置、气候环境等因素，东盟国家受到多种非传统安全问题威胁，也因此积累了丰富的治理经验，学术政策研究十分活跃。虽然中国与东盟成员国在经济、政治和文化等方面存在巨大差异，但其治理经验和教训在一定程度上值得思考与借鉴。本文从东南亚的非传统安全观、非传统安全威胁、治理模式等方面介绍该地区在非传统安全问题上的立场、挑战和治理理念，并探讨中国与东盟深化合作的领域和途径。

关键词： 东南亚　非传统安全威胁　治理模式　中国—东盟合作

在全球化的背景下，非传统安全问题的跨国性日益突出。近年来，各类非传统安全挑战相互交织、愈演愈烈，严重威胁着国家、区域乃至世界的稳定、和平与安全。2007 年在美国爆发的次贷危机蔓延至欧洲，引发欧盟多个国家出现债务危机甚至破产。与此同时，2008 年前后全球粮价暴涨，许多国家出现粮食危机。经济不景气加上粮食短缺导致一些国家和地区出现政治不稳定、局势动荡。2010 年在突尼斯爆发的抗议和骚乱迅速蔓延至其他

* 龚丽娜，博士，新加坡南洋理工大学拉惹勒南国际战略研究室副研究员，主要从事东南亚非传统安全研究。

北非和中东国家，甚至演化为严重的武装冲突和内战。由此引发的难民危机波及欧盟，并成为全球共同面临的安全挑战。这些案例均表明，各国无法在非传统安全问题上独善其身。随着对外开放深入，中国与世界的联系进一步加强，受外国安全问题的影响愈加明显。2011 年利比亚武装冲突导致数万中国公民撤离；2013 年底爆发的南苏丹内战对中国的企业投资和石油供应造成冲击；2015 年缅甸若开邦武装冲突升级，大量果敢民众涌入中缅边境中方一侧。[①] 习近平主席曾多次表示安全问题超越国界，各国家安全都有可能受到外界风险影响，而任何一个国家安全问题积累到一定程度都可对区域乃至国际安全造成威胁。[②] 因此，中国的非传统安全不仅取决于国内治理也与其他国家的安全息息相关。

中国近年来加大参与全球治理的力度，而区域治理是其中重要一环。中国与多个东盟国家海陆接壤，这使双方在非传统安全问题上面临共同挑战，如传染病防控、气候变化、海洋环境保护、灾害应急、粮食安全、跨境河流开发与治理、跨国犯罪等。习近平主席在 2013 年 10 月访问印度尼西亚时提出携手建设中国—东盟命运共同体的倡议，并特别提到双方在救灾应急、跨国犯罪、网络安全等非传统安全问题上应守望相助、深化合作。[③] 由于地理位置、气候环境等因素，东盟国家面临多种非传统安全挑战，也因此积累丰富的治理经验，学术政策研究十分活跃。中国作为近邻有必要了解东盟国家在非传统安全问题上的治理思路和政策，以促进合作与协调，进而保障自身安全。虽然中国与东盟成员国在发展水平、政治制度、文化传统等方面存在巨大差异，

① 《缅甸果敢同盟军与缅政府军交火　民众逃往中国避难》，新华网，2015 年 2 月 11 日，http：//www. xnhuanet. com/world/2015 - 02/11/c_ 127481914. htm；《第一次动用军事力量撤侨：2011 年利比亚大撤侨》，新华网，2017 年 8 月 15 日，http：//www. xinhuanet. com/politics/2017 - 08/15/c_ 1121487719. htm；《外媒称中国因公民安全和石油利益面临南苏丹困局》，环球网，2013 年 12 月 27 日，http：//world. huanqiu. com/exclusive/2013 - 12/4700605. html。

② 习近平：《坚持合作创新法治共赢　携手开展全球安全治理》，国际刑警组织第八十六届全体大会开幕式主旨演讲，2017 年 9 月 26 日，北京。

③ 习近平：《携手建设中国—东盟命运共同体——在印度尼西亚国会的演讲》，印度尼西亚雅加达，2013 年 10 月 3 日，http：//www. gov. cn/ldhd/2013 - 10/03/content_ 2500118. htm。

但对方的治理经验和教训在一定程度上值得思考与借鉴。本文从东南亚的非传统安全观、非传统安全威胁、治理经验等方面介绍该地区在非传统安全问题上的立场、挑战和治理理念，并探讨中国与东盟深化合作的领域和途径。

一　东南亚的非传统安全观

随着冷战结束，安全环境的变化引发对安全定义、范围和主体的讨论，其中两个方面的发展对于当今东南亚国家的非传统安全观有重要影响。首先是安全威胁多元化。冷战时期，东南亚[①]是大国博弈的重要地区之一，加上区域国家大多经历过西方殖民统治，主权领土完整和国内政治稳定一直是东南亚各国最重要的安全关切。印度尼西亚、新加坡、马来西亚等国认为要实现上述安全目标需要采取综合、全面的国家安全战略和国防政策，经济发展、内部团结、民族认同等是重要内容。[②] 这种多层次、多维度的安全理念与日本在 20 世纪 70 年代提出的综合安全类似，即国家安全威胁不仅包括外国的军事威胁还包括来自国内的非军事问题挑战。进入 90 年代，国与国之间军事对抗的风险下降，粮食短缺、环境恶化等非军事问题对国家安全、区域和平与稳定带来的威胁日益凸显。其中，1997 年亚洲金融危机对东南亚经济体造成巨大冲击，导致人民生活、就业和社会福利等严重下滑，印度尼西亚等国因此出现政治动荡甚至政权更迭。此后，2003 年首先在中国香港暴发的非典疫情蔓延至东南亚，使区域国家更深刻地意识到非军事挑战能够对国家发展、社会稳定和政权合法性造成威胁。至此，东南亚国家多层次多维度的安全观进一步强化。

在传统安全观中，国家曾被视为唯一安全主体，即认为安全仅指一个国

① 因划分标准不同，东南亚包括的国家略有差异。本文所指的东南亚国家包括东盟十个成员国，因此会与东盟互换使用。

② Muthiah Alagappa. “Comprehensive Security: Interpretations in ASEAN Countries” in Robert Scalapino et al. (eds.). *Asian Security Issues Regional and Global* (Berkeley: Institute of East Asian Studies, University of California: 1988).

家免于外国侵略、主权和领土完整得到保障。然而，波黑战争、卢旺达大屠杀、索马里内战等均表明对个人和族群安全的威胁足以动摇区域乃至国际和平与稳定，这使得以国家为中心的安全观在西方学界和政策圈受到挑战。联合国开发计划署发布报告《人的发展报告 1994》，提出人的安全（human security）的概念，将人和群体视为安全主体，包含人身安全和发展生存权两大主题。东西方国家围绕这两大主题各有侧重，存在明显分歧。加拿大等西方国家认为人的安全应重点关注武装冲突中对个人人身安全和权利的威胁，如地雷、人道主义危机、人权等。由于担心人的安全会成为外国干涉其人权等内政问题的借口，包括东盟成员国和中国在内的诸多亚洲国家在人的安全刚提出时对这一概念普遍存有疑虑，因为相互尊重主权和领土完整、互不干涉内政一直是东亚安全治理的基石，国家安全一直是安全政策的绝对优先内容。亚洲国家对人的安全的理解侧重于个人生存发展的需求，如贫困、就业、社保等。[①] 虽然东盟国家对人的安全持谨慎态度，也很少在官方文件中采用，人的安全的概念至少让东南亚各国政府开始意识到安全的主体不只政府。世界其他地区的很多案例表明当个人安全所受威胁达到一定程度时，有可能危及政权稳定、国家安全甚至区域和平。

人的安全和综合安全为非传统安全的提出和发展奠定基础。东南亚学者在21世纪初开始积极探讨非传统安全的定义和范围、非军事问题安全化的必要性、安全化面临的挑战及可能带来的影响、对区域和平与安全的意义、有效应对非军事安全问题等。例如，新加坡拉惹勒南国际研究院（S. Rajaratnam School of International Studies, RSIS）在2001~2011年与福特基金会和麦克阿瑟基金会等建立合作，推动亚洲非传统安全研究的开展。该学院多次举办与非传统安全相关的研讨会，探讨冷战后的区域安全环境、安全挑战新特点以及治理办法。[②] 在福特基金会的支持下，该院与其他亚洲研究机

① Amitav Acharya. "Human Security: East versus West". *International Journal* 56. No. 3, 2001, pp. 442-460.

② 如2001年10月10~11日的题为"21世纪：全球化、环境与治理"的研讨会和2004年9月2~4日的题为"亚洲非传统安全：安全化的动态"研讨会等。

构于2007年共同成立亚洲非传统安全研究联盟（Consortium of Non-Traditional Security Studies in Asia, NTS-Asia），为区域内学者就非传统安全研究提供学术交流平台。该研究联盟将非传统安全定义为：对国家安全和人民生存与福祉造成威胁的非军事问题，如气候变化、资源稀缺、传染性疾病、自然灾害、非常规移民、粮食短缺、人口贩卖、毒品走私和其他跨国犯罪等。这些安全威胁都存在一定共通点，如跨国性、一个国家无法单独解决、需要综合手段。① 东南亚学者通过发表学术文章和出版书籍就非军事问题对区域安全与稳定带来的影响进行论证，探讨如何有效应对非传统安全威胁。② 这些学术活动为非传统安全在亚洲的发展提供了理论基础，为政府决策提供了建议。

东南亚学术机构将研究成果通过不同渠道递呈给各国政府部门、东盟秘书处乃至国际组织，促进政府对非军事安全问题的了解、协助相关政策制定。例如，在拉惹勒南非传统安全研究中心2008年成立时，时任东盟秘书长素林（Surin Pitsuwan）参加成立仪式并发表主旨演讲。作为当时泰国的外交部部长，素林目睹泰国几十年的经济发展成就在1997年金融危机时被严重破坏。因此，他本人对非传统安全观和人的安全非常认同并积极推动倡导。由素林担任主席的高端顾问小组在2014年于纽约发布报告，就如何在东南亚地区宣传并推动“保护的责任”实施提出建议，并提交给联合国防止灭绝种族问题特别顾问迪昂（Adama Dieng）和保护责任问题特别顾问威尔士（Jennifer Welsh）。在亚洲金融危机和非典疫情的影响下、东南亚官员和学者的推动下，非传统安全迅速进入东南亚国家政府和区域组织文件，且东盟内部以及与对话伙伴建立多种机制加强合作，共同应对各类非传统安全

① Mely Caballero-Anthony（ed.）. *An Introduction to Non-Traditional Security Studies: A Transnational Security Studies*, London: Sage, 2016.

② Mely Caballero-Anthony. “Combating Infectious Diseases in East Asia: Securitization and Global Public Goods for Health and Human Security”. *Journal of International Affairs* 59. No. 2, 2006, pp. 105–129; “SARS in Asia: Crisis, Vulnerabilities and Regional Responses”. *Asian Survey* 45. No. 3（2005）: 475–495; Mely Caballero Anthony, Ralf Emmers and Amitav Acharya（eds.）. *Non-Traditional Security in Asia: Dilemmas in Securitisation*, London: Ashgate Publishers, 2006.

挑战。例如，2002 年 11 月的第六届东盟—中国峰会上，与会国家领导通过关于非传统安全合作的联合声明，承诺加强在跨国犯罪、恐怖主义和网络犯罪等方面加强合作。①

相较于人的安全，非传统安全的安全主体既包括国家也包括个人和群体。东南亚国家的非传统安全观认为国家安全与人的安全相辅相成，仍以尊重国家主权为最基本前提且坚持不干涉内政原则。东南亚国家不将政权合法性与人的安全挂钩，反对通过外来干预的方式来解决主权国家内部出现的非传统安全危机。这一差别是东南亚国家对非传统安全接受度更高的重要原因。在 2008 年 4 月缅甸遭遇飓风袭击后，缅甸政府对灾害规模预估不足以及应急救援能力有限导致进展缓慢，承受了巨大国际压力。当时的法国外长甚至提出联合国启用保护的责任，强行进入缅甸进行救援，但这一提议遭到东南亚国家反对。最后，东盟说服缅甸政府同意成立缅甸—联合国—东盟三方共同参与的救援重建机制。② 2017 年 8 月罗新亚人问题升级后，东盟就若开邦局势发表的主席声明措辞严谨。东盟外交部长们对局势表示关切，呼吁各方避免使局势进一步升级，谴责针对缅甸安全部队的袭击，没有提及缅甸政府和军队的相关行动。③ 这些案例都表明，尊重主权和不干涉内政原则仍是东盟非传统安全观的奠基石。

二　东南亚非传统安全挑战

非传统安全在东南亚被迅速接受和使用的另一个原因是该地区深受各类

① Joint Declaration of ASEAN and China on Cooperation in the Field of Non-Traditional Security Issues 6th ASEAN-China Summit Phnom Penh, 4 November, 2002, http：//asean. org/? static_ post = joint – declaration – of – asean – and – china – on – cooperation – in – the – field – of – non – traditional – security – issues – 6th – asean – china – summit – phnom – penh – 4 – november – 2002 – 2.

② Julio Santiago Amador III. "Community Building at the Time of Nargis" . *Journal of Current Southeast Asian Affairs* 28. No. 4 , 2009.

③ ASEAN. "ASEAN Chairman's Statement on the Humanitarian Situation in Rakhine State" . 1 September, 2017. http：//asean. org/storage/2017/09/1. ASEAN – Chairmans – Statement – on – the – Rakhine. pdf.

非传统安全问题威胁。其中，气候变化是该地区面临的最严峻挑战之一。气温升高、降水增多或减少、极端天气增加使得本就自然灾害频发的东南亚国家压力更大。根据联合国亚太经济社会委员会（UNESCAP）的统计数据，东南亚地区是全球受自然灾害影响最大的区域之一。在2000～2016年，东南亚因自然灾害造成的死亡人数共达36.2万人，受灾人口2.5亿，主要灾害类型为暴风、地震、洪水和干旱等。[①] 其中菲律宾、印度尼西亚、缅甸、泰国和越南等受灾较为频繁，致使社会经济发展和人民群众生命财产安全受到严重威胁。2004年12月26日在印度尼西亚苏门答腊岛附近海底地震引发的海啸造成20多万人死亡，其中印度尼西亚为主要受灾国。2008年5月2日在缅甸伊洛瓦底省附近登陆的飓风纳尔吉斯造成7万多人死亡或失踪，受灾人口达150万。2011年泰国的水灾造成的经济损失巨大，相当于该国当年GDP的10.87%。2013年11月在菲律宾礼智省登陆的台风海燕导致6000人死亡，上百万人无家可归，经济损失达100多亿美元，占当年GDP的3.72%。[②]联合国预计，到2030年东南亚地区发生干旱和洪水等灾害的风险将显著增加。

除了造成人员伤亡，自然灾害严重影响社会经济发展。[③] 在东南亚国家中，菲律宾所面临的压力最大。按照现有情况预计，到2030年各类自然灾害在菲律宾导致的经济损失将占其GDP的3%，其后是老挝2%和柬埔寨的1.5%以上。此外，气候变化还影响到与天气状况关系密切的粮食安全、水安全、卫生安全、环境安全等。农业是许多东南亚国家的经济支柱。例如，缅甸四分之一的GDP和一半左右的就业都来自农业；在印度尼西亚、柬埔寨和越南等国则有三分之一的劳动人口从事农业相

① UNESCAP. *Disaster Resilience for Sustainable Development: Asia-Pacific Disaster Report 2017*, Bangkok: United Nations Publication, 2018, p. 10.

② Asian Development Bank. "Recent Significant Disasters in the Asia and Pacific Region". Infographic. 27 September, 2016. https://www.adb.org/news/infographics/recent-significant-disasters-asia-and-pacific-region.

③ UNESCAP. *Disaster Resilience for Sustainable Development: Asia-Pacific Disaster Report 2017*, Bangkok: United Nations Publication, 2018, p58.

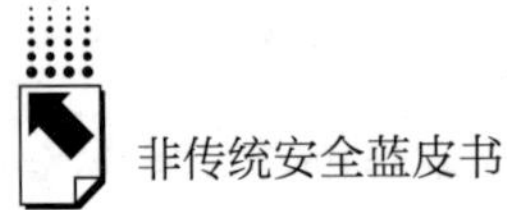

关生产。[①] 2006～2013 年，热带风暴、洪水和干旱等导致菲律宾农业损失 38 亿美元。[②] 联合国粮农组织代表表示，气候变化将导致菲律宾粮食和渔业分别减产 25% 和 40%，这将导致该国农民面临的粮食不安全和营养不良等问题加剧。数据显示，菲律宾 5 岁以下儿童的营养不良比例已从 2013 年的 30.3% 上升至 2017 年的 33.4%。[③] 厄尔尼诺现象出现的年份，泰国的许多水库可用存水经常不到 20%；而越南则由于高温和降雨暴发登革热。[④]

各类环境问题如空气污染和海洋环境恶化则是东南亚各国面临的另一大挑战。东南亚国家总人口 6 亿多，近几十年来经济快速发展，经济发展与人民生活需求和环境可持续性之间的矛盾日益尖锐。东盟秘书处 2006 年关于区域安全的文章中谈到环境安全时指出，该地区的环境威胁主要包括农业垦荒、其他经济发展用地以及淡水、木材和渔业等自然资源过度开采等。例如，印度尼西亚是棕榈油出口大国，2010 年出口额为 164 亿美元，占其出口总额的 9.3%。[⑤] 过度垦荒使印度尼西亚森林覆盖率由 1990 年的 65.4% 下降到 2015 年的 50.2%。[⑥] 另外，烧荒是当地很多种植园开垦土地的方式。然而，因此导致的森林大火产生大量浓烟，造成严重的环境污染，并飘散到邻国马来西亚和新加坡。2013 年 6 月至 7 月，跨境烟霾使新加坡空气污染指数破纪录地超过 400；2015 年 9 月，厄尔尼诺现象导致的干旱加剧森林大火，印度尼西亚中加里曼丹省首府帕朗卡拉亚空气污染指

---

① UNESCAP. *Disaster Resilience for Sustainable Development*: *Asia-Pacific Disaster Report 2017*, Bangkok: United Nations Publication, 2018, pp. 31, 48.

② UNESCAP. *Disaster Resilience for Sustainable Development*: *Asia-Pacific Disaster Report 2017*, Bangkok: United Nations Publication, 2018, p. 58.

③ Karen Bermejo. "Climate Change Will Impact Philippines' Ability to Feed its People". *Eco-Business*, 17 October, 2017. http://www.eco-business.com/news/climate-change-will-impact-philippines-ability-to-feed-its-people/.

④ UNESCAP. *Disaster Resilience for Sustainable Development*: *Asia-Pacific Disaster Report 2017*, Bangkok: United Nations Publication, 2018, p. 12.

⑤ Shahar Hameiri and Lee Jones. *Governing Borderless Threats*: *Non-Traditional Security and the Politics* (Cambridge: Cambridge University Press, 2015, p. 102.

⑥ 数据来自世界银行数据库。http://databank.worldbank.org/data/reports.aspx?source=2&series=EN.ATM.PM25.MC.M3&country=#。

数逼近两千。[①] 海洋环境是东南亚近年来日益关注的又一环境问题。东南亚国家中除了老挝是内陆国家，其他成员国都拥有漫长的海岸线，海洋是他们赖以生存的重要环境。鱼类在菲律宾和印度尼西亚是重要的蛋白质来源，分别占两国人口动物蛋白质摄入量的 40% 和 50% 。[②] 然而，气候变化和人类活动导致的海洋环境恶化将威胁到东南亚人民的环境安全、粮食安全、健康安全、经济安全。塑料垃圾污染是海洋环境恶化的原因之一。联合国研究显示，全球海洋垃圾中 60% 来自五个国家，其中四个在东南亚，分别是印度尼西亚、菲律宾、泰国和越南。[③]

近年来，东南亚国家在移民迁徙和人道主义危机等问题上面临的压力增加。前文提到的罗兴亚问题其实由来已久。在 2015 年初就曾爆发过孟加拉湾船民危机。当时联合国难民署的报告显示，2015 年上半年有 3 万多罗兴亚人和孟加拉人通过走私船前往其他国家。而这种非常规途径的迁徙经常与人口走私、贩卖等跨国犯罪交织，风险高、危险性大。仅 2015 年上半年便有至少 370 人在这个过程中丧生。[④] 2017 年 8 月，若开邦的局势升级导致至少 70 万罗兴亚人逃往孟加拉国、马来西亚等国。[⑤] 大量涌入的罗兴亚难民对接收国也带来一定冲击，尤其是像马来西亚这样不是难民公约缔约国，如何合理合法安置难民成为挑战。在区域层面，东盟成员国内部在罗新亚问题上的立场存在分歧。马来西亚因不认同东盟 2017 年 9 月关于若开邦局势的主席声明而宣布退出该声明。这对向来主张团结、共识、不干涉内政的东盟

① Francis Chan. “Haze Crisis Set to be ‘One of the Worst on Record’” . *Straits Times*. 3 October, 2015. https://www.straitstimes.com/asia/haze-crisis-set-to-be-one-of-the-worst-on-record.

② FAO. “Fishery and Aquaculture Country Profiles: The Republic of the Philippines; and the Republic of Indonesia” . Country Profile Fact Sheets , Rome: FAO, 2014. http://www.fao.org/fishery/facp/PHL/en and http://www.fao.org/fishery/facp/IDN/en.

③ “Asian Nations Pledge to Fight Plastic Pollution” . *Straits Times*. 9 June , 2017, https://www.straitstimes.com/asia/australianz/asian-nations-pledge-to-fight-plastic-pollution.

④《孟加拉湾人口走私危机愈演愈烈　难民署呼吁国际社会提供更多支持》，联合国新闻，2015 年 8 月 28 日，https://news.un.org/zh/story/2015/08/241752。

⑤ “Rohingya Crisis: UN Envoy Says Refugees Facing ‘Forced Starvation’” . *BBC*. 6 March, 2018. http://www.bbc.com/news/world-asia-43298382.

来说是挑战。此外，2017 年 5 月菲律宾的棉南老岛南部城市马拉维爆发菲律宾军警与恐怖分子之间的大规模冲突，导致数万平民流离失所。近年来，恐怖主义和伊斯兰极端主义在全球蔓延，如何在武装冲突和反恐行动中保护平民成为东盟国家面临的一项非传统安全课题。

随着科技的进步和广泛使用，网络安全对东盟国家和区域安全日益重要。新加坡总理李显龙在 2017 年 11 月东盟峰会闭幕式上谈到非传统安全问题时专门提到网络安全。一方面，东盟国家意识到信息通信技术所带来的颠覆性变革，希望能利用其中的机遇推动社会经济发展。“坚韧与创新”被定为东盟 2018 年的主题。在此背景下，东盟在 2018 年 4 月宣布建立智慧城市网络，首先在 10 个成员国的 26 个城市进行试点，通过技术和数字化手段来解决城市发展的各类挑战。另一方面，网络改变了社会生活的诸多方面，下至个人行为上至国家关系。由于监管体系尚未健全，虚拟空间成为跨国犯罪、恐怖主义和其他违法活动传播的新场所。一些团体通过社交媒体传播虚假信息、仇恨言论，加剧了社会分歧，甚至有可能造成社会动荡。印度尼西亚雅加达前省长钟万学在 2016 年竞选活动中的一些言论在印度尼西亚社会中产生极大争议，并引发数万人抗议游行。最终钟万学在 2017 年 5 月因渎神罪被判入狱两年。有调查显示社交媒体成为推动该事件的重要工具。① 在利用新科技推动社会经济进步的同时，如何有效治理网络空间、减少新科技带来的负面影响成为东南亚各国政府面临的新挑战。

三　东南亚非传统安全治理模式

非传统安全问题的特性对治理模式提出新要求。首先，跨国性是非传统安全挑战的突出特点。经济全球化、交通方式的进步以及科技飞跃发展将世

① Kate Lamb. “Muslim Cyber Army：A ‘Fake News’ Operation Designed to Derail Indonesia's Leader”. *The Guardian*. 13 March, 2018. https：//www.theguardian.com/world/2018/mar/13/muslim-cyber-army-a-fake-news-operation-designed-to-bring-down-indonesias-leader.

界各国紧密联系起来。以东盟为例，2015 年东盟国家内部的旅客到访总量为4600 万人次，占到访总量的 42%，而且随着东盟经济共同体的建设，人员自由流动将进一步提高。毗邻的国土、频繁的经贸往来和人员交往使得流行性疾病、难民、环境污染等问题通过多种渠道造成区域性影响。因此，有关国家相互协调配合、信息共享对于问题的解决至关重要。例如，新加坡受跨境烟霾影响严重，但因烟霾源于印度尼西亚境内，新加坡要实现本国环境安全需要印度尼西亚政府的大力配合。其次，东盟成员国大多属于发展中国家，在财政预算、基础设施、人力和技术设备等方面存在不足。在台风“海燕”的应急救灾行动中，菲律宾政府空中运输能力严重不足。此外，近年来全球范围内的非传统安全危机有不少规模和严重性空前，远远超出受影响国家的应对能力。[①] 东南亚亦是如此，例如，2004 年的印度洋海啸、2008 年的风暴纳尔吉斯以及 2013 年的台风“海燕”造成的财产损失和人员伤亡都是近年来罕见。受影响国家需要动员各方资源和力量采取措施加入应对行动。

随着治理参与者的多样化，东盟非传统安全治理机制大致可分为政府间和非政府间两大部分。前文提到，尊重主权和不干涉内政是东盟安全治理的基石。在此基础上，政府在东盟非传统安全治理中占据主导地位。在本国能力不足的情况下，政府间双边以及多边机制是东南亚非传统安全治理的主要模式，而东盟是各类双边、多边协调合作的首要平台。例如，在印度尼西亚发生森林火灾后，由于该国消防人员和设备不足以控制和消灭火势，马来西亚、新加坡和泰国在得到印度尼西亚政府的请求后，曾派遣消防员和直升机前往协助。[②] 除了东盟成员国内部，东盟国家与域外国家在非传统安全问题上也有广泛的合作。在 2005 ~2010 年暴发的 H5N1 禽流感疫情中，全球死

---

① 2010 年阿拉伯之春后引发的难民潮使得全球难民人数激增，在 2016 年创历史新高。参见 Adrian Edwards. “Forced Displacement Worldwide at its Highest in Decades” . The UN Refugee Agency. 19 June , 2017. http：//www. unhcr. org/afr/news/stories/2017/6/5941561f4/forced - displacement - worldwide - its - highest - decades. html。

② Shahar Hameiri and Lee Jones. *Governing Borderless Threats*：*Non-Traditional Security and the Politics* (Cambridge：Cambridge University Press, 2015, p. 95.

亡人数247人，其中印度尼西亚疫情严重、死亡人数多达113人。在此期间，印度尼西亚接受美国、澳大利亚和日本援助机构的帮助，在全国建立监控体系，并培训两千多名相关人员在全国2万个村庄采集样本，对禽类健康进行监测。① 作为美国总统防治艾滋病紧急救援计划的15个受助国之一，越南在2006～2007年从美国政府获得10亿美元的援助基金用于艾滋病防治，远超越南本国1400万美元的预算。② 在台风“海燕”后的应急救灾行动中，菲律宾政府收到来自十几个国家的援助和支持。美国、英国和澳大利亚等国军队派遣船只和飞机协助菲律宾军方进行人员物资特别是重型设备的运输。③

东盟作为东南亚的区域组织，在非传统安全治理中既为多边合作提供平台也是区域治理的领导者。针对跨境烟霾，东盟自20世纪90年代便建立了一系列监控、报告和能力建设机制，例如，1995年的《东盟合作计划》、1997年的《区域烟霾治理行动》、2002年的《东盟跨境烟霾污染协议》、2005年的《东盟湿地管理战略》等。④ 这些区域框架为东盟各国就烟霾治理的各个方面进行协调合作奠定了基础和依据。在禽流感暴发后，东盟在2005年9月通过《控制和消除高致病性禽流感》区域框架，为东盟内部防控和消除禽流感的协调与合作提供依据。联合国系统内的专门机构如世界卫生组织、粮农组织等，还有世界银行、亚洲开发银行等发展机构为东盟各类非传统安全威胁的治理提供资金、技术支持和能力培训。例如，亚洲开发银

---

① P. Hawkes, R. Echalar, S. Budiharta, and S. Soenarjo. “USAID/Indonesia Avian and Pandemic Influenza (API) Programme Evaluation: 2009 –2014”.

② Jonathan Herington. “Securitization of Infectious Diseases in Vietnam: The Cases of HIV and Avian Influenza”. *Health Policy and Planning* 25, 2010, p. 471.

③ “US Sends Aid and Military Support to Typhoon Haiyan Victims in Philippines”. *The Guardian.* 11 November, 2014. https://www.theguardian.com/world/2013/nov/11/typhoon – haiyan – us – government –. marines – aid; Mark Tran. “Typhoon Haiyan Disaster Response: How the Relief Effort Worked”. *The Guardian.* 7 February, 2014. https://www.theguardian.com/global – development/poverty – matters/2014/feb/07/typhoon – haiyan – disaster – response – philippines – relief – effort.

④ Shahar Hameiri and Lee Jones. *Governing Borderless Threats: Non-Traditional Security and the Politics* (Cambridge: Cambridge University Press, 2015, p. 93.

行提供了3800万美元用来应对亚太地区禽流感和人类感染禽流感的疫情。[①]

除了常见的政府、国际组织参与治理外，跨国非政府组织，国内公民社会、宗教组织，企业等非政府行为体在东盟非传统安全问题治理中发挥的作用日益重要。东南亚一些国家大部分民众有宗教信仰，例如，印度尼西亚和马来西亚穆斯林人口占多数、菲律宾则是天主教为主。在这些国家，宗教组织在动员社会力量和资源方面号召力极强。例如，穆罕马迪亚（Muhammadiyah）是印度尼西亚第二大穆斯林团体，在印度尼西亚国内有着广泛的群众基础。在2004年印度洋海啸发生后，基础设施和道路损毁严重影响救援行动的进展。通过广泛的基层信众网络，穆罕马迪亚在信息传递、救灾物资派发等方面为国际组织和外国非政府组织提供了极大的帮助。此外，该组织本身也有较强的灾害应急能力，从各地的穆罕马迪亚医院和学校抽调医生、教师和志愿者前往灾区提供援助。[②] 除了救灾，穆罕马迪亚还参与了2005年左右印度尼西亚应对禽流感疫情的措施，派出志愿者向村民讲解卫生知识。[③] 在台风“海燕”的救灾行动中，中国台湾佛教团体慈济大力参与，为多个城市64000多个受灾家庭提供物资和现金。慈济的志愿者和医疗团队在台风发生数天内迅速行动前往受灾城市提供医疗卫生服务，他们开展以工代赈的活动，向参与清理废墟的灾民提供现金作为回报。[④] 非政府行为体的活跃折射出东南亚非传统安全治理的新趋势，即政府主导、多方参与、

---

① ASEAN Secretariat. “ASEAN Response to Combat Avian Influenza by ASEAN Secretariat”, 2006. http://asean.org/? static_ post = asean – response – to – combat – avian – influenza – by – asean – secretariat – 3.

② Robin Bush. “Muhammadiyah and Disaster Response: Innovation and Change in Humanitarian Assistance” in Caroline Brassard, David W. Giles and Arnold M. Howitt (eds.). *Natural Disaster Management in the Asia-Pacific: Policy and Governance*, Tokyo: Springer, 2015, pp. 33 – 48.

③ Huang Yanzhong. “Global Health, Civil Society, and Regional Security”. in Rizal Sukma, James Gannon, and Nihon Kokusai Ko-ryu-Senta- (eds.). *A Growing Force: Civil Society in Asian Regional Security*, Tokyo: Japan Center for International Exchange, 2013, p. 29.

④ Buddhist Tzu Chi Foundation. “Tzu Chi’s Relief Operations in the Philippines in 2014-Typhoon Haiyan (Yolanda) Disaster, Bohol Island Earthquake and Zamboanga Unrest”. 18 December, 2014. https://reliefweb.int/report/philippines/tzu – chi – s – relief – operations – philippines – 2014 – typhoon – haiyan – yolanda – disaster.

优势互补、协调合作。这种模式既符合东盟国家不干涉他国内政的原则，也给予社会力量发挥作用的空间，实现资源优化配置，有利于提高治理效果。

四　中国—东盟非传统安全合作

中国与东盟在非传统安全问题上有良好的合作基础。首先，在安全主体的问题上，中国与东盟成员国一样强调尊重主权，保障国家安全，但同时也重视人的发展生存权。在军事安全问题与非军事安全问题的关系方面，中国的非传统安全观将二者综合考虑。[①] 双方在很多具体的非传统安全问题上立场相近。联合国安理会在2007年4月召开以“能源、气候变化与安全”为主题的会议。以英国为代表的西方发达国家认为环境和气候问题将导致武装冲突，应当纳入安理会日程。印度尼西亚代表则表示气候变化和能源问题是发展议题，在联合国相关发展部门如可持续发展委员会进行讨论更合适。[②] 中国代表在该次会议以及此后类似主题的会议上表达了相同观点，即气候变化是可持续发展问题。[③] 此外，中国、东盟在非传统安全问题上有着相似的经历，而且双方的非传统安全紧密相连。1997年7月在东南亚首先爆发的金融危机对亚洲主要经济体造成巨大冲击，并导致泰国、印度尼西亚等国政局动荡。危机爆发后，中国政府坚持人民币不贬值为稳定货币市场发挥了重要作用。2002～2003年非典疫情在中国首发并扩散至东南亚。当时，中国政府在疫情防控等问题上面临挑战和压力。东盟邀请中国参加2003年4月在泰国举行的中国—东盟关于非典问题的特别首脑会议，为中国抗击非典的努力提供政治支持，并为本区域在传染病防治方面的合作迈出重要一步。[④]

---

① 刘跃进：《中国官方非传统安全观的历史演进和逻辑构成》，《国际安全研究》2014年第2期。

② 《联合国安理会会议记录》，S/PV. 5663，2007年4月17日，纽约。

③ 《联合国安理会会议记录》，S/PV. 6587，2011年7月20日，纽约。

④ 《中国东盟携手抗非典》，人民网，2003年4月29日，http：//www. people. com. cn/GB/paper68/9077/845151. html。

中国和部分东盟成员国都曾经历过重大非传统安全挑战，双方各自积累的经验可以相互借鉴、取长补短。在经历过非典和汶川地震后，中国在传染病防控和灾害应急救援方面能力突出，而且积累了许多经验。例如，中国是世界上少数拥有医院船的国家。在2013年台风“海燕”过后，中国派遣医院船前往菲律宾灾区支持救灾行动。由四川大学华西医院牵头筹建的国际应急医疗队（中国四川）在2018年5月正式通过世界卫生组织专家团队的认证评估，成为全球第二支、中国第一支世界级别最高的国际应急医疗队。这支紧急医疗队可以短时间内迅速对全球突发事件提供紧急医学救援。[①] 前文提到，东盟一些成员国的社会力量在非传统安全治理中发挥着重要作用。例如，穆罕马迪亚自2004年参加印度洋海啸的救援行动后已经成长为印度尼西亚国内最有影响力的灾害应急力量之一，也是印度尼西亚在国际舞台上该领域的代表。中国可以借鉴如何在符合本国国情和需求的前提下，更好地发挥社会力量为非传统安全治理做贡献。

中国和东盟已经在一系列非传统安全问题上达成了合作框架和协议。中、老、缅、泰四国在2011年建立湄公河流域执法安全合作机制，四国共同在湄公河上开展联合巡逻执法工作，共同打击犯罪、维护沿岸治安。[②] 在环境保护方面，中国和东盟在2009年通过《中国—东盟环境合作战略（2009～2015）》，虽然中国与东南亚一些国家在南海存在领土争端，但海洋环境事关相关国家的经济发展、食品安全、卫生安全。由于洋流和海洋生物的流动性，海洋环境保护需要海域国家通力合作、共同维护。中国在2011年设立30亿人民币的中国—东盟海上合作基金，涵盖多个海洋领域，包括海洋环保。中国与东盟成员国在2017年11月通过《未来十年南海海岸和海洋环保宣言（2017～2027）》。针对气候变化导致的极端天气增多的趋势，中国—东盟2016年通过《南宁倡议》，加强双方在气象方面的合作，为防灾减灾提供

① 《我国国际应急医疗队获世卫组织最高级别认证》，人民网，2018年5月9日，http://world.people.com.cn/n1/2018/0509/c1002-29973345.html。

② 石杨：《努力打造湄公河流域执法安全合作升级版》，《人民公安报》2016年12月28日，http://www.mps.gov.cn/n2254098/n4904352/c5586090/content.html。

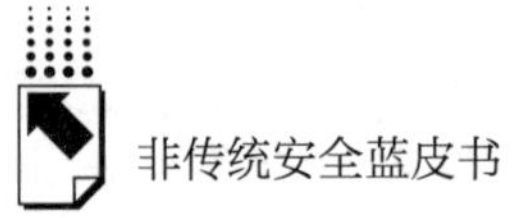

支持。此外，在东盟 10 +1 和 10 +3 的机制内，中国和东盟成员国在许多非传统安全领域都会定期举行部长级会议，这是推动相关合作的重要平台。

进一步推动与东盟国家的非传统安全合作，中国可以从以下几个方面着手：

首先，在国际层面协调立场、维护共同利益。中国与东盟国家在国家安全与人的安全、不干涉内政、气候变化、可持续发展等与非传统安全直接相关的议题上立场相近，未来可考虑加强与东盟成员国的沟通协调，共同为发展中国家争取话语权。

其次，中国与东盟的合作应与时俱进，根据双方不断变化的现实安全需求开拓新的合作领域。东盟 2018 年的主题是“坚韧与创新”。具体到非传统安全领域，“坚韧”是指在非传统安全危机爆发时减少损失，危机过后迅速恢复。“创新”则是利用新的方法和手段来应对危机。例如，2018 年 4 月的东盟峰会发布主席声明，提出建设东盟智慧城市网络以及在网络安全领域加强合作。[①] 其中，建设智慧城市的目标包括利用科技手段来解决城市化的各类问题，包括非传统安全挑战。新加坡总理李显龙在接受媒体采访时，对中国在网络科技应用方面取得的成绩赞赏有加，[②] 而且 2018 年被确定为中国—东盟创新年。东盟成员国对于智慧城市和网络科技的重视为中国发挥自身优势，加强与东盟在非传统安全领域的合作提供了机会。

再次，中国在推进“一带一路”倡议、澜沧江—湄公河合作机制等国际合作的同时，可将东南亚国家政府和社会未来可能面临的非传统安全挑战考虑在内。例如，气温升高、海平面上升、极端天气现象增多等气候变化的影响将可能成为东南亚一些国家的新常态。中国“一带一路”倡议下的基建、投资项目也应考虑到这些变数所带来的机会和风险。

最后，鉴于东盟非传统安全治理参与者的多样化，以及由下及上治理模

① 《综述：东盟为未来发展探寻方向》，新华网，2018 年 4 月 28 日，http：//www.xinhuanet.com/2018 -04/29/c_ 1122761614.htm。

② 《专访新加坡总理李显龙：中国肯定继续发展，继续向前进》，新华网，2017 年 9 月 18 日，http：//www.xinhuanet.com/world/2017 -09/18/c_ 129706346.htm。

式的发展，中国可考虑将合作渠道多元化。除了加强和深化政府间合作，还可以在双方国情和法律框架许可范围内鼓励民间交往。前文提到，非政府组织、宗教团体等社会力量在非传统安全治理中发挥着日益重要的作用。此外，企业在一些问题上也扮演不可或缺的角色，例如环保。跨境烟霾的问题难以解决的原因之一是当地企业和种植园没有遵守相关法律规定。另外，在灾害应急行动中，企业可以根据自身情况提供物资、设备和技术支持。菲律宾国家减灾管理委员会中，就包括来自企业界的代表。随着中国海外投资迅速增长，走出去的中国企业可根据当地情况和需要承担相应的社会责任。中国国内的相关政策法规应逐步完善在这方面对企业的引导和规范。相近的安全观、相连的安全利益、共同的非传统安全挑战、成功的合作先例以及现有的对话合作机制等，构成了中国与东盟加强非传统安全合作的基础。

B.9 对抗中的整合与重生：俄罗斯身份认同与国家安全

孔桥雨*

摘　要： 普京新时期出现的“现实保守主义”“俄罗斯世界”等概念让俄罗斯国家认同问题备受学者们的关注。本文认为，俄国国家身份认同与国家安全之间形成了一种建构性关系。一方面，国家身份建构活动是对国家所面临的安全形势的反应；另一方面，与国家身份相关联的国家对内对外政策又进一步强化了其他国家对该国身份角色的认识。目前，基于紧张的俄欧、俄美关系，俄国以增强国家实力为目标，以巩固国家主义和现代政治文化为原则，借助以东正教文化为代表的传统文化和“大欧亚主义”与“转向东方”等多样化的国家发展战略，实现国内社会观念的统一和各种政治势力的凝聚，进而提升国家在国际权力结构中相对优势。

关键词： 俄罗斯　身份认同　国家安全

“保守的现实主义者”“俄罗斯世界”“建设性破坏”等概念的出现让俄国国家身份问题在普京新时期再次引发关注。在俄欧关系破裂、俄美关系恶化的背景下，俄国的国家身份出现了保守主义转向，甚至出现了孤立主义

---

* 孔桥雨，博士，中山大学国际关系学院副研究员，主要从事“一带一路”倡议推进中的非传统安全问题、政治话语和认同建构研究。

倾向。那么，俄国的国家安全和俄国国家身份之间存在什么样的联系？本文试图通过历史分析对上述问题进行探究。

俄国对本国国家身份的广泛思考和讨论可以追溯到拿破仑战争时期。19世纪俄国落后的封建农奴制桎梏着资本主义经济的发展。1812 年的俄法战争和 1813 ~ 1814 年的远征让俄国贵族青年看到了落后的俄国同改革后的西欧之间的鲜明对比。巨大的心理落差和此前拉季舍夫反对沙皇专制的启蒙思想催生了十二月党人革命，并由此拉开了俄国知识分子以强国为目标的对国家身份及发展道路的思考的序幕。西欧主义、斯拉夫主义和欧亚主义学派分别从文化、经济政治体制、宗教等方面讨论了俄国的国家身份。

应该说，尽管当时的学者并没有将国家身份和国家安全问题联系在一起，但无可否认的是，这场争论同欧洲当时所面临的复杂纷乱的政治和安全形势有着密切的关系。正是欧洲风起云涌的革命形势让俄国看到了其封建制度捍卫者身份同世界发展趋势的背离，并催生了俄国知识分子和贵族精英阶层对于新俄国家身份的想象和建构。今天面对缺乏稳定性的国际形势和俄国国家身份可能的转型，笔者认为有必要再次对俄国的国家身份和俄国国家安全问题进行考察。

首先，俄罗斯是一个横跨欧亚大陆的国家。俄国文化身份归属问题是几个世纪以来各国俄罗斯问题研究者们津津乐道的话题。而从俄国的自身实践看，俄国的国家身份和其所面对的俄国际局势存在一定的关联度。一方面，俄国曾经积极渴望融入欧洲，实现欧洲大国的强国梦想。另一方面，当俄欧关系出现裂痕的时候，俄国又不惜同欧洲国家爆发冲突，捍卫自身利益。因此，对于身份归属这一难以达成定论的问题，我们无须求证一个确切的非黑即白的答案。对于研究俄国问题所亟须的是弄清楚当前阶段俄国国家身份的变化趋势，以及这种身份和俄国周边安全环境之间的关系。

其次，在乌克兰危机后，俄欧、俄美关系持续恶化。俄罗斯与西方国家的矛盾被认为“已进入上世纪 80 年代以来最尖锐的时刻”。[①] 俄国的对外战

① 陈宇：《俄罗斯与西方的矛盾，已进入上世纪 80 年代以来最尖锐的时刻》，《复旦大学俄罗斯中亚研究》，2018 年 4 月 21 日，https：//mp. weixin. qq. com/s/lkMV_ FucGBcT6psyVkV8FQ。

略出现了相应调整，在原有欧亚经济联盟构想的基础上进一步出现了“东方转向”。这种转向是在西方受阻后的缓兵之计，还是俄国身份中的特殊性使然？如果是第一种情况，那么随着威胁的消失，中俄关系极有可能趋于冷淡。如果是第二种情况，中俄之间则有可能建立真正的集体认同，双边关系也有可能在很长一段时间内保持在较高的互信水平。因此，了解俄国国家身份和俄国对于自身安全形势的认知有利于对双边关系的发展趋势做出预判。

再次，俄罗斯—乌克兰—欧盟大三角关系的波动不仅涉及了国际战略环境的变化，同时也影响到俄国和其他斯拉夫国家之间的集体认同问题。在乌克兰发生“颜色革命”后，西方国家的学者们立刻撰文指出，俄国和其他斯拉夫国家，特别是东斯拉夫国家在经济结构、政治传统、文化等诸多方面存在重大差异。[①] 这无疑助长了独联体国家内部的离心力。而 2013 年底，乌克兰危机爆发。这次危机引发了同“颜色革命”相类似的效应：俄欧关系破裂、俄乌关系出现持续紧张。俄国政治的保守主义色彩增加。因此，俄国对其国家身份和对于安全形势的认知有利于对俄欧关系发展趋势进行评估。

本文对于俄国国家身份和国家安全问题的考量包括以下几个步骤：首先，从历史的视角分析现代民族国家身份认同形成的主要路径。其次，借助历史分析法对不同时期俄罗斯政体的身份和国家安全之间的关系进行梳理。

一　国家身份及其形成路径

在国际关系和政治学的学科语境中，“认同”概念指涉两方面的内容和两种相应的形成机制。首先，认同是指团体成员对自身所在团体属性的认知以及对团体所获得的属性的认可与服从。例如，学者金太军、姚虎认为，“认同首先强调的是个人或者群体的自我建构，强调认同承载者的主体性。

---

① Simon Franklin & Emma Widdis, “National Identity in Russian Culture: An Introduction.”, Cambridge: Cambridge University Press, 2004.

其次，认同也是自我在与他者的比较过程中形成的对自我的看法”。[①] 学者林尚立指出，“正是在这种自我与他者所建构的关系中，人们才能判定我来自何方、处于何处、走向何方”。[②] 因此，正如庞大鹏所总结的那样“国家认同是一国对自我身份的明确认知，体现一国之所以区别于另一国的特质。从国内维度而言，国家认同是国民归属感和政治合法性的重要来源；从对外维度而言，国家认同是一个国家相对于国际社会的角色，体现为自我国际定位，反映一个国家的国际观，是一国如何认识国际秩序的重要思想基础”。[③] 今天，欧洲国家的制度不仅突破了国界的限制，同时欧洲兴起的民粹主义、移民危机，以及俄欧关系、俄美关系的剧烈震荡带来了各国国家身份和对外政策的调整，同时，极大地增加了国际政治中的不确定因素。因此，“俄罗斯的国家认同问题是对当今国际局势与世界格局有重大影响的问题之一，但是也是不确定因素最多的问题之一”。[④]

纵观历史，新生政治权威无不需要重新整合政体身份，并以某种方式将这种身份和与之相关的意识形态灌输给民众。只有当民众将新的意识形态内化于自己的认识中，并建立对新政权的信任时，新生政治权威才度过了认同性危机和合法性危机。尽管完成这一过程的手段和方式是多样的，但是总体而言新旧政体身份的更替方式主要有以下几种：

一是彻底否定旧的国家身份，这类国家身份更替方式通常和暴力革命相关，典型的例子是法国大革命。法国大革命的革命者彻底批判了君主制，并通过革命的方式将“天赋人权”“人人生而平等”等思想引入社会思想体系中。

二是以新的国家思想为统摄，允许旧的国家身份和政治文化存在。这类

① 金太军、姚虎：《国家认同：全球化视野下的结构性分析》，《中国社会科学》2014 年第 6 期，第 7 页。

② 林尚立：《现代国家认同建构的政治逻辑》，《中国社会科学》2013 年第 8 期，第 23 页。

③ 庞大鹏：《俄罗斯国家认同：内政外交的联动性》，《俄罗斯东欧中亚研究》2018 年第 1 期，第 7 页。

④ 庞大鹏：《俄罗斯国家认同：内政外交的联动性》，《俄罗斯东欧中亚研究》2018 年第 1 期，第 7 页。

思想整合方式以美国为代表。在美国建国之初，国家统治者在政治文化和制度上赋予“民主”以优先地位。但是为了更好地凝聚这个由各国移民组成的政治实体，国家的统治者允许公民在不破坏民主价值和制度的前提下保留对原有民族、宗教、语言的忠诚。通过这种方式美国政府将来自不同文化语境下的移民凝聚在一起，克服了认同危机。

三是以暴力方式创造新的民族国家，以强力灌输新的国家身份。这类认同的整合方式在非洲国家较为普遍。在非洲殖民者通过暴力将不同部族聚合在一起，并为这个聚合体贴上国家的标签，强迫聚合体成员放弃对原有部族和宗教的忠诚与认同。

纵观俄国历史，该国国家身份形成过程缺乏典型性。换言之，俄国国家身份形成是一个多手段途径并用的过程。既有彼得大帝对西方文明强行引入的历史，也有十月革命后苏联政府力求建立新的发展模式的尝试。且在这一过程中，俄国经历了多种社会思潮的争鸣和洗礼，而却没有一种社会思潮能够真正代表俄国的国家身份。

二　俄罗斯身份认同与国家安全

（一）历史文化视角下21世纪以前的安全形势与俄罗斯身份认同

目前在学术界，学者们对国家认同细化为不同的范畴，如：民族认同、政党认同、公民认同、制度认同以及文化认同等。在西方史学界，学者们按照政治实体类型来对认同进行分类。按照他们的观点，在人类文明史上，先后出现了部落、城邦、帝国、民族国家等不同形式的政治实体，与之相应，认同就可以分为部落认同、城邦认同、帝国认同和民族国家认同。[①] 按照上述的分类标准，历史上首先对俄国国家身份起到整合作用的是对部落和宗教认同。

---

① 〔美〕弗里德里希·克拉托赫维尔、约瑟夫·拉彼得：《文化和认同：国际关系回归理论》，金烨译，浙江人民出版社，2003，第57～60页。

在古代和中世纪的欧洲，各民族间的相互征战、融合、分化成为今天的民族国家。在公元 9 世纪，由斯拉夫人和斯堪的纳维亚的维京人组成的“维京—斯拉夫人”的超级部落联盟实现了对血缘关系的取代和超越，建立了以邻族关系为基础的留利克王朝，定都基辅。公元 972 年，弗拉基米尔推翻了同父异母的哥哥雅罗波克的统治成为基辅的新君王。夺得政权之初为了实现联盟内部的稳定，弗拉基米尔借助多神崇拜来整合这个信仰多样化的民族。“他把不同的巨型神像矗立在山顶之上，俯视着基辅王国，包括挪威神像、斯拉夫神像和芬兰神像。”① 但是随着维京人和斯拉夫人之间的种族区别完全消失和政权内部不同民族之间的不断融合，弗拉基米尔大公决定为自己的王朝选取一种不仅能够统一部族成员认同，而且能够带来外部强大政治势力支持的信仰。拜占庭帝国的基督教成为最佳选择。公元 988 年，弗拉基米尔大公宣布与拜占庭帝国联姻，下令以暴力摧毁了多神教圣殿，强迫部族成员到第聂伯河受洗并皈依东正教。

随着东正教会权威的确立以及紧密政教关系的形成，东正教逐渐成为俄罗斯的身份标签之一。与此同时，东正教教义及其宗教思想造就了俄罗斯民族性格中的宗教性、极端性、矛盾性、神秘性的特点。② 首先，“大国主义”“弥赛亚意识”催生了泛斯拉夫主义的产生。该学派的著名代表人物达尼列夫斯基批判了“古代—中世纪—近代”线性历史演进及其所体现的欧洲中心主义。在此基础上，达尼列夫斯基将人类历史上的重要文明归纳为 10 种历史文化类型和宗教、文化、政治与社会经济等 4 个文化活动的共同领域。达尼列夫斯基指出，只有俄国和斯拉夫文化在四个领域内发展均衡，因此斯拉夫文化具有极大的发展前景。俄国文化是斯拉夫文化的重要组成部分，因此，俄国担负着弘扬发展这一文化类型的历史使命。③ 其次，东正教教义在

---

① 〔英〕杰弗里·霍斯金：《俄罗斯史》（第一卷），李国庆、宫齐、周佩虹、郭燕青译，南方日报出版社，2013，第 35 页。

② 武玉明：《东正教与俄罗斯民族性格》，《潍坊教育学院学报》2008 年第 1 期，第 55 页。

③ 丁海丽：《丹尼列夫斯基的文明形态史观理论及其价值》，《学术交流》2012 年第 2 期，第 12 页。

强调和崇尚“爱上帝、爱邻人”的人道主义传统的同时，还赋予了为国家选择自我牺牲行为以正义性。因此，东正教不仅给予俄国人爱国主义情结和大国沙文主义倾向，同时还造就了俄国人对克里斯马式政治家的崇拜和对集权政治的高度容忍性。这种影响在今天俄国的政治实践中仍有明显的体现。正如普京总统所说：“东正教和俄罗斯是不可分割的。在全部历史时期中，东正教都在我们国家和我们人民的生活中扮演着非常重要的角色。”因此，东正教“理所当然地是俄罗斯精神最重要的组成部分之一”。①

东正教思想不仅帮助古代俄罗斯的统治者们稳固了政权，同时也为日后俄罗斯帝国的发展奠定了思想基础。但是随着启蒙思想的传播，在欧洲人们对建立新的民族国家的政治热情逐渐取代了对政教权威的崇拜。而作为封建制度捍卫者的俄国在这一过程中丧失了制度优越性和发展的活力。1812 年的卫国战争以及其后的远征不仅让俄国贵族青年看到了落后俄国同启蒙思想荡涤后的欧洲之间的巨大差别，同时也让他们意识到，要想在政局纷乱的世界中生存下来，俄国需要始终保持国家身份的先进性。因此，“为了祖国的进步和人民的幸福自由，他们奋起反对封建专制制度和农奴制度，反对自己所属的贵族特权等级”。② 尽管十二月党人革命未能动摇俄国的封建专制政体，但是他们对俄国陈旧的政治、经济制度的批判激发了俄国知识分子对国家发展问题的思考。斯拉夫派强调，“村社制度和东正教塑造了俄罗斯历史文化的独特性，它可以使俄罗斯免受西方工业化和理性主义的毒害与侵蚀，俄国不应该向西方学习，而应该坚持走自己的历史发展道路”。③ 而西欧主义者则认为，欧洲国家，特别是西欧国家之所以能够获得成功的发展与其文化的开放性特点紧密相关。而斯拉夫主义者过分强调俄罗斯民族的特殊性，拒绝接受西方文化，这阻碍俄国同西方国家的接近，封闭了俄国现代化

① “Путин：православие и Россиия неразделимы”, Православие. Фм. https：//pravoslavie. fm/novosti/putin - pravoslavie - i - rossiya - nerazdelimi/.

② 吴美芬：《俄国十二月党人起义的性质》，《世界历史》1984 年第 3 期，第 29 页。

③ 丁海丽：《丹尼列夫斯基的文明形态史观理论及其价值》，《学术交流》2012 年第 2 期，第 11 页。

之门。[①]

上述两大社会思潮都承认，在政治、经济、文化等方面因素共同作用下，俄国具有一种有别于欧洲和亚洲的特殊身份。但是在国家所面临的政治形势和国家身份界定的问题上，两大学派则采取了截然相反的解决对策。斯拉夫主义者谋求将俄国的特殊性建构为一种身份标签，这有助于俄国实现强国目标、改善国家生存环境。而西欧主义者则强调俄国要更好地生存下去，就应该全面地否定和修正这种特殊身份，努力成为欧洲国家的一员。但是无论是西欧主义者的观点还是斯拉夫主义者的设想都没能在俄国政坛付诸实践，也未能缓解俄国所面临的严峻政治局势。十月革命前，东正教和沙皇专制制度一直在俄国社会中拥有至高无上的权威并处于统治性地位。

稍晚时候出现的古典欧亚主义和流行于今天俄国政坛的新欧亚主义以地缘政治安全和历史文化视角为依托论证了俄国的应然身份。古典欧亚主义的代表人物特鲁别茨科伊、萨温斯基等人反对欧洲文化的唯一性，主张重视东方文化因素给俄罗斯历史进程带来的影响。同时，萨温斯基进一步否定了泛斯拉夫主义者提出的历史文化类型的观点。在萨温斯基看来，俄国在文化和地理上都是欧亚结合体，因此俄国是以阿利安—斯拉夫文化、蒙古—突厥游牧文化和东正教传统等为基础的一个特殊的文化类型。[②] 因此，在古典欧亚主义者看来走一条不同于西方也不同于东方的道路才是风雨飘摇的俄国政权走出困局的钥匙。

新欧亚主义者谷米廖夫也认为俄国不是简单的东斯拉夫的一支，而是在突厥与斯拉夫文化融合基础上形成的特殊的民族。[③] 而新欧亚主义的著名代表人物、曾担任国家杜马主席顾问的杜金提出了“第四政治理论”“后现代地缘政治理论”等思想学说。在杜金看来，“从地缘政治看，乌克兰和俄罗

① 马斯林：《对俄罗斯的巨大无知……》，《哲学译丛》1997 年第 2 期，第 21 ~ 30 页。

② 陈训明：《萨维茨基及其欧亚主义地缘政治思想》，《东欧中亚研究》2001 年第 3 期，第 77 页。

③ 陈训明：《萨维茨基及其欧亚主义地缘政治思想》，《东欧中亚研究》2001 年第 3 期，第 23 ~ 24 页。

斯联盟是重建俄罗斯欧亚帝国的主要保证，这是我们的历史责任，也是我们的敌人——美国、北约和西方国家的主要威胁”。[①] 欧亚主义者的观点折射和承载了俄国人辉煌的集体记忆。这不仅催生了俄国人的自豪感和对国家的信任，同时，也对今天的俄罗斯对外政策产生了至关重要的影响。

十月革命后，苏联领导人尝试以不同的国家身份来整合民族国家认同，并以这种认同来抵制西方国家在思想上的围剿。科学社会主义理论成为国家主导性意识形态，“阶级”“集体利益”等概念被不断强化。这种强化一方面建立了新政权不同于帝国主义和资本主义的身份；另一方面这些概念弱化了国家、民族、公民等概念在俄罗斯人政治观念中的地位。因此，国家主义政治文化在苏联时期未能得到有效的加强和巩固。[②]

在长期的对抗中，苏联消耗和透支了巨大的国力。加之，苏联内部各国之间的矛盾未能得到及时妥善的处理，最终在20世纪90年代初期，苏联宣告解体。而这被西方学者视为西方文明的胜利和历史的终结。在冷战结束之初，为了改善同西方国家的关系，俄罗斯领导人采取了倒向西方的“北大西洋主义”外交战略。在国内俄罗斯逐渐完成向现代民主国家的转型，市场经济和西方式民主制度被引入国内，并且在法律上得到了确认和保护。但是事实证明，身份的转变并没有带来西方国家观念的转变，也未能实现俄罗斯融入西方的目标。作为苏联继承者的俄罗斯仍然被西方国家视为威胁。因此西方国家并未兑现此前承诺的对俄援助。

1993年起俄罗斯重新界定了自己的国家身份。首先，在法律层面上，1993年宪法将俄罗斯界定为一个三权分立的国家，但是同时总统享有凌驾于立法、司法、行政权力之上的极大权力。[③] 其次，在外交层面上俄罗斯开始推行“双头鹰”政策。俄罗斯政府同韩国、中国等亚洲国家先后签订了

① 郭丽双：《俄罗斯新欧亚主义的理论建构及其政治事件》，《当代世界与社会主义》2017年第4期，第115页。

② 〔美〕弗里德里希·克拉托赫维尔、约瑟夫·拉彼得：《文化和认同：国际关系回归理论》，金烨译，浙江人民出版社，2003，第56～57页。

③ 李兴耕：《普京的“主权民主”》，《当代世界》2016年第7期，第34页。

《俄韩关系原则条约》《关于中俄相互关系基础的联合声明》等文件，开启了同东方国家的关系。2006 年俄罗斯政府提出了反对照搬西方政治、经济制度的“主权民主”思想。这些行动一方面说明，国家主义现代政治文化已经进入了俄罗斯的政治文化之中，且被政治精英赋予了优先性地位。但另一方面也说明，尽管俄罗斯政府希冀回归欧洲，但是在特殊的历史文化驱动下，俄罗斯政治精英对俄罗斯国家身份做出了有别于欧洲的界定。应该说，随着政治实践的不断推进，俄罗斯的国家身份逐渐呈现较为清晰的发展趋势，即在推进国家主义的同时，走有俄罗斯特色的发展道路。因此，今天的俄罗斯国家身份具有如下的特点：

首先，从历史视角来看，俄罗斯的国家身份是在借鉴了其特有的东正教哲学思想、社会主义理论和西方政治思想等元素的基础上形成的。今天尽管俄罗斯领导人着力将俄罗斯建设成为现代国家，但在俄罗斯国内传统文化和价值依然具有极大的影响力。它们在国家遭遇意识形态真空和危机的时刻起着整合民族、维持国家政权的作用。

其次，俄罗斯国家主义身份建构过程和欧洲的后现代主义政治文化传播同时发生。因此，冷战后俄罗斯的国家身份重塑的过程也是两种文化互相竞争和渗透的过程。而原苏联加盟共和国加入欧盟、周边国家“颜色革命”及反俄政府上台，让俄罗斯的安全形势和国家身份的形成都面临冲击。

上述特点让俄罗斯的国家主义和现代政治文化推进遭遇如下危机：

首先，以美国为首的西方国家操控解体后的国际社会话语权，并同时将它们所推崇的“民主”“自由”等观念以及与之相对应的经济、政治制度作为衡量一个国家是否民主国家的标准。西方国家的霸权主义让其对一个国家国家身份的认可成为该国进入国际舞台和国际博弈的通行证。以国家主义和现代政治文化为标志的新国家身份在俄罗斯现行的社会观念和政治文化中的根基尚不稳固。俄罗斯在向社会思想体系中输入新的国家身份时，需要动用以东正教为代表的前国家主义文化价值以赢得民众的积极响应。因此，俄罗斯的现代政治文化的生存依赖于传统文化。

其次，国家身份思想基础的多样性、现代政治文化在社会思想体系中不稳固的根基导致了俄罗斯社会中自由和保守两种力量的交锋。占据主导地位的自由主义势力对于国际合作，特别是“一带一路”框架内的中俄合作持乐观友好的态度。在他们看来，“‘中国将成为钱袋子，而俄罗斯将成为枪杆子。’这样的安排或许会让人回想其欧洲共同体的历史——法国担任政治领袖，西德充当经济引擎”。[①] 但是值得注意的是，“一带一路”倡议提出后，俄罗斯的保守主义势力活动频繁，“中国威胁论”仍然具有市场。在这些人看来，“在2020年人民币将成为国际结算货币——这不仅是对俄罗斯，也是对全世界的挑战”，而中国在世界银行和国际货币基金组织中不断巩固自己的地位，这意味着“它（中国）在全球化进程管控中的作用切实地增长了，而这是以其他国家为代价的”。[②]

尽管拥有更大的信息量和不同的身份、利益，作为俄罗斯社会成员的俄罗斯政治精英同样受到上述多种社会思潮和政治倾向的影响。在俄罗斯政治精英的话语和政治实践中我们不难看到自由主义和保守主义的碰撞。例如，一方面，俄联邦《宪法》将俄罗斯界定为一个三权分立国家，《俄联邦政党法》承认和保护俄罗斯各党派间进行正当竞争的权利。但是同时，特别是近年来的俄罗斯政治中流露出了一种保守主义政治倾向。俄罗斯著名学者卡拉加诺夫撰写了题为《保守现实主义的胜利》一文。文中卡拉加诺夫不仅明确地指出了俄罗斯政治遵守的是一种保守主义路线，同时进一步强调，俄罗斯选择尊重和肯定自身特殊性的发展道路的决定是站到了“历史正确的这一边”。[③] 俄罗斯政治精英层在保守主义和自由主义政治倾向之间的摇摆不定不仅会削弱现代政治文化中所推崇的“开放”“合作”等价值的社会基础，同时也会影响中俄双边互信的建立。

---

① 吴迪：《俄学者：俄罗斯如何看待“一带一路”?》，百度网，2018年4月15日，http://baijiahao. baidu. com/s? id = 1597779805400701511&wfr = spider&for = pc。

② Стратегия - 2020：Китай - главная угроза дпя России，Интерфакс，15 марта 2012. http://www. interfax. ru/business/235971.

③ Sergei Karaganov，“A Victory of Conservative Realism”，*Russia in Global Affaris*，No. 1，2017，pp. 82 - 92.

（二）历史文化视角下21世纪以来的安全形势与俄罗斯身份认同

俄罗斯国家身份认同的模糊性让俄罗斯的对外政策具有了不确定性。乌克兰危机前，俄罗斯曾大力宣扬俄欧伙伴关系。但是乌克兰危机后，俄欧关系急转直下。在对外政策层面，俄罗斯相继提出了大欧亚政策和转向东方战略。似乎俄罗斯横跨欧亚的文化和地理身份又赋予了它同东方国家的共同性。因此，我们需要对21世纪以来的俄罗斯国家身份与国家安全之间的关系进行更加细致的考察。

为了实现这一目标，笔者梳理了不同阶段内俄罗斯国家安全形势，以话语分析为手段描述各个时间段内俄罗斯政治话语中的对本国国家身份的描述，并试图解释国家身份与安全之间的关系。

第一阶段，即普京的前两个任期。在国际层面上，普京就任总统之初曾试图以"9·11"事件为契机改善因为波罗的海三国加入北约而恶化的美俄关系。但是短暂的缓和并没能够换来俄罗斯生存环境的改善。美国鼓动乌克兰、格鲁吉亚的颜色革命，在波兰和罗马尼亚布置反导系统。在国内，车臣分裂主义和恐怖主义得到了一定程度的遏制。俄罗斯所面临的主要任务是要完成政治和经济的转型。在21世纪的第一个十年中俄罗斯比较成功地实现了这个目标。经济出现了较快增长，市场经济地位也得到了西方国家的认可。总体而言，这一阶段俄罗斯需要对内整合国家身份认同，团结国内力量抵御外在压力。从政治话语的视角来看，俄罗斯领导人对国家身份的描述也符合国家安全需要。一方面，在这一阶段普京总统使用了与社会主义政治文化相关的表述，以避免思想真空产生的不良影响。在他的话语中，国家以人民的利益为出发点，当人民利益受到侵害时，国家是人民利益的捍卫者。另一方面，俄罗斯领导人引入了现代政治制度和西方现代政治价值。如"民主""自由""公正"等，并借助传统文化和价值来向公众解释现代政治文化，从而让公众在较短的时间内接受新的政治文化的国家身份。

第二阶段，即梅德韦杰夫任期。在这一阶段俄罗斯安全形势总体稳定，美俄关系总体上呈现了比较平稳的发展态势。尽管也出现了针对俄罗斯的间谍案和奥巴马政府的“重返亚洲”战略，但是这一时期的北约东扩、颜色革命和反导系统建设均出现了短期的停滞。首先，2010 年乌克兰、格鲁吉亚加入北约计划失败。同时，阿富汗、巴基斯坦等国家持续恶化的安全形势成为倍加关注的新焦点。这一事实客观上降低了北约在中东欧地区扩展成员的迫切性。其次，美俄在意识形态领域的斗争出现缓和。美国没有直接干预 2009 年底的乌克兰大选，同时，也宣布放弃了此前提出的在波兰和捷克布置反导系统的计划。因此，这一阶段俄罗斯的安全状况总体呈现积极态势，俄国领导人获得了进一步加强现代政治文化的机会。在这一阶段的政治话语中存在一个显著特征，即欧洲后现代政治文化第一次和俄罗斯的国家身份建立了关系，而有关社会主义文化的关键词消失。俄罗斯新的国家身份的建构行为不仅体现了梅德韦杰夫个人较为灵活的外交风格，同时也和俄罗斯所面临的较为乐观的安全形势总体上契合。但是值得注意的是，在奥巴马第一任期的后期，美国政府对俄罗斯大选的干预，以及对俄罗斯民主制度的指责为美俄关系的恶化埋下了伏笔。

第三阶段，即普京第三任期。这一阶段美俄关系急剧恶化。如果说斯诺登事件让美俄关系重启受阻，叙利亚危机让美俄关系难以顺利发展，那么乌克兰危机则昭示着俄罗斯与西方国家关系的彻底恶化。因此，在普京的第二任期内，特别是乌克兰危机以来，俄罗斯的国家身份中出现了一定程度的保守主义倾向。如果对总统的话语进行梳理会发现，其中传统文化价值的表述，包括社会主义政治文化，都略有增加。同时普京政府提出了“俄罗斯世界”这一概念用以整合和培养俄语国家之间的集体认同，转向东方的战略则密切了俄罗斯和亚洲国家的联系。简而言之，在普京第三任期内，俄罗斯在面临较为严峻的安全形势，特别是西方政策受阻的情况下，俄罗斯领导人坚持了一条符合本国国情，而不是符合西方要求的发展之路。在话语层面上，俄罗斯国家领导人一方面继续加强现代政治文化建设；另一方面通过社会主义价值、传统文化唤起俄罗斯社会的集体记忆增加政府决策的合法性和权威性。

结 语

基于上述分析，笔者认为，俄罗斯的国家身份认同与国家安全形势之间呈现一种建构性关系。一方面，安全形势的变化让俄罗斯在不同时期内对国家身份进行调整，或者说强调国家身份中的不同元素，是在俄罗斯几百年的历史上有数次融入欧洲的体验和尝试。今天的俄罗斯领导人也曾经直接表达过俄罗斯是欧洲国家的观点。但是当俄欧关系陷入僵局时，俄罗斯国家领导人则强调了俄罗斯文化和身份中的东方元素。而另一方面，在不同时间内，与不同国家身份相伴的是不同的对内和对外政策。因此，身份又会固化其他国家对俄罗斯角色的认识，进而在一个较长的时间段内形成一种相对稳定的国家间关系。

目前俄罗斯国家身份呈现保守主义特色，而这种趋势在未来可能会继续保持。到目前为止，美俄关系和俄欧关系均未出现改善的契机，因此在这种背景下，俄罗斯挖掘文化中的特殊性同欧洲国家保持距离，同时，强调其文化中的东方元素向亚洲国家靠拢，以缓解西方国家反俄罗斯政策产生的影响。

B.10
难民问题全球治理的中国模式

章雅荻*

摘　要： 2015年开始的欧洲难民危机被认为是自二战以来最大规模的一次难民潮。各国不得不开始重新思考谁负责接受难民？如何安置难民？有没有可能共同协作一起解决难民问题？这些疑问使国际难民制度面临来自理论与实践两个层面的挑战。尽管国际难民制度最重要的精神在于“责任分担”，但回顾其演变史，不难发现各国在面临危机时大多缺乏共担精神。西方学者寄希望于通过提高合作动机、依靠领导国的霸权、制定统一的庇护政策、确立标准化的申请流程、转变合作领域、建立分摊机制等方法推进难民领域内的国际合作。本文试图借助“天下”“关系”“和合”等中国传统文化的思想精髓，为解决难民危机提供中国方案：重拾“天下”情怀，构建“人类命运共同体”；理解中庸式辩证观，转变对难民的负面看法；注重“关系”互动，编织自下而上的难民问题共治网；最终达到“和合共享”的善治模式。

关键词： 难民　责任共担　中国方案

2015年伊始，大量来自中东、北非的难民涌入欧洲，产生了自二战以

---

* 章雅荻，浙江大学公共管理学院非传统安全管理专业博士生，浙江大学非传统安全与和平发展研究中心兼职研究员，主要从事非传统安全研究。

来最大规模的一次难民潮，从而引发了欧洲的“移民危机”。各国不得不开始重新思考谁负责接受难民？如何安置难民？有没有可能共同协作一起解决难民问题？这些疑问使国际难民制度面临来自理论与实践两个层面的挑战。但遗憾的是，我们看到现有的国际难民制度很难有效应对如此迅猛、大规模的难民潮。国际政府的缺失、集体行动的困境、难民政策的差异等一些结构性问题日益凸显。在学术界，该问题也引起了广泛的讨论。近年来，国内学术界研究难民问题主要集中在三个方面：第一，综述此次欧洲难民危机的成因、影响及应对方案；[①] 第二，就欧洲难民危机中某一个国家的表现进行分析；[②] 第三，从国际难民法与欧洲避难体系展开研究。[③] 但现有的研究大多以议题性为主，未从全球治理的视角探究全球难民问题，缺乏对该问题的深入性分析与理论性思考，而且在原因探究或设计应对方案的时候，也忽略了中国元素。为弥补以上三个不足之处，本文以“难民保护是一类全球准公共产品”为逻辑起点，分析现有难民问题

---

① 宋全成：《欧洲难民危机：结构、成因及影响分析》，《德国研究》2015 年第 3 期；宋全成：《欧洲难民危机：进程、特征及近期发展前景》，《山东社会科学》2016 年第 2 期；宋全成：《欧洲难民危机消极影响的三维透视》，《山东大学学报》2016 年第 2 期；宋全成：《欧洲难民危机政治影响的双重分析》，《欧洲研究》2016 年第 1 期；黄海涛、刘志：《试析欧洲难民危机》，《现代国际关系》2015 年第 12 期；王刚：《欧洲难民危机的成因及影响》，《思想理论教育导刊》2017 年第 5 期；刘益梅：《欧洲难民危机的影响及其解决路径》，《山东社会科学》2016 年第 2 期；王蕾：《欧洲难民现状及特征分析》，《文史博览》2016 年第 10 期；黄文叙：《欧洲难民问题的严重性及出路》，《现代国际关系》2017 年第 2 期。

② 于明波：《英国应对欧洲难民危机的表现及其历史渊源——基于二战后英国移民政策的考察》，《国际关系研究》2016 年第 6 期；伍慧萍：《欧洲难民危机中德国的应对与政策调整》，《山东大学学报》2016 年第 2 期；陈菲：《欧盟危机背景下的德国领导有效性分析——以领导理论为分析框架》，《欧洲研究》2017 年第 2 期；郑春荣、周玲玲：《德国在欧洲难民危机中的表现、原因及其影响》，《同济大学学报》2016 年第 1 期；宋全成：《欧洲难民危机中的德国难民政策及难民问题应对》，《学海》2016 年第 4 期。

③ 伍慧萍：《难民危机背景下的欧洲避难体系：政策框架、现实困境与发展前景》，《德国研究》2015 年第 4 期；武文扬：《国际法与国际政治视角下的难民保护困境》，《现代国际关系》2016 年第 5 期；杨国栋：《欧洲共同避难制度的发展与反思——以“都柏林规则”为中心的考察》，《欧洲研究》2016 年第 2 期；陈蔚芳：《共同体化的困境——从叙利亚难民危机论欧盟共同庇护体系的局限性》，《欧洲研究》2016 年第 6 期；张磊：《欧盟所谓“难民危机”的性质辨析——兼论国际法关于难民的界定》，《探索与争鸣》2016 年第 4 期；黄颖、丛琳：《欧洲难民危机对国际难民法之主要影响》，《时代主人》2016 年第 11 期。

全球治理的困境，并借助“天下”“关系”“和合”等中国传统文化思想，建构一种以协作治理为核心的集体行动方案，以超越当前难民问题全球治理的困境。

一 难民的定义及公共产品属性分析

难民属于国际移民现象的一种特殊形式。尽管人们被迫离开他们的祖国及家乡这一现象古已有之，但是第一次在现代国家制度下真正意义上的难民的出现应该是在15～16世纪法国宗教革命中的胡格诺派（新教徒），当时约有20万胡格诺教徒（相当于五分之一的胡格诺教徒或百分之一的法国人口）逃离法国前往荷兰、瑞士、英格兰、德国、丹麦及美国。[①] 16世纪后期，西班牙统治者在尼德兰迫害新教徒，造成了近代早期最大的难民潮。17世纪后期，路易十四在法国大规模迫害新教徒，为躲避迫害，有10万余人逃离到英国；在法国大革命时期，许多受到迫害的法国人则逃离到奥地利与普鲁士。[②] 19世纪的欧洲不断发生战争与革命，导致大量难民的产生，这些难民流入欧洲各国，国家不得不采取一定的措施来区分难民，同时对边境进行管理，最终难民问题成为一个国际关系的问题。[③]

自2014年以来，中东难民不断涌入欧洲，欧洲正面临第二次世界大战以来最大规模的难民潮。在新的国际安全形势下，此次难民危机中的难民的身份也日益复杂，有试图偷渡入境的非法移民，有试图混入难民潮假扮难民的恐怖分子，也有试图抓住机会前往欧洲改变命运的经济移民等。据联合国难民署（UNHCR）2017年6月19日发布的数据显示，2016年被迫迁移的人数高达6560万，难民的数量为2250万，其中大部分来自叙利亚、非洲以

① Barnett Laura, “*Global Governance and the evolution of the international refugee regime*,” working paper issued by the Evaluation and Policy Analysis Unit, Feb. 2002, p. 2.

② Barnett Laura, “*Global Governance and the evolution of the international refugee regime*,” working paper issued by the Evaluation and Policy Analysis Unit, Feb. 2002, p. 2.

③ 章雅荻：《“人的安全”视角下移民安全综述》，载余潇枫主编《中国非传统安全研究报告（2015～2016）》，社会科学文献出版社，2016，第223页。

及南亚。①

早在1648年的威斯特法利亚体系中就已经确立了“难民”这一概念，但直到1951年《关于难民地位的公约》（*Convention relating to the Status of Refugees*）才给出了第一个关于难民的一般定义：“由于1951年1月1日以前发生的事情并因有正当理由畏惧由于种族、宗教、国籍、属于某一社会团体或具有某种政治见解的原因留在其本国之外，并且由于此项畏惧而不能或不愿受该国保护的人；或者不具有国籍并由上述事情留在他以前经常居住国家以外而现在不能或由于上述畏惧不愿返回该国的人。”② 该公约还规定了难民的基本权利，订立了难民待遇的最低标准及难民申请的程序，确定了“不推回原则”。但是，该定义将难民的范围局限在1951年1月1日之前。因此，1967年联合国通过了《关于难民地位的议定书》，对1951年公约中的难民概念进行修正，这样一来，世界范围内无论何时何地出现的难民都可以依据议定书的规定获得难民地位而受到保护。

随着国际形势的变化，许多新形式的难民并未囊括在难民公约里，比如因环境恶化、国家脆弱以及食物短缺而造成的难民，亚历山大·贝茨把这一群体叫作“生存性移民”③，即因自身国家无力确保自身最基本的人权而不得不在国籍国以外地方生存的人群。国际组织的一些报告也常用“流离失所者”或“寻求庇护者”将其与公约难民区分开来，但他们也拥有与难民同样的地位、基本权利等。④

一直以来，难民问题都在国际法、国际关系、世界历史的学科领域中讨论，直到1998年，阿斯特里·苏尔克（Astri Suhrke）在*Burden-sharing during Refugee Emergencies*：*The Logic of Collective Action versus National Action*一文中首次提出难民的保护具有明显的公共产品特征，可以被认为是一种全

① “Figures at a Glance（2017），http：//www. unhcr. org/figures – at – a – glance. html”.

② Helene Lambert ed.，*International Refugee Law*，London：Ashgate Publishing，2010，p. 3.

③ Alexander Betts，*Survival Migration*：*Failed Governance and the Crisis of Displacement*，Ithaca：Cornell University Press，2013.

④ 刘宏斌编《国际移民概论》，中国人民大学出版社，2015，第80页。

球公共产品。[1] 全球公共产品是经济学公共产品理论在国际关系领域中的延伸与应用。[2] 1971 年，奥尔森最早提出了“全球公共产品”这一概念，并将其划分为三类：稳定的国际金融货币体系、完善的国际自由贸易体制、国际宏观经济政策的协调与标准化的度量衡；国际安全保障体系与公害航行自由；国际经济援助体系。[3] 考尔（Inge Kaul）在 1999 年对全球公共产品提出相对清晰的定义，它包括三个方面：全球公共产品的受益者非常广泛，突破了国家、地区、集团等界限；受益者包括所有人，任何国家的国民在从中得益时是非竞争、非排他的；考虑时间因素，全球公共产品不仅使当代人受益，而且还必须考虑到未来几代或数代人从中受益。[4] 在此基础上，考尔等人将国际公共产品分为：全球自然共享品、全球人为共享品和全球条件三大部分。

首先，难民保护具有效用上的不可分割性与受益上的非排他性。给予难民足够的保护所带来的是全球的安全与和平，难民全球治理机制的建立是全体社会成员共同受益的，[5] 因此在效益上具有不可分割性。同时，不管这个国家是否对难民保护做出贡献或努力，它都会获得难民保护所带来的安全与稳定，无法将这一部分人排除在外。由此看来，难民保护具有共同受益或联合消费的特点。

今天，越来越多的公共产品具有国际性或全球性的特点。但是，国内公共产品可以通过人民纳税得以供给，然而在国际社会中，没有一个强有力的

---

① Suhrke Astri, Burden-sharing during Refugee Emergencies: The Logic of Collective Action versus National Action, *Journal of Refugee Studies*, Vol. 11, No. 4, 1998, pp. 396 –415.

② 吴志成、李金潼：《国际公共产品供给的中国视角与实践》，《政治学研究》2015 年第 5 期，第 111 页。

③ Mancur Olson, "Increasing the Incentives for International Cooperation", *International Organization*, Vol. 25, No. 4, 1971.

④ Kaul, Grunberg & Stern, "*Defining global public goods*", *in Kaul*, *Grunberg & Stern* (*eds.*), *Global Public Goods*, Oxford University Press.

⑤ Eiko R. Thielemann, Immigration and International Co-operation: Public Goods Thoery & Collective Refugee Management, Papoer prepared for the EUSA Tenth Biennial International Conference Montreal, Canada, May 17 – May 19, 2007.

中央政府强制要求各国进行集体行动，人们不禁会问：我们如何在没有国际政府的情况下提供公共产品呢（Kindleberger，1986）？苏尔克认为，难民保护所带来的收益就是能够确保更加稳定、安全的区域或国际秩序。从这方面来看，日益增加的安全与稳定可被认为是难民保护最重要的收益。

其次，难民保护的竞争性特点日益凸显。苏尔克等人都认为难民保护具有显著的非竞争性特点。他们认为，一国对于安全与稳定的消费并不能将别的受益国排除在外。但是有两点值得注意，难民保护所带来的安全/稳定等收益通常是比较有限的。不受控制的难民潮所带来的安全与稳定的影响又是区域性的。因此，难民保护所带来的收益对于那些靠近难民产生国的国家来说更多。另外，难民保护并非一种纯公共产品。① 因此，基于以上分析，我们可以推断，难民保护属于一种全球公共资源，是一种准公共产品。

二　难民问题全球治理失灵

因为难民保护具有非排他性的特点，因此，不可避免地会带来“搭便车”的现象。各成员国想方设法将它们对于难民保护的贡献降到最低。如果一个公共产品以一种不对等、不集中的方式供给，那么个人决策者就很容易产生“搭便车”的心态。② 尽管各国都尊重保护难民的人道主义原则，但由于保护难民所带来的经济、安全上的开销，它们最希望的是别国负责处理难民保护的事宜，而不是自己。如果公共产品所带来的收益逐渐增加，那么协调相对容易达到。③ 比如，通过国内安全的、有效的法律体系以确保财产权。而事实上，低收入和中等收入的国家担负着绝大部分国际难民

---

① Eiko R. Thielemann, Immigration and International Co-operation: Public Goods Thoery & Collective Refugee Management, Papoer prepared for the EUSA Tenth Biennial International Conference Montreal, Canada, May 17 - May 19, 2007, p. 8.

② Martin Altemeyer-Barscher, On the Distribution of Refugee in the EU, *Interconomics*, 2016, No. 4, p. 221.

③ The global governance of refugee protection and challenges to the EU asylum system, 2017 MEDAM Assessment Report, p. 31.

的保护。

全球公共产品需求的增加，公共资源产生拥堵现象导致难民问题全球治理失灵，主要体现在两个方面：一是传统的治理模式不匹配；二是集体行动依旧困难。全球公共产品的供给涉及国际法与国内法之间的冲突、国家主权等问题，因此比国内层面的公共产品供给与治理要复杂很多。现有的难民全球治理主要以国家间政府的多边谈判为基础。

尽管国际难民问题由来已久，但当时并没有任何专门的组织与政策处理难民问题。直到19世纪欧洲不断发生的战争与革命都带来数量不等的难民，为各国带来了严重的政治、经济和社会等方面的问题，它才作为一个全球性的安全问题日益得到大家的重视。

第一次世界大战与俄国革命迫使超过100万的俄罗斯人离开祖国，寻求安全。为解决这一问题，红十字国际委员会于1921年2月16日召开会议，决定建立一个专门处理难民事务的职务，以“定义难民的地位，保证他们的安置、就业等问题，并协调相关政策”。[①] 挪威外交官弗里德托夫·南森被委任为国际联盟处理欧洲俄国难民问题的第一任高级专员。随后一种专门为难民发放的“身份证”，即南森护照开始发放。[②] 国际联盟难民高级专员署的成立是国际上为处理国际难民问题采取的第一个行动，也是第一次正式承认了国际社会对解决难民问题负有责任。[③]

1933年，为了更好地应对与解决难民问题，在政府间难民问题委员会、国际联盟难民高级专员署联合各方的努力下，起草并通过了《关于难民国际地位的公约》，这是第一个保护难民的国际公约。

---

① Jaeger, Gilbert, *On the History of the International Protection of Refugees*, International Review of the Red Cross, 83 (843), pp. 728, http: //www. icrc. org/eng/assets/files/other/727_ 738_ jaeger. pdf, 2001.

② Erica Feller, *International Refugee Protection 50 Years On: The Protection Challenges of the Past, Present, and Future*, International Review of the Red Cross, 83 (843), pp. 584, http: // www. icrc. org/eng/assets/files/other/581 – 606_ feller. pdf, 2001.

③ Claudena Skran, *Profiles of the First Two High Commissioners*, Journal of Refugee Studies, No. 1, 1998.

第二次世界大战导致3000万人流离失所。1946年12月15日，联合国大会通过了成立国际难民组织（International Refugee Organization，IRO）的决议，IRO作为联合国一个非永久性的特别机构从1947年7月1日正式运作。

从1950年开始，国际社会意识到二战所带来的难民问题并非一个短期问题，因此1951年根据第五届联合国大会的决议，成立了联合国难民事务高级专员办事处（UNHCR）以保护难民的权利和健康；同年7月联合国通过《关于难民地位的公约》（在1933年公约的基础上发展而来），该公约是“到目前为止唯一一个有约束力的难民保护工具”。①

二战后亚非拉国家纷纷独立，1951年公约里的时间与地域都失去了效用。因此，1967年联合国大会又通过了《关于难民地位的议定书》。至此，支撑当今国际难民制度的三大支柱：公约、议定书与UNHCR已全部完成。

20世纪70年代后期，越南战争的结束和新政权的上台引发了两次东南亚难民潮。国际社会意识到只有相关各国在UNHCR的领导下达成一个共同行动计划才能够有效解决这一问题。1979年，联合国在日内瓦召开印度支那难民问题的国际会议，专门讨论“责任分担”的意义以及可能的解决办法。最后达成了一项综合行动计划，即三方协议，包括了难民接收国、难民输出国以及捐赠国。法国接纳了6万名越南难民，澳大利亚接纳了1.8万名，加拿大接纳了1.4万名，中国在1978年后也安置了16万名越南华侨，其余的大部分去了美国。②

到了20世纪80年代，难民人数越来越多，尤其是从东欧前往西欧的难民。1990年，欧洲起草了《都柏林公约》并建立了都柏林体系。2003年，经过拓展及改良，《都柏林公约》成为了国际难民制度的一部分。③ 1999年

① Erica Feller, *International Refugee Protection 50 Years On: The Protection Challenges of the Past, Present, and Future*, International Review of the Red Cross, 83 (843), pp. 585, http://www.icrc.org/eng/assets/files/other/581 - 606_ feller.pdf, 2001.

② Dick Clark, *1979 World Refugee Assessment*, in George Lankevich, Ethnic America, 1978 - 1980, Updating the Ethnic Chronology Series, New York, 1981, p. 303.

③ Dennis Gallagher, *The Evolution of the International Refugee System*, International Migration Review, 23 (3), p. 593, http://www.jstor.org/stable/2546429, 1989.

生效的《阿姆斯特丹条约》首次确定了欧洲共同移民和避难政策的法律框架条件，明确将避难与移民政策引入超国家的第一支柱中，确立了这一政策领域在欧盟层面由超国家机构与成员国分享权限。[①] 同年，欧盟各国在欧洲理事会上达成了《坦帕雷协议》，同意建立共同避难体系，包括明确成员国在庇护申请上的责任、建立庇护申请的最低标准、协调成员国对难民的定义等。[②] 2007 年欧盟各国签署了《里斯本条约》，其中第 78 条构成了新一阶段欧盟推进避难制度一体化的法律基础，标志着欧盟对共同避难制度的建构从“设立最低标准”阶段开始走向“设立共同程序”阶段。[③]

21 世纪以来，国际难民的数量激增。国际难民制度的关注开始从自愿遣返、重置与融合转为控制难民的涌入。

国际难民制度勾勒出难民输出国、输入国以及其他相关国家对于难民、寻求避难者的权利、义务与责任。[④] 它最基本的原则在于“不推回原则”，即各国不得将难民推回到他们生命或自由因政治原因而受威胁的国度。[⑤] 罗尔斯认为，在无知之幕下，我们都是潜在的难民，难民只是特别情况下的普通老百姓而已。这是基于普遍的人性原则或道德责任。[⑥] 2015 年，欧盟主席让－克洛德·容克在欧洲议会发表年度“盟情咨文”时说：“我们欧洲人应该记得，几乎每一个欧洲人都曾经是难民，所以我们永远不应忘记：为什么给难民以避难的基本人权是如此重要的一件事。”

国际难民制度最核心的精神在于“责任分担”（burden-sharing），即各国团结合作，共享共担。1951 年《关于难民地位的公约》的前言很明确地

---

① 伍慧萍：《难民危机背景下的欧洲避难体系：政策框架、现实困境与发展前景》，《德国研究》2015 年第 4 期，第 5 页。

② 陈蔚芳：《共同体化的困境——从叙利亚难民危机论欧盟共同庇护体系的局限性》，《欧洲研究》2016 年第 6 期，第 73 页。

③ Helen O'Nions, *Asylum-A Rights Denied: A Critical Analysis of European Asylum Policy*, Ashgate Publishing, Ltd. , 2014, p. 75.

④ Nicole Triola, *The International Refugee Regime: A Failing System*, https://www.ramapo.edu/law－journal/thesis/international－refugee－regime－failing－system/, December 20, 2014.

⑤ 刘宏斌编《国际移民概论》，中国人民大学出版社，2015，第 87 页。

⑥ John Rawls, *A Theory of Justice*, New York: Belknap, 1974.

表明，国际难民制度的前提就是国际合作：国家有责任对在别国的难民给予经济上的帮助或是将他们重新安置。[①] 但尽管难民问题一直存在，国际上却缺乏责任共担精神为难民提供保护与服务。[②]

所以责任分担精神不仅是各国共同的道德责任与义务，也是解决难民问题的唯一且持久的理性方法；如果不接受责任分担，那么深受难民危机影响的国家则会因倍感压力而逃避责任，从而给世界留下更大的问题。[③]责任分担可以创造出更多的平等，提高国家保护难民的动机。如何在兼顾国家利益、增加国际秩序与稳定的同时也能保护难民的权利？如何推进国际合作，责任分担？这是目前国际难民制度的两大难题。西方学术界就这一问题开始了热烈的讨论并提出多种解决方案。

第一，以全球共享（global sharing）为精神的。该方案是由一位法学家在20世纪70年代提出的。[④] 他认为可以将全球的难民按照难民自身的意愿、国家财富、人口密度等标准与接收国相匹配，折算出“难民平均生产总值”（refugee per GNP）。这一比例与联合国之后提出的对外援助占国民生产总值（GNP）的概念相似。[⑤] 根据这一思路，2015年9月9日，欧盟委员会主席容克公布了欧盟国家分摊难民的方案：欧盟中的22个成员国分摊在匈牙利、希腊和意大利境内的12万难民；其中德国、法国和西班牙将分别接收3.1万、2.4万和1.5万名难民。[⑥]

---

① Alexander Betts, *Protection by Persuasion: International Cooperation in the Refugee Regime* (Ithaca: Cornell University Press, 2009.

② Erica Feller, *International Refugee Protection 50 Years On: The Protection Challenges of the Past, Present, and Future.* International Review of the Red Cross, 83 (843), pp. 581 - 606, http://www.icrc.org/eng/assets/files/other/581 - 606_ feller.pdf, 2001.

③ Thomas Gammeltoft Hansen, *Reforming the Refugee Regime*, http://www.humanrights.lu.se/projects/reforming - the - refugee - regime.

④ Astri Suhrke, "Burden-Sharing during Refugee Emergencies: The Logic of Collective versus National Action", Journal of Refugee Studies, 1998, Vol. 11, 396 - 415.

⑤ Grahl-Madsen, A., Ways and Prospects of International Cooperation in Refugee Matters, AWR Bulletin, No. 21, pp. 113 - 118.

⑥《欧盟公布难民分摊方案》，凤凰网，2015年9月10日，http://news.ifeng.com/a/20150910/44620580_ 0.shtml。

第二，重新制定国际难民法或建立统一权威机构。在20世纪90年代初期，学者及人权活动家们提出一个详尽的计划旨在重新编写难民法，形成一个关于难民责任分担的全球体系。[1] 该建议的核心在于通过集体行动来减少接收国之间的不平等，从而增强对难民的保护和促进合作。一旦国际社会基于平等原则，在国际法的框架下，制订难民分摊计划，那么各国就能够在共担责任的同时又能促进自身的国家利益。[2] 有学者呼吁解决此次难民危机，必须改革《申根边境法》，尽快修订以《都柏林协定》为核心内容的难民庇护政策，尽快建立一个统一的难民庇护申请制度与移民局，[3] 这样才能提高难民登记、筛查、安置的效率等。

第三，明确责任共担的互惠利益并最小化难民所带来的安全威胁。有学者详细比较了在国防领域与难民领域中的责任分担模式。[4] 他们认为在国防领域中，当遇到共同敌人时，大家往往会暂时放下争议，选择合作以增进自身的国家利益并维持国际秩序；而在难民领域里，合作难以达成的其中一个原因可能是互惠利益的不确定性。[5] 比如，为什么法国必须要接受大部分来自波黑的难民而去缓解奥地利和德国的情况呢？有没有一些合理的理由说服其他国家也帮助法国呢？很明显，并没有任何保障。而另一个原因就是安全威胁。许多学者认为难民问题是一个拓展性安全问题（extended security），可能引起政治、经济、社会、环境等一系列的问题，甚至影响到区域/国际安全与稳定。所以接受难民还意味着后续的安置以及应对难民所带来的连锁安全问题。与国防军事领域不同，即使弱小国家也有足够的能力去解决难民所带来的安全威胁。因此，国家更倾向于采取单边行动，这样一来，责任分

① Hathaway, J. C. (ed.), Reconceiving International Refugee Law, The Hague: Martinus Nijhof.

② Astri Suhrke, "Burden-Sharing during Refugee Emergencies: The Logic of Collective versus National Action", p. 398.

③ 乔治·索罗斯：《安置难民要花掉欧洲多少钱?》，新浪网，2015年9月28日，http://finance.sina.com.cn/zl/international/20150928/112223367746.shtml。

④ Acharya, A. and Dewitt, D., Fiscal Burden Sharing, in Hathaway, J. C. ed. Reconceiving International Refugee Law, The Hague: Martinus Nijhof.

⑤ Acharya, A. and Dewitt, D., Fiscal Burden Sharing, in Hathaway, J. C. ed. Reconceiving International Refugee Law, The Hague: Martinus Nijhof.

担的动机就很弱。[①]

第四，转变合作领域。也有学者将难民领域的合作模式与环境领域相比较。他们认为在环境领域里，各方的合作更注重的是问题的根源；而在难民领域，合作则更注重结果，即如何控制/管理难民。前者注重原因，后者注重结果。事实证明国家在源头上更容易产生合作，因此，各国应该将合作重心转移到如何预防大规模难民的涌入上。

第五，创造难民自身市场价值或建立大国领导模式。到目前为止难民领域内比较成功的两次合作分别出现在二战后和越战后。究其原因在于，二战后欧洲的重建对劳工有着大量的需求，而战争后的欧洲在人口数量上受到了极大的削减，这时，难民不再是一种威胁而是一种可以快速弥补劳动力市场不足的重要资源；越战后的难民分担则是基于美国的领导。既然国际难民被认为是一种全球公共产品，[②] 那么大国负有独特责任利用自身的实力与号召力来维持足够的公共产品的提供并建立全球体制以正常运作。前者是工具性（instrumental-communitarian）模式，后者则是霸权模式。[③]

还有一些其他的方案：比如，给予那些导致大规模难民的国家以一定程度的惩罚；减少长途庇护申请的需求；设立审核难民的标准；实行更有效的离岸、转移程序；[④] 加大对与难民相关的国际组织的资金支持；[⑤] 加强欧盟边境和移民管理，欧盟边境局配备独立应急部队，与国际刑警组织合作，数据库互联互通；推动国际难民制度与其他的国际制度，如治理和平与安全、

---

① Astri Suhrke, "Burden-Sharing during Refugee Emergencies: The Logic of Collective versus National Action", Journal of Refugee Studies, Vol. 11, No. 4, 1998, p. 403.

② Astri Suhrke, "*Burden-Sharing during Refugee Emergencies*: *The Logic of Collective versus National Action*", Journal of Refugee Studies, Vol. 11, No. 4, 1998, p 401. 6.

③ Astri Suhrke, "*Burden-Sharing during Refugee Emergencies*: *The Logic of Collective versus National Action*", Journal of Refugee Studies, Vol. 11, No. 4, 1998, p. 405.

④ Khalid Koser, Time to reform the international refugee regime, https: //blog. oup. com/2015/09/international – refugee – regime – reform/.

⑤ Beth Elise Whitaker, *Funding the International Refugee Regime*, Global Governance, Vol. 14, pp. 241 – 258, 2008.

发展及气候变化的合作。[①]

尽管西方学术界提供了多种解决难民问题的方案，但如今，即使在一体化程度相当高的欧盟，各成员国也迟迟不愿意共同承担责任，难民分摊方案却遭到以奥地利、波兰为代表的东欧国家的极力反对。欧盟努力构建的、以责任分担为核心的共同避难体系在此次难民危机的冲击下面临崩溃的边缘。[②] 国际上，到目前为止只有 10 个左右的国家（都是北方国家），常规性地参与重置项目（项目包括各国每年分摊 3 万到 50 万名不等的“配额难民”）（UNHCR 1995）。

2011 年至今，欧盟就已经动用了 39 亿欧元投入人道主义、发展援助等帮助叙利亚、黎巴嫩、约旦、土耳其等国家。[③] 然而收效甚小。寄希望于在短时间内依靠移民大国的领导力与号召力建立难民分担秩序、提供公共产品并不实际。重新制定难民法，建立统一的难民全球分摊体系或难民管理的权威机构更是不可能一蹴而就。

从历史来看，两次比较成功的难民全球治理模式出现在二战之后与 20 世纪 70 年代。一个是以“劳动力”为诱因；另一个是以“霸权国”为供给模式。两种模式都无法长久、持续、有效。新形势下，治理主体逐渐增加，包括非政府组织、国际组织、市场/公司等，因此急需出现一种新型的治理模式。

三　难民问题全球治理新模式的探索

全球难民治理的传统模式主要有一元（one-dimensional）责任分担制和多元（multi-dimensional）责任分担制。

---

① Khalid Koser, Time to reform the international refugee regime, https: //blog. oup. com/2015/09/international - refugee - regime - reform/.

② 杨国栋：《欧洲共同避难制度的发展与反思——以“都柏林规则”为中心的考察》，《欧洲研究》2016 年第 1 期，第 61 页。

③ 方华：《难民保护与欧洲治理中东难民潮的困境》，《西亚非洲》2015 年第 6 期，第 10 页。

一元责任分担制，旨在将难民保护的责任平均分摊给每一个成员国。通常通过两种方式来进行均分——共同政策（exante equalization）或者通过重新配额分摊（ex-post equalization）。[①] 前一种方式基于各成员国就某一公共产品供给的问题共同达成协议可以解决责任分担上的不均衡这一假设。这种机制认为共同政策可以阻止不均衡的责任分担，从而减少或消除纠正行为的需要。相反，重新分摊配额制是一种经典的 ex-post 方法，在某种程度上试图平衡不平均的责任。一旦这种不平均出现，就可以采取政策进行弥补。可以通过一国的责任、能力收益、损失等进行计算。这一方法最好的例证就是蒙特利尔条约。多元责任分担制并不追求平均化每一个成员国的责任。一方面，该制度基于一种明确的补充逻辑。一国所担负的不均衡的责任通过补充原则来弥补，比如其从中获得的收益，或遭受的损失。另一方面，该制度基于一种明确的贸易逻辑，Schuck 提出的分散、基于市场原则的难民分担制（与京东排放协定略为相似）就是一个例子。该模型认为，一个国际机构应该给每一个难民保护的参与国布置任务、安排比例。[②] 一些研究者开始关注建立纯粹公共产品的框架，他们认为纯粹的公共产品是一种罕见现象，"搭便车"现象与物品公共性的程度有关（Sandler 1977，Sandler and Forbes 1980；Sandler and Hartley 2001）[③] 但如何解决集体行动依旧困难这一难题？传统治理模式仍然无法应对。

2017 年 2 月，"人类命运共同体"这一概念第一次被纳入联合国社会发展委员会第 55 届会议关于"非洲发展新伙伴关系的社会层面"的决议中。2017 年 3 月，联合国人权理事会第 34 次会议通过了关于"经济、社

① Eiko R. Thielemann, Immigration and International Co-operation: Public Goods Thoery & Collective Refugee Management, Papoer prepared for the EUSA Tenth Biennial International Conference Montreal, Canada, May 17 - May 19, 2007, p. 10.

② Peter Schuck, Refugee Burden-Sharing: A Modest Proposal, Yale Journal of International Law, 22.

③ Todd Sandler, Impurity of Defense: An Application to the Economics of Alliances, *International Review for Social Sciences*, Vol. 20, Issue 3, 1977, pp. 443 - 460; Todd Sandler, John F. Forbes, Burden Sharing, Strategy, and the Design of NATO, *Economic Inquiry*, Vol. 18, Issue 3, 1980, pp. 425 - 444; Todd Sandler, Keith Hartley, Economics of Alliances: The Lessons for Collective Action, *Journal of Economic Literature*, Vol. XXXIX, 2001, pp. 869 - 896.

会、文化权利”和“粮食权”的两个决议，明确表示要“构建人类命运共同体”，这是“人类命运共同体”的概念首次被载入人权理事会的决议中。蕴含中国哲学的“人类命运共同体”理念已经开始得到国际社会的认可。所以，以中国传统文化的“天下”“关系”“和合”等思想精髓为指导，对传统国际难民治理的责任分担的前提、方式及结果进行重新解读，以建构“人类命运共同体”为目标，探究国际难民问题治理的中国模式，具有重要意义。

（一）治理理念转变

重拾“天下”情怀，构建“人类命运共同体”。新型全球治理观念在于“共商共建共享的全球治理”,[①] 最终构建人类命运共同体“天下”情怀是构建“人类命运共同体”的历史与文化渊源。随着冷战的结束，安全威胁逐渐由传统的军事、政治领域转移到非传统安全领域，如气候变化、流行病蔓延、难民危机、恐怖主义等。非传统安全议题的不断兴起要求各国共同协作，一起面对问题、解决问题。难民问题正是一个典型的非传统安全问题,[②] 具有隐蔽性、不确定性、突发性等特点，这类安全问题往往边界不清，威胁外溢的规律和方向也难以把握，各国都有可能会承担难民问题失控而带来的后果。然而，传统的以民族国家为中心的国家体系或思维方式使各国只注重眼前利益而忽视长期利益，局限于传统的主权界限，纠结于国家利益的旋涡中而不愿意与别国合作。[③] 可见，传统的思维方式已经无法解释或解决非传统安全现象或问题，我们需要一种新的研究范式和思考角度。[④]

① 秦亚青、魏玲：《新型全球治理观念与“一带一路”合作实践》，《外交评论》2018 年第 2 期，第 2 页。

② 详见章雅荻：《国际移民问题全球治理的现状、困境与展望——以欧洲难民危机为例》，《国际关系研究》2017 年第 1 期，第 84 页。

③ 详见章雅荻：《国际移民问题全球治理的现状、困境与展望——以欧洲难民危机为例》，《国际关系研究》2017 年第 1 期，第 98 页。

④ 王逸舟：《“非典”与非传统安全》，《中国社会科学研究生院学报》2003 年第 4 期，第 25 页。

中国古代的“天下”则是一个世界性的世界（a world of worldness），是一种真正的世界/全球体系，超越了以民族国家为中心的局限。[1]“天下”情怀以整个世界为政治单位去思考全球性问题，赋予我们一种高于并且大于民族国家的广阔视野去理解世界政治。[2]“天下”这一概念可以追溯到周朝（公元前1046年至公元前256年，是中国历史上最长的一个朝代）。“天下”是一个兼容并包的概念，既包括了物理世界（土地），也包括了心理世界（民心），还包括了政治世界（一种世界制度）。[3]赵汀阳将天下概念进行了现代化的重新解读，它并不是费正清（Fairbank）所提到的朝贡体系，明显区分文化、文明上的优劣，也不是德雷耶（Dreyer）所提到的这是一种以中国为中心的不平等的体系。“天下”是一个基于共存、平等的全球制度，强调的是个体行为的道德原则和责任。这与威斯特伐利亚体系将世界体系看作一个霍布斯式的，人人自救、自保的体系截然不同。“天下”体系更像是一个大家庭，在理想的家庭环境中，强调的并不是自利的最大化，而是最小化互相伤害。[4]

以“天下”视野来看，首先，国际难民问题不再是欧洲一个地区的问题，而是一个全球性的问题。每个国家、每个人都有可能卷入此次难民危机中，受其影响，因此人人都有责任，而不能袖手旁观。中国古语“天下兴亡，匹夫有责”表达的就是这样一种“集体精神”和“我们感”。其次，“天下”情怀很好地消解了内部性与外部性、国家与国际、自者与他者的冲突。各国、各地区的利益高度交融，形成超越国家边界的世界利益。在面临共同的难民危机时，倘若各国只顾自身利益而逃避责任分担导致难民蔓延、地区和国际安全不稳定、恐怖主义盛行等后果也会影响到自身利益。相反，若一国积极参与分担、合作，有效解决难民问题所带来的

① 赵汀阳：《天下的当代性：世界秩序的实践与想象》，中信出版社，2016，第60页。

② 赵汀阳：《以天下重新定义政治概念、问题、条件和方法》，《世界经济与政治》2015年第6期，第5页。

③ 赵汀阳：《天下的当代性：世界秩序的实践与想象》，中心出版社，2016，第60页。

④ 赵汀阳：《天下体系：世界制度哲学导论》，江苏教育出版社，2005，第66~67页。

制度完善、地区稳定、各国关系增进等也将受惠自身，最终达到“孔子改善”的理想状态。[①]

（二）治理目标转变

西方观念中理想的治理模式是善治，旨在追求有效性、责任性与透明性。“善治”最初来自世界银行1994年的一份报告，将其定义为有效地提供公共产品、法治、过程透明以及在公共事务中强大的市民社会。而中国的治理模式追求的是达到和合共享的理想状态。和合的思想源于《易经》，反映的是中国文化中最完美、最完善的理想状态。“和”是指和谐、和平；“合”是指合作、融合。它包括人与自然的和谐（天人合一）、人与人、人与社会的和谐。和合具有“阴阳互动”“和而不同”“兼容并包”的中国特色。[②] 共享基于成员们同甘共苦的精神。共享状态意味着矛盾对立的消失，是一种大同社会。共享是超越“危态对抗”的非竞争性的协合性行为，也是超越利益推进全球责任的“安全感递增”的共赢性行为。[③] 和合共享强调的是物质的非冲突性，是包容、和谐的前提。和合共享超越了人类社会普遍存在的异质性冲突：包括文明、制度、利益、资源的竞争引起的冲突、对抗；摆脱了“我安全重于你安全”“你不安全我才安全”“你不安全我也不安全”的传统思维模式；追求的是“你安全我才安全，我安全你也安全”的互惠共赢模式。[④] 和合共享的理性原则是“社会共有、权利共享、和平共处、价值共创”。[⑤] 天下一家是中国包容性、多元性、和合性的世界主义的终极理想。

---

① “孔子改善”（Confucian Improvement），即一种利益改善必然使所有当事人的利益同时获得改善。孔子改善要求任何一个利益改善事件具有互相蕴含的利益关系而使每个相关人同时获得“帕累托改进”。参见赵汀阳：《天下的当代性——世界秩序的实践与想象》，中信出版社，2016，第116页。

② 余潇枫：《“和合主义”：中国外交的伦理价值取向》，《国际政治研究》2007年第3期，第23页。

③ 余潇枫：《共享安全：非传统安全研究的中国视阈》，《国际安全研究》2014年第1期，第33页。

④ 余潇枫、王江丽、潘一禾：《非传统安全概论》，浙江大学出版社，2006，第146页。

⑤ 余潇枫：《国际关系伦理学》，长征出版社，2002，第203页。

“天下兴亡，匹夫有责。”在难民问题的全球治理上，我们同样应该强调全球、国际的责任分担精神。每一个人都有道德责任与义务帮助弱势群体以免“天下”陷入困境中。从某种程度上讲，道德责任应该优先于西方思维中重要的“主权”与“国家利益”等传统观念。如果“天下”无法获得和平，那么各国也无法获得长期的安全与福祉。

在解决难民问题的互动过程中，各国建立信任、增进友谊、促进关系的发展，最终可以形成“人类命运共同体”，这一概念虽然在2017年由习近平主席提出，[①] 但正在成为广泛的国际共识，也已经载入了联合国的文件报告中：在第72届联合国大会第一委员会上通过了“关于防止外层空间军备竞赛”的两份决议都写入了“构建人类命运共同体的理念”。难民的治理、分担是对于全世界所有人、所有国家的一种道德责任，跨越了边境、跨越了种族、宗教之间的差异。

“人类命运共同体”本质上是一种超越国家主权、边境与国家利益的道德共同体从而形成一种世界共同利益。人们不仅对自己的亲人、朋友负有责任，对居住在一个政治共同体之下的同伴负有责任，同时，也对那些需要照顾、保护、关怀的人负有责任。[②]“人类命运共同体”强调的是一种你中有我、我中有你的优态共存的关系，旨在建立平等相待、互商互谅的伙伴关系，营造公道正义、共建共享的安全格局，谋求开放创新、包容互惠的发展前景，促进和而不同、兼收并蓄的文明交流，构筑尊崇自然、绿色发展的生态体系。[③]

（三）治理模式转变

以非正式的“关系”治理补充现有的正式的“规则”治理。新型治

---

① 这一概念是习近平2013年3月23日在莫斯科国际关系学院发表演讲时第一次提到。http：//paper. people. com. cn/rmrbhwb/html/2016 -07/08/content_ 1693595. htm。

② Hudson Barbara, Moral communities across the borders：the particularism of law meets universalism of ethics, in Leanne Weber（eds.）*Rethinking Border Control for a Globalizing World：a preferred future*, Routledge：London and New York, 2015.

③ 2015年，在联合国的发言中，习近平首次对“人类命运共同体”的具体内容进行详细介绍。转引自赵可今《人类命运共同体与中国公共外交的方向》，《公共外交季刊》2016年第4期，第6页。

理模式基于治理理论，用多元治理取代以前以国家间政府谈判的单一治理，强调国际社会的力量，以谈判为基础，重视关系的建立与维护，通过行为者之间的对话和协作来解决公共事务。“关系”是中国文化中最重要的核心概念之一，它定义了人们的社会活动与社会生活。儒教通过不同的关系来解释中国的社会阶层和政治秩序。“关系”是相互连接的网络空间（network space）中人与人之间的社会互动（social interaction）。① “关系”分为三种：情感关系最为稳定，包括家人、好朋友、亲密关系的社会群体等；工具关系仅仅是一种达到目的的手段，短暂而且不稳定；混合关系介于情感关系与工具关系之间，在混合关系里，行为体都互相认识，也有一定的感情基础，但是只能延续，并不能保证关系持久。②这三种关系中，混合关系是最容易形成关系网络的，这些不同的关系网络又组成一个复杂的关系网络体系，③ 最终形成一种由不同关系网络体系组成的资源。④

中国文化对“关系”的重视意味着关注行为体之间的互动与交流的过程。中国方案的治理模式在于编织难民问题共治网，形成关系共同体。难民共治网是一个聚合多元治理主体，以责任分担为基本原则，以解决难民危机为短期目标，以提高各国难民管理能力、尊重与保护难民权利、促进世界的繁荣稳定为长期目标的共同治理网络。⑤ 共治网是一个自下而上的、非正式的软性制度，为各主体提供一个互动、讨论、分享的平台。这种松散、灵活的关系有利于促进合作。⑥

在国际上，非正式的会谈/清谈或软性制度建设是关系建构、维护、互

---

① Davies, H. China Business: Context and Issues, HongKong: Longman Asia, 1995.

② 黄国光：《儒家关系主义：文化反思与典范重建》，北京大学出版社，2006，第7~9页。

③ Davies, H. China Business: Context and Issues, HongKong: Longman Asia, 1995，第7~9页。

④ Davies, H. China Business: Context and Issues, HongKong: Longman Asia, 1995，第12页。

⑤ 章雅荻：《国际移民问题全球治理的现状、困境与展望——以欧洲移民危机为例》，《国际关系研究》2017年第1期，第100页。

⑥ Amitav, Archaya. *The Emerging Regional Architecture of World Politics: A Review Essay*, World Politics, 2007, Vol. 59, No. 4, p. 630.

动的主要形式。[①] 例如，东盟峰会、东亚峰会、G20 峰会正是这种非正式会谈的主要实践形式。这种形式的主要特点就是非正式、最小化的制度化以及领导人之间的个人感情。[②] 以此逻辑，非正式的清谈、领导的会面等软性制度是共治网的主要实现方式。

菲律宾前任外交部部长曾经说过："我们常常发现在早餐时候的私人对话比正式的会议更为有效。"[③] 东亚的文化与传统并不适应正式的规则与制度安排。[④] 非正式行为给参与者带来一定的舒适环境，为决策制定带来了一个宽松的环境，可以使得在国家之间讨价还价的过程中做出更好的妥协，有利于达成共识。

共治网各主体之间的关系程度分为两个层次。第一层次，各主体因互惠性而引发责任与义务。这种互惠性是关系网得以巩固和强化的重要条件。[⑤] 一旦这种互惠性遭到破坏，关系结构也会受到影响。第二层次，各主体在不断互动过程中，确定身份、形成分工、产生责任感，构建共同感情（"我们感"）、增进互信，为共治、共享打下基础。第一层次停留在混合关系层面，第二层次已经向情感关系过渡，即"四海之内皆兄弟"的境界。

以难民危机为例，难民来源国（叙利亚、伊拉克等）、接受国（德国、法国、希腊、意大利等）、中转国（土耳其）、相关国（美国、加拿大、澳大利亚等），与难民相关的国际组织（国际移民组织、联合国难民署、世界粮食计划署等），与难民问题相关的非政府组织或人权组织（挪威难民理事会、牛津饥荒救济委员会等）为解决共同问题，共商对策，可以构建难民

① 魏玲：《关系、网络与合作实践：清谈如何产生效力》，《世界经济与政治》2016 年第 10 期，第 46 页。

② Amitav, Archaya. 2007, p. 630.

③ Alan Collins, Security and Southeast Asia: Domestic, Regional and Global Issues, Institute of Southeast Asian Studies.

④ Amitav, Archaya. 2007, p. 635.

⑤ 朴雨淳：《中国社会的"关系"文化——兼论能否增进"关系"的公共性?》，《学海》2006 年第 5 期，第 10 页。

问题共治网。

共治网是一种以自愿为原则，以道德、责任、认同为纽带的关系组合。难民来源国、目的国可以与国际组织开展合作，共同治理贫困，从根源上减少难民；难民中转国、目的国、相关国可与非政府组织共同商讨申请规则、安置措施等。在共治网下，各主体既可保留在移民政策方面的自主性与独特性，又可以与其他成员进行合作与分担。

结　语

整个国际关系史与难民的历史紧密联系。人口的流动，科学、通信技术的发展加速了全球化进程，全球难民问题的治理不应将眼光束缚在国家边境与主权上。若以个体生命为参照物，难民的本质应是人们追求更美好生活的一种向往。[①] 难民问题治理只有国际社会共同努力，协调合作，实现治理理念、治理目标与治理模式的转变，才能有效解决。

① 章雅荻：《“人的安全”视角下移民安全综述》，《中国非传统安全研究报告（2015～2016）》，社会科学文献出版社，2016，第105页。

·双源性非传统安全研究·

B.11
中韩海洋问题与海域"安全化"

魏志江　孙梓青*

摘　要： 中韩两国海域相邻，在海洋议题的"安全化"和"去安全化"上具有紧密的联系，形成"海域安全复合体"。在海洋安全场域中，中韩两国存在着专属经济区划界、防空识别区重叠、岛礁争端、渔业纠纷等海洋问题，而中韩两国在这些问题上的一系列不当互动，建构了主体间的安全议题，导致中韩海域的"安全化"。中韩两国的不当互动和海域"安全化"具有对海洋资源的争夺、传统国家安全的考量等内生性原因以及美国因素、朝鲜因素等外生性原因，然而海域"安全化"最终加剧了两国在海洋议题上的矛盾，不利于两国对海洋资源的利用和海洋合作的开展。中韩海域的"去安全化"具有必要性和实践基础，未来中韩两国需要调整互动模式，加强非传统安全合作，构建话语安全，反向沿"安全化"的路径实现中韩海域的"去安全化"进程。

关键词： 中韩海域　海洋问题　不当互动　安全化

* 魏志江，中山大学国际关系学院教授、博士生导师，兼行政负责人（执行院长），主要从事非传统安全、国际关系和丝绸之路区域史研究；孙梓青，中山大学国际关系学院助理研究员，北京大学国际关系学院硕士研究生。

中韩两国海洋相邻相接，共享相同的海洋安全场域，形成“海域安全复合体”。在海洋安全场域中，中韩之间存在着专属经济区划界、防空识别区重叠、岛礁争端和渔业纠纷等海洋问题。从“安全化”理论的视角而言，中韩两国间的互动将影响两国海洋议题的形态和海域安全结构，在不当互动中建构两国间的安全议题，导致中韩海域的“安全化”。因此，本文将试图通过借鉴和拓展“安全化”理论，建立因不当互动而建构安全议题的分析框架，并将其应用于理解中韩海洋问题和海域“安全化”的进程中，从而解释中韩海域如何走向“安全化”、中韩海域为什么会走向“安全化”，探讨中韩海域“去安全化”的前景。中韩海域的“安全化”阻碍了两国海洋领域合作的开展，甚至一定程度上影响了中韩双边关系，而只有充分理解中韩海域如何在行为体的不当互动中走向“安全化”，才有可能为中韩海洋问题的解决和海域的“去安全化”提供思路。在理论上，大多数学者往往关注“安全化”的原因、逻辑和表现，但对于“安全化”中安全议题如何建构的分析则存在一定不足。因此，本文试图在“安全化”理论的基础上进行拓展，从行为体不当互动和安全建构的角度，提供分析海域“安全化”的新视角，并在中韩海域“安全化”的案例中予以应用和检验。

一　“安全”与“安全化”

（一）“安全化”与安全的性质

“安全化”理论认为，安全“是超越一切政治规则和政治结构的一种途径，实际上就是一种所有政治之上的特殊政治”“所有的公共问题都可能被置于非政治化的范围——从而使其政治化到使其被安全化”。① 这一界定表明，所谓“安全”并非是先定的，而是与公共议题和政治议题相互嵌套的

① 〔英〕巴里·布赞，〔丹〕奥利·维夫、迪·怀尔德：《新安全论》，朱宁译，浙江人民出版社，2003，第32页。

动态过程。安全议题往往源于非政治范围内的公共议题，通过一定的程序和安排，原先“非政治”的公共议题被纳入政治的范畴，进而纳入安全的领域，成为一个安全议题被提出。此外，安全是安全行为体建构的产物，安全“不但因为一个真正的‘存在性威胁’的存在，而且也因为这个问题是作为一种威胁被提出来的”。① 安全之所以成为安全，并非因为其在客观上具有成为安全问题的要素，而是由于安全主体需要，被建构而成为一个安全问题，“经过渲染，一个问题作为具有最高优先权被提出来……通过将它贴上安全标签”，② 即可以实现“安全化”。综合以上分析可以得出，在安全化的语境中，安全具有动态性和建构性，即安全由公共问题或政治问题演化发展而来，安全是安全主体建构的产物。

除了动态性和建构性，安全还具有超越主客观二分法的“主体间性”。在传统的研究中，安全往往与“和平”或者“没有战争的状态”画上等号，因此，有关战争与和平、国家战略的研究占据了传统安全研究的主流。然而，随着对国际安全研究的深入，大多数学者都承认“和平与安全是两个完全不同的概念，和平是指没有战争的客观安全状态，而安全是指没有威胁、恐怖和不确定的主观和客观相结合的状态”，③ 或者可以将安全进一步简化为“客观上不存在威胁，主观上不存在恐惧”。然而，在“安全化”的理论框架下，安全还存在超越主客观的第三种性质，即安全的“主体间性”。在“安全化”的过程中，即使互动的双方在客观上互不构成威胁，在主观上相互间不存在恐惧，但由于行为体间的不当互动和认知的错位，依然有可能建构行为体间的安全议题。因此，在加入主体间性的维度后，“安全最终保持着既不是主体又不是客体，而是存在于（行为）体中间这样一种特质”，④ 安

① 〔英〕巴里·布赞，〔丹〕奥利·维夫、迪·怀尔德：《新安全论》，朱宁译，浙江人民出版社，2003，第34页。

② 〔英〕巴里·布赞，〔丹〕奥利·维夫、迪·怀尔德：《新安全论》，朱宁译，浙江人民出版社，2003，第36页。

③ 阎学通、杨原：《国际关系分析》（第二版），北京大学出版社，2013，第133页。

④ 〔英〕巴里·布赞，〔丹〕奥利·维夫、迪·怀尔德：《新安全论》，朱宁译，浙江人民出版社，2003，第43页。

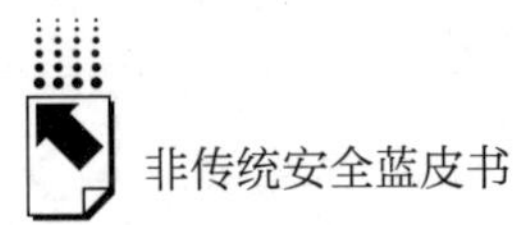

全可以被描述为“客观上不存在威胁，主观上不存在恐惧，主体间不存在冲突”。[①] 安全的“主体间性”极大拓展了原有安全的范畴，为本文以不当互动分析安全建构的框架提供了理论依据。

（二）“安全化”理论的批判与拓展

“安全化”理论的提出无疑为分析安全问题提供了新的框架，大大拓展了“安全”的概念和安全研究的范畴。但是，在国际安全的研究中，“安全化”理论依然存在着局限和不足。首先，“安全化”理论强调存在一个掌握权力或是资源的“安全施动者”，并暗示“安全化”是一条由“施动者”到“听众”的单向度路径。在“安全化”的过程中，“安全施动者”主动动议了安全议题，并通过“言语—行为”使“听众”相信某一个议题是安全议题，而“听众”除了接受（或者拒绝）安全化的结果，不能对安全化本身产生作用。在国内安全中，国家或政府往往是“安全化”的“施动者”，公众是“安全化”中的“听众”。国家通过宣传或者代议的程序，使公众相信某一个议题是安全议题，从而完成“安全化”。然而，由于国际的无政府状态，在国际安全的研究中，缺乏掌握权力或是资源的“安全施动者”。

国际安全议题的建构并不存在明显“施动者”和“听众”之分。超国家“安全施动者”的缺失，使安全的主体下降到国家层面，互动中的国家以及其中的媒体或者民众都可能成为“安全化”的“施动者”，所有参与互动的安全主体都可能对议题的“安全化”产生作用。国家间安全议题的建构，并非由某一个国家提出并使其他国家信服（这的确是一个安全问题）的单向度路径，而是国家层面各个行为主体间反复实践和互动的产物。

其次，“安全化”理论认为，“安全化”是“安全施动者”利用权力资源，为了实现个体利益的纯粹主观操作，具有明确的负面性目的。安全行为主体之所以动议安全化，是希望可以破坏和摆脱规则的束缚，在某一议题上采取紧急措施，动用更多的公共资源，并“能够证明这些措施固然超出了

① 余潇枫、魏志江主编《非传统安全概论》（第二版），北京大学出版社，2015，第34页。

政治程序正常限度但仍然不失为正当”。[①] 正如有学者指出，有关“安全化”的文献中，“充满对安全化的施动者的权力与利益分析”“安全化成为一个安全施动者操作安全议题以牟取私利的过程”。[②] 因此，所谓“安全化”是安全行为主体为了打破规则（并宣布打破规则为合法）的政治工具，“应当被视为消极的，是作为常规政治处理问题的一种失败而不得已采取的措施”。[③] 然而在国际安全研究中，由于超国家“安全施动者”的缺失，所谓安全施动者主观上的负面目的同样不存在。虽然“安全化”增加了更多安全议题，具有负面的效果，但不能将所有国际安全议题的建构都视为国家为了自己的私利而主动选择了“安全化”。在国际实践中，“安全化”可能仅仅是国家间不当互动建构的结果，而并非国家主观的目的。

基于以上不足，本文在借鉴“安全化”理论的思想上有所拓展，宽泛地将“安全化”理解为“非安全的议题（公共议题）在行为体的不当互动中升级成为安全议题”。相比于原有的理论，该界定淡化了“安全施动者”主动动议“安全化”的作用，而是宽泛地将所有非安全议题成为安全性议题的过程都纳入“安全化”的范畴，使“安全化”的概念基本等同于“安全议题的建构”。该界定在“安全化”理论的基础上，加入了国际关系理论中“互动—建构”的思想，使“安全化”理论与国际关系理论相对接，从而跳脱了“安全被当作纯粹的国内事务处理”[④] 的藩篱。通过对“安全化”理论的借鉴和拓展，本文在行为体互动、安全建构、“安全化”之间建立了紧密的联系，从而提出以行为体不当互动分析安全建构的框架。在这一框架中，行为体间的互动是自变量，安全议题的建构是行为体间不当互动的结

---

① 〔英〕巴里·布赞，〔丹〕奥利·维夫、迪·怀尔德：《新安全论》，朱宁译，浙江人民出版社，2003，第33页。

② 李开盛：《“去安全化”理论的逻辑与路径分析》，《现代国际关系》2015年第1期，第57页。

③ 〔英〕巴里·布赞，〔丹〕奥利·维夫、迪·怀尔德：《新安全论》，朱宁译，浙江人民出版社，2003，第40页。

④ 李开盛：《“去安全化”理论的逻辑与路径分析》，《现代国际关系》2015年第1期，第58页。

果，通过考察行为体之间的不当互动，则可以分析行为体如何建构了主体间的安全议题。需要指出的是，虽然本文有关“安全化”的界定与传统的“安全化”理论存在差异，但依然保留了原有“安全化”理论中对于安全特性最为基本的描述，即认为安全由公共议题演化而来，是行为体间互动建构的产物，具有存在于行为体之间的主体间性。

二　中韩海洋安全议题的建构

中国的东海和黄海与韩国的海域相邻接，由于海洋相比于陆地更加具有同质性和均一性，安全问题在海洋上的扩散和传播更为便利，因此中韩两国实际上共享以中国东海岸到韩国西海岸为边界的“海域安全复合体”。[①] 在中韩海域安全复合体中，海域的“主要安全化进程、去安全化进程或者两者如此紧密地相互联系在一起，以至于不能把它们的安全问题彼此分割开来合理地进行分析或解决”。[②] 中韩两国在海洋安全场域中，主要存在四大海洋问题：（1）海域（专属经济区）划界；（2）防空识别区重叠；（3）海洋岛礁争端；（4）海洋渔业纠纷。在这些海洋问题的处理上，中韩两国的不当互动建构了安全议题，推动了中韩海域“安全化”的进程。

（一）海域划界问题的安全建构

中韩两国间黄海的宽度不超过360海里，东海北部的宽度同样大多不到400海里，因此两国间的海洋不足以让两国都划定依据《联合国海洋法公约》所规定的200海里专属经济区，中韩两国之间的专属经济区必然存在具有争议的重叠部分。在海域划界问题上，韩国主张等距离原则，即以中韩

---

① “海域安全复合体”的概念参见魏志江、庞加欣、郑昀：《中日韩三国海域安全复合体与东海的“安全化”》，《现代国际关系》2015年第4期，第36～43页。

② 〔英〕巴里·布赞、〔丹〕奥利·维夫：《地区安全复合体与国际安全结构》，潘忠岐等译，上海人民出版社，2010，第43～44页。

海洋的中间线作为划分两国海域的界线，而中国主张公平原则，在划界中综合考虑沿岸国海岸线比例、人口、历史传统等因素以及大陆架的自然延伸。[①] 在地理构造上，中国一侧海床平缓，大陆架自然向外延伸，而韩国在西南海域几乎不存在大陆架，因此根据自然延伸的原则，中国在中韩海域的划界中应当获得相对更大的区域。然而韩国方面认为，黄海区域由两国单一大陆架构成，因此不适用自然延伸原则，而应当以等距离原则即以中间线划界。实际上，由于《联合国海洋法公约》在该问题上的模糊性，中韩双方的划界主张在国际法层面都具有一定的依据，在海域划界的国际法实践和仲裁实践中，两种原则都有一定程度的体现，[②] 韩国本身在与日本的海域划界中，同样主张公平原则并考虑大陆架的自然延伸。在国内立法中，韩国1996 年批准《联合国海洋法公约》后，在中韩海域划界尚未确定的情况下，即正式宣布了 200 海里的专属经济区，[③] 并制定公布了《专属经济区法》《领海及毗连区法》《排他的经济水域法》，以国内立法的方式坚持并强化“中间线”原则，对海岸线长度比例、大陆架自然延伸等因素不予考虑。[④] 中国在 1998 年通过并公布了《中华人民共和国专属经济区和大陆架法》，其中第二条明确表明中国“与海岸相邻或者相向国家关于专属经济区和大陆架的主张重叠的，在国际法的基础上按照公平原则以协议划定界限”。[⑤] 在国际场合和划界谈判中，中国同样表示海域划界需要依据公平原则，并主张需要考虑陆地领土的自然延伸。中韩海域划界的未定衍生了岛礁争端、渔业纠纷等一系列海洋问题，成为中韩海域“安全化”最为基础性的条件。

---

① 李军、王传剑：《中韩相邻海洋权益问题研究》，《太平洋学报》2010 年第 12 期，第 69 ~ 78 页。

② 有关专属经济区和大陆架的划分的国际法依据，详见李军、王传剑：《中韩相邻海洋权益问题研究》，《太平洋学报》2010 年第 12 期，第 69 ~ 78 页；李南坤：《中韩海域划界的困境及出路》，苏州大学硕士学位论文，2014。

③ 詹德斌：《海洋权益角力下的中韩渔业纠纷分析》，《东北亚论坛》2013 年第 6 期，第 61 ~ 70 页。

④ 李南坤：《中韩海域划界的困境及出路》，苏州大学硕士学位论文，2014。

⑤ 《中华人民共和国专属经济区和大陆架法》，http：//www. npc. gov. cn/wxzl/gongbao/2000 - 12/05/content_ 5004707. htm，访问时间：2018 年 4 月 18 日。

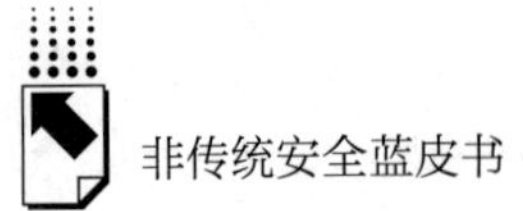

但是，从本质上而言，中韩两国不存在海洋领土的争议，[①] 专属经济区的划界依然属于经济层面海洋权益的纠纷而非安全议题。然而中韩两国在海洋划界及其所衍生的各类海洋议题上的不当互动，逐步强化了两国海洋争端的安全程度，并在最终导致了中韩海域的“安全化”。

（二）防空识别区问题的安全建构

防空识别区是沿海国家或地区基于海防空防安全需要，在面向海洋方向上空划定的特定空域，实质上是基于国防需要而划设的预警区域，[②] 其主要目的是提前预知、警戒领地之外的飞行器，扩大预警的空间，为提早识别和进行空中拦截提供条件。在实际操作中，防空识别区通常超出一国的专属经济区、国境线和实际控制线，达到雷达和预警飞机所能达到的最大半径。自1950 年美国首先设置防空识别区以来，目前已有 20 多个国家划设了防空识别区，而韩国的防空识别区在 1951 年由美国太平洋空军所划定。中国在2013 年 11 月 23 日首次在中国东海划设东海防空识别区，[③] 要求进入东海防空识别区的飞行器必须提供飞行计划识别、无线电识别、应答机识别和标志识别，并服从东海防空识别区管理机构或其授权单位的指令，[④] 其防空识别区范围包括部分中韩争议水域以及中韩争议岛礁的上空并与原韩国防空识别区相重叠。对于中国东海防空识别区的设置，韩国方面给予强烈的回应。韩国国防部和外交部先后对中韩防空识别区的重叠表示遗憾，并召见中国驻韩

---

① 参见《外交部发言人就中国在苏岩礁问题上的立场等答问》，2012 年 3 月 12 日，http：//www. gov. cn/xwfb/2012 -03/12/content_ 2090108. htm，访问时间：2017 年 12 月 1 日；《政府：离於岛不是领土　其事关专属经济海域》，2013 年 11 月 27 日，http：//chinese. yonhapnews. co. kr/newpgm/9908000000. html? cid = ACK20131127001500881，访问时间：2018 年 4 月 18 日。

② 《中国政府发表声明宣布划设东海防空识别区》，2013 年 11 月 23 日，http：//www. gov. cn/jrzg/2013 -11/23/content_ 2533235. htm，访问时间：2018 年 4 月 16 日。

③ 《中华人民共和国政府关于划设东海防空识别区的声明》，2013 年 11 月 23 日，http：//www. gov. cn/jrzg/2013 -11/23/content_ 2533099. htm，访问时间：2017 年 12 月 1 日。

④ 《中华人民共和国东海防空识别区航空器识别规则公告》，2013 年 11 月 23 日，http：//www. gov. cn/jrzg/2013 -11/23/content_ 2533101. htm，访问时间：2018 年 4 月 16 日。

国武官和外交人员，表达了韩方对中国“单方面”划设防空识别区的保留态度。[①] 同时，韩国表示将继续在该空域开展侦查活动，并要求其民航不遵守中方有关防空识别区的要求。[②] 在 11 月 28 日召开的中韩国防战略对话中，韩国明确要求中方调整防空识别区的范围，但遭到中国代表团的拒绝。[③] 作为回应，韩国在东海防空识别区划设后对扩大韩国防空识别区范围进行了讨论，[④] 并在中国东海防空识别区设置仅半个月后，时隔 62 年首次扩大其防空识别区范围，[⑤] 使之向南扩展至中韩争议海域和岛礁上空，导致中韩两国防空识别区大面积重叠。虽然防空识别区的划定是国家单方面的行为，但中韩两国防空识别区的重叠和在该议题上的“争锋相对”，显然不仅仅关系到两国的空防问题，同样深刻反映两国海洋问题在海空领域的延伸，正如一位学者所言“中国防空识别区的设置与中国东海的岛礁争端紧密相连”。[⑥] 而中韩两国在海空领域的互动反之强化了双方在海洋问题上争端，进一步导致中韩海域的“安全化”。如果中韩两国在专属经济区上划界仅仅是经济层面的议题，那么两国在防空识别区划分上的争议则明确与国家安全相互联系，中韩海洋问题在两国的不当互动中出现了安全性议题的指涉。

---

① 《韩国政府对韩中防空识别区部分重叠表示遗憾》，2013 年 11 月 23 日，http://chinese.yonhapnews.co.kr/newpgm/9908000000.html?cid=ACK20131124001000881，访问时间：2018 年 4 月 16 日；“S. Korea expresses regrets over China's ADIZ”，25 November，2013，http://english.yonhapnews.co.kr/search1/2603000000.html?cid=AEN20131125004252315，访问时间：2018 年 4 月 16 日。

② 参见 Matthias Vanhullebusch，Wei Shen，“China's Air Defence Identification Zone：Building Security through Lawfare”，*The China Review*，Vol. 16，No. 1，2016，pp. 121-150。

③ 《韩国要求中国调整防空识别区范围被拒》，2013 年 11 月 28 日，http://chinese.yonhapnews.co.kr/newpgm/9908000000.html?cid=ACK20131128003000881，访问时间：2018 年 4 月 18 日。

④ 《韩国拟扩大防空识别区范围　覆盖离於岛上空》，2013 年 11 月 29 日，http://chinese.yonhapnews.co.kr/newpgm/9908000000.html?cid=ACK20131129001400881，访问时间：2018 年 4 月 16 日。

⑤ 《韩国 62 年来首次扩大防空识别区　覆盖西南离於岛》，2013 年 12 月 8 日，http://chinese.yonhapnews.co.kr/newpgm/9908000000.html?cid=ACK20131208000800881，访问时间：2017 年 12 月 1 日。

⑥ Matthias Vanhullebusch，Wei Shen，“China's Air Defence Identification Zone：Building Security through Lawfare”，*The China Review*，Vol. 16，No. 1，2016，pp. 131.

（三）海洋岛礁争端的安全建构

海洋岛礁争端是中韩海洋问题的焦点，中韩两国在岛礁问题上的互动集中反映了中韩海域安全议题建构的过程。中韩海洋岛礁争端的核心是苏岩礁（韩国方面称“离于岛”）问题。苏岩礁是东海大陆架上的水下暗礁，位于中韩专属经济区的重叠区域，距离韩国马罗岛149公里，距离中国的童岛245公里。在苏岩礁问题上，韩国方面于1987年在苏岩礁设立航海浮标并在2003年建成所谓“韩国离于岛综合海洋科学基地”的巨型钢架建筑，配备直升机坪、卫星雷达、灯塔、码头等设施。[①] 此外，韩国着力渲染和宣传苏岩礁问题，通过成立“离于岛研究协会”[②]、设立“离于岛日”、创立“离于岛项目”等“言语—行为”，在国内外宣扬和强化中韩苏岩礁问题。[③] 中国方面同样在苏岩礁问题上采取了一系列的行动。在1963年和1992年，中国先后两次对苏岩礁及周边海域进行测绘；在2000年和2002年，针对韩国修建观测站的问题，中方两次向韩国方面提出交涉，“反对韩方在两国专属经济区主张重叠海域的单方面活动”；[④] 在2012年，中国宣布将离于岛海域纳入海监船常规巡逻的范围。[⑤] 2008年，中国外交部网站将离于岛列为中国的一部分，引发了韩国的强烈不满，韩国甚至宣布要将此问题提交联合国大陆架界限委员会。[⑥]

中韩两国的民间团体、媒体和公众同样作为“安全化”的参与者推动了

---

① 吕蕊、赵建明：《韩国对苏岩礁的政策立场析评》，《现代国际关系》2013年第9期，第8页。

② 离于岛协会介绍参见 http：//ieodo. kr/#/menu501，访问时间：2017年12月27日。

③ 吕蕊、赵建明：《韩国对苏岩礁的政策立场析评》，《现代国际关系》2013年第9期，第8～9页。

④ 《9月14日外交部发言人秦刚例行记者会上答记者问》，2006年9月14日，http：//www. gov. cn/xwfb/2006－09/14/content_ 389096. htm，访问时间：2017年12月1日。

⑤ Yeongmi Yun and Kicheol Park, "Structure Restrictions of Territorial Disputes in Northeast Asia", *The Journal of East Asia Affairs*, Vol. 27, No. 2, 2013, p. 99.

⑥ Scott W. Harold, "Ieodo as Metaphor? The growing Importance of Sovereignty Disputes in South Korea-China Relations and the Role of the United States", *Asia Perspective*, Vol. 36, No. 2, 2012, p. 300.

中韩海域安全建构的过程。2012年，韩国媒体以“贪婪”“霸权主义”等极具情绪化的语言形容中国的巡航活动，扭曲和夸大苏岩礁问题。韩国的民间团体和文艺人士则积极网罗相关资料，挖掘苏岩礁历史神话传说，创作与苏岩礁有关的文艺作品。[①] 同样，中国方面除了中国政府的巡航活动，媒体和民间力量也参与到中韩苏岩礁问题中，出现了自发组织的保卫苏岩礁志愿者，并筹划成立“保卫苏岩礁”的网站。苏岩礁作为水下暗礁，并不涉及两国间的领土问题，依然属于低层政治的内容。然而中韩两国政府间以及媒体和公众层面的不当互动，大大加剧了中韩两国在岛礁问题上的“安全化”程度。韩国对苏岩礁的开发和建设，虽然表明出于科学研究的目的，但在岛礁上所配置的码头、直升机坪、雷达等具有军事色彩的设施，将安全的因素注入苏岩礁争端中。此外，中韩两国在苏岩礁海域日益频繁的海洋巡逻，同样恶化了地区安全形势。在两国的媒体宣传中，苏岩礁问题常常被错误提高到“领土争端”的高度，苏岩礁归属则成为了事关“保家卫国”的安全议题。在两国多元安全主体共同推动下，中韩岛礁问题实现了向“安全议题”的升级。

（四）海洋渔业纠纷的安全建构

渔业纠纷是中韩海域“安全化”的又一个重要动力，伴随近年在渔业问题上频发的流血冲突事件，渔业纠纷成为中韩海洋的热点问题，两国在渔业问题上的互动大大推进了中韩海域的“安全化”。中国方面，由于传统渔场的压缩和渔业资源的匮乏，大量中国渔民越界到韩国渔区进行作业，且在捕捞中多次出现技术性违规的现象。中国渔民出于种种原因与韩国海警发生的暴力冲突，加剧了中韩渔业问题的矛盾，如2008年中国渔民在韩海警盘查中，用钝器殴打韩国海警朴京祚，致其落水死亡；[②] 2011年中国船长程大

① 郭锐、王箫轲：《中韩海洋权益纠纷问题与我国的应对之策》，《国际关系研究》2013年第2期，第137～138页。

② 《殴打韩国海警致死的11名中国船员被判重刑》，2008年12月18日，http://chinese.yonhapnews.co.kr/newpgm/9908000000.html?cid=ACK20081218003100881，访问时间：2018年4月21日。

伟在冲突中刺死韩国海警李清好并致另一名韩国海警受伤。[①] 韩国方面，韩国海警在面对中国渔民时的暴力执法加剧了双方冲突的升级，例如，2011年，韩国海警在执法时首次开枪，击伤一名中国船员；[②] 2012 年，韩国海警在执法时向中国渔民发射橡皮子弹，致一名渔民死亡；[③] 2014 年，韩国海警再次开枪，导致一名中国船长中弹身亡；[④] 2016 年，韩国海警在执法中向中国渔船投掷爆音弹，三名中国渔民在随后渔船发生的火灾中窒息死亡。[⑤]

除了中国渔民和韩国海警的直接互动，媒体的报道宣传和民众动员同样推动了中韩海域的“安全化”。在国内报道中，韩国媒体以“海盗”和“海盗船”污名化中国渔民和渔船，[⑥] 大肆宣传中国渔民的“凶残”，将他们描绘为“挥舞凶器叫嚣”“暴力抗法”的暴民，但是对韩国海警的暴力执法却鲜有提及，甚至渲染韩国海警向中国渔民开枪的“合理性”。[⑦] 2011 年中韩渔业纠纷后，韩国媒体将中国渔民形容为“疯狗”和“蝗虫”，要求韩国以更加强硬的方式“镇压”中国渔民，[⑧] 严重夸大和渲染渔业纠纷的性质。韩

① “One Coast Guard officer killed in raid on illegal Chinese fishing”, December 12, 2011, http: //english. yonhapnews. co. kr/search1/2603000000. html? cid = AEN20111212003300315，访问时间：2018 年 4 月 21 日。

② 邱昌情：《非传统安全视角下的中韩关系》，载《韩国研究论丛》第二十五辑（2013 年第一辑），第 52 页。

③ 《外交部就我渔民被韩海警橡皮子弹击中死亡等答问》，2012 年 10 月 17 日，http: //www. gov. cn/xwfb/2012 - 10/17/content_ 2245849. htm，访问时间：2018 年 4 月 21 日。

④ 《中国渔船船长遭韩国海警盘查中枪身亡》，2014 年 10 月 10 日，http: //www. gov. cn/xinwen/2014 - 10/10/content_ 2762367. htm，访问时间：2018 年 4 月 21 日。

⑤ 《韩国海警说正在对中国渔船起火事件进行调查》，2016 年 9 月 30 日，http: //www. xinhuanet. com/2016 - 09/30/c_ 1119656339. htm，访问时间，2018 年 4 月 21 日。

⑥ 詹德斌：《海洋权益角力下的中韩渔业纠纷分析》，《东北亚论坛》2013 年第 6 期，第 65 页。

⑦ 参见《韩媒渲染韩海警枪杀我渔民合理性　鼓动不要停》，2012 年 10 月 18 日，http: //mil. huanqiu. com/paper/2012 - 10/3198773. html；《韩国海警对中国渔船暴力执法　韩媒报道内容迥异》，2012 年 2 月 1 日，http: //world. huanqiu. com/roll/2012 - 02/2395495. html，访问时间：2018 年 4 月 23 日。

⑧ 参见《韩媒借海警被刺要求对华强硬　称应“给中国点颜色”》，2011 年 12 月 14 日，http: //world. huanqiu. com/roll/2011 - 12/2262519. html；《韩警方拘留船员视频曝光　中国渔民被称“蝗虫”》，2011 年 12 月 13 日，http: //world. huanqiu. com/roll/2011 - 12/2258639. html，访问时间，2018 年 4 月 23 日。

国的民间保守团体在渔业冲突后前往中国驻韩国使馆前示威，并一度冲击使馆，导致使馆玻璃破裂。[①] 中国媒体在关于渔业冲突的报道中，同样以强硬的语言谴责韩国海警的暴力执法，在一些非主流的媒体平台上，部分报道使用“公然射杀”“蓄意栽赃”等情绪化的语言描述中韩渔业纠纷。中韩渔业纠纷充分体现出在双方不当互动中安全议题的建构。中国渔船的越界捕捞引发韩国海警的执法，而韩国海警的暴力执法导致中国渔民和韩国海警的冲突，中国渔民和韩国海警的流血事件致使韩国海警进一步强化执法，采取更为暴力和强硬的手段，而由此导致冲突向安全议题再升级。渔业问题原本仅仅涉及两国海洋经济权益，然而在双方一系列的互动中，两国流血冲突频发，甚至发生韩国海警动用机关枪扫射中国渔船，中国渔船撞沉韩国执法船的恶性事件，使渔业纠纷具有浓厚的安全色彩。中国渔民和韩国海警是中韩渔业纠纷的参与主体，但媒体宣传和民众动员同样使渔业纠纷的安全化程度不断提升，包括媒体和公众的多元主体都不同程度参与到渔业纠纷安全建构的进程中。在双方的不当互动中，中韩渔业纠纷的安全化程度呈螺旋式上升，由普通海洋经济权益议题逐步演化为涉及国民生命的安全性议题，最终导致中韩海域的“安全化”。

（五）海洋安全议题建构与海域“安全化”

根据本文对“安全化”的界定，安全化描述了“非安全的议题（公共议题）在行为体的不当互动中升级成为安全议题”的过程，在这一过程中，安全议题在行为体的不当互动中被建构。在中韩海域争端中，中韩两国是安全化的行为主体，而两国的媒体、民间团体和公众则以不同的方式参与到“安全化”的进程中。通过梳理两国在不同海洋争端上的不当互动，本文试图分析中韩两国如何建构了主体间的海洋安全议题，如何导致了海域的“安全化”。在海洋议题中，划界问题是海域“安全化”的基础条件，使中

① 《外交部发言人就韩国海警与中国渔民冲突事件等答问》，2011 年 12 月 14 日，http://www.gov.cn/xwfb/2011－12/14/content_ 2020354.htm，访问时间：2018 年 4 月 23 日。

韩海域“安全化”成为可能。但是，中韩之间不存在海洋领土的争端，中韩海域划界问题仅仅涉及专属经济区的划分，依然属于经济层面、低级政治的内容。海空防控识别区的争议是海洋问题在海空领域的延伸和扩展，而中韩在海空领域的争议反向强化了海洋问题的“安全化”程度，使中韩海洋问题具有国家安全议题的色彩。岛礁争端是中韩海洋问题的焦点和安全议题建构的集中体现。在岛礁争端中，韩国单方面对于苏岩礁的开发，尤其是科学考察基地的建设，中韩双方在争议水域的巡逻，以及双方媒体和民间团体的参与，都进一步强化了中韩海洋“安全化”程度，使非领土的岛礁纠纷上升成为安全性议题。渔业纠纷是中韩海洋问题的热点和海域“安全化”的重要动力。在渔业问题上，中国渔民的跨界捕捞、中国渔民与韩国海警的冲突、韩国海警的暴力执法以及双方夸大的媒体宣传和不恰当的民众动员，都推进了海域“安全化”的进程。在这些不当互动以及话语冲突中，中韩渔业纠纷的安全化程度在政府、媒体、公众等多元主体的推动下呈螺旋式上升，最终成为关系到国民生命的安全议题。根据对“安全”性质的描述，中韩海洋问题经历了由原先非安全领域的公共议题上升成为关系到国民生命和国家安全议题的动态过程；在这一过程中，安全议题在中国和韩国的不当互动中被建构；即使中韩双方在客观上互不构成威胁，主观上不存在恐惧，但安全问题依然保持介于两国之间的“主体间性”特质。中韩两国在海洋问题上的不当互动建构了主体间的安全议题，从而最终导致海域的“安全化”。

三　中韩海域“安全化”的原因

在海域“安全化”的过程中，中韩两国的不当互动具有自身的逻辑。虽然中韩两国并非出于“摆脱自由规则”而主观上刻意动议了“安全化”的议程，但出于国家利益的考量，双方实际上在互动中推动了海洋问题的升级，建构了行为体间的安全议题。中韩海域的“安全化”具有源于中韩两国内部的内生性原因和来自外部影响的外生性原因，内生性原因包括海洋权益的争夺和国家安全的考量，外生性原因包括美国因素和朝鲜因素。

（一）中韩海域“安全化”的内生性原因

海洋权益的争夺。中韩邻接海域渔业资源丰富，并且可能蕴藏丰富的油气资源，具有巨大的海洋资源和经济价值。[①] 1969 年公布的“埃默里报告”称“东海是世界上石油资源远景最好而未经勘探的近海地区之一”。[②]《联合国海洋法》规定，沿海国家在其 200 海里的专属经济区内可以享有勘探和开发海床及其底土自然资源的主权权利，并对专属经济区内的人工岛屿和设施、海洋科学研究以及海洋环境的保护具有管辖权。[③] 因此，中韩双方在海域划界上的争议同样是对海洋资源和海洋权益的争夺。韩国三面环海，海岸线漫长，是一个典型的海洋国家，对海洋的依存度较高，但是其国内的渔业资源却相对匮乏，因而中韩海域丰富的渔业资源对韩国具有巨大的经济价值。此外，韩国陆地面积狭小，国内自然资源匮乏，中韩海域可能蕴含的丰富油气资源对韩国的经济发展具有重要的战略意义。中国同样是世界上重要的渔业大国，中韩邻接海域自古就是中国渔民的传统渔区，伴随着近海渔业资源的枯竭和海洋污染，中国渔民必然需要向外到远海进行作业。中国是资源消耗大国，中韩邻接海域的油气资源对于中国的持续发展具有重要的价值。中韩两国对于海洋权益的争夺导致双方在海洋争端问题上的一系列不当互动，成为海域“安全化”的重要原因之一。

国家安全的考量。作为半岛国家，韩国海岸线漫长，海洋对保卫其国家

---

① 李京京、任东明：《东海海洋资源潜力及相关产业的发展》，《国土与自然资源研究》2000 年第 3 期，第 1 ~ 4 页；王振荣、兰江华、王菲菲：《中国海洋国土的确定及矿产资源》，《矿物岩石》2010 年第 3 期，第 1 ~ 14 页。

② 魏志江、庞加欣、郑昀：《中日韩三国海域安全复合体与东海的“安全化”》，《现代国际关系》2015 年第 4 期，第 39 页。

③ 参见《联合国海洋法公约》第五部分第五十六条“沿海国在专属经济区内的权利、管辖权和义务”，http：//www. un. org/zh/law/sea/los/article5. shtml，访问时间：2017 年 12 月 4 日。

安全意义重大，而中韩争议的苏岩礁在地缘政治上对韩国具有重要的战略价值。苏岩礁扼守韩国西南要冲，对内可以守卫其西南沿海地区，对外可以向西牵制中国，向北遏制朝鲜，向东应对日本，向南观察台海局势。此外，苏岩礁位于韩国往来太平洋和印度洋的重要海上战略通道之上，韩国90%的进出口贸易和进口能源都经过这一海域，① 因此控制苏岩礁可以确保韩国对外航路的畅通，保证重要战略资源的供给。对中国而言，伴随国家崛起和复杂多变的东亚国际形势，中国有能力也有必要向远洋投射军事力量以更有效保卫本国的领土安全和经济利益，而苏岩礁则位于中国深入太平洋的要道。如果在苏岩礁问题上取得主动，中国可以利用苏岩礁重要的战略位置向北观察朝鲜半岛局势，向东牵制日本，向南影响中国台湾地区。因此，苏岩礁对于中韩任何一方都具有维护传统国家安全的战略意义。除了海洋岛礁，海空同样是维护国家安全的重要空间。韩国领土领空面积狭小，在应对空袭时缺乏战略纵深和预警空间，而如果向外拓展防空识别区，则可以提前发现敌情并实施拦截，有效保卫国土安全。防空识别区的划设同样关系到中国的国家安全、经济安全和军事安全。② 在当前和今后一个时期，中国安全环境复杂，而防空识别区的划设正是基于这一发展的要求。③ 中国东海防空识别区的划设，可以有效提高中国的空防预警能力，保卫领土和领海的安全。综上所述，中韩海洋问题与两国的传统国家安全具有紧密的联系，中韩两国对传统国家安全的关注深刻影响了两国在海洋问题上的互动，推进了中韩海域的“安全化”。

（二）中韩海域“安全化”的外生性原因

美国因素。美国一直是影响东亚国际关系的重要域外因素，美国对东亚

① Yeongmi Yun and Kicheol Park, “Structure Restrictions of Territorial Disputes in Northeast Asia”, *The Journal of East Asia Affairs*, Vol. 27, No. 2, 2013, p. 100.

② 参见 Matthias Vanhullebusch, Wei Shen, “China's Air Defence Identification Zone: Building Security through Lawfare”, *The China Review*, Vol. 16, No. 1, 2016, pp. 121 – 150。

③ 《中国政府发表声明宣布划设东海防空识别区》，2013 年 11 月 23 日，http://www.gov.cn/jrzg/2013 – 11/23/content_ 2533235.htm，访问时间：2018 年 4 月 16 日。

的介入以及中美、中韩关系都对中韩海域的“安全化”产生作用。韩国是美国在东亚地区的重要盟国，两国在军事上关系密切，每年都会展开如“不屈的意志”“关键决断”“乙支自由卫士”等一系列联合军事演习。[①] 美韩海上联合军演不再局限于韩国东侧海域即日本海一带，进而扩展到韩国西侧海域即中韩邻接的东海、黄海海域。在2010年“天安舰事件”后，美韩双方宣布将开展海上联合军事演习以加强对朝鲜的威慑，[②] 并计划派遣美航空母舰“乔治·华盛顿号”进入黄海海域。对此，中国政府表示抗议并表示“坚决反对外国军用舰机到黄海及其他中国近海从事影响中国安全利益的活动”。[③] 美韩在东海和黄海的军事演习，将军事性因素带入中韩海域之中，强化了中韩两国对于海域安全的议题，尤其是传统安全的关切。此外，中美韩的大三角关系同样深刻影响了海域“安全化”的进程。作为美国的盟国，韩国在传统安全议题上往往追随美国的政策，从而导致中韩两国在传统安全议题上缺乏必要的互信与合作，使原有的海洋问题有可能进一步升级和恶化。

朝鲜因素。朝鲜问题是导致中韩海域“安全化”的另一个外生性因素。首先，中朝韩三国的海域相互邻接，共享同一片水体，但是中朝、中韩、朝韩之间的海域划界都存在悬而未决的问题。中朝海域划界的未定和朝韩“北方界限”问题，使中朝韩三国在东海—黄海海域的界限模糊不清而充满矛盾与冲突，阻碍了中韩海域划界问题的解决。其次，朝韩的海上冲突恶化了东亚海域安全形势，强化了相关国家的安全意识。1999年和2002年，朝鲜和韩国曾两次在延坪岛附近海域爆发武装冲突；2010年，相继发生的

① 参见“U. S. , South Korea Launch Annual Foal Eagle Exercise”, March 3, 2017, https: //www. defense. gov/News/Article/Article/1102331/. “U. S. , South Korean Navies to Hold Partnership Exercises”, March 20, 2017, https: //www. defense. gov/News/Article/Article/1123717/, 访问时间：2018年4月18日。

② Scott W. Harold, “Ieodo as Metaphor? The growing Importance of Sovereignty Disputes in South Korea-China Relations and the Role of the United States”, *Asia Perspective*, Vol. 36, No. 2, 2012, p. 302.

③ 《外交部就美韩黄海联合军演、中巴合作等答记者问》，2010年7月8日，http: //www. gov. cn/xwfb/2010 -07/08/content_ 1649011. htm，访问时间：2018年4月18日。

“天安舰事件”和“延坪岛炮击事件”进一步加剧了地区的动荡与不安。[①]此外，近年来朝核问题的发酵加深了韩国对于传统安全议题的焦虑，使其往往以传统安全的思维模式处理对外关系，这种思维模式同样影响韩国在处理中韩海洋问题上的行动。最后，朝鲜与韩国互不承认的对立关系以及中朝、中韩关系的错综复杂，不利于中韩间海洋问题的解决，阻碍两国在海洋问题上的互信与合作，[②]更容易使中韩间非安全的海洋问题向安全议题演进。

四　中韩海域“去安全化”的对策建议

虽然奥利·维夫等哥本哈根学派的学者提出了“安全化”的概念，但他们认为安全应当被视为消极的，“我们不应当试图扩展安全外延，而是应朝着‘非安全化’方向努力……安全理论与实践的目标是逐步缩小安全的范围”。[③]因此，在海洋问题上，中韩两国需要探索“去安全化”的途径，解构主体间的安全议题，将中韩海域问题恢复成为低政治化的公共议题。中韩海域的“去安全化”有其必要性和实践基础，未来中韩双方需要调整互动模式，构建话语安全，从而实现两国海洋安全议题的解构。

（一）中韩海域“去安全化”的必要性和实践基础

中韩海域的“去安全化”具有其必要性。首先，“安全化”意味着更多资源在该议题上的投入，而在资源一定的条件下，国家面临不同议题间“机会成本”的选择，在某一议题资源投入的增加必然导致在其他领域资源投入的减少。如果中韩两国在彼此间的海洋问题上消耗大量的资源，显然不

---

① 沈丁立：《东北亚安全体制：2010年的动荡催化新制度建设》，《复旦学报》（社会科学版）2011年第6期，第19～27+36页。

② 参见 Scott W. Harold, “Ieodo as Metaphor? The growing Importance of Sovereignty Disputes in South Korea-China Relations and the Role of the United States”, *Asia Perspective*, Vol. 36, No. 2, 2012, pp. 290－294。

③ 朱宁：《安全与非安全化——哥本哈根学派安全研究》，《世界经济与政治》2003年第10期，第21～26页。

利于两国解决其他更为紧迫的议题。其次，中韩邻接海域海洋资源丰富，而海域的“安全化”阻碍了两国对海洋资源的开发。以渔业资源为例，中韩邻接海域原为中韩两国渔民的传统渔场，但近年来连续不断的流血冲突为渔业资源的开发蒙上了阴影，长此以往，不仅将损害中国的渔业利益，同样无法为韩国渔民的作业提供稳定的环境。再次，中韩两国的相互依赖程度较高，在海难救助、海洋环境治理、打击海上犯罪等非传统安全问题上具有广阔的合作前景。在海洋议题中，中韩两国的共同利益远远大于分歧，如果因为在海洋问题上的摩擦而侵害了中韩海洋合作甚至影响双边关系，无疑将不利于中韩两国的长期发展。最后，中韩海域的“去安全化”同样是维护东北亚区域和平与稳定的需要。正如上文所述，美国因素和朝鲜因素都深深介入中韩海洋问题之中，如果中韩两国互动不当，建构新的安全议题，很可能进一步恶化原已紧张的东亚安全形势，反之如果中韩两国能够实现海域的“去安全化”，则可以缓和东亚的安全态势，有助于东亚地区的和平与稳定。

中韩两国的海域“去安全化”存在其实践基础。早在1993年，中韩两国间即开始有关渔业问题的谈判，并在2000年签订了暂时性的《中华人民共和国与大韩民国政府渔业协定》，规定了暂定措施水域、过渡性水域和维持现有渔业活动区域。① 虽然《渔业协定》没有从根本上解决中韩渔业纠纷，甚至一定程度上导致了问题的激化，但协定的谈判与签署依然是中韩海域“去安全化”的一次有益尝试。在海域划界问题上，2014年7月习近平主席访韩时，两国发表联合声明宣布将于2015年启动海域划界谈判；② 2015年李克强总理访韩时，再次强调“尽早启动中韩海域划界谈判”；③

① 《中华人民共和国与大韩民国政府渔业协定》，2000年11月20日，http：//www.fmprc.gov.cn/web/ziliao_674904/tytj_674911/tyfg_674913/t556669.shtml，访问时间：2018年4月19日。

② 《外交部：中韩两国将于今年12月举行海域划界首轮会谈》，2015年11月6日，http：//www.gov.cn/xinwen/2015-11/06/content_2962044.htm，访问时间：2018年4月19日。

③ 《李克强访韩　中韩签署17个合作文件》，2015年11月1日，http：//www.gov.cn/zhengce/2015-11/01/content_5003228.htm，访问时间：2018年4月19日。

2015年12月22日，中韩海域划界首轮会谈在首尔成功举行。[①] 此外，中韩两国还在海洋科研上展开合作，成立“中韩海洋共同研究中心”，“共同提高两国海洋科技水平，保护海洋环境，促进海洋资源的可持续开发和利用”，[②] 并定期在中韩两国轮流举行海洋科学技术合作联合委员会会议。[③] 在海洋环境保护、海洋自然灾害应对、海难救助、打击海上犯罪等非传统议题上，中韩两国同样开展了广泛的合作，取得多项共识与合作成果。[④] 中韩两国对海洋争端解决的尝试和海洋合作的开展，构成中韩海域“去安全化”的实践基础，有助于推进海域的“去安全化”进程。

（二）中韩海域“去安全化”的建议与路径

中韩海域的“安全化”源于两国在一系列海洋问题上的不当互动，因此，中韩两国需要调整原有不当的互动模式，反向解构主体间的安全性议题，实现海域的“去安全化”。首先，在海域划界问题上，中韩两国需要秉持互惠互利的态度，在尊重历史和兼顾现实的情况下进行对话和谈判。对于一些暂时难以达成共识的议题和国内立法上的差异，中韩双方可以搁置争议，在公认国际法的框架内，以共同开发和合作促进问题的解决。在防空识别区的划分上，中韩两国既需要考虑自身的国防需要，同时也需要考虑对方的国防关切，合理设定防空识别区的范围，尤其避免在该问题上的“针锋相对”。在岛礁争端上，中韩双方都需要在谈判的基础上撤出在争议地区的力量部署，减少可能引发冲突的巡航活动，韩国同时需要停止对于苏岩礁的继续开发并在协商一致的基础上逐步拆除已有的建造物。在渔业问题上，中

① 《中韩海域划界首轮会谈成功举行》，2015年12月22日，http：//www.gov.cn/xinwen/2015－12/22/content_ 5026586.htm，访问时间：2017年12月4日。

② 中韩海洋共同研究中心网站：http：//www.ckjorc.org/cn/cnindex_ zhongxingk.do？id＝127，访问时间：2017年12月4日。

③ 《中韩海洋科学技术合作联合委员会第十四次会议在厦门举行》，http：//www.soa.gov.cn/xw/hyyw_ 90/201711/t20171106_ 58815.html，访问时间：2017年12月4日。

④ 周梦莹：《中韩海洋领域的非传统安全合作论析》，余潇枫、魏志江主编《中国非传统安全研究报告（2013～2014）》，社会科学文献出版社，2014，第145～158页。

方应当在尊重现有协定和国际法的情况下加强对渔民的管理和教育，避免技术性违规和非法越界的发生，而韩方则需要提高执法水平，文明执法，避免矛盾的激化。对于《中韩渔业协定》中的不合理成分，两国需要在平等互利的基础上协商和对话，根据现实需要对协定进行必要的修订。

其次，中韩两国需要加强非传统安全领域的合作，并充分发挥非传统安全合作的“外溢”效应，以非传统安全合作推动海域的“去安全化”。在中韩两国的“海域安全复合体”中，既存在诸如渔业纠纷、海洋自然灾害等非传统安全议题，同样也存在海空防空识别区重叠、岛礁争端等具有传统安全色彩的议题，传统安全议题与非传统安全议题相互交织，共同塑造了两国间的海域安全结构。相比于传统安全议题，非传统安全议题往往具有传递的扩散性、表现的多样性和治理的综合性，[1] 因此更加需要国家间的跨国合作和综合治理。中韩两国在海洋能源开发、海洋贸易通道安全、海洋自然灾害应对以及海洋生态环境保护等非传统安全议题上具有广泛的共同利益和合作基础，[2] 通过强化两国在非传统安全领域的合作，有助于密切两国在海洋议题上的友好合作关系，加强双方在海洋议题上的相互依赖，从而产生积极的“外溢”效应，为解决中韩海洋问题和海域“去安全化”开辟道路。

此外，“话语安全”的构建同样对中韩海域“去安全化”具有重要的意义。从上述安全建构过程的分析中可以发现，中韩两国海域的“安全化”很大程度上源于双方媒体的不恰当宣传和民众的非理性动员。韩国在国内的媒体宣传中，往往强调、渲染和夸大中韩岛礁争端和渔业纠纷的性质，以“言语—行为”使韩国国民接受中韩海洋问题具有安全性，加剧了海域“安全化”程度，而在中国的媒体报道和公众的参与中，同样不乏偏颇和激进的言论。因此，在话语语境中，两国需要构建和平合作的话语体系，在新闻报道和媒体宣传中注意言语和措辞，避免激化民族主义情绪，弱化在海洋问

① 余潇枫、魏志江主编《非传统安全概论》（第二版），北京大学出版社，2015，第 49 页。

② 参见魏志江、庞加欣、郑昀：《中日韩三国海域安全复合体与东海的“安全化”》，《现代国际关系》2015 年第 4 期，第 42～43 页。

题上的分歧，强化在海洋议题上的合作，首先在话语体系中降低海域的“安全化”程度，为中韩海域的“去安全化”提供积极的话语环境。

结 语

通过对“安全化”理论的借鉴和拓展，本文提出以行为体间不当互动分析安全建构的框架，并利用这一框架研究中韩海洋争端和海域“安全化”。中韩之间主要存在海域划界、海空防空识别区、海洋岛礁、海洋渔业四大海洋争端，而中韩两国包括政府和公众在内多元安全主体在海洋问题上的不当互动，如海域划界中主张和国内立法的对立、防空识别区的（设立）扩大、对苏岩礁的开发和海域的巡航、中国渔民的技术性违规作业、韩国海警的暴力执法、媒体宣传的夸大和渲染以及公众的非理性参与等，建构了行为体间的安全议题，导致中韩海域的“安全化”。中韩两国在海洋问题上的不当互动和安全议题的建构既具有对海洋资源争夺和国防安全考虑等内生性原因，同样也存在美国因素、朝鲜因素等外生性原因。然而，中韩海域的“安全化”消耗了国家的资源，阻碍了两国的合作，不利于东北亚的和平与稳定，因此中韩两国需要积极探索“去安全化”的路径。中韩《渔业协定》的签署、划界谈判的开启以及在科学研究和非传统安全领域的合作都为海域的“去安全化”进程奠定了实践基础，在未来，中韩两国需要调整彼此互动的模式，加强非传统安全领域的合作，构建安全话语体系，反向沿“安全化”的路径实现中韩海域的“去安全化”进程，将中韩的“冲突之海”变为“和平之海”和“合作之海”，为东亚共同体乃至人类命运共同体的构建贡献积极的力量。

B.12
非传统安全治理与中印新型大国关系的构建*

戴永红**

摘　要： 中印同为正在崛起的亚洲大国和发展中大国，也是引领世界经济增长的新兴经济体，战略共识明显大于战略分歧。未来5～10年，加快建设中印新型大国关系势在必行。但是，非传统安全问题是构建中印新型大国关系必须协力稳妥处理的问题。在众多非传统安全领域中，能源安全、民族分裂主义与恐怖主义、水资源安全、生态安全、流行病疾病和海洋安全是影响双方新型大国关系构建的主要因素。如何看待并处理这些非传统安全因素，本文将试图给出初步的解答，以抛砖引玉。

关键词： 非传统安全　中印　新型大国关系

一　地区非传统安全治理中的“虚无主义陷阱”

当前，非传统安全正日益威胁民族国家的生存与发展，对地区乃至世界

---

* 本文为2017年国家社科基金重大项目“环孟加拉湾沿岸国家安全格局对我实施‘一带一路’倡议的影响研究”（项目批准号：17ZDA045）及2016年教育部人文社科重点研究基地重大项目“南亚国家政治法律环境与‘一带一路’建设研究”（项目批准号：16JJDGJW014）的阶段性成果。

** 戴永红，博士，教育部人文社科重点研究基地四川大学南亚研究生所、四川大学中国西部边疆安全与发展协同创新中心教授、博士生导师，主要从事南亚问题研究。

的长期繁荣稳定也构成了严重的挑战。但是，这种非传统安全威胁具有较强的外部性特征，在形式上突出表现为区域性与超国家性，其不仅会对个别主权国家形成威胁，甚至会波及地区周边其他国家的安全，这也就为非传统安全治理的国家间合作提供了理论依据与现实需要。但是，学界普遍主张的通过建立地区或是国际合作机制来解决非传统安全问题的模式，往往会因为安全建设中对于主权国家利益的忽视，而陷入“虚无主义”的陷阱。①

首先，非传统安全治理过分强调机制建设的区域性而忽视了具体落实的国家主导性。非传统安全问题虽然确有跨国性特征，而且需要通过建立各种合作机制加入国际社会的治理过程中，但即便是超国家的非传统安全风险，同样也会直接影响主权国家的安全与政治稳定，同样需要国家参与甚至主导非传统安全治理。② 以阿富汗的恐怖主义泥淖为例，美国虽然主导了全球“反恐”并集结了多国联军深入阿富汗进行所谓的“反恐战争”，但是这种国际“反恐”的非传统威胁却在阿富汗当地民众眼中被视为“国家遭受入侵的传统安全挑战”，甚至在恐怖分子的蛊惑下，将保卫“基地”等同于“保卫祖国”的伟大民族使命，致使以美军为首的多国部队陷入了“人民战争”的汪洋大海，也最终宣告了美国在阿富汗“事实上”的失败。2014 年，美国宣布从阿富汗撤军，虽说是美国国力与世界局势的变化，同时也是认识到阿富汗本国政府在“反恐”议题上的内部主导型，赋予“反恐”战争在普通民众心中的合法性，从而寻求在“内部主导、外部影响”的模式下逐渐争取阿富汗“反恐”战争的最终胜利。③

其次，非传统安全治理的政策倡议与治理对象不相匹配，亦即过分强调非传统安全的普遍性而忽视了被治理问题的国家特殊性。当前所建立的众多

① 朱锋：《“非传统安全”解析》，《中国社会科学》2004 年第 4 期。

② 吴森、吴锋：《国家治理视角的非传统安全》，《华中科技大学学报》（社会科学版）2015 年第 5 期。

③ Marc A. Thiessen: “*Five disasters we'll face if U.S. retreats from Afghanistan*”, The Washington Post. 19 March 2012. https://www.washingtonpost.com/opinions/five-disasters-well-face-if-us-retreats-from-afghanistan/2012/03/19/gIQA04zCNS_story.html?utm_term=.a6846a5e09ea&wprss=rss_opinions.

“非传统安全威胁”协作机制，过于强调机制的普遍性或是空泛性，在具体落实上由于缺乏针对性而无处着力，更无从谈及有效的执行力与组织监督，往往流于形式而无法取得实际效果。因此，当下大部分非传统安全问题，在本质上更倾向于是国家内部治理问题，亟须将非传统安全议题本土化的同时，将国际合作与国家治理建设充分结合起来，从而将安全问题的“国内解释”逐渐转换为非传统安全研究的重点。

最后，非传统安全治理的国际合作机制忽视了有限资源条件下的国家利益的自私性与排他性。“性恶论”主张人性是自私的，尤其是利益面临冲突时，其“恶”的表现将会无限放大。同样在国际关系领域，国家利益在“资源条件有限”时同样会表现得极为自私与排他。2014 年，由于受强厄尔尼诺现象的影响，湄公河三角洲各国均遭受不同程度的旱灾。中国出于人道主义及遵循相关国际机制进行了开闸放水，但是越南却出于国家利益的需要进行了大量的截流，致使下游的柬埔寨的水量依然严重不足，旱情依然无法得到有效缓解。[①] 这个案例充分印证了在资源条件有限的情况下，国家利益的自私性往往会优先于非传统安全威胁的国际合作义务，如何避免这样的困境从而实现地区协作的充分性则应当成为新时代下讨论的重点。

二　新型大国关系背景下的新型安全治理模式

正是由于“非传统安全”的原有合作机制存在着众多的缺陷，以新型大国关系为背景的新型安全治理模式的建设便显得越发重要与迫切。中印两国同为邻国、大国，对于地区乃至世界的发展负有强烈的国际责任与区域义务，探寻一条适合本国国情、利于稳定发展的“非传统安全治理”之路将会成为今后两国的共同目标。

① Pilita Clark, “Troubled waters: the Mekong River crisis”, *Financial Times*, 18 July 2014. https://www.ft.com/content/1add7210-0d3d-11e4-bcb2-00144feabdc0.

（一）以市场为主体、以利益为导向

毫无疑问，市场经济的出现改变了人类历史的发展进程，也是人类解决众多生存与发展难题的主要手段。历史证明，经济全球化与区域一体化已经成功为“传统安全问题”的解决提供了思路，已经通过市场共同体来弥合国家间的矛盾，消弭战争的风险。同样，在资源有限的国际体系下，利用市场的导向性来实现资源的分配、非传统安全的治理应当成为今后中印两国共建新型大国关系的关键。

1. 针对性开辟“非传统”市场引导两国企业共建

市场向来是“开发”出来的，“非传统市场”同样有着巨大的开发潜力与生存空间。中印两国政府应当充分协调，有针对性地通过政策引导来开辟新的经济市场，并鼓励两国企业参与到“非传统市场”的经营当中。由于市场利益的导向性，经济个体将会充分发挥自身的主观能动性参与到国家防治非传统安全威胁的进程当中，从而达到中印两国、政府企业主体间的互利共赢。以水资源安全为例，中印两国当前都面临着水污染的严峻考验，完全可以在政府间充分协调的基础上进行宏观调控，鼓励两国企业进入环保市场，从而将危机转化为机遇，为企业的生存发展、国家关系的良性互动提供契机。

2. 扩大市场“理念”挤压非传统安全威胁的生存空间

虽然不是决定性因素，但是贫穷对于非传统安全威胁有着不可推卸的主要责任，为各类威胁滋生并扩散提供了生存的土壤。市场理念的确定不但能够消除贫困，而且能够正确确定目标市场的需要与欲望，并比竞争对手更有效、更有利地传送目标市场所期望满足的东西。[①] 很显然，这里的市场竞争的对手就是诸如恐怖主义等“非传统安全威胁”，它将会以“利益”作为营销工具，不断扩散市场的互利、兼容、奋斗等社会理念，从而不断剥夺“威胁”在贫困中的生存空间。

① 菲利普·科德勒：《市场营销》，中国石化出版社，2007，第3～5页。

3. 以行业协调为主体以超越中印两国的主权限制

中印两国同为地区强国、世界大国，对于主权的让渡很难成为一个可能的选项。因此，将“非传统安全治理”寄希望于中印两国跨越主权限制实现超国家的政府层面合作将会是遥不可及的。但是，行业合作由于其作为NGO组织的特殊性，既能够突破主权限制的枷锁，又能够充分贯彻两国对于“非传统安全”问题的共治理念，将会为“合作”的有效落实和监督提供无可比拟的优势。以金融危机的预防为例，中印两国完全可以通过金砖国家开发银行的建立为契机，整合并规范金融合作，通过行业管理来实现对以金融危机为代表的非传统威胁的防范。

（二）四类“场域”资本的协作运用

“场域安全”是一种考察非传统安全的新视角，“场域安全”强调安全不是一种单一的、线性的、局部的、纯技术的安全，而是复合的、非线性的、整体的、技术与价值混合的安全。[①] 其中，资本既是“场域”活动用以竞争的手段，同时也是场域活动的最终目标。布迪厄把“场域”资本分为四种类型：经济资本、文化资本、社会资本以及象征资本。[②] 中印两国要实现在“非传统安全治理”领域的突破，就必须运用好这四类资本在“非传统安全”场域中的作用，并有针对性地共同创造出和谐共存、稳定发展的和平场域。其中，经济资本的作用已经在上一节进行了叙述，此处更为强调突出社会、文化以及象征的“软资本”在非传统安全治理中的作用。皮埃尔·布迪厄认为，社会学家的使命就是要打破人们的表面错觉，揭露社会生活的原有本质。[③] 同样，在国际关系领域，政府也有义务通过社会资本、文化资本及象征资本去揭开表面的假象，从而宣传国家间良性合作的互赢互

① 余潇枫：《“场域安全”与非传统安全治理（2014～2015）》，社会科学文献出版社，2015，第19～58页。

② Pierre Bourdieu，“*Distinction：A Social Critique of the Judgement of Taste*”，Routledge：23 April 2010.

③ Richard Jenkins：“*Pierre Bourdieu*”，Routledge：6 October 2015.

利。如印度经常有媒体危言耸听，不断攻击中国在藏南的雅鲁藏布江—布拉马普特拉河进行截流，并认为中国在上游筑坝蓄水会影响印度下游的用水安全，甚至有混淆视听者肆意喧嚣，称中国一旦开闸放水，印度必将成为一片沼泽，中国在藏南的藏木水电站就犹如悬在印度人民头顶上的一颗不定时炸弹，其威力不下于中国的二炮导弹部队（亦即火箭军）。[①] 如此的"场域"极其不利于两国新型大国关系的共建，不利于两国共同面对的"非传统安全问题"的解决，中印两国应当扩大两国的文化与人员交流，创造出两国人民和平共处，携手共建的"安全场域"，从而为地区治理奠定坚实的"软资本"。

（三）定期交流机制与应急处理模式

非传统安全威胁的内容及范围及其广泛，既有"天灾"，也有"人祸"，既有"长期困扰"，同时也有"突发变故"，它的变化性及突然性使得众多国家组织机制都很难及时有效应对。因此，中印两国未来在非传统安全领域，应当更加强调"制度性"与"灵活性"相结合，将"定期交流机制"与"应急处理机制"的"定活两便"充分融入双方的共治共管的过程当中。

当前，中印两国面临四类非传统安全威胁：多元/源性非传统安全威胁、外源性非传统安全威胁、双源性非传统安全威胁以及内源性非传统安全威胁。这四类非传统安全在中印两国虽各有侧重，但能源安全、经济安全、水资源安全、民族分裂主义与恐怖主义、流行性疾病、生态安全以及海洋安全等是中国与印度之间重要且须置于优先地位的交织领域。[②] 中印两国应当针对这些交织领域，建立起长期有效的合作机制，再配置若干问题工作组作为定期交流的载体，同时在突发应急时作为联合工作组，有针对性地迅速开展相关工作，以极大地节约行动成本、提高应急处理的效率。

---

① River Runs Through It [EB/OL]. http: //tim - esofindia. indiatimes. com/home/opinion/edit_page/River_ RunS_ Through - It/articleshow/6320762. cmS.

② 余潇枫等：《"龙象并肩"：中印非传统安全合作》，《国际安全研究》2016 年第 3 期。

三　非传统安全合作对中印新型大国关系的促进作用

新美国安全中心（CNAS）曾发表了《中国登场：构建一个全球关系的战略框架》专题报告，其中指出“没有华盛顿和北京的联合行动，是根本无法解决世界上最严重的问题（包括武器扩散和恐怖主义、全球金融动荡、气候变化、能源保障等）的”。[①] 同样可以说，非传统安全的日益凸显，为中美印等大国之间创造了新的利益共同点与协作点，催生了创新性合作开展的可能性，从而使大国之间形成需要构建新型大国关系的共识。[②]

（一）增强战略互信

中印新型大国关系的建构与长期维护亟须国家之间战略互信的不断深化。战略互信既是中国与印度在“非传统安全”治理领域互动所产生的积极成果，同时也是未来两国关系进一步良性发展的稳固基础。非传统安全威胁大多属于相对非敏感的领域，中印彼此在非传统安全议题上所进行的合作可以减少国家之间的战略误判、培养中印两国政府人民交流合作的习惯，从而推动战略互信的不断稳固。

（二）深化双边合作

非传统安全问题的积极治理要求中印等大国在应对传统安全挑战的同时还必须逐渐改变传统的安全理念，将非传统安全问题的破坏性提升到新的战略高度，在国家以及地区安全理念中要吸收合作安全、共同安全以及综合安全等理念，摒弃以邻为壑的零和思维，维护共同利益，共同应对挑战。

---

① Abraham Demnark，Nirav Patel，“*Chjna'sArrj-val：A Strategic Framework for a GlobalRelationship.*” Washington：center for a New American security，September 2009.

② 李志斐：《非传统安全治理与新型大国关系构建》，《教学与研究》2014 年第 6 期。

（三）寻求互赢共存

非传统安全问题的超国家性的特征使世界各国在面对“非传统安全威胁”时处于“一荣俱荣，一损俱损”的现实境况。针对非传统安全问题的解决，仅仅依靠某一国的力量是很难实现的，因此亟须在平等互信的国家关系基础上，通过多边的、和平的、合作的互利共赢方式来寻求共同安全。从本质上来讲，非传统安全治理的过程亦即是通过国家间合作来获得集体安全的过程。

因此，非传统安全问题的出现，既是“困扰”但同时也是机遇，只要中印两国秉持互利共赢、共建共管共享的周边理念就必定能够实现问题的解决以及新型大国关系的构建。

B.13

21世纪中国与越南禁毒合作：基于非传统安全视角的跨国犯罪治理

黄云静*

摘　要： 中国和越南为邻国，同时邻近世界上最主要的毒品生产基地“金三角”。进入21世纪，中国—东盟自由贸易区启动，中国和东盟交流日益频繁，越南作为联系中国和东盟的重要通道，亦成为金三角毒品的中转站，中越边境地区毒品犯罪呈现逐年上升的趋势。加强禁毒合作成为中国和越南的共识。近年来中越建立起了多层次的多边和双边禁毒合作机制，展开各种禁毒执法合作。中越禁毒合作的经验表明，中国能否发挥主导作用是影响合作成效的重要因素，这源于中国在物质条件和执法能力方面的比较优势。跨国犯罪危及国家安全，周边国家之间有必要建立起安全共同体，而这是构建命运共同体的前提和基础。

关键词： 中国　越南　禁毒合作

位于老挝、泰国、缅甸三国交界的“金三角”地区是世界上最主要的毒源地，从殖民地时期开始，这里就开始种植和生产鸦片。中国和越南毗邻“金三角”，历史上曾经毒品问题泛滥。第二次世界大战后，两国共产党先

* 黄云静，博士，中山大学国际关系学院副教授，主要从事东南亚政治、国际关系研究。

后掌握政权，都采取了严厉的禁毒措施，两国一度成为“无毒”国家。但是，随着20世纪后期两国先后实行改革开放，毒品问题重新出现。进入21世纪，中国和越南的毒品问题和毒品犯罪居高不下，两国之间的跨境毒品犯罪日趋活跃。在此背景下，中越两国加强禁毒合作，建立起一系列合作机制，合作开展打击毒品行动，取得了一定成效。

一 21世纪中越禁毒执法合作缘起与背景

中国和越南禁毒执法合作始于20世纪90年代，在21世纪得到大大加强，主要动力源于两国国内毒品犯罪上升以及中越跨境毒品犯罪形势日趋严峻的现实。

（一）两国国内毒品犯罪逐年上升

位于老挝、泰国、缅甸三国交界的“金三角”地区是世界上最主要的毒源地，每年经“金三角”地区贩运的海洛因已占世界总量的60%～70%。来自联合国毒品和犯罪问题办公室的数据显示，与2006年相比，“金三角”地区2014年的罂粟种植面积增加了2倍。湄公河流域的毒品问题总体呈现恶化上涨趋势，在2015年，该区域缴获的毒品数量明显上升，其中海洛因超过10吨，冰毒晶体达27吨，冰毒片剂2.86亿片。[①]

中国和越南作为“金三角”的周边邻国，深受毒品危害，进入21世纪尤甚。在中国，2000年共破获66起20公斤以上海洛因大案，所缴获的3.94吨海洛因全部来自“金三角”。[②] 2014年，中国执法部门共查缴冰毒片剂11.4吨、海洛因9.3吨，其中90%以上来自“金三角”地区。[③] 与此相

① 《东南亚禁毒形势依然严峻》，新华网，2016年6月27日，http://news.xinhuanet.com/thailand/2016-06/27/c_129092704.htm。

② 《2000年中国禁毒报告》，中国网，http://www.china.com.cn/chinese/zhuanti/158499.htm。

③ 《2014年中国毒品形势报告》，中国禁毒网，2016年6月24日，http://www.nncc626.com/2015-06/24/c_127945747_3.htm。

应，毒品犯罪呈现逐年上升的趋势。2006～2011年，中国的毒品犯罪案件翻了一番，从34350件上升至69751件。[①] 2012～2016年，全国法院一审审结毒品犯罪案件数从76280件增至117561件，增幅为54.12%；犯罪分子人数从81030人增至115949人，增幅为43.09%。[②]

而越南方面的信息显示，2010年以来安非他明类兴奋剂（amphetamine-type stimulants，ATS）已经成为越南第二大毒品。2013年，越南执法部门调查了10123宗涉毒案，逮捕15122名涉毒嫌疑人，活跃度比2012年增加2%～3%。[③] 2017年前6个月，公安机关已经查获12000起毒品案件，涉及18000名毒品罪犯，分别比上一年增加2000件和2000人。没收海洛因442公斤，冰毒7785公斤，毒品药丸3475公斤，鸦片817公斤，大麻8483公斤，毒品叶（lá khát）56吨，可卡因16公斤，毒品草473公斤及其他很多有关的物证。虽然公安干警已经摧毁了许多毒品团伙，但毒品犯罪分子还是越来越多。[④]

因此，近年来中国和越南均高度重视毒品社会问题和毒品犯罪问题，把毒品问题列入本国重点治理的课题。

（二）中越跨境毒品犯罪形势日趋严峻

中越边境本来并非毒品运输通道。但是，近年来“金三角”毒品犯罪分子沿中越边境开辟了新的通道：“金三角”—越南—中国广西—中国内地—其他国家和地区。这条通道已经成为继中缅边境传统通道之外，“金三角”毒品运输的第二大通道。近年来，中越边境毒品走私渗透加剧，平均

① 《2007～2011年全国法院审理毒品犯罪案件分析》，中国法院网，https：//www.chinacourt.org/article/detail/2012/06/id/530295.shtml。

② 《人民法院禁毒工作白皮书（2012～2017）》，中国法院网：https：//www.chinacourt.org/article/detail/2017/06/id/2899458.shtml。

③ Bureau for International Narcotics and Law Enforcement Affairs，United States Department of State，International Narcotics Control Strategy Report，March 2014. pp. 324－325.

④ Hoàng Anh，《禁毒的挑战》，Những thách thức trong cuộc chiến chống ma túy，https：//baomoi.com/nhung－thach－thuc－trong－cuoc－chien－chong－ma－tuy/c/22610028.epi。

每年有超过 10 吨毒品从中越通道流入广西境内，毒品犯罪形势严峻。[①] 2013 年，越南执法部门调查了 10123 宗涉毒案，逮捕 15122 名涉毒嫌疑人，其中 2673 宗案件和 3500 名嫌疑人是在越南—老挝、越南—中国边境发生和逮捕的，涉案毒品 160 公斤海洛因。[②]

贩毒分子开辟第二通道的主要原因有二：一是中国和缅甸合作打击跨境毒品犯罪活动，中缅边境毒品查缉力度不断加大，导致越来越多的不法分子选择借道越南将毒品运往中国境内或转运到世界各地。“云南是缅北毒品向我国渗透的主要通道，近年来案件数量增速减缓……广西中越边境地区已成为‘金三角’毒品走私入境的第二大通道。”[③] 二是随着中国—东盟自由贸易区建设进程加快，跨国毒品犯罪亦借助这些通道进行非法交易，导致跨境毒品犯罪呈增加趋势。中国—东盟自由贸易区建设于 2002 年正式启动，随着中国—东盟自由贸易区的启动和建立，越南成为连接中国和东盟的重要桥梁，地处中国与东盟合作前沿的广西中越边境成为我国最繁忙的边境线，境外贩毒团伙趁机渗透，形成了“金三角—越南—中国凭祥—中国南宁—中国广东—中国国内—国际市场”这一新的国际贩毒通道。[④]

在上述各种因素影响下，进入 21 世纪以来，中越两国的禁毒合作不断加强。

二　中越禁毒合作的主要机制、行动与成效

根据现有文献资料的记录，中国和越南的正式禁毒合作始于 1995 年，在联合国禁毒署《东亚次区域禁毒谅解备忘录》框架下进行合作。进入 21

① 钟建珊：《中越边境毒品走私渗透加剧　年均十吨毒品流入广西》，新华网，2014 年 10 月 31 日。

② Bureau for International Narcotics and Law Enforcement Affairs，United States Department of State，International Narcotics Control Strategy Report，March 2014. pp. 324 - 325.

③ 《人民法院禁毒工作白皮书（2012 ~ 2017）》，中国法院网，https：//www. chinacourt. org/article/detail/2017/06/id/2899458. shtml。

④ 崔晓林：《中越边境“毒祸”调查》，《中国经济周刊》2010 年 6 月 28 日。

世纪以来，中国与越南已经建立了联合国框架下东盟平台等多种合作机制，开展了一系列行动，取得一定成效。

（一）联合国框架下中越禁毒合作

联合国框架下中越禁毒合作平台包括以下多边与双边平台：

1. 六国七方《东亚次区域禁毒谅解备忘录》禁毒合作机制

1993 年，在联合国的推动下，中国、缅甸、老挝、泰国和当时的联合国禁毒署（UNDCP）共同签署了《东亚次区域禁毒谅解备忘录》，建立起禁毒合作机制。1995 年，该机制接纳越南和柬埔寨加入，从而形成了联合国框架下的六国七方禁毒合作机制，简称 MOU 机制。

1995 年 5 月 27 日，联合国禁毒署和东亚次区域各国在北京举行了第一届东亚次区域禁毒合作部长级会议，会议通过了《北京宣言》和《次区域禁毒行动计划》（*A Sub-regional Action Plan for Drug Control*）。《次区域禁毒行动计划》是世界上第一个次区域禁毒合作行动计划，明确了以联合国援助禁毒合作项目的形式开展区域禁毒合作。①

MOU 机制建立以来，致力于湄公河次区域禁毒合作，在替代发展、缉毒执法、人员培训等方面取得了一定成效，被誉为国际禁毒合作的典范。中国在 MOU 机制中发挥了主导性作用，受到联合国毒品和犯罪问题办公室（联合国毒罪办）负责人高度评价。该机构驻东南亚及太平洋地区代表杰里米·道格拉斯说，“中国是湄公河流域禁毒有效合作的关键”②。中国无论是在次区域禁毒合作项目开展、人员培训，还是资金落实等方面均做出了巨大贡献。③

---

① 《东南亚禁毒形势依然严峻》，新华网，2016 年 6 月 27 日，http：//news. xinhuanet. com/thailand/2016 - 06/27/c_ 129092704. htm。

② 李颖：《联合国官员：中国是湄公河流域禁毒有效合作的关键》，新华社，2016 年 4 月 19 日，http：//news. xinhuanet. com/2016 - 04/19/c_ 1118672584. htm。

③ 《中国积极参与大湄公河次区域禁毒国际合作》，人民网，2016 年 4 月 19 日，http：//yn. people. com. cn/n2/2016/0419/c372459 - 28173112. html。

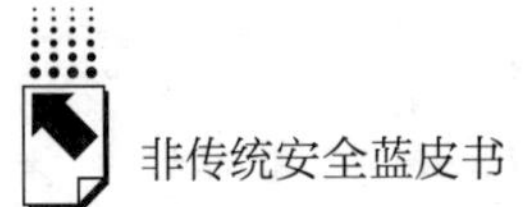

2. 边境禁毒联络官和联络办公室机制

（1）双边禁毒联络官和联络办公室机制：中国和越南

在联合国禁毒署项目框架下，2001 年，中越曾在边境地区成立了“跨边境禁毒执法合作联络办公室”，建立了边境禁毒定期会晤制度和联络制度。2005 年曾因经费问题停顿过。2012 年 6 月起陆续恢复并新建中越边境地区东兴、凭祥、河口、老街 4 个禁毒联络官办公室。①通过这些联络官办公室，两国边境禁毒部门可直接联络，互通情报信息，合作打击毒品犯罪，打破了以往需要层层上报，层层批示的联合禁毒行动模式，提高了办案时效。②该机制在中越边境地区扫毒联合行动中发挥了特别重要的作用。

（2）三边禁毒联络官和联络办公室机制：中国、老挝和越南

为应对日益严峻的中老越边境地区毒品形势，加强合作打击跨境毒品犯罪活动，2017 年，中国、老挝、越南三国禁毒部门决定在三国相邻的中国江城—老挝约乌—越南奠边建立边境禁毒联络官办公室。江城县位于云南省南部，与越南、老挝两国接壤，边境线长达 183 公里，是中国云南省唯一与老挝、越南两国接壤的县城。2017 年 6 月 20 日，中国、越南、老挝边境禁毒联络官办公室在云南江城县挂牌成立。这是中、老、越三国乃至本地区成立的第一个三方边境联络官办公室，为推动边境地区禁毒合作创造了一种新的合作模式，是边境禁毒联络办制度由双边合作向多边合作的一次重要跨越。包括江城联络办在内的 10 个中方与老、越、缅等国的边境联络官办公室也将纳入联合国边境管控项目框架，接受联合国技术、设备及规范支持，以更好地增强中方与周边国家的跨境禁毒合作。③

---

① 《中越边境地区首个禁毒联络官办公室揭牌》，国际在线，2012 年 6 月 26 日，http://news.cri.cn/gb/27824/2012/06/26/5951s3742317.htm。

② 《中越成立边境禁毒联络官办公室打击边境毒品犯罪》，人民网，2012 年 6 月 24 日，http://society.people.com.cn/n/2012/0626/c223276-18381006.html。

③ 《魏晓军副局长出席云南江城边境禁毒联络官办公室揭牌仪式》，中国禁毒网，2017 年 6 月 22 日，http://www.nncc626.com/2017-06/22/c_129638565.htm。

（二）东南亚区域和次区域机制下的合作

中国和越南除了在联合国框架下各平台开展禁毒合作，还在东盟和湄公河次区域机制下进行相关的合作。

1. 东南亚区域机制下的合作：东盟10 +1和东盟10 +3

中国与东盟禁毒合作平台包括东盟 10 +1 框架（东盟和中国）和东盟 10 +3 框架（东盟和中国、日本、韩国）。

2000 年 10 月，东盟在联合国毒品和犯罪问题办公室的配合下，在泰国首都曼谷召开了规模盛大的禁毒国际会议，与会者除了东盟成员国外，还有来自中国、美国等国家以及欧盟、世界卫生组织等 16 个国际组织和非政府组织的代表共 378 人。会议通过了《曼谷宣言》，提出 2015 年建立东盟无毒区。会议还通过了《东盟和中国禁毒合作行动计划》，建立起东盟和中国禁毒合作机制（ASEAN and China Cooperative Operations in Response to Dangerous Drugs ，ACCORD）。①

在 2002 年 11 月举行的东盟—中国峰会上，双方签署了“东盟和中国在非传统安全事务领域合作共同宣言”，把禁毒合作放在非传统安全合作领域的首位，提出“现阶段合作重点为打击贩毒、偷运非法移民包括贩卖妇女儿童、海盗、恐怖主义、武器走私、洗钱、国际经济犯罪和网络犯罪等”②，要在信息交换、人员培训及能力建设方面加强合作。

中国与东盟在 10 +3 框架下的禁毒执法合作则始于 2004 年。2004 年 1 月 11 日在曼谷召开的东盟 10 +3 部长会议上，确立了东盟 10 +3 框架下的非传统安全合作机制。这次会议主要讨论如何打击跨国犯罪。会议签署了“在非传统事务领域合作谅解备忘录”，提出要把消除毒品置于所有非传统

---

① RALF EMMERS, International Regime-Building in ASEAN：Cooperation against the Illicit Trafficking andAbuse of Drugs, Contemporary Southeast Asia, Vol. 29, No. 3 (December 2007), pp. 506 –525.

② 《中国与东盟关于非传统安全领域合作联合宣言》，中国外交部网站，http：//www. fmprc. gov. cn/web/gjhdq _ 676201/gjhdqzz _ 681964/lhg _ 682518/zywj _ 682530/t10985. shtml。

安全事务的首位。

不过，东盟机制下禁毒合作成效有限，一位学者评价说，该机制（ACCORD）迄今只是一个松散的论坛，只是停留在分享情报资料层面。[①]

2. 东南亚次区域机制下的合作：湄公河流域执法安全合作平台

2011年10月5日，湄公河“10·5”惨案发生后，在中国的倡导下，中老缅泰四国迅速建立湄公河流域执法安全合作机制，共同打击跨国犯罪，维护流域安全稳定。[②]

2015年10月24日，湄公河流域执法安全合作部长级会议在北京举行，会议宣布将打击毒品犯罪、恐怖主义、网络犯罪等纳入执法安全合作范围。[③] 柬埔寨和越南获邀作为会议观察员与会。从此，中国与越南又增加了一个多边禁毒合作执法的平台。柬埔寨和越南加入后，“平安航道”联合扫毒行动已上升为澜湄合作机制下的一项重要执法合作内容，有力打击遏制了湄公河流域毒品犯罪活动，维护了整个地区的安全稳定。据中国禁毒委员会统计，仅2016年中老缅泰柬越六国“平安航道”联合扫毒行动的第二阶段，就已破获毒品刑事案件6476起，抓获犯罪嫌疑人9927名，缴获各类毒品12.7吨、易制毒化学品55.2吨，还缴获了大量枪支弹药。[④]

（三）中越双边机制下的禁毒合作

跨境毒品问题与跨境犯罪密切相关，被列入中越打击跨境犯罪的工作范围。21世纪以来，中国和越南签订了一系列双边合作打击犯罪活动的协议，建立起联合执法机制，促进了双边禁毒合作。

---

① RALF EMMERS, International Regime-Building in ASEAN: Cooperation against the Illicit Trafficking and Abuse of Drugs, Contemporary Southeast Asia, Vol. 29, No. 3 (December 2007), pp. 506 -525.

② 《中老缅泰发布关于湄公河执法安全合作联合声明》，中国新闻网，http://www.chinanews.com/gn/2011/10-31/3427060.shtml。

③ 《湄公河流域执法安全合作部长级会议通过〈联合声明〉》，新华网，http://www.xinhuanet.com/world/2015-10/24/c_1116928240.htm。

④ 马飞、谢丽勋、丁际超、张攀峰、张成斌：《共复“黄金水道”繁荣：中老缅泰湄公河流域执法安全合作纪实》，http://www.globalview.cn/html/global/info_16369.html。

1. 中央—省—县三级情报信息联络沟通机制

中国和越南之间已建立起中央、边境省（自治区）、边境县（市）三级联络沟通机制，定期交流毒情形势、规律、特点，以及重大毒品案件线索。

2014 年，为了配合中越第一次边境地区联合扫毒行动，中越两国执法部门成立了中央和边境两级联络机制，设立了高官、行动两级联络员，平时在办案和情报沟通方面进行联络。在联合扫毒行动期间，联合扫毒行动的联络员身负综合性事务联络与行动性事务联络职责，可与对方保持 24 小时热线联络。

在省一级亦建立起沟通联络机制。如前所述，早在 2001 年，中越双方禁毒执法部门就已经在联合国框架下开展跨边境禁毒执法合作。2007 年，中国广西公安厅禁毒总队与越南高平省公安厅禁毒处签订了《会晤纪要》，建立省、边境县两级公安禁毒部门联络机制。[①] 从 2011 年以来，中国广西壮族自治区公安厅公安禁毒总队每年分别与越南广宁、凉山、高平公安厅禁毒处进行交流会晤，建立双方省级公安禁毒部门每年互访和边境公安禁毒部门之间定期或不定期会晤制度。2017 年 3 月，中越警方启动中国广西与越南北方四省（广宁、谅山、高平、河江）公安厅“1 +5”执法合作机制（简称中越边境警务“1 +5”执法合作机制）。中国广西与越南北部四省禁毒部门在“1 +5”执法合作机制框架下展开合作。

2. 会议沟通机制：禁毒合作双边会议

“中越禁毒合作双边会议”是中国和越南之间最重要的禁毒合作会议沟通机制。第一届“中越禁毒合作双边会议”于 2009 年 12 月 10 日在桂林召开，中国和越南两国签订了内容广泛的《禁毒合作纪要》。[②] 截至 2017 年，中越已经举行了七届中越禁毒双边会议。2017 年 8 月 22 日，第七届中越禁毒合作双边会议在江西省九江市举行，中国和越南国家和公安部门禁毒机构

---

① 《中越两国四省区今日联合焚烧毒品 730 公斤》，广西新闻网，http://www.gxnews.com.cn/staticpages/20090626/newgx4a445812 - 2125999.shtml。

② 《2010 年中国禁毒报告》，人民网，2010 年 4 月 9 日，http://society.people.com.cn/GB/223276/203009/241842/241848/17606852.html。

的负责人与会。

中越禁毒合作双边会议定期举行（见表1），有利于双方禁毒工作负责人和机构及时沟通信息，检查工作中的问题，增进双边禁毒合作。

表1　历届中越禁毒合作双边会议概况

届次	时间	地点
第一届	2009. 12. 10	中国广西桂林
第二届	2010	越南河内
第三届	2013. 11. 26	中国湖北武汉
第四届	2014. 10. 14	越南河内
第五届	2015. 10. 15	中国四川成都
第六届	2016. 7. 30	越南芽庄
第七届	2017. 8. 22	中国江西九江

资料来源：根据中越禁毒机构资料整理。

3. 边境地区联合扫毒行动

2013 年 11 月，第三届中越禁毒合作双边会议在中国湖北武汉举行，会议通过了《中越边境联合扫毒行动方案》，决定在边境地区合作打击毒品犯罪。中越边境地区首届联合扫毒行动于 2014 年 3 月 1 日至 6 月 1 日集中开展。“中越开展的联合扫毒行动，是双方在禁毒领域的首次跨国专项行动，也是两国禁毒部门历史上第一次高级别、深层次、长时间、务实化的执法合作，为遏制中越边境地区毒品犯罪发展蔓延提供了有益经验。”[①] 迄今为止，中越已举行四届边境地区联合扫毒行动，取得了一定成效（见表 2）。

除了上述禁毒合作措施，多年来，中国和越南还合作侦办涉毒案件，合作侦破多起大案要案，逮捕重大毒品犯罪分子，缴获大批毒品和犯罪工具。2017 年 1 月 5 日，在广州举行的第三届中越联合扫毒行动总结会上，中越双方表示将共同构建边境毒品公开查缉合作机制，适时开展针对陆地、海

① 刘子阳：《遇重大毒案中越高层 24 小时热线沟通》，《法制日报》2014 年 8 月 8 日。

表2 历届中越边境地区联合扫毒行动概况

	时间	成果
第一届	2014.2～2014.6	破获涉两国毒品案件3180起，抓获犯罪嫌疑人3820名，缴获毒品900余公斤
第二届	2015.9.16～11.15	双方共破获毒品案件2688起，抓获毒品犯罪嫌疑人3256名，缴获毒品3911.90公斤，收缴枪支、涉案交通工具及财物一批。传递互涉情报线索29条
第三届	2016.9.10～12.9	双方共破获毒品案件3918起，抓获毒品犯罪嫌疑人5278名，缴获各类毒品1533公斤，冰毒片剂136912粒
第四届	2017.9.1～11.30	共破获毒品犯罪案件2792起，抓获毒品犯罪嫌疑人3917名，缴获毒品930多公斤，以及10万多毒品片剂和丸剂。其中越方收缴的毒品数量超过上年

资料来源：根据中国和越南官方媒体新闻报道整理。

上、航空和国际物流寄递渠道的联合查缉行动，并创新加强对双方边境地区边民的动员和宣传教育工作。①

三 关于跨国犯罪治理与非传统安全合作的若干思考

2000年11月15日，第55届联合国代表大会通过《联合国打击跨国有组织犯罪公约》(*U. N. Convention Against Transnational Organized Crime*)，在该公约第三条第二款对“跨国犯罪”做出了明确的界定：“在一个以上国家实施的犯罪；虽在一国实施，但其准备、筹划、指挥或控制的实质性部分发生在另一国的犯罪；犯罪在一国实施，但涉及在一个以上国家从事犯罪活动的有组织犯罪集团；犯罪在一国实施，但对于另一国有重大影响。”②

① 刘奕湛、毛一竹：《中越双方将共同构建边境毒品公开查缉合作机制》，2017年1月6日，新华社，http：//www. xinhuanet. com/legal/2017－01/05/c_ 1120253846. htm。

② 《联合国打击跨国有组织犯罪公约及其议定书》，联合国网站，https：//www. unodc. org/documents/treaties/UNTOC/Publications/TOC%20Convention/TOCebook－c. pdf。

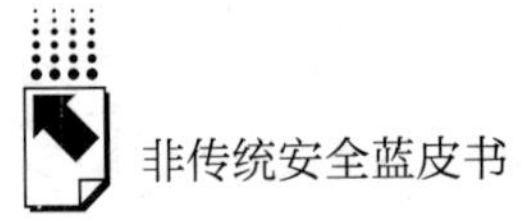

跨国毒品犯罪是跨国犯罪的一种，中越禁毒合作取得了一定成效，但毒品问题是世界性问题，短时间内难以得到根本解决。如同本文开头提供的数据显示，毒品犯罪逐年上升，可谓道高一尺，魔高一丈。就中国而言，打击跨国犯罪需要宏观和长远的考虑，需要与安全共同体和命运共同体等理念结合起来进行全局战略谋划。

（一）跨国犯罪治理之理念、物质条件与执法能力

跨国犯罪治理的合作必须建立在各方共识、一定的物质条件和执法能力基础之上。中越禁毒合作的机制包括联合国、东盟、湄公河次区域机制下各种双边和多边合作机制，以及中越之间的双边合作机制。各种机制的作用大不相同，其中最有成效的是联合国东亚次区域禁毒合作谅解备忘录（MOU）机制下的双边合作、湄公河流域禁毒合作机制以及中越双边警务和禁毒合作，成效不显著的是中国—东盟禁毒合作机制（ACCORD），迄今只是停留在分享情报资料层面。

中国与东盟禁毒合作之所以在十多年过去了仍然停留在论坛浅谈和情报分享层面，与彼此间禁毒理念差异有很大关系。2000 年该机制启动时，把目标定位为 15 年内建成无毒区，这显然是一个不现实的目标。正如联合国禁毒署官员道格拉斯所言，建立“无毒区”的目标是政治性的，并不切合实际。他认为，“大湄公河次区域禁毒合作机制”相比东盟整体的合作机制而言，更加具体和全面，行动层面的内容更加丰富。东盟“无毒区”的禁毒目标是政治性的，注定了禁毒目标只是政治口号和政治工具而已。主张坚决打击毒品犯罪的中国在东盟禁毒机制中并不占主导地位，中国的禁毒理念没有得到充分反映。在东盟机制下，禁毒成为有关国家政治家们务虚的政治秀，“2015 年建成无毒区”的禁毒目标成为空头支票。而在湄公河次区域禁毒合作中，中国发挥了主导作用，体现了中国禁毒的决心，真抓实干，收到实效。

更重要的是，物质条件和执法能力影响合作成效。毒品犯罪涉及多个领域，犯罪集团经济实力雄厚，装备先进，犯罪手段狡猾多变。打击跨国

毒品犯罪需要充足的资金、先进的技术和较强的执法能力支持。中国在资金、技术和执法能力方面均具有相对优势——中国发展势头良好，与周边国家相比，拥有相对充足的资金和先进的技术；另外，犯罪治理涉及强制力治理和非强制力治理，对政府能力提出很高要求，源于共产党领导的举国体制具有较强的行动能力和执法能力，能有效对付犯罪分子。世界银行把国家功能分为三个类别[①]：一是最简功能，即提供纯粹公共物品（包括国防、法律和秩序、产权、宏观经济管理、公共健康）、保护穷人（包括反贫困计划、灾难救济）；二是中等功能，即处理外部性（包括基础教育、环境保护）、监管垄断（包括公共事业管理、反垄断）、克服信息不对称（包括保险、金融监管、保护消费者）、社会保障（包括重新分配养老金、家庭津贴、失业保险）；三是积极功能，涉及行业政策、财富再分配等。中国政府的行动能力无论是在履行政府最简功能、中等功能还是积极功能方面，都具有相对优势，可以为打击犯罪提供强有力的支持。联合国禁毒署官员高度评价大湄公河次区域禁毒合作机制，认为“大湄公河次区域禁毒合作机制”是区域内打击毒品最活跃的机制。“该机制涵盖执法合作、法律和司法国际合作、降低毒品需求、毒品和艾滋病、可持续替代种植等多项内容。所有成员国都要进行一些共同培训，他们有一致认同的毒品打击操作程序、国家间信息分享等。”[②] 而中国在其中发挥了重要作用，“中国政府历来坚持厉行禁毒的一贯立场，坚持广泛参与、责任共担的原则，积极参与、努力推动国际和区域禁毒事业不断发展。特别是在大湄公河次区域，中方积极发挥地缘大国作用，引领各方多边与双边结合，缉毒执法、替代发展、人员培训等多措并举，不断丰富次区域禁毒合作内容，为解决‘金三角’地区毒品问题作出不懈努力”。[③] 近年来，为支持联合国毒

① World Development Report 1997 ：The State in a Changing World，Oxford University Press，1997，p. 27.

② 《东南亚禁毒形势依然严峻》，新华网，2016 年 6 月 27 日，http：//news. xinhuanet. com/thailand/2016 –06/27/c_ 129092704. htm。

③ 《中国积极参与大湄公河次区域禁毒国际合作》，人民网，2016 年 4 月 19 日，http：//yn. people. com. cn/n2/2016/0419/c372459 –28173112. html。

罪办的地区项目和打击相关贩毒活动，中国每年都给予资金和能力建设方面的大力支持。[①] 中国政府“以政治意愿和务实行动为 MOU 机制持续健康发展注入活力”。[②]

可见，打击跨国犯罪，既要有决心，也要有能力。因此，中国今后除了继续加强双边禁毒合作外，还应该以负责任大国的身份发挥主导作用，推动多边禁毒合作，打击跨国犯罪。

（二）跨国犯罪治理之综合治理与法律制度

1. 关于跨境犯罪治理之综合治理

禁毒工作涉及多领域、多环节，因此必须采取全面而平衡的解决办法，综合治理才能达到标本兼治的效果。一般的禁毒措施包括四大支柱：毒品预防教育、戒毒康复治疗、缉毒执法和替代发展。目前中越在禁毒方面的合作主要在集中在执法方面。由于中国和越南均不是毒品产地，因此不存在替代发展的合作，但中国和越南在预防教育、戒毒康复治疗方面还有合作的空间。

另外，毒品犯罪涉及上游、中游和下游三个环节，目前中越公安机关对毒品犯罪的打击主要集中在上游和中游环节，如走私、贩毒、运输、制造毒品等犯罪行为上，对涉毒资金的流向和下游洗钱犯罪在侦查中相对关注较少。而如果没有与毒资清洗和流向的侦查紧密结合，就难以达到彻底摧毁毒品犯罪经济基础、有效遏制其继续蔓延的目的。因此，中越禁毒合作需要把战线拉长，加强对毒品犯罪洗钱的下游行为进行合作打击。具体来说，“一是加强协商。就有关中越边境地区反洗钱管理政策差异进行讨论交流，争取在地摊银行等反洗钱管理措施上达成基本共识，进一步规范两国反洗钱联合行动，促进边境地区反洗钱工作的深入开展。二是构筑多层次反洗钱合作机制”。[③]

---

① 李颖：《联合国官员：中国是湄公河流域禁毒有效合作的关键》，新华社，2016 年 4 月 19 日，http://news.xinhuanet.com/2016-04/19/c_1118672584.htm。

② 《中国积极参与大湄公河次区域禁毒国际合作》，人民网，2016 年 4 月 19 日，http://yn.people.com.cn/n2/2016/0419/c372459-28173112.html。

③ 李彬等：《中越边境地区涉毒洗钱犯罪研究》，《区域金融研究》2012 年第 4 期。

2. 关于跨国犯罪治理的法律制度

打击跨国犯罪需要法律制度的支持。目前中国和越南对毒品犯罪的法律规定不同，影响了两国执法合作。

根据中国刑法，年满十四岁贩卖毒品要负刑事责任；走私、贩卖、运输、制造毒品，无论数量多少，都应当追究刑事责任，予以刑事处罚。而走私、贩卖、运输、制造毒品，有下列情形之一的，处十五年有期徒刑、无期徒刑或者死刑，并处没收财产①：

——走私、贩卖、运输、制造鸦片一千克以上，海洛因或者甲基苯丙胺五十克以上或者其他毒品数量大的；

——走私、贩卖、运输、制造毒品集团的首要分子；

——武装掩护走私、贩卖、运输、制造毒品的；

——以暴力抗拒检查、拘留、逮捕，情节严重的；

——参与有组织的国际贩毒活动的。

另外，在中国，强迫、诱使和容留他人吸食毒品才纳入毒品犯罪范围，而个人吸食毒品行为不属于毒品犯罪范畴，仅对吸食毒品者进行治安处罚。②

越南法律对毒品犯罪的定罪和惩治与中国存在差异。越南社会主义共和国于1985年颁布第一部刑法。近年来根据国内外形势的变化，为了贯彻越南共产党关于减少死刑的政策和方针③，越南减少了死刑的数量，不过毒品

---

① 《中华人民共和国刑法》（修订），第二章第十七条、第六章第三百四十七条，中国法律法规信息库，http：//law. npc. gov. cn/FLFG/flfgByID. action? flfgID = 239&keyword = % E4% B8% AD% E5% 8D% 8E% E4% BA% BA% E6% B0% 91% E5% 85% B1% E5% 92% 8C% E5% 9B% BD% E5% 88% 91% E6% B3% 95&zlsxid = 01。

② 《中华人民共和国禁毒法》第六十二条　吸食、注射毒品的，依法给予治安管理处罚。吸毒人员主动到公安机关登记或者到有资质的医疗机构接受戒毒治疗的，不予处罚。

③ 《关于毒品犯罪条文的新修订：2015年刑法与1999年刑法比较》，Điểm mới đối với các tội phạm vềma tuý trong Bộluật Hình sựnăm 2015 so với Bộluật Hình sựnăm 1999，http：//luathinhsu. vn/diem – moi – doi – voi – cac – toi – pham – ve – ma – tuy – trong – bo – luat – hinh – su – nam – 2015 – so – voi – bo – luat – hinh – su – nam – 1999/n20161028120822075. html；Bộ luật hình sự，https：//thuvienphapluat. vn/van – ban/Trach – nhiem – hinh – su/Bo – luat – hinh – su – 2015 – 296661. aspx。

犯罪的最高刑罚仍然是死刑，只是条件有所放宽。越南刑法有关毒品犯罪的法律条文与中国法律条文的主要差异在于：一方面，毒品定罪比中国严格。越南刑法明确规定了非法使用毒品罪，个人吸食毒品亦是犯罪，并处以最高5年有期徒刑；另一方面，越南对毒品犯罪的死刑量刑比中国宽松。根据2017年最新修订的刑法，涉案毒品的数额，鸦片5公斤以上、海洛因100克以上判处死刑。①

以前由于中越双方未签订引渡条约，在罪犯引渡方面存在障碍。2015年，中越双方共同签署了《中华人民共和国和越南社会主义共和国引渡条约》。该条约生效后将排除引渡罪犯的障碍。但是中越引渡条约签订三年尚未生效，这与两国法律差异等因素有关。目前中越双方表示正积极推动引渡条约早日生效。②

（三）跨国犯罪与“周边安全共同体”“周边命运共同体”的构建

跨国犯罪不仅对个人和社会造成危害，亦对国家安全构成威胁。随着全球化进程的加快，交通和通信的便利，跨国犯罪问题亦日趋严重。1996年联合国报告强调跨国犯罪已成为“新的地缘政治模式”。1996年美国战略报告将其视为重大国家安全威胁。各国政府不再将跨国犯罪视为对个人或社会的威胁，而视之为对国家本身的威胁。③

跨国犯罪对国家安全的威胁主要体现在以下几方面④：

---

① 《2017年刑法修正案》Luật sửa đổi Bộ luật Hình sự 2017，https：//thuvienphapluat. vn/van－ban/Bo－may－hanh－chinh/Luat－sua－doi－Bo－luat－Hinh－su－2017－354053. aspx。

② 《中越联合声明》（2017. 11. 13），中华人民共和国外交部，http：//www. fmprc. gov. cn/web/gjhdq_ 676201/gj_ 676203/yz_ 676205/1206_ 677292/1207_ 677304/t1510069. shtml。

③ 珍妮·吉拉尔多、哈罗德·崔尼库纳斯：《跨国犯罪》，载〔英〕阿兰·柯林斯《当代安全研究》（第三版），世界知识出版社，2016，第508页。

④ 参阅珍妮·吉拉尔多、哈罗德·崔尼库纳斯：《跨国犯罪》，载〔英〕阿兰·柯林斯：《当代安全研究》（第三版），世界知识出版社，2016，第522～523页；邵建平、杨祥章：《世界毒品问题与中国国家安全》，中国社会科学出版社，2016，第六章“世界毒品问题对中国国家安全的影响”，第113～132页。

一是跨国犯罪摆脱国家边界控制，并开辟了非法运输货物和人员流动的新渠道，从根本上挑战了国家行使其作为国家主权捍卫者、武力垄断者及公共物品提供者的核心职能。

二是跨国犯罪可能侵蚀国家机构和公职队伍，削弱法治，影响政府施政，降低政府合法性，危及政权稳定。

三是跨国犯罪可能造成严重的社会问题，导致社会失范，危及社会安全，影响投资环境，进而影响经济发展。

一般来说，跨国犯罪容易滋生之地通常是那些治理不善或无治理的地区和国家，但亦可能产生溢出效应。“在全球各地治理不善和无治理地区成为跨国犯罪滋生的沃土，即使那些拥有强大执法机制的国家也可能受到其外溢效果的影响。”① 中国和越南均是共产党执政的国家，均具有较强的国家能力，两国执政党在改革开放中都取得巨大成就，积累了较高的合法性，可以称得上是善治或治理良好的国家。但是，由于毗邻毒源地“金三角”，而“金三角”处于泰国、老挝和缅甸三个国家之间，地形复杂，治理不善，毒品跨国犯罪形势严峻，中国和越南均受到“金三角”地区跨国犯罪外溢效应的影响。

为了从根本上解决这种外溢效应，中国除了要与“金三角”周边国家加强合作打击毒品犯罪外，还有必要与周边国家建立起“安全共同体”，预防跨国犯罪外溢。2014 年 4 月，习近平总书记根据国家安全形势的变化产生的新特点新趋势，提出新安全观——“总体国家安全观”，即“既重视外部安全，又重视内部安全；既重视国土安全，又重视国民安全；既重视传统安全，又重视非传统安全；既重视发展问题，又重视安全问题；既重视自身安全，又重视共同安全”。② 跨国犯罪关乎国土国民安全，属于非传统安全范畴。构筑“周边国家安全共同体”，是从根本上打击跨国犯罪，防范跨国

---

① 珍妮·吉拉尔多、哈罗德·崔尼库纳斯：《跨国犯罪》，载〔英〕阿兰·柯林斯：《当代安全研究》（第三版），世界知识出版社，2016，第 509 页。

② 《习近平首提总体国家安全观　系统提出 11 种安全》，人民网，2014 年 4 月 16 日，http：//henan.people.com.cn/n/2014/0416/c351638－21004943.html。

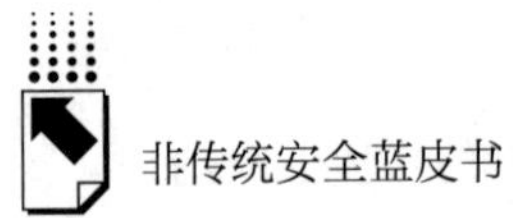

犯罪溢出效应的有效途径。

“周边安全共同体”又与“周边国家命运共同体”息息相关。2011 年，中国在《中国的和平发展》白皮书中首次提出“命运共同体”的概念。2013 年 10 月，习近平总书记主持召开新中国成立以来的首次周边外交工作座谈会，提出“要让命运共同体意识在周边国家落地生根”①，首次提出“周边命运共同体”的理念。“共建共享的安全格局”是“命运共同体”应有之义②，因此，“周边命运共同体”的构筑有赖于“周边安全共同体”的构建，是“周边命运共同体”建设的重要一环。为了建设“周边命运共同体”，构筑“周边安全共同体”，共同打击跨国犯罪便成为中国与周边国家安全合作的重要战略选择。

结　语

中越禁毒合作一开始由联合国、东盟、湄公河次区域等多边机制和平台推动，最后双边合作机制和平台逐步建立起来。反过来，中越双边平台的禁毒执法合作也推动各种多边平台和机制的完善和提升。近年来，中国政府以负责任大国的态度，认真履行国际禁毒义务，在联合国三个禁毒国际公约及 MOU 机制框架下，与 MOU 各签约方通力协作，并肩作战。在东盟禁毒合作机制中，中国也正在发挥越来越重要的作用。

世界上的毒品问题由来已久，还将长期存在，跨国犯罪问题亦将伴随全球化的进程。跨国禁毒合作、打击跨国犯罪是一项长期工作，不可能轻言取胜和休兵。

中越禁毒合作的经验表明，有关各方对跨国犯罪问题的立场、物质条件和法律制度对打击跨国犯罪合作至关重要。中国和合作方都需要加强沟通，

① 《习近平在周边外交工作座谈会上发表重要讲话》，人民网，http：//politics. people. com. cn/n/2013/1025/c1024 – 23332318. html。

② 《同心打造人类命运共同体》，人民网，http：//world. people. com. cn/n1/2015/1223/c1002 – 27963228. html。

强化共识，同时在法律层面包括国内层面的法律问题以及国际层面的法律问题加强协调。中国要发挥负责任大国的作用，在与周边国家的非传统安全合作中发挥引领作用、主导作用，在服务于国家利益的同时，为周边地区安全和经济发展、社会稳定做出努力和贡献。

B.14

西部边疆地区的宗教安全

——以新疆伊斯兰教问题为例*

谢贵平**

摘 要： 西部边疆地区及其周边区情、社情与敌情极其复杂，宗教信仰氛围异常浓厚，宗教矛盾与民族矛盾、政治矛盾彼此交织、相互关联，国内问题与国际问题互为影响，人民内部矛盾与敌我矛盾交互转换。新时期，在国家“一带一路”建设推进实施的时代背景下，对新疆伊斯兰教问题的类型与特点进行识别，并对其社会危害和未来发展趋势进行评估，探究伊斯兰教问题的治理方略和路径，帮助政府和民众正确认知并充分发挥伊斯兰教积极的社会功能，防止伊斯兰教被国内外少数敌对势力和别有用心者所利用，并借助新疆的桥梁和窗口，通过伊斯兰教的国际文化交流，促进与“一带一路”沿线伊斯兰国家的认同建构与民心相通，对于维护新疆的社会稳定与长治久安，具有重要意义。

关键词： 新疆 伊斯兰教问题 宗教安全

---

* 基金项目：本文系国家社科基金重点项目“中国西部边疆非传统安全治理研究”（项目编号：18AZZ007）、国家社科重大招标项目“民族宗教与国家治理问题研究”（15ZDB123）的阶段性成果。

** 谢贵平，博士，四川大学中国西部边疆安全与发展协同创新中心教授，博士生导师，主要从事边疆非传统安全研究。

宗教通常是民族分野、民族精神塑造、民族认同、民族利益追求和民族斗争中的关键性因素。[①] 宗教因素成为21世纪族际冲突和战争的一个重要诱发因素，也是影响国家和世界安全的一个重要变量。当今时代，越来越多的国家和组织利用宗教，加强对敌对国家或政党进行破坏和颠覆活动，以达到其政治目的。在全球化过程中，许多宗教问题[②]往往会形成局部地区的热点和难点问题，宗教问题又往往与民族问题相互交织在一起，形成更为复杂的社会问题和政治问题。新疆伊斯兰教问题关涉民族团结、社会稳定、领土完整和国家统一，带有很浓厚的国家安全意义。[③] 在国家"一带一路"建设推进实施的时代背景下，对新疆伊斯兰教问题的类型与特点进行识别，对伊斯兰教积极的社会功能和消极影响及其被一些敌对势力和极端势力所利用而形成的社会危害以及未来发展趋势进行评估，在此基础上探究新疆伊斯兰教问题治理的方略和良策，具有极其重要的意义。

一　新疆伊斯兰教的主要问题

（一）新疆伊斯兰教问题的历史

由于新疆伊斯兰教问题的敏感性，目前对新疆伊斯兰教问题研究的深度不够。政界和学界多将新疆伊斯兰教问题分为两类，一是非法宗教问题，二是极端宗教问题。这种划分未免过于笼统，不利于对宗教问题进行对症下药的有效治理。本文将新疆伊斯兰教问题主要分为以下8种：

1. 信仰氛围异常浓厚

一是个别少数民族信众人数多，且信仰虔诚。宗教信仰和宗教活动是各

① 胡祥云：《宗教的社会功能及其对国家关系的影响初探》，《国际关系学院学报》1998年第3期，第3～4页。

② "问题"是相对"正常"而言，是指不符合社会中的主导价值体系和规范体系的公共生活中的麻烦。朱力：《当代中国社会问题》，社会科学文献出版社，2008，第4页。

③ 刘澎：《中国宗教问题》，2007年2月16日在天则研究所的演讲，转引自金泽、邱永辉主编《中国宗教报告（2008）》，社会科学文献出版社，2008，第171页。

族穆斯林个人生活的重要组成部分，不仅年长者注重宗教礼仪，青年人也显示出浓厚的宗教情感，不信教的人会受到孤立或排斥，少数宗教极端分子甚至煽动教民采取极端手段迫使党员干部信教。一些地方宗教人士、教民去世送葬人数众多，而不信教的人去世，送葬者则寥寥无几。沙雅、拜城一些乡村在新农村安居房建设中，群众购买带有宗教色彩或宗教标志的瓷砖装饰院门的现象较多，他们以此炫耀自己的宗教信仰虔诚。各县（市）部分乡村经常出现“男人留胡须、妇女戴面纱和穿罩袍”的宗教现象，受伊斯兰宗教激进主义思想影响，一些乡村商店乱用“清真”标志问题时有发生。

二是清真寺数量众多，且建筑豪华。新疆约1200万穆斯林，清真寺的数量已达2.4万多座，约占全国清真寺总数（约3.7万座）的2/3，南疆的喀什、和田、阿克苏和克孜勒苏州，伊斯兰教信徒约600万人却拥有17540座清真寺。有些地方，一个不大的村子就有两座或两座以上的清真寺，有的城镇一条街道上两座清真寺相距不足百米。新疆穆斯林人均占有清真寺的数量为每150人左右一座，居世界最高。[①] 目前，新疆清真寺的数量、密度和人均拥有量都已远远超过包括沙特、土耳其、埃及、伊朗等世界传统的伊斯兰国家。其绝对数量是中亚五国清真寺总量的近5倍，是世界上清真寺最多的地区之一。在南疆的一些农村和乡镇，很长时期内最豪华、最宏伟的建筑是清真寺。

三是朝觐人数不断增加，形成朝觐狂热。很多穆斯林民众朝觐愿望非常强烈，政府分配的名额远远满足不了教民的需求，有的不惜拿钱“买指标”，有的设法走后门、打招呼，有的以经商、探亲、旅游、留学等名义私自前往，有的违背教义借债朝觐，朝觐回来后陷入贫困。当前，南疆地区一些教民，多以出国探亲、旅游、经商为名，采取中转绕道第三国如巴基斯坦、哈萨克斯坦、吉尔吉斯斯坦等方式，去沙特阿拉伯参加朝觐活动。2017年1~3月，仅阿克苏地区申请报名参加朝觐人数就达1878人，并且要求增加朝觐名额的呼声日益高涨，甚至少数“三老人员”[②]、退休干部也想去朝

① 马大正：《国家利益高于一切》，新疆人民出版社，2002，第98页。

② “三老人员”是指年满60岁以上的老干部、老党员、老模范。

觐。一些知名宗教人士反复出国私自朝觐，部分朝觐人员为了追逐名利，相互攀比，在朝觐活动前，大搞欢送活动，回国后大摆宴席庆贺，促发了“朝觐热”。

四是宗教人士人数众多但良莠不齐，宗教活动频繁、规模大。新疆伊斯兰教教职人员有3万多人，但政治素质和威望高且宗教学识渊博者少，而诸多缺少资证、政府不认可的“野阿訇”则容易乘虚而入。一些大型宗教场所聚集的教民往往成千上万，声势浩大，劳民伤财，宗教人士和教民跨地区传教、组织宗教活动的现象难以禁止。

2. 内部纷争时有发生

西北地区伊斯兰教内部纷争由来已久，有的根深蒂固，影响深远。近年来，新疆伊斯兰教教派矛盾虽总体趋缓，但局部地区矛盾仍很突出，有的因矛盾激化引发群体性事件，成为影响社会稳定的严重隐患。一些阿訇在宣讲教义时往往相互贬低，人为制造隔阂和纠纷，破坏教派团结。一些非法宗教势力私办讲经班（点）遭到政府明令禁止和打击之后，就变换手法，往往以伊斯兰教“改革派”面目出现，以提倡“纯洁”信仰、“净化”心灵等为借口，排挤爱国宗教人士，争夺寺院讲经权，企图把非法宗教活动合法化。这样教派内部之间为争夺教民和教权，也会经常发生冲突。

3. 违法活动屡禁不止

一是“以教干政、以教压政、以教代政”的现象时有发生。一些地方宗教人员干预国家行政、司法、教育、婚姻、计划生育，严重干扰和影响国家公务的正常进行。少数宗教人士违反政教分离原则，利用其社会影响，以不正当手段在基层部门安排“政治代言人”，扩大权势，谋取私利，甚至为了发泄私愤，煽动教民对抗政府。在一些穆斯林聚居的乡村，公开选举的村社干部如得不到当地宗教人士的认可，就很难开展工作；村民间一般性民事纠纷大多找阿訇而不找政府评判和裁决，一些宗教人士的威望高于一般党员干部。还有的宗教人士法制观念淡薄，不顾婚姻法规定，擅自给未经政府登记领取结婚证的教民念“尼卡”（证婚词）。

二是不经政府同意，私自授经带徒。极少数宗教极端势力违反宗教管理规定，擅自开办各类伊斯兰经文学习班（点），以传教、讲经等形式为掩护，秘密串联，发展非法组织，进行渗透、分裂和破坏活动。早在20世纪80年代中期，新疆私办地下经文学校，私自带培“塔里甫”（经文学校学生）的现象就比较盛行。1988年11月，新疆维吾尔自治区有关部门发布了“不允许私人擅自开办经文学校或经文班”的规定，并采取了一系列的查禁取缔行动。但这种现象在一段时间内不但屡禁不止，反而愈演愈烈。

三是干涉他人宗教信仰自由权利，强迫他人信教或参加宗教活动。一些极端分子以纯洁宗教信仰为由，不允许商店卖烟酒，不准教民看电视，不用所谓“异教徒”生产的物品。对吸烟喝酒的人，曾采取割耳朵、动刀子，进行伤害，煽动教民对少数民族党员干部和不信教的人采取“不理睬、不握手、不进他的房子、不喝他的水、死后不送葬”的态度，以孤立和排斥他们，胁迫一些少数民族“三老人员”信教。在宗教氛围浓厚甚至狂热的社会环境中，特别是南疆地区，许多年轻人迫于父母和社会的舆论压力，或者受同伴的影响而不得不信仰宗教和参加宗教活动。

四是一些极端分子在穿着仪表上，以宗教名义蛊惑、煽动、强迫、威胁他人，要求穆斯林男人蓄养胡须，妇女蒙面穿罩袍，以此作为区分所谓穆斯林与“异教徒”，创设浓厚的宗教氛围，并称此为宗教义务；在公共场所举行宗教活动，威胁、指责与辱骂世俗化、现代化的维吾尔族民众“不是真正的穆斯林”。一些地方对不戴头巾、穿牛仔裤、说普通话的维吾尔族妇女或女孩，当街唾骂或警告、恐吓，对着装时尚化的维吾尔族人士多以各种方式进行嘲讽甚至辱骂。

4. 极端思想泛滥成灾

一是鼓吹伊斯兰教至上。极端分子以《古兰经》和“圣训”作为衡量一切是非对错的标准，主张用伊斯兰法取代国家法律，认为“不是建立在《古兰经》和‘圣训’基础上的国家政权是非法的”，宣扬“妇女不蒙面不是真正的穆斯林”。

二是对多义性宗教词语进行极端化解释。极端分子恶意发挥、扩大和扭曲宗教教义中具有排他性的内容，对伊斯兰教历史上形成的一些词语如

“圣战”“吉哈德”等所象征的宗教意义和价值取向作出极端化解释，其目的是诱导正常的宗教信仰走向极端化，强化穆斯林民众的偏执和激进思想；把从事暴恐犯罪的“圣战者”美化为“民族英雄”，把他们的残害无辜说成是对“恶魔”的惩罚。

三是宣扬“阿拉木”[①]论。极端分子宣扬，政府颁发的身份证、营业执照、驾驶执照等都是“阿拉木”，煽动群众抵制。宣扬“共产党修建的安居房是阿拉木”“给汉族人打工、领取政府工资是阿拉木”等。

四是极端排斥“异教徒”，推崇“圣战”。极端分子鼓吹，“谁把政府法规当作‘古兰经’执行，谁就是异教徒，对异教徒要残酷无情”；“给政府工作的人死后会进地狱，真正的穆斯林不与共产党来往”等。宣扬“圣战”是穆斯林应尽的“宗教义务”，“一个人一生至少要经过一次‘圣战’、杀死一名异教徒或民族败类可以殉教进天堂，否则他就没有尽到宗教义务，他的死也就毫无意义”，“杀一个异教徒等于7次朝觐”[②]，“不杀异教徒的人不是真正的穆斯林”。他们还极力煽惑穆斯林离开故土参加“迁徙式圣战”。

五是鼓吹建立神权政治。极端分子鼓吹，建立伊斯兰教神权是“真主”的唯一理想，“我们的目的就是继续进行宗教领袖穆罕默德领导的伊斯兰斗争，建立政教合一的伊斯兰神权”。一些极端分子还叫嚣“要像伊拉克人那样发动人体炸弹和汽车炸弹袭击，加快‘东突’独立进程”。[③]

5. 极端活动愈演愈烈

一是宣扬传播宗教极端思想。多年来，极端势力大量复制、印发、制作和销售载有分裂思想内容的传单、小册子、音视频，甚至在饭店、宾馆、理发店和集贸市场等地散发、传阅和播放宣传“圣战”的宣传品和录音带。20世纪90年代末，由国外渗入，宣传分裂和宗教狂热的录像带、录音带泛滥成灾。“仅海关查扣的宗教书籍就达500余种、10万多册。2001年全疆收

---

① “阿拉木”，阿拉伯语意义为“违背伊斯兰教法的”，“严厉禁止的”。

② 安维华：《民族分裂主义、宗教极端主义和国际恐怖主义与帕西地缘政治》，《国际政治研究》2001年第1期，第78页。

③ 闫文虎：《当代伊斯兰复兴运动与国家安全》，西北大学博士学位论文，2006，第151页。

缴反动书刊28500余册、反动音像制品1450多盘。其中2001年3月间，和田市一次就查获反动书刊59种共27800册，数量之大，前所未有。”[①] 喀什公安机关一次就查获反动书籍7000多册，阿克苏公安机关查获非法经营点171处，反动书籍25万册，反动光碟、音箱资料6万多（盒、盘），重达50多吨。境内外敌对势力、极端分子通过光碟、音像、广播等媒介手段，用25种语言对新疆民族地区行分裂思想的渗透宣传。近期又出现“沙特来信”，劝人信教，并称如将来信转发20人可以直接进“天堂”，否则下“地狱”。

二是散播恐怖谣言，制造社会恐慌。极端势力煽动教民“采取一切可能的方式，从肉体上消灭异教徒，把汉族人从新疆赶出去”“要在托儿所、学校、商店、市场、车站、桥梁等汉族人聚集之地实施纵火、爆炸、暗杀，袭击中国武装力量和政府部门，使这些地方充满血腥，场面越恐怖越好”。[②]

三是越境外逃参加国际“圣战”，制造暴力恐怖事件。自2009年以来，中国新疆境内一些极端分子受“伊吉拉特”（意为“迁徙”）、“圣战”思想毒害，偷渡参加国际“圣战”的人越来越多。截至2015年1月，公安机关共破获组织、运送、偷越国（边）境案件262起，抓获涉嫌组织、策划、运送他人偷越国（边）境的犯罪嫌疑人352名，查获涉嫌偷越国（边）境犯罪嫌疑人852名。[③] 2016年12月28日，4名暴徒驾车冲入新疆墨玉县委大院，引爆自制爆燃装置，造成3人轻伤、1人死亡。[④]

6. 国际敌对势力利用宗教“分化”“遏制”中国

一是国际“双泛主义”势力利用宗教对新疆进行渗透破坏。自20世纪80年代以来，“世界伊斯兰联盟”中的宗教极端势力和国际伊斯兰原教旨极

---

① 闫文虎：《当代伊斯兰复兴运动与国家安全》，西北大学博士学位论文，2006，第168页。

② 《反恐，中国政府义无反顾的选择》，新华网，2003年12月15日，http：//news. xinhuanet. com/newscenter/2003 - 12/15/content_ 1232529. htm。

③ 《公安部曝多起暴恐分子偷渡案：受阻后就地“圣战”》，2015年1月19日，http：//www. zyjjw. cn/news/china/2015 - 01 - 19/213003. html。

④ 《新疆墨玉县昨发生暴恐袭击事件4名暴徒被当场击毙》，2016年12月29日，http：//news. 163. com/16/1229/10/C9EQC0QU000187V9. html。

端组织如“伊扎布特”[①]“泰比力克”[②]等，就曾多次到新疆进行宣传煽动和发展成员，并捐建大量清真寺。“据不完全统计，截至1993年，境外捐款300多万美元，新建和修缮清真寺2493座，开办地下经文学校（班、点）近千个。”[③]目前，全疆多地发现有“伊扎布特”组织的活动。这些国际极端势力通过各种渠道偷运大量宗教宣传品入境，在新疆煽动宗教狂热，进行分裂思想宣传渗透，从事分裂破坏活动。“泰比力克”组织在新疆大肆宣讲“圣战”和“新疆独立”、“和政府对着干”、“建立伊斯兰国家”等分裂思想。沙特、土耳其等一些国家的“双泛主义”极端势力在麦加等地向新疆朝觐人员用提供免费住宿、交通等小恩小惠方式进行拉拢，给这些人散发分裂宣传品；无偿赠送鼓吹宗教狂热、煽动“圣战”的书刊和音像制品，并赋予他们回国传播“圣战”任务。境外极端组织还通过各种渠道挑选有“培养前途”的新疆少数民族年轻人去国外经学院留学深造，企图在若干年后用他们来取代老一辈的爱国宗教人士。

二是国际反华势力利用宗教“分化”“遏制”中国。长期以来，国际反华势力支持和利用宗教极端势力对新疆进行渗透。他们以“人权卫士”自居，以“普世价值”为武器，加强舆论宣传攻势，指责中国政府压制宗教自由和迫害宗教人士，毁损中国国际形象。在双边关系上，他们打着“宗教自由”旗号，对中国施压，试图逼迫中国改变宗教政策，以培养自己的“代理人”。在国际交往中，西方国家一直将民族、宗教、人权问题与国家外交挂钩，不断打出“人权牌”“宗教牌”等来牵制中国。美国一些著名智囊机构建议美国政府以宗教作为“首选武器”，对中国进行颠覆破坏。

7. 新疆穆斯林人口流动带来的新问题

随着新疆穆斯林到东南沿海和内地从事劳务、经商和投资，东部地区穆

---

① “伊扎布特”，又称“伊斯兰解放党”，是伊斯兰逊尼派中一个最活跃的政党，其组织体系严密、政治纲领明确。以改变世界现行制度，建立伊斯兰哈里发制度为目的，号召信众以“圣战”推翻世俗政权。

② “泰比力克”意为宣讲经文，讲解《古兰经》。原为巴基斯坦宗教组织一宣传机构的名称，后传入新疆，为分裂分子所利用。

③ 马大正：《国家利益高于一切》，新疆人民出版社，2002，第79～80页。

斯林数量不断增加，有的地方从西北来的穆斯林数量已经超过当地穆斯林数量；有的地方以前没有穆斯林，现在出现了穆斯林集中居住的情况，伊斯兰教也随之得到传播和发展。如浙江义乌，自形成中国著名的小商品集散地之后，中东一些国家和我国西北地区包括新疆的穆斯林前往经商，现在已有约2万名穆斯林生活在那里。深圳市原无穆斯林，现有清真餐馆1000多家，2006年开斋节会礼时就有8000多人；南京市据说有5万多名外地穆斯林；上海也有数万穆斯林，仅青海化隆县在此开拉面馆、打工、做生意的回民就有5000多人。① 这些穆斯林“往往以民族、宗教、地域和职业为纽带，结为利益群体，有着相对固定的生活和交往圈，容易游离于主流社会以外，与其他民族形成隔膜”。② 由于新疆穆斯林的宗教信仰、生活习俗等与移居地居民存在诸多差异，极易引发穆斯林与非穆斯林之间的认同冲突与社会矛盾。

8. 被建构的“伊斯兰教问题”

由于全球各地暴恐袭击有很多是信仰伊斯兰教的穆斯林中的少数极端分子所为，所以国际社会一些国际舆论出现一些认知偏误，将伊斯兰教与“暴恐”活动混为一谈，伊斯兰教极易被“污名化”“标签化”。近年来，新疆一些极端分子多次制造暴恐事件，使得一些民众在思想上产生错误认知，即认为新疆的暴恐事件是由伊斯兰教引发，或者想当然地将伊斯兰教与穆斯林、暴恐等同起来，这样会人为主观地建构起“伊斯兰教问题”。

一是新疆维吾尔族由于在种族相貌、文化传统、宗教信仰、生活习俗等方面与汉族存在较大差异，一些汉族民众在与维吾尔族民众交流交往过程中，由于不当互动，对维吾尔族的宗教信仰等缺少切实的尊重，由此会引发一些维吾尔族民众对汉族民众的反感和排斥，这样极易强化维汉族际间的分界意识。

二是他族对维吾尔族标签化、符号化的歧视引发的不满情绪极易被利

---

① 金泽、邱永辉主编《中国宗教报告（2008）》，社会科学文献出版社，2008，第3页。

② 龚学增：《妥善处理构建和谐社会中的民族宗教矛盾》，载卢丁一《当代中国民族宗教问题研究》，甘肃人民出版社，2006。

用。新疆一些少数民族个体或部分违法犯罪分子与犯罪集团的违法犯罪事件等，被其他民族尤其是汉族中的一部分人渲染和放大后，极易被解读为特定地域的特定民族问题与特定宗教问题，而被贴上“区域化”“民族化”“宗教化”的标签。一些政府与相关部门在宣传教育、执法检查、办理有关事项时，有意无意地存在一定程度的族际差别性对待，方式上的简单、粗暴极易伤害少数民族同胞的自尊心，造成民汉族际群体之间的心理排斥与互不认同，这些又容易被国内外敌对势力所挑唆利用。

三是少数地方政府官员若对一些维吾尔族妇女戴面纱、穿罩袍和年青人蓄胡须等生活习俗问题与极端分子难以甄别，“一刀切”地将他们与传播极端宗教思想、煽动宗教狂热混为一谈，则极易伤害广大教民的情感。一些人公权私用、乱用与滥用，若为了“维位”而“维稳”，将本质上属于人民内部矛盾性质的宗教问题扣以敌我矛盾性质的“极端宗教问题”乃至“恐怖主义”帽子进行严惩和打击，则极易伤及无辜，恶化民族关系。

四是由于新疆伊斯兰教问题的敏感性，主流媒体缺少对伊斯兰教问题的揭示和报道，但是主流媒体不报道、不发声，一般民众不知道真相，缺少知情权，不等于普通民众不想知道真相，这样就会给一些自媒体的不实报道和胡乱报道提供了空间，这样真实的信息往往人们不了解，但是虚假的信息和谣言、谎言经常大行其道，混淆视听。

（二）2017年以来新疆主要的伊斯兰教问题

近几年来，经过20多万干部“访汇聚”驻村工作组的不懈努力和全国19省市的大力援疆，新疆安全稳定形势得到根本好转，新疆伊斯兰教问题治理也取得明显成效，但是宗教极端势力仍不甘心，变化手段花样进行渗透破坏，与党和政府争夺民众。

1. 以隐蔽方式进行渗透破坏

目前，少数地下经文学校为了躲避打击整治，以“阿拉伯语学校”名义，开展地下经文教学活动，传播宗教极端思想。少数宗教人士言行不一，搞两面派，在思想上同情被打击的极端分子和参与分裂破坏活动的人员，甚至还宴请他们，为他们进行“泰比力克”（宣讲经文）活动提供场所，暗中帮助和支持刑满释放人员。少数宗教人士和地下学经人员以经商做生意为名，相互串联，互为联姻，互通信息，一有机会就向人们传播宗教极端思想。

2. 通过“清真泛化”手段进行渗透破坏

（1）通过“清真泛化”宣扬极端思想

宗教极端分子伪装成虔诚信教者，故意曲解“清真”概念，对其作出极端化、欺骗性和煽动性的解读，宣扬“清真食品是健康干净的，非清真食品是肮脏的”“清真餐厅不能让非穆斯林就餐”“到非清真餐厅或非穆斯林家吃饭就是叛族叛教”“吃非清真食品的人是懒惰的、肮脏的、乱伦的”“吃清真饭的人是上等人，不吃清真饭的人是异类、下等人”“唱歌跳舞是不清真的”等，已经影响和干扰到部分维吾尔民众的日常生活，出现了一些人没有清真标识的产品不敢买、不敢吃、不敢用的现象。

（2）歪曲清真食品概念，将伊斯兰教法扩展延伸至生活领域

宗教极端分子不断扩大“清真”范围，不仅泛化到清真香油、清真面条、清真大米、清真蔗糖等食品领域，还泛化扩大到生活用品领域。有的地方清真餐厅公然放置“外族人士不可堂食，只能带走”“禁止汉民在此盛饭”“清真专席，汉民勿坐”等标识，有的旅馆、酒店也标有“清真”字样。一些教民抵制或指责清真餐厅使用非穆斯林人士，职工食堂汉族厨师做饭，民族职工不愿吃饭。在“访惠聚”驻村干部中，个别民族干部不让汉语干部动餐具，汉族干部不能参与做饭，即使盛饭，汉族干部的碗也不能碰到公用的锅具。

（3）通过“清真泛化”，挑拨民族关系、干群关系

宗教极端分子通过“清真泛化”，放大不同民族之间的习俗差异，进一步固化族群边际，强化族群意识，引发族际之间的猜忌，制造民族矛盾，破坏民族团结。有的维吾尔族干部因是党员，平时不参加宗教活动，其邻居和村民便认为他拿的工资不清真，不愿意跟他交往或故意疏远他。一些群众受“泛清真化”影响，不住政府修建的富民安居房，结婚时不领结婚证，不买内地生产的生活用品，甚至政府修建的学校和清真寺也认为“不清真”，不

到清真寺做礼拜、不让孩子上学。一些年轻人以父母做的饭“不清真”为由，不在家吃饭，不跟父母来往。部分少数民族同学以学校食堂做的饭“不清真”为由，不愿意在学校食堂吃饭；汉族学生在清真餐厅吃饭，有的少数民族学生有意见。

3. 一些受到宗教极端思想毒害的教民往往出于宗教认同而成为犯罪嫌疑犯的掩护和藏匿者

在新疆，伊斯兰教极易成为极端宗教势力煽惑裹挟与聚合民力、直接或柔性对抗政府的工具，自2015年以来，多名暴恐嫌疑对象突然“失联”，他们多是被一些伊斯兰教民出于宗教认同和族群认同而对他们进行藏匿和掩护，给新疆民族团结、社会稳定乃至国家安全造成严重隐患。

二　新疆伊斯兰教问题的主要特征、危害及其发展趋势

（一）伊斯兰教问题的主要特征

1. 宗教矛盾与民族矛盾彼此交织

新疆伊斯兰教问题主要表现为人民内部矛盾，但是在国内外敌对势力的煽惑挑唆和利用下，一些宗教极端分子以维护本民族文化的纯洁性为借口，过度强调本民族在宗教信仰方面的特殊权益，指责党和政府推行的民族宗教政策，诬蔑新疆维吾尔族没有宗教信仰自由。由宗教信仰引发的社会矛盾，经常被抬高到民族问题的高度，一些教民极力强化伊斯兰教的民族性，极易引起维汉民族的猜疑与隔阂，甚至仇视。

2. 国内问题与国际问题互为影响

在全球化、信息化时代，国际问题极易国内化，国内问题也极易国际化。一方面，国际“双泛主义”势力、西方反华势力还有境内外“东突”势力利用宗教问题对新疆进行渗透破坏；另一方面，新疆境内外的宗教极端势力主动与境外“东突”势力、国际“双泛主义”势力、西方反华势力勾

连，对中国尤其是新疆进行思想渗透与分裂破坏活动。

3. 宗教问题与政治矛盾相互关联

新疆伊斯兰教问题类型多样，异常复杂，宗教问题与政治矛盾相互关联。国内的宗教问题解决不好，极易被国内外敌对势力利用，成为他们“分化”“遏制”中国的工具。如2009年7月5日发生在乌鲁木齐的打砸烧抢“7·5”严重暴力恐怖事件，就是“东突”势力利用伊斯兰教进行分裂新疆的典型案例，其目的就是要在新疆建立一个政教合一的分裂政权。

4. 人民内部矛盾与敌我矛盾交互转换

信教与不信教民众之间的矛盾、不同教派之间礼仪差别的分歧、对讲经权的掌控，以及个别出版社和媒体出版和发布的个别书籍和少数言论伤害穆斯林宗教感情，所造成的恶劣影响（所谓“侮教案”），开始主要是人民内部矛盾，但是一旦被别有用心者或国内外敌对势力所利用，进行煽惑、鼓动，演化发展成打砸抢烧，甚至暴恐活动，就成为敌我矛盾。同样，对于敌我矛盾的分裂破坏活动，经过打击、整治与教育引导，也可以转化成人民内部矛盾。

（二）伊斯兰教问题的社会危害

1. 极易麻醉思想，催化认同危机

“宗教本身是颠倒了的世界观”① “宗教是人民的鸦片”②。宗教的精神麻醉作用，造成人们思想认知的混乱，极易使人们的思想愚昧和盲从，窒息科学思想的产生，阻碍科学的发展与进步，削弱和损害人们改造自然的能力。一些教民思想受到毒害，认同“土耳其化”，信仰“沙特阿拉伯化”，生活“伊斯兰化”，消解了他们的国家认同，有的柔性对抗政府，有的在服刑和劳教期间立场顽固，抗拒改造，甚至“慷慨赴死”以实现上“天堂”的愿望，这些人出狱后大多重新犯罪，“进去是条狼，出来是头虎”，使得敌对势力的渗透破坏具有一定的生存土壤和群众基础，也极易误导一些民众

① 《马克思恩格斯选集》第1卷，人民出版社，1972，第1页。

② 《马克思恩格斯选集》第1卷，人民出版社，1972，第2页。

对伊斯兰教的误解。“清真泛化”不仅是对汉族的伤害，也是对世俗化、现代化的维吾尔族和回族民众的裹挟和伤害，也极易在维吾尔族内部制造矛盾。

2. 扰乱教民的生产生活与危及生命财产安全

一些地方宗教活动铺张浪费，超越教民经济能力；一些“蛇头”组织利用教民朝觐心切的心理，打着帮助办理护照、代办签证的名义骗取钱物；一些思想受到毒害的教民变卖家产参加“伊吉拉特”“圣战”，或被骗钱骗色，或成为国际恐怖主义势力的牺牲品和炮灰。境外跨国犯罪团伙则将陆续偷渡出境的穆斯林安置在境外一些国家的据点，并对这些偷渡人员进行明码标价，让“基地”组织、“IS”等国际恐怖组织挑选购买。“1 名身体强壮、可以直接参战的男子要价 2000 美元至 3000 美元，1 名学生的价格在 5000 美元至 20000 美元，其余的老弱病残及妇女会被送入当地的难民营。大多数出境的女性则充当恐怖组织成员的‘造人机器’和‘性奴’。”[①]“2012 年底投身‘伊斯兰国’的‘东突营’在 2014 年连遭重创，在伊拉克和叙利亚边境已损失 80% 以上的武装人员，更有意志崩溃、试图逃离者被‘IS’督战人员斩首或击毙。”[②]

3. 危害民族团结和破坏社会稳定

思想受到毒害的教民认知混乱、愚昧盲从和偏激极端，法律意识淡漠，多以民族和宗教划界，以民族情感代替理智、理性，挑拨民族关系，煽动民族仇恨，破坏民族团结。宗教极端思想是暴恐活动不断滋生的催化剂，一些教民思想受到毒害后，不仅打击排挤而且还通过所谓的“拆桥行动”杀害爱国宗教人士和民族干部，他们在残害无辜时，并不认为自己是在违法犯罪，甚至自居或被美化为“东突勇士”“民族英雄”。宗教极端势力利用维汉族际之间饮食与生活习惯不同，通过“清真泛化”把民众简单地分为“穆斯林”和“非穆斯林”、“真穆斯林”和“假穆斯林”，其实质是打着宗

① 《认清“伊吉拉特”的本质及其危害》，2015 年 7 月 10 日，http://news.163.com/15/0710/09/AU5DR3GQ00014AED.html。

② 《认清“伊吉拉特”的本质及其危害》，2015 年 7 月 10 日，http://news.163.com/15/0710/09/AU5DR3GQ00014AED.html。

教的幌子、披着宗教的外衣、以宗教活动为借口，营造浓厚的宗教氛围，推动宗教狂热和宗教极端，妄图搞教族绑定，蒙骗和裹挟群众，制造人与人之间、族群与族群之间的分离与隔阂。其目的是排斥爱国宗教人士、党员干部和部分信教群众，在不同民族、信教群众内部、信教群众与不信教群众之间制造隔阂，破坏民族团结，威胁社会稳定。

4. 威胁国家安全

由于“宗教至上论”“神权政治论”“教大于法”等思想盛行，一些教民国家意识和公民意识淡漠，破坏婚姻法，反对计划生育，与党和政府争夺民众，直接或间接对抗政府，诬蔑与攻击党和国家的民族宗教政策。一些思想受到毒害的教民“去中国化”“逆现代化”“反世俗化”思想严重，他们“妖魔化”中国，损害国家国际形象，尤其是那些不谙世事、涉世不深的青少年充当了国内外敌对势力分化、分裂中国的工具。特别是近年来参加国际“圣战”回流的宗教极端分子潜回新疆，从事分裂破坏和制造暴恐活动，严重威胁到国家安全。

（三）伊斯兰教问题的发展趋势

近年来，各级政府严厉打击和整治宗教极端势力，极大抑制了宗教极端势力的生存和发展空间。尽管新疆宗教问题得到有效的遏制，但是一些宗教极端势力迫于新疆反恐维稳的现实形势，多处于蛰伏状态，受周边国家和地区复杂的人文生态环境，以及大国地缘政治博弈和国际恐怖主义的影响，新疆境内外宗教极端势力的勾连破坏将呈现长期性与复杂性特征。

1. 一些参加国际“圣战”的宗教极端分子将陆续回流中国进行分裂破坏

随着国际恐怖组织“伊斯兰国”被击溃，参加中东“圣战”的“东突”恐怖分子回流中国，企图继续实施极端主义、恐怖主义破坏。据叙利亚、以色列情报机构和美国情报部门及维吾尔族“活动家”的综合估计，自2012年以来新疆赴叙利亚参战的“东突”分子有5000人之多，其中有数百人直接参加了“伊斯兰国”组织。这些受访的“东突”极端分子毫不掩饰地说，他们一心想回流，他们不关心叙利亚战争怎么进行，他们只想知道怎么使用武器，然后回中国战斗。除了学会使用武器与积累作战经验外，这些“东突”极端分子还在叙利亚北部的一些占领地进行“政治治理实验”，搬用犹太人模式治理村镇，其目的“是学习犹太人如何建国与治国”，为将来在新疆建立分裂政权做准备。这些极端分子可能持有原居住国有效护照或旅行证件，以商人、留学生、旅客等身份通过正常途径，从西北、西南和东南沿海等地回流中国，从事极端和暴恐等破坏活动。

2. 新疆境内少数教民受宗教极端思想毒害极易“升级”为暴恐实施者

境外敌对势力利用网络、光盘等途径方式长期对中国尤其是新疆进行极端主义、恐怖“圣战”思想宣传，以及一些易燃易爆品制作的传播，使得境内一些没有去过叙利亚或伊拉克参战的“良民”思想极易受毒害、被煽动教唆而实施“独狼式”恐怖袭击。

3. 美国将可能继续利用宗教极端势力遏制中国“崛起”

长期以来，美国把反恐斗争当作谋取地区霸权和国家利益的工具，推行“双重反恐”标准。2017 年底美国《国家安全战略报告》公然将中国列为敌对竞争对手。2018 年新年伊始，美国就介入阿富汗反恐战争，出于围堵中国的目的，美国必将继续支持和利用乃至挑唆新疆境内外“东突”势力破坏中国“一带一路”建设，搞乱新疆。境内外宗教极端势力可能与国际恐怖势力联手[①]，利用“一带一路”沿线公路、铁路与航空等交通便利条件，对“一带一路”沿线中亚、西亚乃至中东等地区中国的各类工程项目、能源通道建设以及人员等进行恐怖袭击。

三　新疆伊斯兰教问题治理方略探究

（一）树立对新疆伊斯兰教问题的正确认知

由于伊斯兰教经常被别有用心者和国内外敌对势力所利用，所以极易被

① 本·拉登的“基地”组织曾在中亚和南亚帮助境外的“东突”组织建立“中国营”。近年来，国际恐怖组织“伊斯兰国”在东南亚地区和国家建立了“伊斯兰国”的分支“东南亚营”。

当成一切纷乱的“祸根”。其实宗教本质上只是一种精神信仰，宗教发挥什么样的社会作用，取决于行为主体如何诠释、如何利用，不能把暴恐问题归结于伊斯兰教。我们需要教育和引导广大民众，既要认识到伊斯兰教的德育教化、社会整合、族群认同、行为规范、心理慰藉等积极功能，也要认识到其固化保守、社会裂变、族际相斥、暴力扩张等消极负面影响，同时还要警惕一些别有用心者利用它聚合民众、对抗政府，从而成为敌对势力分化、瓦解国家政权的工具。要辩证看待伊斯兰教的社会作用，在看到其积极作用的同时，也要认识其不足之处，不能回避其消极的一面，不能一谈到伊斯兰教问题，就“老虎屁股摸不得”；对于批评言论不能一味限制乃至禁止，应该是疏导而不是围堵，马克思曾指出，“对宗教的批判是其他一切批判的前提”，一味限制乃至禁止伊斯兰教领域的批评言论只会引起更大的反弹乃至会影响到政权的执政基础。

（二）推进伊斯兰教中国化改革，充分发挥其积极功能

党和政府需要有巨大的政治勇气和道路自信、理论自信、制度自信与文化自信，用中华文明对伊斯兰教进行一场彻底的改革，真正推进伊斯兰教的中国化，改变长期以来其外向性认同的弊端，维护意识形态安全，一是大力弘扬伊斯兰教的善言、善德和善行，充分肯定伊斯兰教对中国文学、音乐、雕塑、绘画、建筑艺术等方面的杰出贡献，并传承保护其优秀文化。二是组织多方专家对阿文版《古兰经》、“圣训”进行修订完善，剔除其中的消极思想，以避免教民被煽惑、蒙蔽，推进穆斯林朝觐圣地本土化、多元化。三是充分发挥宗教团体协助人民政府贯彻落实法律法规的职能，在宗教活动中将国家法律、民族宗教政策、社会主义核心价值观、国家统一和民族团结等信息融合到教义中阐释，促其深入人心。四是以现代文化为引领，引导宗教与社会主义社会相适应。引导穆斯林民众远离极端、拒绝愚昧、反对迷信、崇尚科学、追求真理；引导教育宗教人士要以与时俱进的理念，开放、开明与包容的心态，对伊斯兰教教义、教规及其思想进行适应时代和社会发展要求的阐释。

（三）加强国际反恐合作，共同打击国际宗教极端势力及其跨国犯罪活动

一是中国应通过参与地区与次区域国际组织如上合组织、东盟、海合会（海湾阿拉伯国家合作委员会）的反恐合作，充分发挥上合组织在推动中国与中亚国家合作打击国际宗教极端势力方面的不可替代的作用。加强与中亚、南亚、中东以及东南亚国家和地区的双边反恐合作。二是中国需要加强与地域邻近国家如阿富汗、巴基斯坦、哈萨克斯坦、马来西亚、印度尼西亚等国在反恐执法、情报信息、金融监控、跨境追逃、引渡嫌犯等方面的合作，同时要深化与土耳其、沙特、埃及等国的反恐合作，切断新疆宗教极端势力渗透蔓延的境外源头，压缩其国际生存空间，为防范境外宗教极端势力的渗透破坏营造一个良好的周边环境。

（四）加强意识形态领域的去极端化斗争

一是要截断国内外宗教极端势力的联络。受伊斯兰极端主义意识形态影响，新疆境内伊斯兰教民极易凝聚在一起，自发催生“独狼”和恐怖团伙。反恐实际上也是一场“意识形态斗争”，所以要严厉打击宗教极端主义和网络恐怖主义，着力铲除、封堵恐怖极端思想的根源和传播渠道，加强防范和监控，严防敌对势力外部操控，查堵境内“东突”势力内部策应。在确保由政府组织的正常宗教文化交流的基础上，屏蔽国外散播极端思想和分化言论的各种宗教类网站、论坛，限制甚至停止派遣宗教类、神学留学生（包括自费），最大限度地遏制和隔绝国外宗教极端思想和极端势力对新疆伊斯兰教的渗透破坏。二是要加强心理干预，做好极端思想者的思想转化工作。运用心理学知识和高端心理测试仪器，研究宗教极端思想的根源和演变，借鉴国外经验，让伊斯兰教爱国神职人员参与审讯工作，在对嫌疑人进行周密心理解析的基础上，手持《古兰经》对新疆境内具有极端思想的嫌疑人进行艰苦细致的耐心劝导，做好他们的思想挽救工作。

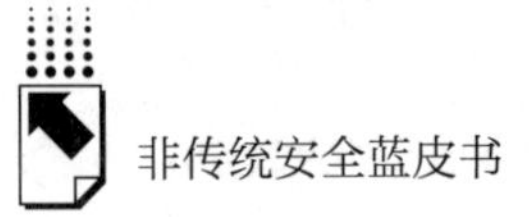

（五）提高宗教问题治理的法治化水平

一是建立健全抵御极端宗教渗透破坏的管理与协调机制，切实贯彻十九大党的宗教工作方针政策，依法加强对宗教问题的整治，使宗教讲授权牢牢掌握在爱国宗教人士手中，避免别有用心的“野阿訇”抢占讲经台；强化对宗教活动、宗教场所与宗教人士的规范化、法治化管理，加强对新闻、出版、网络媒体的管理工作，挤压极端宗教势力的网络政治动员空间。二是依法加强宗教事务管理，保护合法宗教活动，宗教团体、宗教场所、宗教活动必须受法律法规约束；不允许有法外之地、法外之人、法外之教，严禁任何人利用宗教干预教民世俗化生活，宗教活动不得妨碍生活秩序、工作秩序和社会秩序。三是对不同类型的极端宗教分子要进行分类治理。对5%左右的极端分子要深刻揭露其险恶用心，并依法予以严厉打击；对15%～20%的支持者和追随者，要依法惩治与教育引导相结合，做好帮扶教育与挽救转化工作。对75%～80%的盲从者要进行细致入微的教育疏导，教育他们如何做一名好的穆斯林和遵纪守法的好公民。

（六）共铸“去极端、反渗透、反分裂”统一战线

一是要提高各族民众对宗教极端思想与宗教极端势力的认知与识别能力。通过揭批非法宗教与宗教极端活动教育进乡村、进学校、进企业、进社区，深入揭批极端宗教势力所宣扬的各种极端思想和分裂谬论，提高广大穆斯林民众对宗教问题的认知与识别能力，帮助他们认清极端宗教势力渗透破坏的目的。二是要维护爱国宗教人士的威望，有计划地培养年轻的爱国宗教职业者，团结广大信教群众，教育他们遵守国家的法律与法规。三是要加强基层组织与基层政权建设。改变过去老百姓不敢检举、基层组织不敢发声，一些干部怕得罪教职人员和教民、怕自己与家人被孤立乃至遭打击报复，以及一些干部出于宗教认同和狭隘族别意识而对极端宗教“不敢管、不愿管与不会管”的历史和现状。四是要营

造去极端、反渗透、反分裂的社会氛围。加强乡村文化大礼堂建设和爱国主义、国防安全、民族团结等教育，加大社区反恐教育宣传，加强反恐信息搜集、分析和报送、举报机制建设，强化反恐重点区域应急处置技能培训，提升社区居民反恐应急能力，形成全社会去极端、反渗透、反分裂的合力。

（七）运用高科技、大数据推行更为精准的反恐

加紧研制、升级反恐高科技装备，高效无线电和卫星通信器材、新式警用交通工具、高层消防装备、防化特种器材、新一代刑侦技侦设备、防高爆设备、身份识别安检设备、不断升级的计算机硬件和软件等，都应尽快充实到反恐作战第一线；以信息化技术反击网络恐怖主义和宗教极端主义，采用大数据手段对“嫌疑犯”撒下严密、精准监控的天罗地网，尽可能减少“漏网之鱼”。

（八）改善民生，尊重和保护正常宗教活动，赢取民心

大力发展经济，改善民生，发展各级各类教育，增强少数民族民众市场竞争力，解决看病难与就业难问题。在关闭地下经文班点、打击非法和极端宗教活动的同时，满足和保护教民正常的宗教活动的需求，以赢取民心，削弱宗教极端势力的群众基础。

结　语

中国政府尤其是新疆地方政府既需要了解新疆伊斯兰教问题与国际上其他国家和地区伊斯兰教问题的一般性特征，也需要清醒认知新疆伊斯兰教问题极其复杂的特殊性，坚持“团结大多数，孤立极少数，打击敌对势力”原则，将国内外少数敌对势力利用宗教进行分裂破坏的政治活动与新疆伊斯兰教信仰的社会行为分开，把少数极端分子从广大信仰伊斯兰教的穆斯林中剥离出来，进行严厉打击，团结和依靠广大穆斯林，陷国内外敌

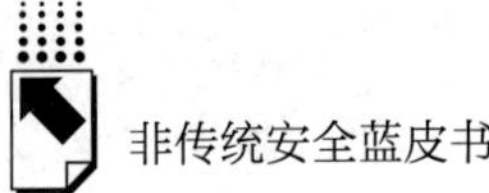

对势力于人民战争的海洋，才能有利于维护新疆的民族团结、社会稳定和国家安全。在“一带一路”建设背景下，中国政府包括新疆地方政府应以新疆穆斯林为桥梁和窗口，加强与“一带一路”沿线伊斯兰国家伊斯兰教正常的交流与交往，通过认同建构，促进民心相通，才有利于维护边疆的宗教安全。

B.15
论非传统安全视域下的中日食品安全合作

刘文琴*

摘　要： 21 世纪以来，随着全球化进程的加快，食品安全问题日益凸显，不但具有非传统安全特征，还具有跨领域、跨地区、跨国界的商品经济属性，任何一个食品源的污染都能引发大规模食品安全事件，并且可能会扩散至全国甚至全球。本文以"共享安全"理论为中日食品安全合作的价值基点，为两国构建"共建共享"合作模式提出建议：一是在宏观层面，构建战略互信与合作及正确认知食品安全问题；二是在中观层面，发挥政府与第三方机构的协同治理作用；三是在微观层面，加强源头、媒介与跨境合作，协力共治和共同维护中日食品安全。

关键词： 非传统安全　中日食品安全　共建共享

"民以食为天。"众所周知，食品安全是社会安全的重要组成部分，社会安全是国家安全的重要组成部分。食品安全不仅与人类日常生活息息相关，还与世界各国经济发展、社会进步、生活水平提高等密不可分。为共享食品安全，处于经济全球化下的各国均不能独善其身，应携手共建食品安全

* 刘文琴，硕士，主要从事非传统安全研究。

体系。中日两国亦是如此，中日两国先后曝出“毒饺子”“毒豆角”“过期肉”等一系列跨境食品安全事件，不可避免地造成了人身伤害以及高额的经济损失。这迫切需要中日两国进行食品安全合作，构建“共享共赢”的合作模式。

一　食品安全具有非传统安全威胁的特征

非传统安全在西方学者的研究中大多指涉的是具体研究领域，如能源安全、环境安全、经济安全等。非传统安全研究涵盖众多领域，食品安全是其重要领域之一。

非传统安全威胁具有“普遍性、复合型、非军事性、跨国性、不对称性、需要多（国）行为体联动应对性”等特征。食品安全不但是非传统安全的重要内容，还具有非传统安全威胁的显著特征。如食品与人类生活息息相关，是全人类生存的必需之物，因而食品安全问题具有普遍性；与食品安全直接相关联的是人民生活质量以及社会稳定等，与传统安全所面临的威胁截然不同，体现了食品安全的非军事性；食品安全问题并不是孤立的领域，与经济贸易、政治社会有着千丝万缕的联系，此外，食品安全威胁的产生都是由非国家行为体或非军事性因素导致，如若食品安全问题没能妥善处理，必然会外溢到其他领域，抑或演变成传统安全问题，这也正体现了食品安全的复合性；随着全球化趋势不断加深，食品安全问题伴随食品贸易的进程而不断凸显，对人类健康安全产生扩散性影响。由于目前各国经济发展水平不一，各国食品安全治理情况自然不尽相同，解决食品安全领域的治理问题必然需要国际合作，这正体现了食品安全合作的跨国性，需要多（国）行为体联动应对性。

由此可见，食品安全具备“普遍性、复合型、非军事性、跨国性、不对称性、需要多（国）行为体联动应对性”等特征，因而食品安全问题的治理需要用非传统安全“共享安全”理论来指导，旨在进一步促进中日两国食品安全合作。

二 食品安全合作的非传统安全理论基础

“优态共存”是共享安全的本质，共享安全是非传统安全的新范式，也是本文的价值基点，更是中日开展食品安全合作的现实依据。

“共享安全”理论是指导中日食品安全合作的价值基点，也是“共患意识”的表现载体。“共享安全”的产生得益于全球化的深度发展，“共存共享”意识不断被催发。中国与日本一衣带水，两国交往源远流长，“共患意识”将促使中日两国加强在食品领域的合作。“共享安全”理论的思想基础是深厚的历史哲学基础、儒家的王道政治以及“亲仁善邻”的和平主义价值思维。[①] 魏志江、庞加欣指出“共享安全”的哲学基础除了余潇枫提出的“协和”“和合”之外，儒家哲学理念的核心“忠恕”亦是重要基础。[②] 为实现“共享安全”，国家之间应遵循“忠恕之道”。在当今全球体系中已无绝对安全可言，各国均不能独善其身，因此获得相对安全的基本途径是在宽容、理解的基础上，构建互惠互建、合作共赢的合作方式，最后实现国家间优态共存、安全上共优共享、经济上合作共赢、社会上共同发展。

“共享安全”的本质内涵是指“行为体之间共存、共优与和平、和合状态的相互保持与享有”。[③] 首先，“共享安全”是以人的生命保护作为安全的价值基点，其安全重心不仅包括国家安全，还包括人的安全与社会安全。[④] 食品安全具有跨国性，实现食品安全合作在某种程度上来说保证了人类生命

① 魏志江：《非传统安全研究中“共享安全”的理论渊源》，《国际安全研究》2015 年第 3 期，第 59 页。

② 余潇枫、魏志江主编《中国非传统安全研究报告（2013 ~ 2014）》，社会科学文献出版社，2014，第 40 ~ 41 页。

③ 余潇枫：《共享安全：非传统安全研究的中国视域》，《国际安全研究》2014 年第 1 期，第 4 ~ 34 页。

④ 余潇枫、魏志江主编《中国非传统安全研究报告（2011 ~ 2012）》，社会科学文献出版社，2012，第 256 页。

以及健康安全，体现“优态共存”的理念。其次，“共享安全”的优先目标是实现社会的安宁与繁荣。一个国家的繁荣与否，主要在于其经济是否繁荣，社会是否安宁。只有社会安宁与繁荣才能更好地推动社会进步。中日两国实现食品安全合作既能带动两国经济繁荣，还能保障两国社会稳定。最后，“共享安全”将和谐共建、合作共赢等作为国家间互动的最高准则。在全球体系下，中日两国即便出于自利考虑，也会因为自助上的无能为力而不得不采取互助行为，与他国共同合作以应对危机。[①] 这不但要求中日两国在食品安全领域达成“共享”意识，还要求两国能够高效有序地实现食品安全问题“共治”，食品安全信息“共享”，最后通过和谐共建达到合作共赢。

“共享安全”理论在研究范式上体现了以人为本的价值取向，指引着中日两国在利益上保持一致与共同享有，两国之间彼此共同构建和享有安全。领土争端以及历史遗留等问题是导致中日两国发生安全冲突的主要动因，也是阻碍两国合作的主要因素。在“共享安全”理论指导下，中日两国可在食品安全合作上实现“优态共存”，打造“食品安全共同体”、形成“你安全我才安全”“没有世界和地区安全就没有国家安全”的共识。此外，中日两国不仅需要在食品的生存、贸易、销售等环节树立共同价值观——“共享安全”，还应发动两国政府和社会力量共同参与进来，制定适合两国国情的规章制度、风险应急机制以及沟通交流机制，以实现“优态共存”。中日两国的食品安全合作符合“共享安全”理论的价值前提，即“安全行为体对生态环境资源‘共有’、生存条件‘共依’、生存方式‘共存’以及安全的可持续发展”。[②]

综上所述，“共享安全”是非传统安全的价值实质，是理想、现实、建构的复合体，能为中日两国食品安全合作提供新思路。因此，“共享安全”

---

① 刘兴华：《非传统安全与安全共同体的建构》，《世界经济与政治》2004 年第 6 期，第 40 页。

② 魏志江：《非传统安全研究中“共享安全”的理论渊源》，《国际安全研究》2015 年第 3 期。

对中日食品安全合作具有实际的指导意义，中日两国只有实现了共建共享才能更好地保障两国食品安全现状，共应食品危机，共迎挑战。

三　中日食品安全问题的治理思考或对策

进入21世纪后，中日两国在经济领域逐步形成“中强日强”的“对称性”格局，呈现出从敌对到战略互惠再到矛盾纷争这一过程。[①] 本文从宏观层面、中观层面、微观层面三个方面进行中日两国实现食品安全合作分析并提出建议。

（一）宏观合作：构建战略互信与正确认知食品安全问题

1. 构建战略互信

构建战略互信的关键在于建立“共享共建”意识。“共享安全”的价值前提是安全行为体对生态环境资源的“共有”、生存条件的“共依”、生存方式的“共存”以及安全的可持续发展。[②] 余潇枫提出共享安全的价值前提是以“全球命运共同体”为考量，寻求“共存”“共依”“共有”“共和”“共建”“共创”的方式。[③] 因此，中日食品安全应当在加强食品安全合作的基础上，进一步实现可持续发展，这就要求中日食品安全共治进一步深化合作内容。中日两国在国际公认的法律法规框架下可最大限度地利用两国已有资源来构建合作的平台，这不但能加强国内的出口实力，还能保证两国关系的可持续发展，以及与其他各国的和谐发展，这也正体现了“共享安全”中的“共有”“共存”原则。如中国的“小肥羊”已在日本落户，日本料

① 虞少华：《构筑互信　推进合作——中日韩安全合作国际研讨会论文集》，人民出版社，2015，第90～91页。

② 魏志江：《非传统安全研究中“共享安全”的理论渊源》，《国际安全研究》2015年第3期，第56页。

③ 余潇枫：《共享安全：非传统安全研究的中国视域》，《国际安全研究》2014年第1期，第7页。

理“吉野家牛肉饭”在中国十分畅销。[①] 由此可见，中日双方在食品方面完全可以做到互相合作、互利互惠、共享共赢，最终为共同提高两国食品领域安全性做出贡献。

构建战略互信的前提是中日两国正确认知历史。当前中日双方都处于转型时期，各自国内情况不尽相同，中日两国必须达成共识，才能更好地共享发展成果。正确认识历史对促进两国关系改善具有积极影响，能积极有效地促进中日食品安全合作。在达成共识、形成正确认知的基础上，两国还应以开放、自信、包容的心态相互对待对方。这是中日两国进行食品安全合作的重要前提条件。此外，中日两国食品安全的共享共建离不开两国人民的认知。因此，中日两国应大力发挥日中友好协会[②]的桥梁作用，积极倡导以及组织开展中日友好活动，加强两国交流，纠正两国人民互相认知错误的观点，帮助两国人民相互理解与合作、促进两国贸易，谋求和平发展。[③]

构建战略互信的基础是正确引导国民情绪。政府应正确引导国民情绪，而非基于狭隘的民族主义意识进行国民教育，导致国民对中日两国历史产生理解偏差。如日本所提出的“大东亚共荣圈”思想不仅是部分军事官僚和右翼分子高喊的口号，这种思想观念已深植日本人意识之中。尤其在今天的日本，依然有挥之不去的“大国意识”乃至“帝国意识”，与蕴含着新国家主义要素的各种思潮相呼应，似乎带有和往昔一样的军国主义色彩。[④] 这需要日本回顾历史、认真反省、正确认识自我。尤其是中国近几年来经济飞速发展，现已超过日本成为世界第二大经济体，这让不少日本人民感到来自中国的压力。因此，中国也应妥善处理好与周边国家的关系，尤其是日本，不应以大国心态自居，应保持友好和善的态度与日本交往，践行“忠恕之

① 《大消费时代的食品安全与中日合作新机遇高峰论坛》，《环球》，2012－07－26，http://news.sohu.com/20120726/n349071565.shtml，访问时间：2017年4月3日。

② 日中友好协会，全称为日本中国友好协会，简称日中友协。1949年10月开始筹建，1950年10月1日正式建立。

③ 吴杰：《日本史辞典》，复旦大学出版社，1992，第177页。

④ 〔日〕纐缬厚：《领土问题和历史认识：中日韩三国为何不能携起手来?》，申荷丽译，上海三联书店，2014，第26～27页。

道”。中日两国食品安全合作能否得以进行，中日两国都应根据国内实际情况正确定位，而后共享共建食品安全，甚至深入非传统安全领域的全面合作等。

2. 正确认知食品安全问题

正确认知食品安全是中日食品安全合作的重要基础。关于食品安全的认知可以从国家、行业、企业、舆论四个方面进行食品安全教育来实现。首先，从国家层面来看，国家在进行食品安全立法时应着重强调食品伦理道德规范，加快制定有关食品伦理道德的规范条例等；此外，国家应加强对食品安全的监管力度，提高违法成本直至退出市场。其次，从食品行业层面来看，应大力发挥行业协会作用，对食品行业的监管人员进行伦理道德培训并提供学习教材等；此外，行业协会还可鼓励树立模范，如模范人物、模范企业、模范产品等，帮助从业人员树立正确价值观，优化产品结构以及鼓励和扶持名优产品生产等。再次，从企业层面来看，首要任务是培育企业自我监督检验机制，企业的自我监督检验是最为有效的监督。最后，舆论宣传的把控，充分发挥新闻媒体的教化作用和舆论监督作用。进一步加强媒体报道机制规范建设，要求媒体报道能做到注重信息对称问题、客观全面地反映食品问题，既要揭露曝光问题食品在生产、流通、销售等环节的违法犯罪行为，同时对民众加强正面引导，对优质食品、品牌产品以及诚信企业等进行大力宣传，形成一个良性的社会舆论氛围。也有人提出“媒体对改善中日关系的作用有限”。确实，媒体的作用并不是最为重要的，但媒体对促进两国人民的感情融合具有引导性作用。如央视不是报道“福喜肉”事件的首家网络媒体，但在“福喜肉”舆情事件中处于核心节点位置，且受关注度和权威性最高，直接推动了“福喜肉”舆情事件的发展，在网络中拥有其他次级网络媒体无法比拟的优势。①

引导两国民众正确认识《肯定列表制度》。《肯定列表制度》的实质是

① 吴林海、王建华：《中国食品安全治理评论》（2015 年第 1 卷），社会科学文献出版社，2014，第 204～205 页。

日本为加强食品中农业化学品残留管理而制定的制度。对日本民众而言，《肯定列表制度》的作用有二：一是消除日本民众对国内食品安全的怀疑，二是保护日本国内农业发展。《肯定列表制度》不仅约束进口国产品，同时也约束日本国内的产品及生产企业。因此，《肯定列表制度》对中国食品出口而言，是一个极其严峻的障碍和考验。从短期来看，中国及发展中国家不能立即适应《肯定列表制度》规定的种种严苛要求，带来贸易受阻、出口风险加大等负面影响。从中长期来看，《肯定列表制度》的实施能增强中国食品生产企业的质量安全意识，有助于完善中国食品安全法律体系，促使中国建立高标准、高要求的农残标准，这不但能极大保障消费者权益，还为中国农产品出口到日本以外的发达国家提供借鉴意义。再从贸易壁垒①角度来看，《肯定列表制度》的实施使部分中国食品暂时无法进入日本市场，这极大地影响了中国农产品出口，但同时促使中国农产品寻求新的出口渠道、开辟新的海外市场等。

正确认识核灾区食品。2011 年 3 月，日本地震和海啸导致日本福岛核电站核放射性物质泄漏一事虽已渐渐淡出人们的视野，但其遗留下来的核放射性物质切实存在并引发一系列的核灾区食品危机，导致美韩中等不少国家面临着核灾区食品危机。核灾区食品一是因核放射性物质扩散导致含有核放射性物质的食品，二是日本本土核灾区食品。关于核放射性物质扩散导致含有核放射性物质的食品。首先，福岛核泄漏事件发生在海边，故空气扩散和洋流扩散均有可能，张焕波认为风速②、大气稳定度③、地形④、

① 贸易壁垒会带来三种效应，即贸易限制、贸易禁止和贸易转移等。

② 风速：一般风速在 1m/s ~ 5m/s，适宜污染物近地运动，对人畜粮食等危害相对比较大；风速再大，反而会降低污染物近地的浓度。另外，一般也需要考虑大气中的湍流运动，重力、雨雪造成的沉降现象。核污染物如果上升到较高的高度，可能产生更远的扩散距离，其密度也会大大降低。比如福岛核电站泄漏发生不到一周，核辐射云已经到达美国本土。除了风速的影响，风向主要决定泄漏气云扩散的主要方向。

③ 大气稳定度：大气稳定，泄漏气云会在贴近地表的范围扩散；大气不稳定，空气垂直对流运动会比较强，有利于泄漏气云的消散。

④ 地形：低洼处泄漏气云团容易滞留。建筑和树木等会增加空气的湍流程度，可以起到一定的稀释作用。

污染物密度[①]等都会影响核污染扩散速度。[②] 从空气角度来说，空气所传播的范围更为广泛，不具有代表性。从洋流角度分析，核污染扩散后，根据容逸能等利用 ROMS 区域海洋模式[③]对北太平洋环流进行模拟的情况来看，不管是考虑背景场核放射性污染物浓度还是不考虑背景场核放射性污染物浓度的情况，中国近海表层的核污染物浓度远远不及国家规定的 $10Bq\cdot L^{-1}$（$10000Bq\cdot m^{-3}$）的海水安全标准，更不用说能否达到放射性物质和源的豁免水平 $0.1Bq\cdot g^{-1}$（以水的质量换算即为 $100000Bq\cdot m^{-3}$）[④] 因此，即便中国各海区核放射性污染物浓度在日本福岛核泄漏后有上升，但与国家安全标准相比是微不足道的，至少从现有的模拟结果上来看确实如此。[⑤] 因此，中国不必过分恐核，应保持正确态度认识核放射性物质扩散所导致含有核放射性物质的食品。当然，中国政府也可针对福岛核泄漏事件对中国海洋环境进行评估，在评估报告的基础上制定相关应对预案，并及时向民众报告有关核污染事件。

关于日本本土核灾区食品。日本方面对核放射性物质的监测工作自福岛核泄漏事件发生以来从未间断，2016 年 2 ~ 3 月，日本厚生劳动省委托国立

---

① 污染物密度：如果污染物密度大于空气密度，主要发生沉降现象，对污染发生地的影响比较严重。如果污染物密度小于空气密度，扩散初期主要进行上升运动，高度增加的过程中，受空气稀释作用影响，浓度降低。福岛核泄漏事件中，有相当一部分纯放射性物质随着爆炸的氢气进入空气，上升运动显著，所以才会出现短期内即有放射云抵达美国的现象。

② 张焕波：《日本核污染扩散影响及政策建议》，《中国物价》2011 年第 5 期。

③ ROMS（Regional Ocean Model System）：一个提高了对近海区域的模拟能力而设计的海洋数值模式。该模式以随底坐标系和任意水平正交坐标系下所求解出来的不可压缩、自由海表面、静压近似、Boussinesq 近似、Reynolds 平均的原始 Navier-Stokes 方程组作为控制方程组。由于是随底坐标，它能够适当描述流场受到地形的影响 . ROMS 所使用的水平压力梯度演算方案能大大提高在地形变化大的区域的水平压力梯度计算精度，且对于示踪物的计算，已有一套完备而先进的方法。除此之外，ROMS 模型能够准确模拟出自由表面的时间演化，并能设置开放的侧边界条件。该模型也逐渐被应用于阿拉斯加的威廉王子湾内环流、法国沿岸陡坡环流、加州南部沿岸流等区域。

④ 环境保护部：《国家污染物环境健康风险名录：物理分册》，中国环境科学出版社，2012，第 105 ~ 107 页。

⑤ 容逸能、徐瑞、梁湘三、赵远冰：《福岛核泄漏事件对中国海污染的研究》，《环境科学学报》2016 年第 9 期，第 3157 ~ 3158 页。

表1　2016年日本食物中核放射性铯的年放射量

地域	放射量(mSv/年)	地域	放射量(mSv/年)
福岛县(浜通り)	0.0009	埼玉县	0.0007
福岛县(中通り)	0.0010	东京都	0.0008
福岛县(会津)	0.0010	神奈川县	0.0008
北海道	0.0007	新泻县	0.0007
岩手县	0.0010	大阪府	0.0007
宫城县	0.0008	高知县	0.0006
茨城县	0.0008	长崎县	0.0007
枥木县	0.0011		

资料来源：厚生劳动省。

医药食品卫生研究所采用MB调查方法①，针对枥木县、埼玉县等13地进行核放射性物质铯和钚的年放射量检测，检测结果见表1。利用MB调查方式的检测结果来看，日本食品的核放射性物质浓度总体上在正常范围内。另，美国在2016年6月9日解除对日本福岛县产比目鱼和星鳗的进口限制，同时也解除了对这两种产品禁止进口的预警，修改为在美国进行抽样检测。②进一步说明，日本核灾区食品并没有想象的那么可怕，中国民众不必对其谈“核灾区食品”色变。

当然，MB调查方式的检测并不代表所有。根据表2数据，说明日本核灾区食品仍存在小部分核放射性物质超标现象，也进一步提醒中国政府应加强对核灾区食品检测，同时引导民众树立正确的核灾区食品。至于核辐射物质浓度的高低对人体有多大的影响，积累多久会产生怎样的影响还未能得知。因此，中国政府需要准备针对核灾区食品进入国内的应对措施。没有长期观察以及调查研究的情况下，中国政府不能任由含有核放射性物质的食品进入市场。

① マーケットバスケット（MB）调查方式：即market basket method，是一种估计食物中各种各样的化学物质摄取量的调查方式。

② 农林水产省：http://www.maff.go.jp/j/export/e_shoumei/pdf/us_kisei_revised_160719.pdf，访问时间：2017年3月29日。

表 2　2016 年日本食物中核放射性物质锶和钚的年放射量

地域	食品组	浓度(Bq/kg)			
		Sr－90①	Pu②		参考(Cs－134＋Cs－137)
			238	239＋240	
福岛县(中通り)	6	0.050	ND③(0.0003)	ND(0.0003)	1.0
埼玉县	8	0.035	ND(0.0006)	ND(0.0005)	0.56

注：①「食品中の放射性セシウムから受ける放射線量の調査結果（平成 28 年 2～3 月調査分）～放射線量は現行規制の上限線量 1 ミリシーベルト/年の 1% 以下～」，http://www.mhlw.go.jp/stf/houdou/0000145613.html，访问时间：2017 年 3 月 29 日。以核放射性物质铯为例，食品中放射性铯的年辐射量为 0.0006～0.0011mSv/年，这比现行法规规定辐射剂量上限剂量为 1% 或 1 毫西弗/年更小。

②《食品中の放射性ストロンチウム及びプルトニウムの測定結果（平成 27 年 9～10 月調査分）～福島原発事故以前の範囲内又は検出限界値未満～》，http://www.mhlw.go.jp/stf/houdou/0000133523.html，访问时间：2017 年 3 月 20 日。以放射性物质锶（Sr－90）和钚（Pu－238、Pu－239＋240）为例，在 2015 年 9～10 月，日本厚生劳动省委托国立医药食品卫生研究所在全国 15 个地方购买实际流通的食品对放射性物质锶（Sr－90）和钚（Pu－238、Pu－239＋240）的浓度进行检测，调查结果如表 2 所示，样品中未检测出钚（Pu－238、Pu－239＋240），但在部分样品中检出锶（Sr－90），其浓度为 0.035（埼玉县 8 个食品组的调查结果）～0.050Bq/kg（福岛县中通り6 个食品组的调查结果），本次调查锶（Sr－90）的浓度是在福岛核事故发生以前的检测浓度范围内，与上一次的调查结果相同。而钚（Pu－238、Pu－239＋240）的浓度远低于检测限量值。

③ND：低于检测限量值。括号里表示的检测限量值会随着样本量、测定时间、背景值等变化。

资料来源：厚生劳动省。

表 3　关于食物中核放射性物质的检测结果

期号	食物种类	核放射性物质浓度
1017 期	宫城县野猪肉	铯:160Bq/kg
1016 期	无	无
1015 期	无	无
1014 期	群马县黑熊肉	铯:170Bq/kg
	群马县野猪肉	铯:170Bq/kg

资料来源：这是厚生劳动省在本地福岛核电站事故发生后在当地政府的食品检查中有关放射性物质的结果。据不完全统计，大部分检查结果是无，但仍时有曝出关于食品中核放射物质浓度超标的问题。本文随机截取其中四期检测结果后发现，如在 1017 期关于食品中核放射性物质的检测结果中，宫城县的野猪肉中铯的浓度为 160Bq/kg，1014 期关于食品中核放射性物质的检测结果中，群马县黑熊肉铯的浓度为 170Bq/kg，群马县野猪肉铯的浓度为 170Bq/kg。

值得注意一点的是核电无国界，核污染可能并不是只发生在日本国内，核放射性物质会通过大气、洋流等泄漏到世界各地。食品受到核污染不只是日本本土问题，整个国际社会也会受到影响。只有国际社会在核灾区食品问题上树立“共享共建”意识，才能更好应对核灾区食品危机的发生。因而，推动国际社会一同加强对核灾区食品的监督管理非常有必要。日本可以倡导设立国际核事故应急协调委员，建立网络信息发布平台，科普有关核污染的相关情况以及核辐射的科学防护措施等。

（二）中观层面：发挥政府与第三方机构作用

1. 加强中日政府交流

改善中日关系任重而道远，加强沟通交流是中日两国进行食品安全合作的基础。只有在沟通之中交换意见，才能加深彼此的理解，这也是建立中日食品安全合作共建共享机制的重要基础。

中日两国政府应注重两国领导人层面的交流。在中日两国领导人互访机制下，中日两国政府可合理充分利用目前已有平台，分享食品安全管理以及建设等方面的成功经验。值得注意的一点是，在开展交流活动之前中日两国应事先知会，确保中日两国交流的频繁程度与两国的相互理解程度相匹配。此外，中日两国不仅需要扩大经验交流，还需要扩大经济、文化交流，做到以民促官。在交流之中扩大利益交会点，了解两国的切实想法，减少误解，增进理解。在交流中应注重传递有效信息，共享信息，而非泛泛而谈以及无所作为，这对两国的共同合作发展百害而无一利。在信息互换的同时，同步建立合作的有效机制。

中日两国政府应注重两国各级政府机构的交流。中日两国应加强两国之间与食品安全有关的政府机构之间的交流和战略对话机制，就双边食品安全关系和各自食品安全内外政策及国际食品安全形势加强沟通，努力提高两国政策透明度。以“毒饺子”事件为例，如若当时双方政府及时进行沟通，并建立完善机制，就两国实际情况开展调查并给出实际情况的客观报道，媒体也不会未加证实便揣测事件发生的来龙去脉，并带有主观色彩的进行报道。由此可见，政府间的沟通交流对中日食品安全合作开展的重要性不言而喻。就目前情况而言，中日双方政府已在食品安全方面初步建立了合作机制，但仍需进一步加强交流，尤其是在企业层面以及食品安全信息、食品加工技术人才、食品安全管理等全方位的交流合作。众所周知，日本在农产品和食品加工技术以及食品安全管理和产业发展等方面都值得中国学习借鉴。

2. 加强中日政府合作

中日两国政府可建立跨国食品安全问题调查委员会。以日本烤鳗含有显性孔雀石绿一事为例，日本厚生省检出一批从中国进口的日本烤鳗含有12ppb显性孔雀石绿，110ppb隐性孔雀石绿[①]。但中国养鳗场在几年前就没有使用孔雀石绿了，因此中方存在质疑。[②] 此事仅在日本厚生劳动省的网站中登载[③]，日本媒体没有大肆宣扬，确实是有益于中日关系发展以及食品贸易往来，但从另一个角度来看，日方也没有积极主动与中方交涉，主动了解整个事件的来龙去脉，也没有商定解决办法，从而导致中日双方不能更好地合作。针对此种牵涉两国主体的食品事件，中日两国政府应建立跨国食品安全问题调查委员会。该委员会分别由中日两国人员任职，针对中日两国的食品安全进出口等进行督察，积极应对食品安全突发事件，共同保证相互进出口食品的安全。

中日两国政府应建立统一市场准入条件。建立统一的市场准入条件既能避免两国技术性贸易壁垒所带来的困扰，还能促进两国食品出口标准的相互认证以及减少因安全标准不一而带来的贸易纠纷。技术性贸易

---

① 在厚生劳动省网站违规食品栏目中公布为“中華人民共和国 xxx FOOD CO.，LTD. 成分規格不適合（マラカイトグリーン0.012ppm 検出、ロイコマラカイトグリーン0.11ppm 検出”。

② 质疑如下：①鳗鱼在用药后短时间内显性孔雀石绿残留就变成隐性孔石绿残留了，现在还检出显性孔雀石绿的可能性极少。②隐性孔雀石绿高达120ppb的可能性不大。③这批烤鳗是几年前生产的库存吗？

③ 《日本厚生劳动省检出进口鳗鱼含孔雀石绿》，来源：中国鳗鱼网，2010－03－02，http：//news.foodmate.net/2010/03/157639.html，访问时间：2017年2月25日。

壁垒严重影响了两国经济发展，两国应遵循“共享共建”的原则，共同享有食品贸易所带来的红利。因此中日两国可以首先在市场准入条件上达成共识，具体表现在以下几个方面，如统一的农残标准、统一的食品添加剂标准以及流通标准的规范等。目前，日本的《肯定列表制度》与中国《食品中农药最大残留限量》（GB2763—2016）存在不少差距，中日两国应根据两国实际情况调整农残标准，尽量缩小农残最大限量值差距，注重规范两国食品安全监测手段。同时，中日两国应对食品安全进出口的标识进行统一，而不应该进行“特殊对待”，这样有利于中日食品流通的规范化。

3. 引进第三方机构

“多元多边合作”理念是余潇枫教授建构非传统安全共同体时提出的，该理念同样适用中日食品安全合作。中日食品安全合作不能只靠两国独自开展，可依靠第三方机构或是借助其他平台为食品安全合作提供有力支持。

中日食品安全合作需要具有一定资质与技术水准的第三方介入安全检测以构建“多元多边合作”模式。由于中国检测技术起步晚，所以当前中国检测机构存在“检不了”“检不出”等情况，中日双方可以寻求国际上的第三方检验机构或是在东亚区域内或东北亚区域内设立第三方检测机构，独立的检测机构能确保结果的公平公正，不代表任何一国政府的观点和利益。如在核灾区食品事件上，中方根据日本核污染情况和风险分析情况，几次调整日本输华食品农产品检疫设施措施。[①] 中国对核灾区食品的严控把关在日本方面看来是在设置贸易壁垒，因而，如果能有第三方检测机构出具权威报告，秉持公正公平的态度参与到核灾区食品安全事件中来，对中日双方的食品安全合作都具有重大意义。

中日食品安全合作需要第三监管方以构建“多元多边合作”模式。以

① 《大消费时代的食品安全与中日合作新机遇高峰论坛》，《环球》，2012－07－26，http：//news. sohu. com/20120726/n349071565. shtml，访问时间：2017 年 4 月 3 日。

核灾区食品危机为例，如果有三方监管机构存在，则可以站在中立的角度来看待核灾区食品。如日本要求中国大陆放宽水产品相关管制措施。其陈情书内容共计六大项，其中有三项与核灾区食品有关：一是请求追加辐射证明书核发机构；二是请求放宽辐射证明书有效期限；三是简化自主性检查。[①] 此事应由第三方来进行监控，若检验核灾区食品不通过，中国也不会被认为设置贸易壁垒。这不但凸显了食品安全问题的全球性以及跨国性，也进一步验证了中日食品安全合作在某些方面需要借助第三方力量，正是由于缺乏第三方机构的平衡作用，致使两国合作稳定性偏低，两国开展合作无实质内容，容易流于形式。

中日两国政府可建立有效的 RC 机制。2011 年，福岛核事故引发了国民对受到核放射性污染食物的强烈焦虑。针对类似于核灾区食品事件，中日两国应考虑建立关于食品安全问题的高效风险沟通机制（Risk Communication，RC）。RC 机制是由多种机构如消费者组织、政府机构和学术界等合作建立的。RC 机制的建立须保证以下几点：一是 RC 发出的信息必须明确且权威，可令民众认为致命的风险已得到控制，这将在某种程度上大大减少民众的恐惧和愤怒；二是 RC 可提供适当的教育，提高公众对食品安全的基本认知或是相关基础知识；三是 RC 须经多机构合作，使风险沟通能在中日两国均建立良好信誉，从而防止误解。建立一个有效的 RC 机制能提高公众对食品的认知，有利于两国开展食品安全合作。

中日两国应合理管控网络平台。在互联网信息高速发展时期，综合信息传播不对称，网络无权威等，一些不准确信息或是不确定消息容易引起大规模群体恐慌。以核灾区食品为例，由于中日两国缺乏统一、权威的官方平台发布关于日本核事故及核辐射处理信息，不同机构和专家的观点各不相同，民众所接受到关于日本核处理信息支离破碎，难以形成系统观点，容易形成盲从心理，不利于社会稳定并极大地阻碍两国食

① 《日本业者要求中国大陆放宽水产品进口管制》，日刊水产经济新闻，2015 - 11 - 16，http：//www. bbwfish. com/article. asp？ artid = 179847，访问时间：2017 年 3 月 27 日。

品安全合作。因此，中日两国食品安全合作监管可借助大数据技术对移动网络终端的食品安全舆情信息进行动态监测、实时分析、准确研判。随着移动终端的普及，微信、微博、（微）视频等共同造就移动网络舆论场，中日两国可以打造食品行业的专属微信公众号或者是微博平台，或通过微视频等手段进行传播，来扩大受众的覆盖面，让更多民众能直观接收信息。

（三）微观合作：加强源头、媒介、跨境合作

1. 源头治理：提升食品质量

食品安全的关键在于食品源头控制。真正优质食品不是靠辅助手段等检测出来，应是中日两国在源头上能保证食物的优质，这是中日两国合作的坚实基础，也是中日两国进行共享安全与可持续发展的首要条件。

中日两国应坚持不断提高食品质量的理念，并不断与国际标准接轨。对中国而言，应加快在国内贯彻食品安全相关国际条约理念，促使中国食品安全标准与国际安全标准接轨。日本在食品安全某些方面也应进一步与国际接轨，如加强国内农产品认证制度建设等。食品质量的提高并不断向国际标准靠拢，是中日两国进行食品安全合作的重要基础，也是进行“安全共享”的前提条件。此外，日本《循环型社会建设推进基本法》的出台，是日本社会和日本政府对食品、农业、环境三位一体的重要循环特性的再次强调。[①] 由此可见，只有不断提高食品安全质量理念并使之与国际标准接轨，树立可持续发展的合作理念，才能使得中日两国食品安全合作“可持续发展”和实现共享安全。

加快产业升级，强化基地建设，推行标准化生产。中日两国可以共同合作加强基地建设，进行标准化生产。日本对蔬菜的需求量极大，大部分都从中国进口，以生菜生产为例，中日两国可以按照标准化建棚、规模化育苗方

---

① 谢元媛、思沁夫、〔日〕岸本纱也加：《日本农业发展与食品安全的研究综述》，《中国农业大学学报》（社会科学版）2015 年第 32 卷第 3 期，第 92 页。

式开展前期合作，而后使用优良品种以及配方施肥，采用规范化管理，制定标准化生产方案来共同构建生产环节的食品安全合作模式。此外，还可在原有基础上改造低效棚、引进新品种、开发新技术等措施进行共同生产，共同发展，最后实现共享安全。

2. 媒介拦截：加强检验检疫

检验检疫是食品流通环节中的重要手段，是媒介拦截的重要方式。尤其是一旦食品威胁跨境成功，便对人的安全和社会安全构成不稳定因素。因而，媒介拦截亦即检验检疫显得至关重要。对于跨国境的区域安全问题，必须通过有关国家的跨国境区域合作才能解决。① 迄今为止，中日对于食品安全的检验检疫合作还未有实质性的开展。

加强检验检疫交流，加强检验检疫手段合作，制定统一的合作标准。中国作为日本的主要食物来源国，中日两国都应加强检验检疫交流，针对食品流通环节的检测手段加以合作，加强检验检疫技术开发合作，加快推进残留农药、食品添加剂等规格标准的统一，减少技术性贸易壁垒，或进一步与国际标准相统一，以国际标准和科学根据为基础、做好风险应急机制以及相关必要措施。此外，中日两国还应树立可持续发展的食品安全观念，加强跨境动植物重大疫病联合防控，推动两国产业产品标准化生产。

加强检验检疫体制建设及人员培训，保证高效高质完成检验检疫工作。中日两国在监管体系均存在推诿扯皮的现象，为避免监管缺位，努力消除食品监管盲区，努力使国家对进口食品的监督体制跟上急速增加的进口食品件数，国家应该解决检验检疫人员的配备问题，在扩大检验检疫范围的同时，保证检验检疫人手到位、检验检疫质量最佳，这样才能促进中日两国更好地加强食品安全合作，进而实现食品安全共享共建。

3. 跨境合作：加强技术合作

若一国食品安全问题已跨过国门并造成一定范围的危害，就需要两国政

---

① 余潇枫主编《中国非传统安全研究报告（2012～2013）》，社会科学文献出版社，2013，第117页。

府联合共同治理，但食品安全合作不能只是依靠条条框框的规章制度来事后治理，更应着重事前预防，事前预防可以通过加强食品生产、运输以及溯源等环节的技术合作，技术合作能更好地保障食品安全。

中日两国应加强食品生产环节的技术合作。食品生产技术方面的合作主要体现在农产品的种植技术、水产品的养殖技术以及一系列生态技术。中国政府一直致力于科技兴农，也非常重视与各国农业技术的合作。以稻鸭共生[①]项目为例，该项目是中国聘请日本花甲专家从日本引进来的项目，开发的“稻鸭共生”生态米包装精美，被认证为“中国有机食品”，并在2010年12月已投入市场，获得不错的经济效益。[②] 由此可见，中日两国在生产技术方面可以加强合作，共同开发，最后达到共建共享，实现互利共赢。中国品种资源丰富，尤其是杂交水稻技术达到了世界先进水平。因此，中国可通过试验示范等形式与日本在良种繁育和栽培技术等方面进行示范与合作。此外，水产养殖技术和远洋捕捞技术也是中日重点合作的一个方面，可以进一步深化渔业合作。

中日两国应加强食品运输环节的技术合作。为了保证食品在经过长途跨国运输的苛刻环境下不变质，食品安全在运输环节最为关键的是保鲜/冷冻技术的开发。日本在这一方面技术较为先进，中国可加强学习以发展国内食品安全运输环节，建立与日本同一水平的食品安全体系。目前，日本食品在运输方面拥有冷冻技术、保鲜技术以及机器人技术等，可以保证食品在运输

① 稻鸭共生是一项以生产有机大米和优质安全鸭产品为目的，种养复合型、生态型的综合农业生产技术。2000年经中国科学技术交流中心聘请的日本花甲专家从日本引进，该项农业技术具有良好发展前景，是高效生产优质安全稻米和鸭子的主要方法，对于转变农业生产方式、保护农业生态环境、保障农业可持续发展具有积极的促进作用。2002年开始在安徽省大面积推广。近年来这一技术推广的综合效益越来越好。在农副产品高端市场逐步形成、优质优价逐步得到实现的情况下，推广这一技术是农业增效农民增收的有效途径。经过多年的日本专家现场指导培训，安徽省的稻鸭共生技术全国领先、连片种植面积最大，产业化初具规模，经济效益和社会效益初步显现。2010年国家外国专家局命名安徽省稻鸭共生技术为国家引智成果示范推广基地。

② 《稻鸭共生在皖初见成效》，中日技术合作平台网，2015－03－24，http://www.sino－jp.com/flowersystem－28－16－109.html，访问时间：2017年3月29日。

过程中不受到污染、变质或是损坏等。如日本新发明的冷冻技术能将豆腐运往美国的同时保持豆腐口感不变以及保鲜技术的开发使得船运水果得到大量出口。[①] 再如日本邮政当局引进特别冷冻技术，能把一条鲜鱼装进信封寄到国外。除此之外，日本利用其先进的机器人技术将其应用到食品运输技术中，该机器人能将已成形的生饺子定量摆放到塑料托盘中，体现了清洁且现代化的食品运输技术。[②] 日本饮食由于保鲜技术以及冷冻技术改进版的出现大大拓展了海外市场，中国在食品安全运输环节的技术开发较为薄弱，中日两国可以加强运输环节的交流，并建立技术交流平台等来加强合作，最后实现在食品运输环节上的共同开发、共同受益。

中日两国应加强食品溯源环节的技术合作。一方面，关于溯源技术的加强，中日两国合作可以考虑采用如微生物检测技术以及相关工具对食品进行检测和溯源。[③] 再如“sakefan World”的 App 能用 iPhone 读取标签后显示酒精度数、建议饮用方法、制造商等信息，这非常有利于顾客了解食物来源。[④] 这是中日两国可以共同开发的方向。另一方面，中日两国可建立食品安全数据库。建立食品安全数据库能够更好地为中日两国食品安全合作服务，还能愈加统一规范高效地完成食品安全溯源工作，保证两国内流通食品的信息透明性。此外，随着全球一体化趋势的加剧，在中日建立食品安全数据库的基础上，建立覆盖各个国家安全部门的国际数据库进行信息与数据的共享也是非常有必要的。

简而言之，“共享安全”这一理念是中日两国进行合作的基石，也是两

---

① 《日本の技術は、鮮度果物輸出増加》，NHK NEWS WEB，2016 - 06 - 13，http：//www3. nhk. or. jp/news/html/20160612/k10010553611000. html? utm_ int = news_ contents_ news - genre - new_ 001，访问时间：2017 年 2 月 18 日。

② 《リンガーハット、新宿神楽坂店でぎょうざ製造にロボットを導入へ》，マイナビニュース，2015 - 12 - 21，http：//news. livedoor. com/article/image_ detail/10980757/? img_ id = 9644081，访问时间：2017 年 3 月 21 日。

③ 《世卫组织专家：食品欺诈和食品造假已蔓延全球》，《第一财经日报》，2014 - 05 - 15，http：//news. foodmate. net/2014/05/263479. html，访问时间：2017 年 2 月 18 日。

④ 《日本厂商推出可用英文读取日本酒标签的 App》，共同社，2015 - 10 - 22，http：//china. kyodonews. jp/news/2015/10/107617. html，访问时间：2017 年 2 月 18 日。

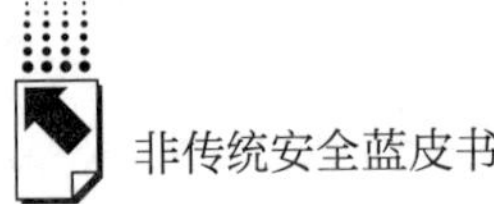

国合作的指南针，唯有两国树立共建共享的意识，才能进一步推进两国将食品安全合作落实在细节处，最终才能构建出“中日两国食品安全共同体”，实现“共享共赢”。当然，非传统安全的其他领域亦是如此，首先树立“共存共依”的合作理念，确定“共建共创”的合作模式，最后才能获取“共享共赢”的合作成果。

·内源性非传统安全研究·

B.16 司法舆情与社会安全*

林爱珺 等**

摘　要： 本报告通过报刊、网站、论坛、博客、微博等平台的数据收集，从报道量、媒体结构、意见领袖群体、文章篇幅、情绪态度和议题焦点六个维度进行分析，详细解读2016年司法舆情的主要争议点：公权合法性、司法公正和死刑废除问题。研究发现，当前司法舆情反映出司法领域一些问题，使公众更加关注人身安全，从而引发社会安全的议题，开始运用法律思维关注事件本身。尊重法律、重塑法律权威和司法公信力，对社会安全至关重要。

关键词： 公平正义　司法舆情　社会安全　司法公信力

近年来，人们对社会安全的关注越来越多，对司法治理与社会安全的公共讨论也越来越热。司法领域有太多的争议点，太多的舆论高危点，“聂树斌案”、“贾敬龙案”、“雷洋案”、“魏则西事件” 等，引发了人们对公权力边界等问题的持续关注和讨论，越来越多的公众开始关注司法领域，越来越

* 本文是国家社科基金重点项目“十八大以来新闻舆论在治国理政中的作用机制研究”(16AZD051)、国家社会科学基金重大课题“大数据环境下社会舆情分析与决策支持研究”(14ZDB166)阶段性成果。

** 林爱珺，博士，暨南大学新闻与传播学院教授、博士生导师，暨南大学传播与国家治理研究院研究员，主要从事新闻法学、新闻伦理学、风险沟通研究。舆情团队成员：张玉云、林斌斌、林嘉琳、邴凯丽、周长乐、张问之、杨平、刘春林。

多的公共事件和司法判决开始走向人性、人身安全与社会安全的探讨，人们也开始用法律思维思考事件的解决方式和社会公共安全与个人安全。

一　司法舆情与民众情绪[①]

通过从舆情监测平台“慧科”采集并统计和分析 2016 年司法类案件的报道量、媒体结构、意见领袖群体、文章篇幅、情绪态度和议题焦点这六个维度的数据，我们发现该年度的司法舆情热点不断，出现了多个舆情高峰；网站、论坛和微博领跑，成为主要舆论场，天涯论坛表现突出；意见领袖多为法学教授、律师和部分媒体人；相关内容以中长篇为主，内容详尽；情绪态度以负面为主，多为质疑和抗争，亦有少数积极声音；议题焦点明显，集中在公权合法性、司法公正、法律适用性和死刑是否该废除等问题。

（一）司法舆情总体走势：舆情热点不断，出现了多个舆情高峰

对司法领域数据的分析显示，2016 年司法领域出现多个舆情高峰点。在 2016 年的 4 月、8 月及 11 ~ 12 月，出现三个明显的高峰（见图 1）。2016 年 4 月的舆情高峰聚焦魏则西事件、江苏常外“毒地”事件，8 月的舆情高峰则是陕西商洛一村民坐冤狱 13 年后被判无罪和 6 月“狼牙山五壮士”侵害名誉案宣判的长尾舆情，11 ~ 12 月公众关注的是“聂树斌案”的平反。另外，通过细分各媒体平台的内容量（见表 1），我们发现，网站、微博、论坛等平台对司法事件的敏感度较高，走势基本一致。报刊等基本处于延缓状态。值得一提的是，2016 年下半年的微博量较少，其中的原因为下半年的司法案件较多且敏感，较多微博帖被屏蔽和删除。

① 本文以发生在2016年的司法诉讼案所引发的司法舆情为研究对象，并选取三个有代表意义的司法个案重点分析人们关于社会安全问题的讨论。为了较为完整地呈现2016年不同媒介平台关于司法领域的舆情特征、议题特点及态度倾向，我们选取2016年1月1日 ~ 12月15日作为概况的分析时段，对报刊、网站、论坛、博客、微博等平台的数据进行收集，从报道量、媒体结构、意见领袖群体、文章篇幅、情绪态度和议题焦点六个维度进行分析。

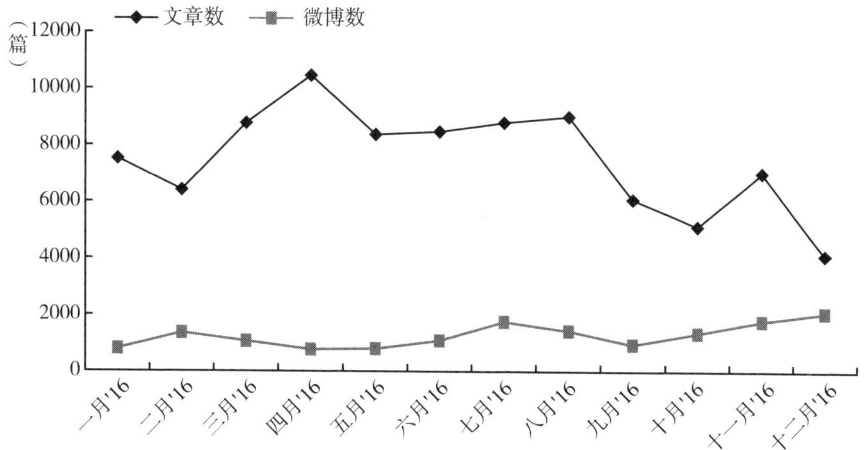

图1　2016年司法舆情总体走势

表1　2016年各媒体平台的内容量

单位：篇

日期/日期范围	报刊	网站	广播	论坛	博客	社交媒体
一月'16	456	4682	0	2352	15	2367
二月'16	398	4225	0	1759	41	1800
三月'16	466	5346	0	2928	21	2949
四月'16	437	5747	0	4250	36	4286
五月'16	461	4684	0	3198	31	3229
六月'16	553	5807	0	2084	22	2106
七月'16	1056	5720	0	2002	21	2023
八月'16	906	5962	0	2119	20	2139
九月'16	471	3655	0	1880	23	1903
十月'16	302	2913	0	1884	13	1897
十一月'16	477	4679	0	1849	18	1867
十二月'16	314	2557	0	1166	36	1202

（二）舆论场结构：网站论坛和微博为主要舆论场，天涯论坛表现突出

通过数据分析我们发现，在关于司法案件的舆情中，一半以上为网站内容，论坛和微博分居二、三位（见图2）。同时，细分后我们发现，所有报

道中，天涯论坛内容居于首位，随后基本是四大门户网站（见图3）。这种舆论场结构说明，目前司法舆情的引爆点依然在网络媒体上。

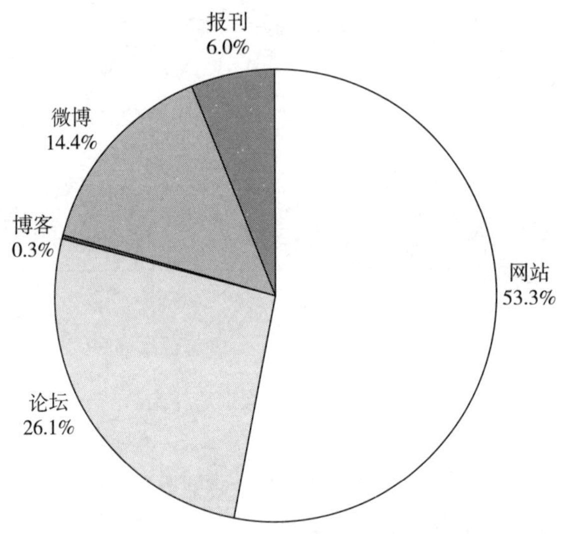

图2　2016 年各媒体平台的内容量占比

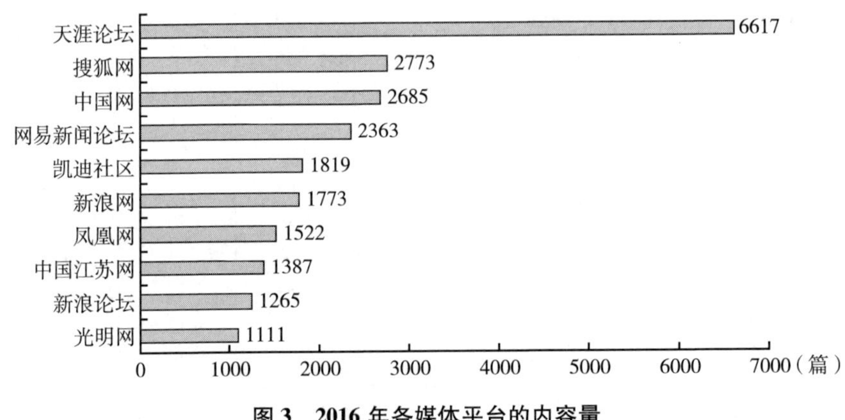

图3　2016 年各媒体平台的内容量

（三）自媒体表现突出，意见领袖多为法学教授、律师和部分媒体人

从舆情的首发渠道来看，2016 年的舆情多发酵于网络媒体和自媒体（见图4）。

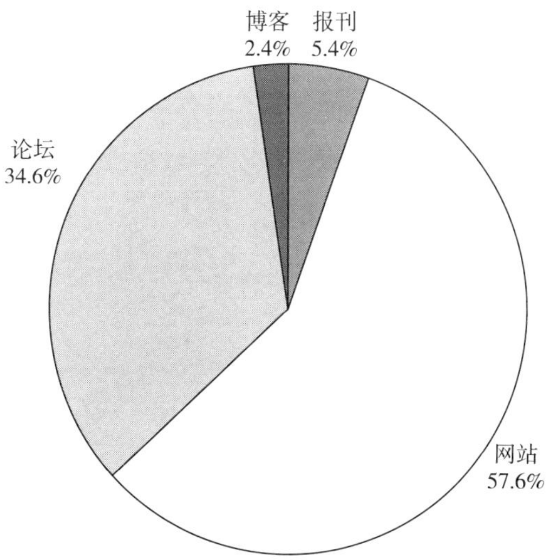

图4　2016年司法舆情首发渠道媒体类型分布

数据显示，报道数量以网站和论坛为主，分别为170篇和102篇，报刊16篇，博客7篇。与此相应，《2016年上半年度政法舆情研究报告》[①] 显示，2016年上半年政法舆情首发地前三位分别是网络媒体（30.4%）、微博（28.3%）和传统媒体（25.0%）。其他成为较多舆情事件发酵源头的有微信/知乎（8.7%）和论坛/贴吧（5.4%）。以此计算发酵于网络媒体及自媒体的政法舆情则占到了72.8%，而意见领袖多为当事人的律师、著名大学的法学教授和部分媒体人。

（四）文章篇幅：相关内容以中长篇为主，内容详尽

通过对司法舆情的报道篇幅统计我们发现，关于司法的案件，其报道数量以2000字以上的中长篇居多，其中以2000～5000字的中长篇为主，且内容详尽。

---

① 法制网舆情监测中心：《2016年上半年度政法舆情研究报告》，2016年7月26日，http://www.legaldaily.com.cn/The_analysis_of_public_opinion/content/2016-07/26/content_6735522.htm。

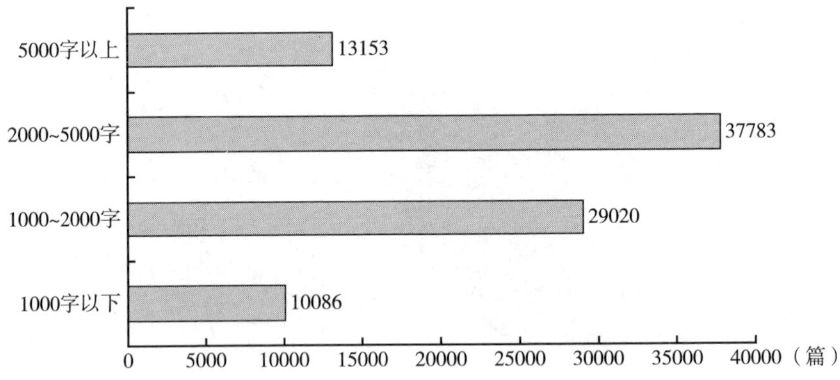

图5　2016年报道篇幅

（五）态度情绪：以负面情绪为主，也有积极的声音

根据对案件的梳理，不同类型司法事件的公众情绪主要有以下两类：①公权合法性事件中，公众情绪以负面为主，主要对公权力的使用产生怀疑，这给政法队伍整体形象造成一定负面影响；②司法公正事件中，公众态度则从强烈质疑转至常态化参与，总体而言偏向于正面情绪，这些事件使法律的权威得到了保障。

（六）议题焦点：议题焦点明显，集中在公权合法性、司法公正和死刑存废等问题上

综观2016年司法舆情案件，不难发现每一案件的“争议点”或集中在案件本身，或跳出事件在更大范围上关注法律适用，或法理情理的冲突……在对众多案件的梳理基础上，我们发现2016年引发司法舆情的主要争议点包括：公权合法性、司法公正、法律适用性和死刑是否该废除四个方面。

1. 公权运行是否合法合理

对公权运行合理性和合法性提出质疑并引发争论，进而导致舆情的案件

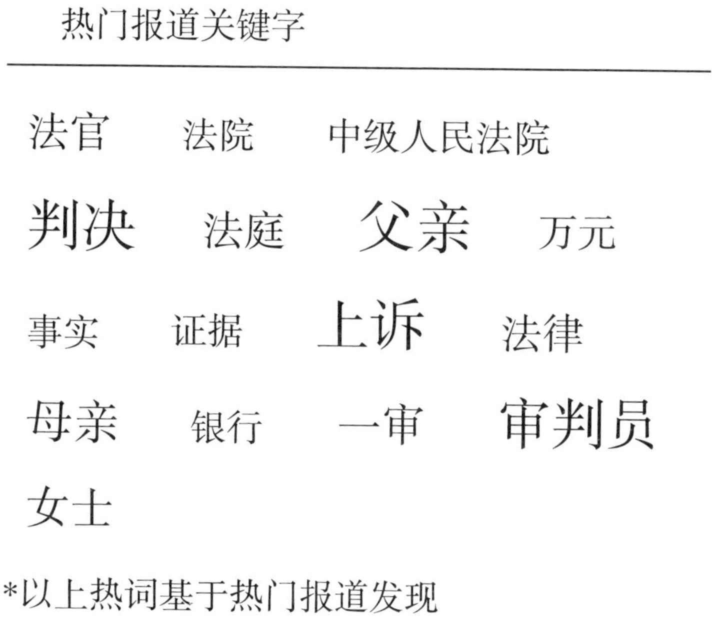

热门报道关键字

法官 法院 中级人民法院

判决 法庭 父亲 万元

事实 证据 上诉 法律

母亲 银行 一审 审判员

女士

*以上热词基于热门报道发现

图 6 分词图

以“雷洋案”为代表。雷洋案中涉事警察先是执法不当，再是妨碍侦查，还在接受权威媒体采访时含糊其词，从而使得公众对其公权力的使用产生怀疑。其他此类案件还包括：甘肃兰州大学生被警察打屁股、深圳两名女孩被警察强制传唤、广西律师“撕裤门”、男子追砸运钞车被击毙、武威记者被捕案等事件。

2. 司法审判的公正性

引发此类舆情的案件，2016 年以“聂树斌案平反”为代表。其舆论的焦点集中在最初导致错误判决的原因，以及之后的国家赔偿问题上。聂树斌被改判无罪后，“迟到的正义是否值得被称赞”在公众舆论争议中最为凸显。此外，冤狱追责也是公众的关注点之一。同类案件还包括：陈满案再审被判无罪、陕西商洛一村民坐冤狱 13 年后被判无罪、人大博士讨薪被判敲诈 6 年申诉 4 次终获无罪等事件。

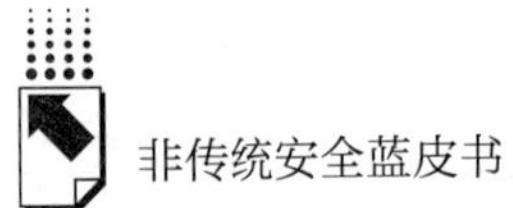

3. 死刑的适用及存废

虽然关于这一问题的争议存在已久，但2016年“贾敬龙案”的发生使其成为引发司法舆情的重要争议点之一。本案引发对该不该废除死刑、该不该立即执行的广泛讨论，权力失控、救济失灵，以及大多法律人“刀下留人”的呼声，再一次让判决的社会效果站在了风口浪尖。

二 聂树斌案舆情报告与法律分析

（一）案情[①]与舆情分析

关键词：“聂树斌 AND 再审”，搜索时间范围：2016年1月1日至2016年12月15日。

1. 总报道量分析

从该年度总报道量来看，本案第一次受关注高峰是在2016年6月6日，最高人民法院决定依法提审聂树斌案，但随后迅速走低并趋向平稳，并未形成持续的舆论关注。第二次高峰是在2016年12月2日，最高人民法院第二巡回法庭改判聂树斌无罪，消息一出，舆论迅速升温，各大媒体纷纷跟进，并引发网友的高度关注和热烈讨论，12月14日聂母正式申请国家赔偿，聂树斌案得到持续的关注（见图7、图8）。

① 1995年4月25日，河北省鹿泉县人聂树斌因故意杀人、强奸妇女被判处死刑，剥夺政治权利终身，同年4月27日被执行死刑。2005年，另案被告人王书金承认自己为“聂树斌案”的真凶。2013年9月27日，河北省高级人民法院裁定王书金非“聂树斌案”真凶，驳回王书金上诉、维持原判，但认为检方提供的聂树斌案的证据在形式上存在瑕疵。2014年12月12日，经河北省高级人民法院请求，最高人民法院指令山东省高级人民法院对聂树斌案异地复查。2016年6月6日，最高人民法院决定依法提审聂树斌案。2016年12月2日，最高人民法院第二巡回法庭改判聂树斌无罪。2016年12月14日，聂树斌母亲张焕枝向河北省高级人民法院递交了刑事国家赔偿申请书，要求赔偿1391.9万元并公开道歉。

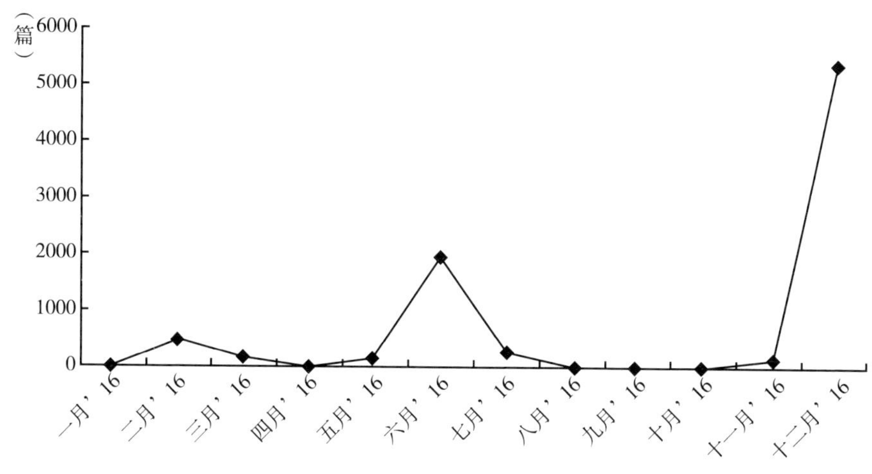

日期/日期范围	文章数（篇）
一月'16	39
二月'16	462
三月'16	151
四月'16	46
五月'16	144
六月'16	1967
七月'16	257
八月'16	36
九月'16	44
十月'16	42
十一月'16	160
十二月'16	5366

图 7　2016 年聂树斌案的报道总趋势

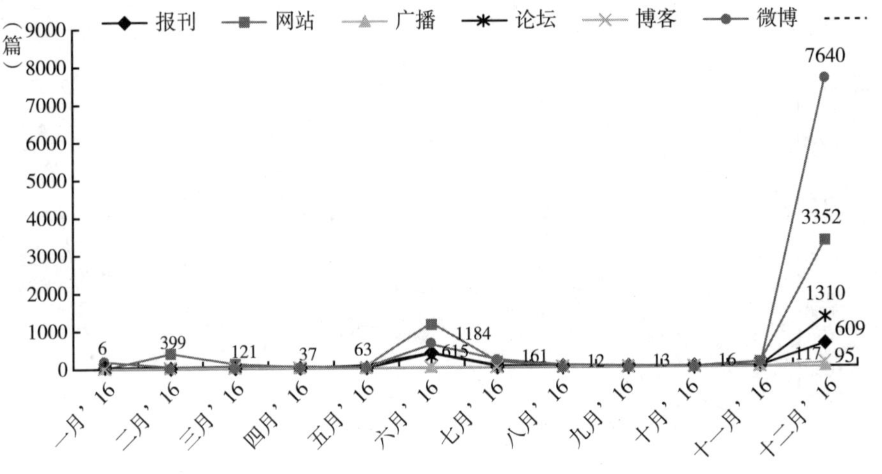

日期/日期范围	报刊	网站	广播	论坛	博客	微博
一月'16	1	6	0	32	0	190
二月'16	10	399	0	51	2	48
三月'16	5	121	0	25	0	60
四月'16	2	37	0	7	0	58
五月'16	2	63	0	79	0	35
六月'16	375	1184	0	393	15	615
七月'16	37	161	0	57	2	208
八月'16	1	12	0	20	3	60
九月'16	1	13	0	30	0	37
十月'16	2	16	0	24	0	26
十一月'16	27	117	0	16	0	39
十二月'16	609	3352	0	1310	95	7640

图 8　2016 年聂树斌案各媒体报道趋势

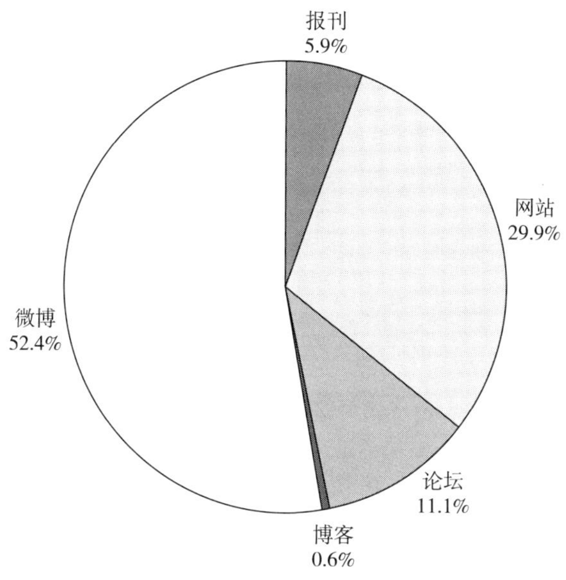

图 9　2016 年聂树斌案各媒体报道数量占比

从图 9 可以看出，有关聂树斌案的报道主要集中在微博，其次是网站、论坛、报刊和博客，占比分别为 29.9%、11.1%、5.9% 和 0.6%。

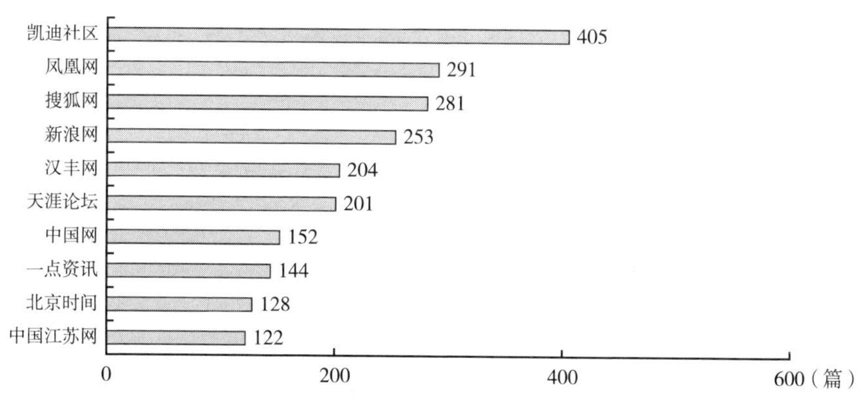

图 10　2016 年聂树斌案较高文章数媒体

由图 10 可见，凯迪社区对聂树斌案的相关报道量居于首位，为 405 篇。位于第二、第三的是凤凰网和搜狐网，报道量分别为 291 篇和 281 篇。

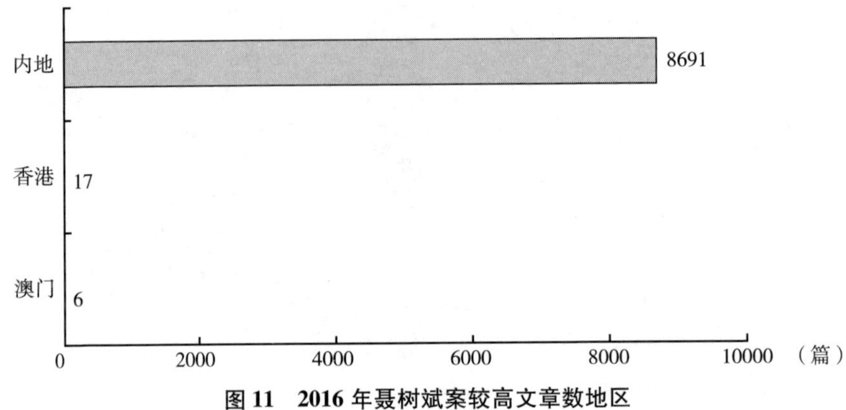

图 11　2016 年聂树斌案较高文章数地区

由图 11 可见，与聂树斌案相关的报道绝大部分集中在中国内地，香港、澳门报道量很少。

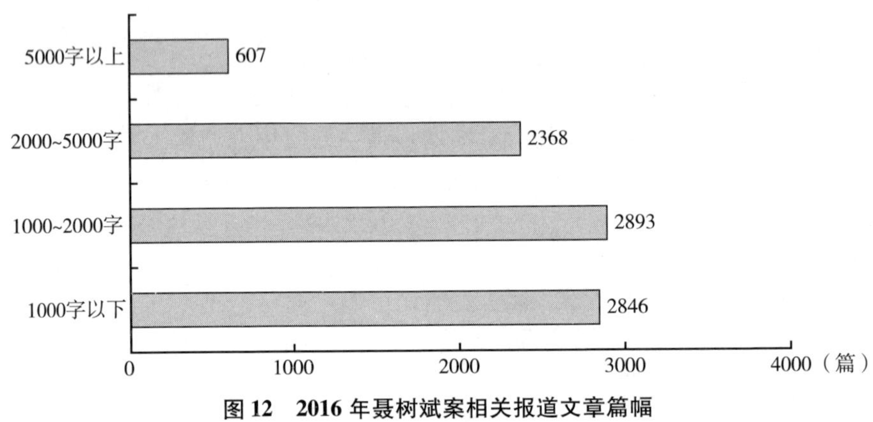

图 12　2016 年聂树斌案相关报道文章篇幅

由图 12 可见，媒体相关报道篇幅 5000 字以上的较少，其余篇幅区间的数量相差不大。

2. 情绪分析

通过监测分析，微博、微信、论坛等舆论场中负面情绪居多，反映了聂树斌案使司法机关在公众心目中的公信力下降，公众产生对司法公正的质疑甚至是不信任，对自己合法权益能否被法律保护产生担忧。网友@吴情树（华侨大学法学院副教授）质疑聂树斌案的侦查人员造假和毁灭证据[①]；网友@“原住民者”认为如今的某些警察滥用权力，刑讯逼供制造冤案，失去了当年警民鱼水情的良好形象。[②]

人们认为正义终究到来。关于聂树斌案的平反过程的文章及其叙述背后默默付出的英雄如翻案警察郑成月、律师团等人的文章得到转发，网友@“任渭房”认为，只有追责才能体现中国在法治轨道上的进步[③]；网友@“MISS 葵”认为，纵使前行之路充满艰难险阻，我们即便只是一粒沙石，也要为堆积正义和理性的大厦贡献力量。[④]

3. 分词分析

从慧科新闻搜索输入“聂树斌再审”，其所显示的热门关键词有“最高人民法院”“再审”“证据”“无罪”“改判”等（见图 13）。这些分词紧扣案件本身，基本反映了媒体的报道角度、公众对该案件的几个关注点以及案件的平反全过程。

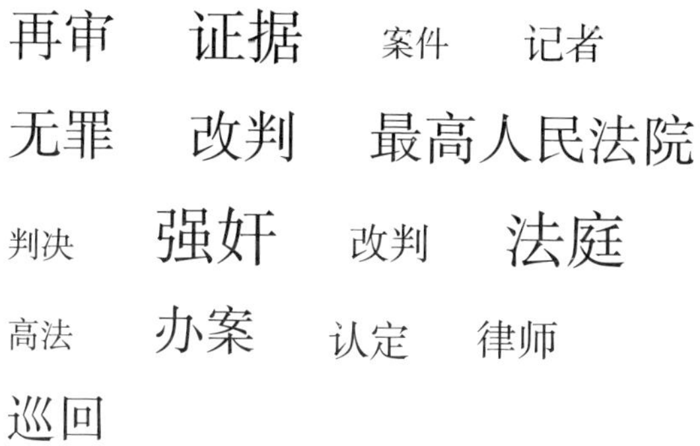

再审　证据　案件　记者
无罪　改判　最高人民法院
判决　强奸　改判　法庭
高法　办案　认定　律师
巡回

图 13　聂树斌案热门报道关键词

① 吴情树：《吴言乱语：2016 年新浪微博微言精选（司法与法治篇）》，2016 年 12 月 10 日，https：//www. ishuo. cn/doc/nfbzznqf. html。

② @原住民者：新浪微博，2016 年 12 月 7 日，http：//weibo. com/5318536348/El3EQjRwA? from = page_ 1005055318536348_ profile&wvr = 6&mod = weibotime。

③ @任渭房：新浪微博，2016 年 12 月 7 日，http：//weibo. com/3292705021/El3ktDxNf? from = page_ 1005053292705021_ profile&wvr = 6&mod = weibotime&type = comment。

④ @MISS 葵：新浪微博，2016 年 12 月 7 日，http：//weibo. com/1561655320/El3rLsjXo? from = page _ 1005051561655320 _ profile&wvr = 6&mod = weibotime&type = comment # _ rnd1495612762423。

4. 议题分析

（1）正义迟到不缺席。12 月 2 日，最高人民法院改判聂树斌无罪后，最先刷屏的是这样一种观点：正义可能会迟到，但从来不会缺席。最早评论“聂树斌案”的王琳也在审判结果出来的当日，通过《新京报》发出这一感慨：“正义从来不会缺席，它只会迟到。我们只是没有想到，正义在这条路上走了 21 年。”①

（2）迟到的正义还是正义吗？但为正义的胜利欢呼片刻后，舆论滑向了质疑“正义”的另一个极端——迟到的正义还是正义吗？这种观点主要来自媒体，主流媒体较少跟进，但其影响力同样巨大。代表言论如公众号“公司首席法务官”发布文章认为，所谓正义是生者的创可贴而已，对死者并无意义。②

（3）冤假错案纠错机制的完善。“呼格案”，用时 18 年真相才得以大白，聂树斌案，历时 21 年沉冤才终得昭雪，生命逝去无可挽回的伤痛，使得舆论近两年对冤假错案的纠错机制问题达到空前的关注。聂树斌案最终到来的正义，提升了人们对司法纠错的信心。《人民日报》在《正义永恒》中说：“聂树斌案再审改判提振了人们对防范和纠正冤假错案的信心，提振了人们对全面依法治国的信心，必将在全社会产生信仰法治、信赖司法的正能量。”③

（4）死刑存废。2005 年，聂树斌一案初露“冤案”端倪时，《新京报》即刊发了一篇评论，对中国的死刑裁判制度提出了质疑，认为刑事司法的设计就应根植于杜绝误判，对死刑的适用较之其他刑罚的适用，规定更为严格的条件和程序尤其必要。这种观点在呼格案、聂树斌案等一系列因受害人已被执行死刑而无法挽回的冤假错案曝光后，尤其受到舆论的支持。关于死刑的适用问题，《南方周末》也刊发过一篇清华大学法学院教授易延友所作的题为《死刑复核程序不应设置期限》的评论，强调死刑案件特别是死刑立即执

① 王琳：《聂树斌改判无罪，中国司法的一个“结”终于解开》，2016 年 12 月 2 日，http://weibo.com/ttarticle/p/show? id=2309404048192583925719。

② fjtgtdjr：《聂树斌：迟到的正义不是正义，我一个都不宽恕》，2016 年 12 月 3 日，http://tieba.baidu.com/p/4885453415。

③ 徐隽：《正义永恒》，2016 年 12 月 3 日，http://cpc.people.com.cn/pinglun/n1/2016/1203/c78779-28922032.html。

行案件的特殊性。[①] 聂树斌案让舆论再一次反思“废除死刑”是否合理。

（5）救济——追责与补偿。同呼格案不同的是，“聂树斌案”中受害人的沉冤昭雪并不意味着此事的完结，审判结果出来当日，舆论迅速由“欢呼正义”转向“问责之前不谈正义”。其中，以凤凰新闻发布的报道《正义也许会迟到，但从不会缺席——阻挠聂树斌案平反的幕后黑手就是他》传播最广，文中揭露了河北省委原常委、政法委原书记张越在“聂树斌案”平反中的幕后黑手角色。《新京报》在《聂树斌案追责，不要变成一笔糊涂账》中也详谈了如何追责的问题，认为首先是要落实办案者个体的责任，其次是严查不当的权力干预。[②] 微博名为“@律师段明祥”认为，聂树斌家属索赔 1391 万元由国家埋单自不消说，而民愤极大的涉案官员，会得益于现实官场追责机制的漏洞，很可能轻易逃脱罪责，继续安享荣华富贵。[③] 不少网友也纷纷表示对国家赔偿无异议，但必须追究涉案官员，不能让纳税人的钱花得不明不白。也有网友认为，一张张冰冷的纸也弥补不了聂家的伤痛。

（二）司法分析

1. 舆论与审判独立

纵观聂树斌案的整个平反过程，一方面，舆论监督起到非常重要的推动作用，不仅让本案重新浮现在公众的视野，促使司法机关审慎处理本案，还确保了处理过程的公开透明，赢得民心，强化了公民的法律信仰。另一方面，这并不能代表聂案就是中国舆论场的胜利，舆论审判更是不符合人民法院依法独立行使审判权的精神。在山东高院复查聂案第三次申请延长复查期限后，2015 年 12 月 15 日，澎湃新闻发表题为“聂树斌案：正义不可再迟到”评论，并追问到国人的“耐性终归有限”，“正义怎能迟到，怎能再迟到?”最高人民法院也

---

① 易延友：《死刑复核程序不应设置期限》，2013 年 7 月 11 日，http：//www. infzm. com/content/92302。

② 金泽刚：《聂树斌案追责，不要变成一笔糊涂账》，《新京报》2016 年 12 月 5 日第 A2 版，http：//epaper. bjnews. com. cn/html/2016 – 12/05/content_ 662865. htm？div = –1。

③ 律师段明祥：新浪微博，2016 年 12 月 15 日，http：//weibo. com/1587210077/EmeDhyVOq?from = page_ 1005051587210077_ profile&wvr = 6&mod = weibotime。

对此罕见发声："要舆论监督，不要舆论审判。"[①] 在《人民法院报》刊文《聂案再审，让法律的问题回归法律》，指出要把法律的问题交给法律。[②]

2. 司法公正

聂树斌终获无罪后，各大媒体头条纷纷刊文指出该案折射出的司法公正的问题，如：《人民日报》所发《正义永恒》、新华社所发《聂树斌昭雪：这个公道彰显司法正义》、《法制日报》所发《聂树斌案改判，正义没有缺席》等。同时，新华社所发《21 年冤案平反，正义如何才能不再"迟到"?》、《新京报》所发《聂树斌案追责，不要变成一笔糊涂账》等文章也体现出应当及时对该案进行追责和反思。从该案的平反过程中，我们可以看到每一位心系聂案的法官、检察官、警察、鉴定人员、记者、网友特别是律师为追求正义而做出的不懈努力，而在聂案中有徇私枉法、刑讯逼供、权力干预等行为的责任人都必须依法受到惩罚，这才更能体现司法的权威。

三 雷洋案舆情报告与法律分析

（一）事件[③]及舆情分析

关键词"雷洋、死亡"，自定义时间段为 2016 年 5 月 1 日至 2016 年 12

① 最高人民法院微博：《聂树斌案：要舆论监督，不要舆论审判》，2015 年 12 月 18 日，http：//weibo. com/3908755088/D92jFggc7？ from = page_ 1001063908755088_ profile&wvr = 6&mod = weibotime&type = comment#_ rnd1495617691032。

② 冉小毅：《聂案再审，让法律的问题回归法律》，《人民法院报》2016 年 12 月 4 日第 2 版。

③ 2016年5月7日晚，雷洋离家后身亡，昌平警方通报称，警方查处足疗店过程中，将"涉嫌嫖娼"的雷某控制并带回审查，此间雷某突然身体不适经抢救无效身亡。6月30日，北京市人民检察院第四分院向雷洋死亡案件涉案警务人员及其家属、雷洋家属及双方聘请的律师依法告知了雷洋尸检鉴定意见。检察机关对北京明正司法鉴定中心做出的鉴定意见进行了审查，组织了专家审查论证、文证审查，确定死者雷洋符合胃内容物吸入呼吸道致窒息死亡。涉案警务人员在执法中存在不当行为，昌平公安分局东小口派出所副所长邢某某、辅警周某起主要作用，且在案发后有妨碍侦查的行为。北京市人民检察院第四分院已对邢某某、周某以涉嫌玩忽职守罪依法决定逮捕。12月23日下午，北京市人民检察院通过官方微博，公布了雷洋案涉案警务人员审查结果：北京检方依法审查认定邢某某等五名涉案警务人员符合玩忽职守罪构成条件，综合全案认定犯罪情节轻微，依法做出不起诉处理。一周后，雷洋家属决定放弃诉讼。

月 31 日。

1. 总报道量分析

从本年度总报道量来看，5 月 13 日北京检方发布雷洋案已委托尸检，视频材料已提取声明后，5 月 14 日舆情达到第一次峰值，随后开始递减。6 月 30 日北京市人民检察院依法公布雷洋尸检鉴定意见后，舆情于 7 月 2 日又达到第二次峰值。此后，舆情热度开始下降并趋向平稳。12 月 23 日检方宣布不起诉决定重新激发舆论场的热烈讨论（见图 14、图 15）。

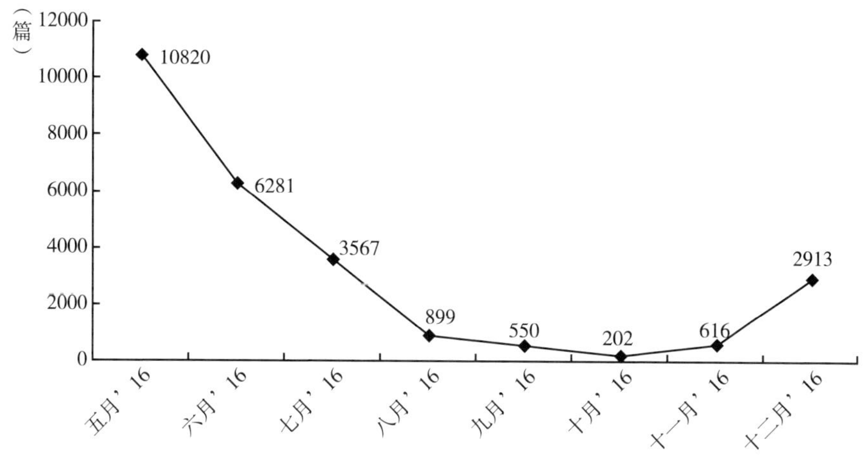

日期/日期范围	文章数(篇)
五月'16	10820
六月'16	6281
七月'16	3567
八月'16	899
九月'16	550
十月'16	202
十一月'16	616
十二月'16	2913

图 14　雷洋案报道总趋势

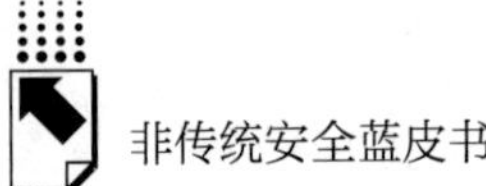

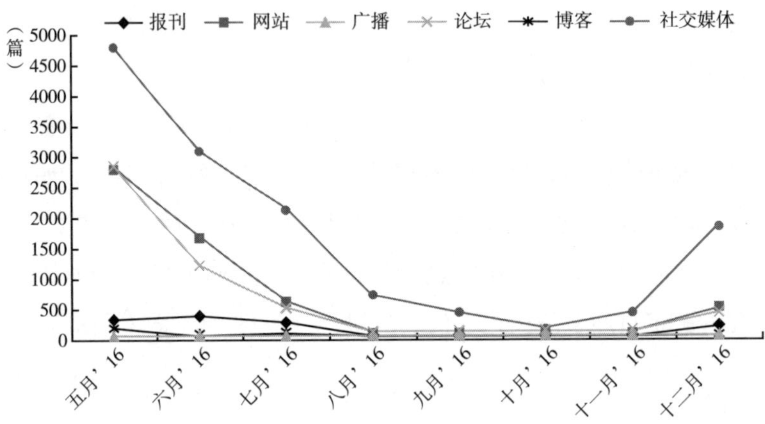

日期/日期范围	报刊	网站	广播	论坛	博客	社交媒体
五月'16	302	2762	0	2834	174	4748
六月'16	351	1646	0	1177	68	3039
七月'16	246	582	0	526	94	2119
八月'16	1	55	0	121	6	716
九月'16	2	38	0	94	6	410
十月'16	0	11	0	51	1	139
十一月'16	18	86	0	88	3	421
十二月'16	144	482	0	426	27	1834

图 15　雷洋案不同类型媒体的报道数量（单位：篇）

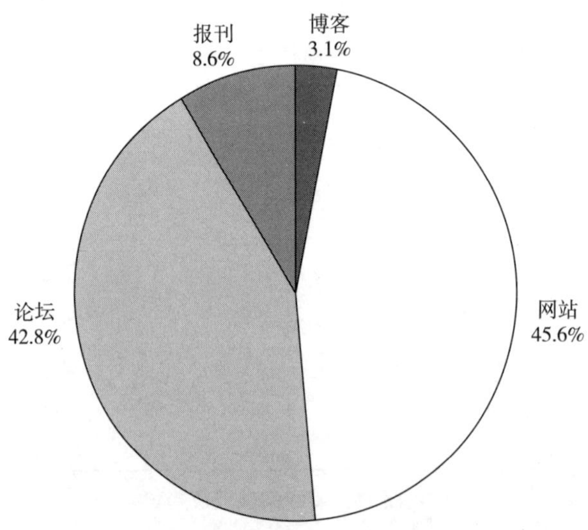

图 16　雷洋案各类媒体报道数量占比

从图16可以看出，关于雷洋案的报道主要集中在网站，其次是论坛、报刊和博客。分别占到45.6%、42.8%、8.6%和3.1%。

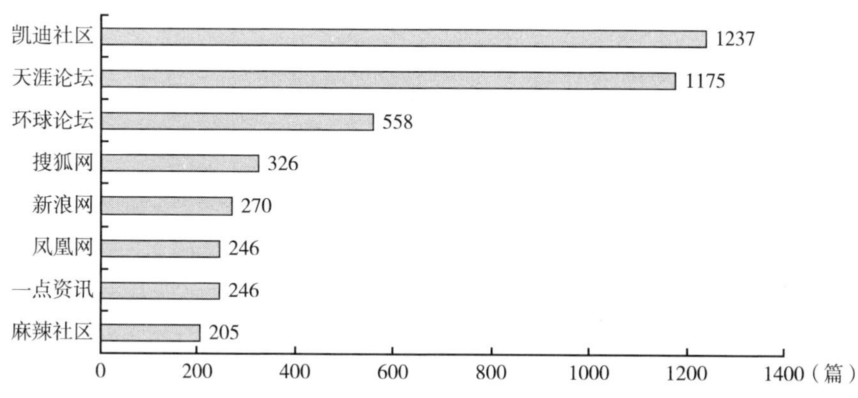

图17　雷洋案媒体文章数量分布

从图17可以看出，凯迪社区对雷洋案的报道量居于首位，有1237篇，关于雷洋案的报道主要集中在论坛和网站。

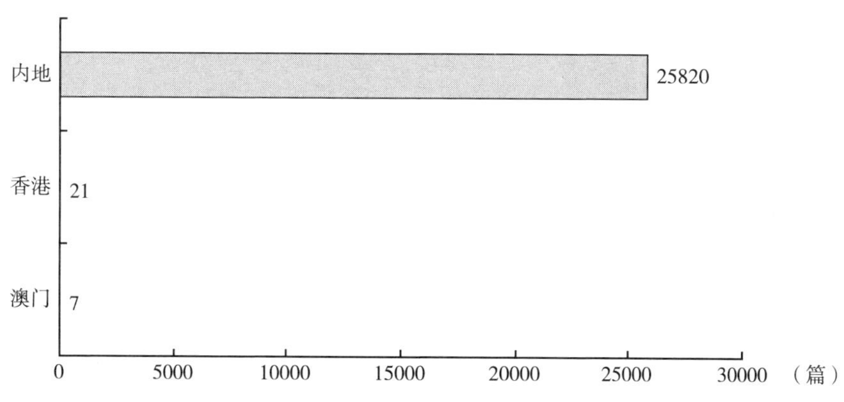

图18　雷洋案报道量地区分布对比

从图18可以看出，关于雷洋案的相关报道主要集中在中国内地，香港和澳门地区报道量较少。

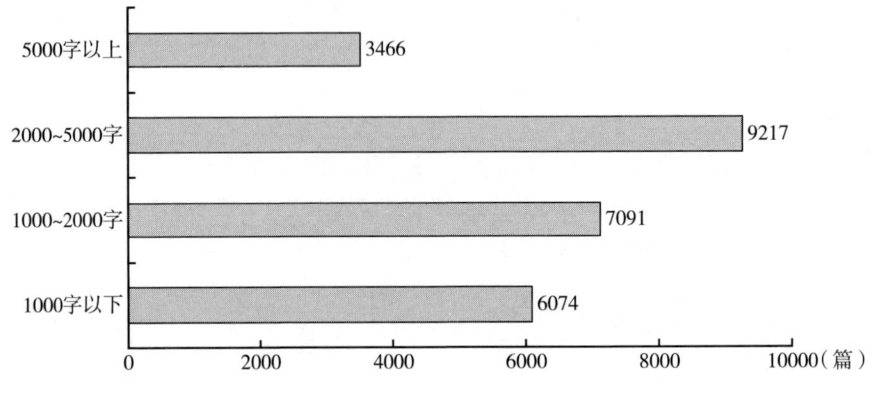

图 19　雷洋案报道文章篇幅对比

从图 19 可知，媒体报道量 5000 字以上的文章最少，2000 字到 5000 字之间的最多。

2. 情绪分析

通过检测微博、微信、网站和论坛等平台，发现舆论场中公众情绪以负面为主。大多是质疑警方的执法方式和调查结果，表达了对雷洋死因的追问和涉事警察不当行为的追责，体现了公众对生命安全的重视和对程序正义的追求。

3. 分词分析

从慧科新闻搜索输入“雷洋、死亡”，其所显示的热门关键词与媒体报道以及公民关注的警方执法问题、雷洋非正常死亡、检察机关的介入等焦点基本吻合（见图 20）。

4. 议题分析

（1）警察执法行为是否规范？本次事件中，雷洋到底是怎么死的，昌平警方有没有暴力执法是公众最为关注的问题。《人民日报》刊发的题为“法治，须从程序通往正义”一文就指出无论是案件的处理还是公安的执法，回到法律程序的轨道上，才是法治的胜利。相关专家学者也重视警方执法的程序性问题。

（2）为什么没有证据？本案中昌平警方遭到舆论口诛笔伐并引发舆论对调查结果不信任的最大原因是没有明确的证据。警方执法记录仪毁坏、小

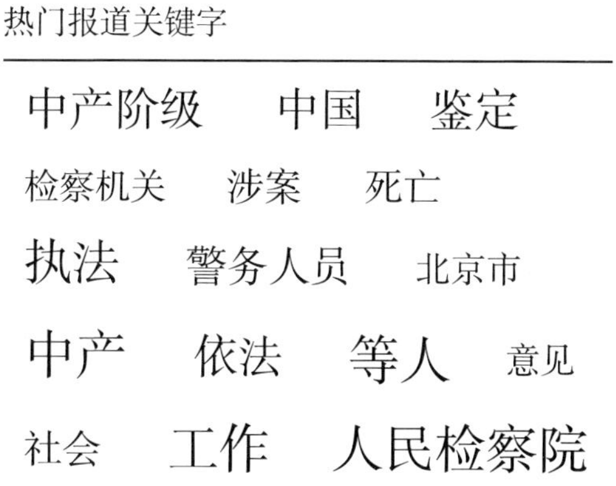

热门报道关键字

中产阶级　中国　鉴定
检察机关　涉案　死亡
执法　警务人员　北京市
中产　依法　等人　意见
社会　工作　人民检察院

图 20　雷洋案热门报道关键词

区没有监控的说辞普遍遭到质疑，而尸检报告指出雷洋是因为窒息死亡的结论更是让警方百口莫辩。《人民日报》认为，警方公布信息及时且必要，体现出一种进步。[①] 光明网发表评论文章称，该事件需要提供逻辑链完整的答案。央视新闻频道播发《家属：要求公开执法记录仪视频》，强调执法过程的公开透明是为本次事件定性的关键。

（3）涉事警察的法律责任？警方在办案过程中执法不当也是要负法律责任的，情节严重的还可能构成犯罪。抓嫖本是正常的办案行为，但是却造成雷洋的意外死亡。有律师依然认为，应该以“故意伤害致人死亡罪”、“滥用职权罪”和“隐匿伪造证据罪”追究其责任。检方认为涉案警察行为符合“玩忽职守罪”的构成要件，但犯罪情节轻微，依法做出不起诉决定。北京市公安局、中共昌平区纪委 2016 年 12 月 29 日分别对雷洋案涉案警务人员、相关责任人做出政纪处分、组织处理和党纪处分。

（4）生命健康该如何保护？雷洋案一连串匪夷所思的剧情，势必引起人们追问背后的真相。正如微博上有网友评论：“我们关心雷洋是怎么死

① 烽火普天：《“雷洋事件”发酵的 72 小时里，舆情是如何扩散？深度分析网友舆情态度》，ImageQ 大数据，2016 年 5 月 11 日，https：//mp. weixin. qq. com/s？__biz = MzIxMjI5MDQyMw = = &mid = 100000072&idx = 1&sn = b1feee59e1c5e9f5e4b71a847af0bb6f#rd。

的，而警方却一再告诉我们雷洋是怎么嫖的。”① 我国社会处于转型时期，长久以来弥漫着一种对公权力机关不满的情绪，在涉及公民生命健康的问题上显得尤为明显。

（二）司法分析

1. 程序正义保证实体正义

雷洋案之所以引起广泛关注，舆论的焦点在于昌平警方执法不规范而导致雷洋死亡的结果。其背后反映的问题则涉及司法的程序正义。雷洋在被警方控制的 3 个小时内离奇死亡，面对公众对警方暴力执法的质疑，昌平警方并没有给出确凿的证据。“小区监控坏了，执法记录仪也摔坏了”这样的说辞并不能使惶恐的大众信服，反而引发公众的各种猜测，一时之间网上谣言四起，而阴谋论也大行其道，极大损害了司法机关的公信力。

随着现代公民意识的觉醒，人们越来越重视司法过程中的程序、证据以及公开透明性。这就要求司法人员顺应时代的发展，不断提高自己的业务能力，在执法办案的过程中自觉遵守程序，保存证据，公开透明信息，让权力在阳光下运作，接受人民的监督，否则就会影响司法的公信力。

2. 私权和公权的冲突

中产阶层对一个国家民主政治生活的发展起着重要作用，私有财产的积累反映到政治生活上即表现为对私权利的追求。这一队伍②的不断壮大所带来的公民权利意识的变化给公权力机关造成挑战。当公权力机关因为操作不规范与公民私权发生冲突时，传统的做法是通过道德绑架来转移公众的注意力。本案中警方就是想利用“雷洋嫖娼”这一信息来绑架公众道德情感进而弱化公众对雷洋不正常死亡的关注。在雷洋妻子的声明前后，舆论关注的

---

① 天涯兵哥哥：微博，2016 年 5 月 13 日，http：//www. weibo. com/1629780237/DvlyfmzTB? type = comment#_ rnd1495617168279。

② 根据 2015 年 CHFS 调查数据测算，中国中产阶层的数量实际为 2. 04 亿人。参见甘犁：《中国中产阶级人数已超过两亿》，2015 年 11 月 17 日，http：//business. sohu. com/20151117/n426657041. shtml。

焦点有一个明显的转变，即由“嫖娼”到“非正常死亡”，这背后反映的其实是一种社会观念的转变，即“朴素的道德情感”到“自我权利保护”。因此公安机关也要顺应这一时代的变化，在执法过程中也要尊重保护公民的其他合法权利，否则雷洋事件绝不是一个终点。

四　贾敬龙案舆情报告与法律分析

（一）案件概况[①]及舆情分析

关键词“贾敬龙 AND 死刑”，搜索时间范围为2015年11月24日至2016年12月15日。

1. 媒体报道量分析

根据搜索，2015年11月24日，石家庄市中院以故意杀人罪判处贾敬龙死刑时，并没有引起舆论关注。2016年10月18日，最高人民法院下达对贾敬龙杀人案的死刑核准裁定书后，学界和法律界人士开始呼吁“贾敬龙故意杀人案死刑停止执行”，并得到部分自媒体人的转发和关注。随后传统媒体也进行了报道，如10月23日，《南方都市报》发表社论《贾敬龙案生死辩，审慎司法成共识》，10月24日，《中国日报》发表社论谈贾敬龙案，认为死刑应暂缓执行。随着自媒体和传统媒体的持续关注，贾敬龙案在10月25日报道量增加。11月15日，贾敬龙被执行死刑，最高人民法院回应判处贾敬龙死刑立即执行的原因，由此引发了各方的讨论，出现了大量关于该案的报道和讨论，舆论达到最高峰。11月18日之后，随着死刑的执

---

① 贾敬龙是河北省石家庄市长安区北高营村村民，因婚房被强拆，2015年2月19日，其在北高营新村春节团拜会的会场持射钉枪杀害所在村的党支书何建华。2015年11月24日，石家庄市中院以故意杀人罪判处贾敬龙死刑。2016年10月18日，最高人民法院下达对贾敬龙杀人案的死刑核准裁定书。随后，部分律师认为贾敬龙不该被判处死刑立即执行，号召“刀下留人”，这些言论在微博、微信中流传。10月21日，斯伟江等学界和法律界人士起草《贾敬龙故意杀人案死刑停止执行申请书》，呼吁“刀下留人”，引起更多公众关注。11月15日，贾敬龙被执行死刑，舆论也达到顶峰。

行，该案已尘埃落定，媒体对贾敬龙案的关注慢慢减少。

在所有媒体类型中，社交媒体最活跃，网站和论坛报道量也较多，报刊和博客文章数量少。2016 年 10 月 25 日，所有类型的媒体都进行了较多的关注，达到舆论小高峰。11 月 15 日，贾敬龙被执行死刑，媒体针对该案进行了大量报道，并引发网友的高度关注和热烈讨论，舆论迅速升温（见图 21）。

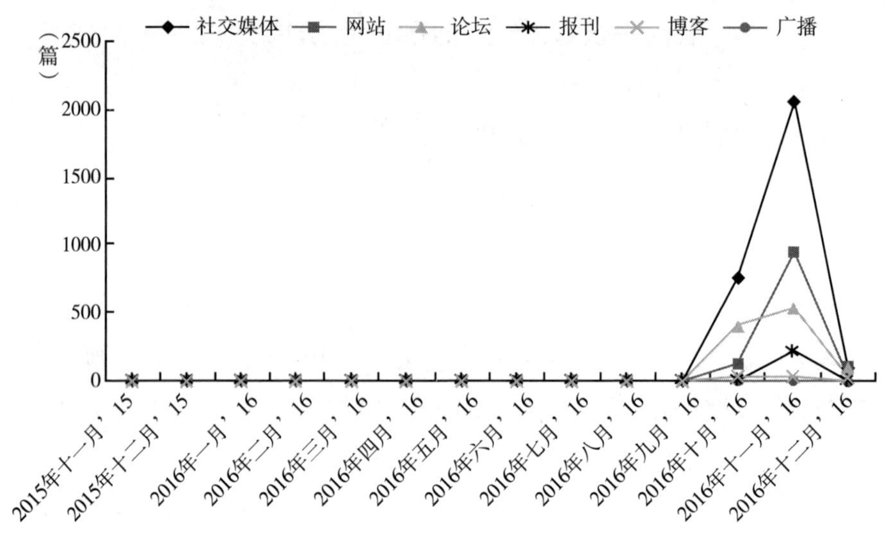

日期/日期范围	报刊	网站	广播	论坛	博客	社交媒体
2015 年十一月'15	0	0	0	0	0	0
2015 年十二月'15	0	0	0	0	0	0
2016 年一月'16	0	0	0	0	0	0
2016 年二月'16	0	0	0	0	0	0
2016 年三月'16	0	0	0	0	0	0
2016 年四月'16	0	0	0	1	0	1
2016 年五月'16	0	0	0	0	0	2
2016 年六月'16	0	0	0	0	1	4
2016 年七月'16	0	0	0	0	0	1
2016 年八月'16	0	0	0	0	0	1
2016 年九月'16	0	0	0	0	0	0
2016 年十月'16	10	133	0	397	17	764
2016 年十一月'16	220	947	0	531	46	2062
2016 年十二月'16	4	20	0	46	1	93

图 21　2015～2016 年贾敬龙案媒体报道趋势（单位：篇）

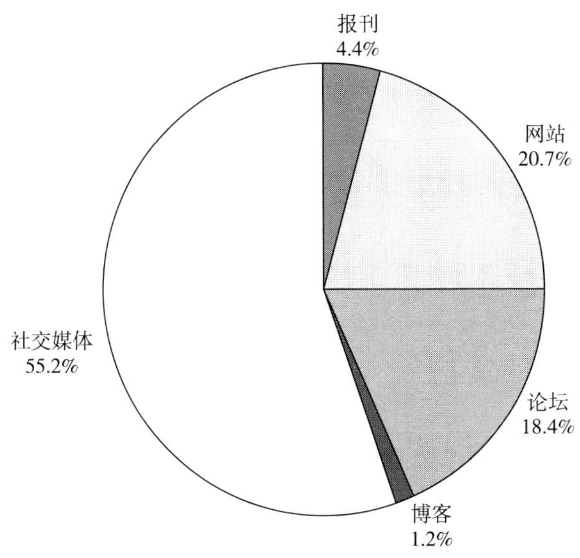

图 22　贾敬龙案各平台报道数量占比

由图 22 可以看出，在所有的报道中，社交媒体比重最大，占据 55.2%，网站也占了相当比重，达到 20.7% 左右，两者占了所有报道的绝大部分。作为传统媒体代表的报刊，也挺关注该案的，在所有报道中占 4.4%，但由于其版面的限制，所占比重在总体中并不大。

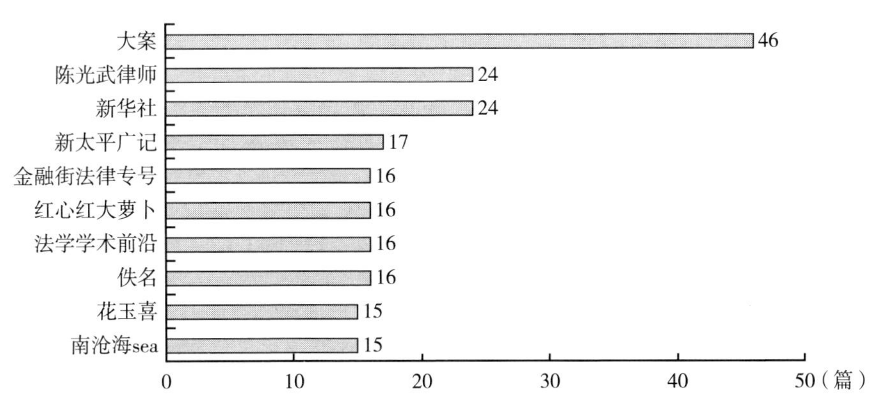

图 23　贾敬龙案最高文章数作家

由图23可以得出，微信公众号上有不少关于贾敬龙案的文章，公众号为“大案”发表的文章数最多，达46篇，公众号“金融街法律专号”也有16篇。律师群体一直关注着贾敬龙案，署名为“陈光武律师”的文章有24篇。该案中，新华社也保持着较高的关注度。

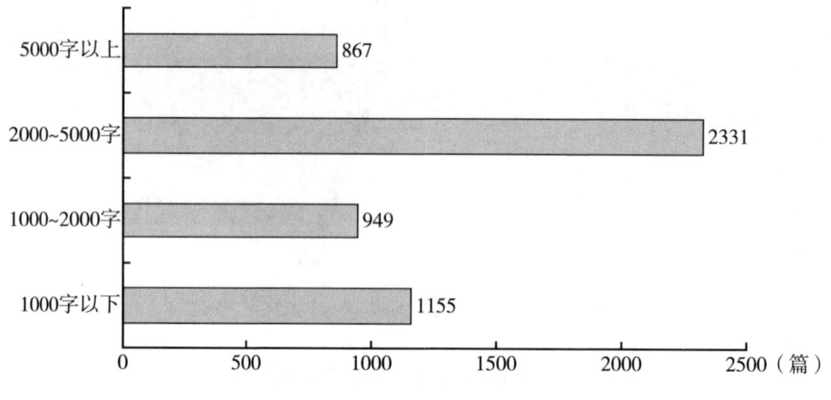

图24　报道文章篇幅对比

由图24可知，字数在5000字以上的文章有867篇，字数在2000~5000字的文章有2331篇，字数在1000~2000字的文章有949篇，字数在1000字以下的文章有1155篇。这说明近一半的文章对该事件进行了简约报道和分析，另外近一半的文章对贾敬龙案进行了全面总结或深度挖掘。

2.案件报道趋势分析

该案的舆论关注起源于自媒体，自2016年10月18日起，北京中闻律师事务所何兵、北京才良律师事务所朱孝顶、湖南人和律师事务所石伏龙等律师表达了对贾敬龙案的看法，认为贾敬龙被判处死刑立即执行不公。10月20日，具有3100多万新浪微博粉丝的律师徐昕希望最高人民法院刀下留人，其认为“本案属激愤型杀人，被害人强拆被告人的新装婚房，有过错；被告人有自首或坦白的法定从轻情节。从司法政策来看，可杀可不杀的，最好不杀”。①

① 法治网：《最高法核准贾敬龙死刑掀起舆情风波》，2016年11月8日，http：//thereport. cn/newsDetail_ forward_ 5658. htm。

随后，大量律师利用微信、微博发声，希望最高人民法院“收回成命”。10月22日，《北京青年报》官方微信公众号的《核准贾敬龙死刑，就恢复乡村秩序了吗?》一文指出，贾敬龙案存在两个法定减刑情节，一是主动投案，二是被害人一方有明显过错或存在主动激化矛盾的行为，所以贾敬龙不应被判处死刑立即执行。随后，新浪新闻、今日头条等对该文进行了转载。

贾敬龙杀人案自案发至核准死刑，未获得当地官方媒体的任何报道。[①] 虽然官方媒体对该案报道量低，但该案引起了大量普通公众的关注。不少民众在网上发起对其死刑核准的抗议声援行动，呼吁“当局刀下留人，也有网民发起募捐，为其聘请律师，志愿声援团当中还包括中国知名学者于建嵘、贺卫方和前著名律师浦志强”。[②]

经过自媒体发酵五天后，传统媒体的报纸进行跟进。2016年10月23日，《南方都市报》发表社论《贾敬龙案生死辩，审慎司法成共识》提出，该案的争议核心不是贾敬龙的罪与非罪，而是应当慎用死刑的问题。[③] 10月24日，《环球时报》发文《贾敬龙该不该执行死刑，争议何来》，认为贾敬龙被判死刑遭到舆论抵制很大程度上源于对弱势群体的同情，公众舆论质疑司法公正带上了社会情绪的烙印。[④] 10月25日《南方都市报》继续发文《贾敬龙案中作为先决问题的村委会行为》，该文认为贾敬龙案之所以成为舆论关注的焦点，是因为该案背后隐藏的征收补偿、暴力强拆、基层治理、司法公平、死刑存废等公共话题。[⑤] 11月15日，在贾敬龙被执行死刑时，新媒体和传统媒体都很关注该案，舆论达到最高点。但新媒体有用户数量大、实时、便捷等优点，新媒体的报道量远远超过传统媒体。

---

① 张律师：《中国死刑应该为谁存留?》，2016年10月24日，http://www.china50plus.com/。

② 叁黄道：《他该不该判死刑》，2016年10月20日，http://blog.sina.com.cn/s/blog_c2a32d190102wl99.html。

③ 南都社论：《贾敬龙案生死辩，审慎司法成共识》，《南方都市报》2016年10月23日第AA2版。

④ 单仁平：《贾敬龙该不该执行死刑，争议何来》，《环球时报》2016年10月24日第15版。

⑤ 倪洪涛：《贾敬龙案中作为先决问题的村委会行为》，《南方都市报》2016年10月25日第AA15版。

3. 情绪分析

通过情绪检测分析，绝大部分网民认为贾敬龙罪不至死，呼吁最高法刀下留人，不少网民认为强拆在先杀人在后，情有可原。很小一部分人认为贾敬龙是罪有应得，杀人就应该偿命，每个人的生命都不可随意剥夺。如微博号“深山里的狐妖”认为：“贾敬龙杀了村长，却变成了义士？村长的生命权就可随意被剥夺？说好的未经法院判决任何人不能确定为有罪呢？谁赋予了贾敬龙剥夺他人生命的权利呢?”当贾敬龙被执行死刑的消息出来后，微博上也有叫好的言论，如“当下瞬间”认为贾敬龙被判处死刑是“秉公执法，依法判决!”。

4. 分词分析

从慧科新闻搜索输入“贾敬龙死刑”，其所显示的热门关键词有“拆迁”“村民”“村委会”“协议”“自首”“射钉枪”“死刑”“最高人民法院”等。这些分词反映了贾敬龙杀人案件本身和案件背后所反映的拆迁、司法审判、死刑等社会问题。

5. 议题分析

在贾敬龙案件中，律师和学界希望最高人民法院停止死刑立即执行，其中的理由主要包括受害人有过错和贾敬龙有自首情节两点法定减刑情节，呼吁最高人民法院减轻量刑，判其死缓。案件之所以能够引起民众的关注，也与拆迁的合法性、官民关系等问题紧密相连。

（1）贾敬龙有自首情节？舆论的初期，很多人根据贾敬龙供述及案件细节报道认为贾敬龙有自首情节，可以减轻刑罚。[①] 后最高人民法院回应没有认定自首的原因，认为贾敬龙在作案前与作案后都没有要去自首的情节。随着最高人民法院的回应和多方当事人的发声，有部分人转向认为贾敬龙不构成自首。

（2）被害人有过错？据报道，村委会在拆迁中用强制高压手段迫使被

① 马岳君：《贾敬龙案，民众需要一个交代》，2016 年 10 月 26 日，http://www.legaldaily.com.cn/commentary/content/2016－10/26/content_ 6851755. htm。

告人父亲签订拆迁协议。贾敬龙被拆迁的房子原定用作婚房，而以被害人何建华为首的村委会在婚礼前强拆婚房导致其未婚妻与其分手另嫁。从强拆到血案案发期间，贾敬龙称一直在找何建华索要拆迁补偿款均无果。据此，部分专家学者和公众认为被害人何建华有明显过错，对于激化双方的矛盾负有直接责任。贾敬龙遭到如此大的不公，事后又无正常解决问题的渠道，做出一些必要的抗争是值得同情的。贾敬龙是在激愤的状态下杀了何建华，量刑时是否应考虑减刑，值得深思。

（3）拆迁合法？中国拆迁的合法性问题，一直在法律界争议不断。最高人民法院在回应为何判贾敬龙死刑时，指出“本案因拆迁引发，贾敬龙所在村实施的旧村改造方案系于2009年11月28日经村民自治组织、村民代表大会开会讨论，表决一致通过，2010年6月经石家庄市人民政府批准实施的。拆迁工作由村委会统一规划、按同一标准实施”。[①] 由此引发网民质疑石家庄市人民政府对涉案土地征收的合法性。另外，很多公众对强制拆建的合法性提出了质疑，认为民事协议的订立和履行建立在平等自愿的基础上，任何一方当事人不得通过私力强制实现合同，人身强制尤其不能允许。[②]

（4）村支书权力垄断，公权私用？农村恶劣的政治生态是导致贾敬龙杀人案的重要因素之一。何建华被杀之后，其儿子何志辉接手村主任一职，其合法性与正当性被质疑。村民纷纷议论这是“村官世袭制”，中国新闻周刊发文《“被贾敬龙射杀村支书”之子当村主任被指世袭》，指出“何志辉上任后，公权私用、公报私仇，利用手中的权力对贾敬龙的父亲贾同庆进行压迫，停发养老金、扣留房屋评估款和粮地赔偿款”。[③]

---

① 罗沙、杨帆、孔维一：《贾敬龙为何“罪该处死”？——最高法刑三庭负责人就贾敬龙故意杀人死刑复核案问题答记者问》，2016年11月25日，http：//news. xinhuanet. com/legal/2016－11/15/c_ 1119912541. htm。

② 何海波：《贾敬龙是不该杀的》，2016年10月23日，http：//news. sina. com. cn/pl/2016－10－23/doc－ifxwztrt0175510. shtml。

③ 风轻云淡：《贾敬龙死，法律烧纸！公平正义消亡!》，2016年10月26日，http：//blog. sina. com. cn//blog_ 3c39efc70102wtmq. html。

（5）死刑的差别化判决与存废。部分公众借贾敬龙案批评死刑的选择性适用，认为死刑很大程度上是为平民设置的，贪腐官员贪污数亿也没判死刑立即执行。“保留死刑，严格控制和慎重适用死刑”是我国一贯的刑事政策[①]，部分律师、学者借贾敬龙案推动中国完全废除死刑，并得到一些公众的支持。2016 年 10 月 23 日，北京大学宪法学教授张千帆发文《废除死刑，从贾敬龙案开始》认为，在现代法治国家死刑是对罪犯生命不必要的剥夺，判贾敬龙死刑立即执行违背了刑法的基本精神，但若现今中国废除死刑的时机还不成熟，那就从贾敬龙案开始真正做到少杀、慎杀、尊重生命。

（二）司法分析

1. 法律救济渠道的缺失

贾敬龙案之所以能成功引起如此多民众的关注，是该案件背后所隐含的暴力拆迁、权力救济、农村基层治理等众多的社会问题，这些问题非常普遍并且关系到公众的切身利益与人身安全。化解矛盾、解决社会纠纷的最终途径则是司法救济。司法救济渠道的不通畅是导致该悲剧的因素之一，也是公众关心的议题，若救济途径不畅或者处理不当，很容易引起官民对立情绪，甚至造成群体的极化与冲动，进而演变为群体事件或是极端事件，不利于社会稳定，危害社会安全。正如《法制日报》的评论《贾敬龙案，民众需要一个交代》，民众最关心的不是贾敬龙的生死，而是案件背后暴露出来的公力救济的缺失。[②] 贾敬龙在枪杀何建华之前，曾寻求过法律救济，如报警、上访、与村委会谈赔偿，一系列的公力救济途径无果后才选择走上枪杀何建华这条不归路。

2. 舆论对司法的监督

在该案中，舆论是否会对司法造成影响？贾敬龙案中的公众舆论关于司

---

① 罗沙、杨帆、孔维一：《贾敬龙为何“罪该处死”？——最高法刑三庭负责人就贾敬龙故意杀人死刑复核案问题答记者问》，2016 年 11 月 15 日，http：//news. xinhuanet. com/legal/2016 - 11/15/c_ 1119912541. htm。

② 法治网：《贾敬龙案，民众需要一个交代》，2016 年 10 月 26 日，http：//www. legaldaily. com. cn/commentary/content/2016 - 10/26/content_ 6851755. htm。

法的讨论主要针对“自首”、“被害人过错”以及“死立执”进行。一个法治国家内公民享有充分的知情权、参与权、表达权和监督权，公众对司法的监督需求主要来源于对自身人身和财产安全的维护，以防成为下一个贾敬龙、聂树斌。“对于民意，司法机关应该积极予以回应，死刑判决经得起围观，才能体现对生命和法治的尊重。”①

五　提升司法公信力，维护社会安全

马斯洛需要层次理论指出，安全需要是人类最基本的需求之一，大众对重大司法事件的关注特别是对冤假错案的关注与讨论体现出人们对自身合法权益与人身安全的重视，同时也体现出人们对社会稳定与社会安全的担忧。

对聂树斌案，公众更多的是从普通老百姓的角度抒发自己对聂家的惋惜、对司法的失望、对草菅人命的愤怒。雷洋死亡事件涉及一个生命的非正常死亡，唯有法治才能还人们一个真相，相关部门在执法过程中如何处理，如何重新赢得公众的信任，都是引人思考的问题，而努力成为更多人关注的司法正义的样本，则需要做出更大的转变。贾敬龙案的舆情主要围绕贾敬龙案是否存在自首和被害人过错两个法定减刑情节，以及案件背后的拆迁、权利救济、官民关系等进行充分的讨论，该案中既充分考虑了公众舆论，也很好地保证了司法审判的独立，实现了传媒与司法的良性互动。

在法治国家中，司法救济被认为是每一位公民的合法权益的最后保障，承担着有效化解社会矛盾的重要使命，因此在重大司法舆情事件中，网络舆论的影响力比某些突发事件更大、更深远，如果引导得当，则可以发挥社会安全阀的正面作用，充当公众对社会转型期所产生的社会矛盾的正当宣泄渠道。但若引导失当，则可能加深负面情绪的传播，误导民众，在社会中产生离心力，激化社会矛盾，严重的可能造成民众对自身所处环境安全的恐慌进

① 凤凰评论：《贾敬龙案：死刑判决要经得起围观》，2016 年 10 月 26 日，http：//finance.ifeng.com/a/20161026/14965042_ 0.shtml。

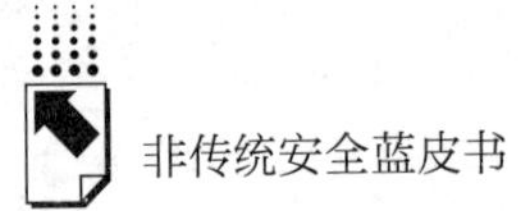

而引发更不可控的群体事件。

维护公民的人身财产安全不受非法侵犯，维护社会稳定与安全是司法的应有之义，但司法的作用与价值都必须建立在司法具有公信力的基础下，公众对自身所处环境的安全感的一个重要来源恰恰是司法的公信力。新华社所发《聂树斌案再审：正义从来不会缺席》中评论道，每一个判例，都可能为公众的法律信仰添加一块基石；而每一次失误，也都可能成为这一信仰崩塌的链条。[①] 要让公众在每一个案件中感受到公平正义、获得安全感，需要修复和维护公众与司法之间的相互信任。首先要保证审判独立与司法公正，实现司法效果与社会效果的有机统一。其次要坚持司法公开和正面宣传，保障公众的知情权、监督权，让公众能够实实在在地感受到公正感、安全感。同时建立有效的社会心理疏导机制，防止负面情绪的非理性蔓延，维护好来之不易的安全感。

① 胡云秋：《聂案再审：正义从来不会缺席》，2016 年 6 月 8 日，http：//news. xinhuanet. com/comments/2016 -06/08/c_ 1119015252. htm。

B.17

“全面二胎”政策背景下中国幼儿照护制度与人口安全研究

米 红　郑雨馨*

摘　要： 中国国家统计局公布的数据显示，自全国实施全面二胎政策以来，2016 年全国出生人口为 1786 万人，比 2015 年增加 131 万人，出生率为 12.95‰，比上一年提高了 0.88 个千分点。出生人口增长迅猛，但是目前与生育政策配套的相关社会制度并没有同步实施，还间接引发了目前许多见诸报端的幼儿园虐童事件。比如 2017 年 11 月 22 日发生在北京红黄蓝幼儿园的虐童案，因部分幼儿不按时睡觉遭遇老师刘某以扎针、喂食白色药片的方式进行“管教”。刘某某因涉嫌虐待被看护人罪，已被刑事拘留，但是给受伤害的儿童和家庭留下了不可磨灭的心理阴影，也在社会上造成了极其严重的负面影响。十九大报告明确提出要“促进生育政策和相关经济社会政策配套衔接，加强人口发展战略研究”。因此本文从人口安全视角，对未来七年的出生人口进行预测，并在预测基础上对目前与生育政策配套的社会制度如何进行顶层设计进行分析。

关键词： 全面二胎政策　幼儿照护制度　人口安全

---

* 米红，博士，浙江大学公共管理学院、浙江大学人口与发展研究所教授，博士生导师，主要从事非传统安全与社会保障、人口学研究；郑雨馨，浙江大学公共管理学院 2018 级人口学专业博士研究生。

所谓人口安全，是指一个国家的综合国力和国家安全不因人口问题而受损害，能够避免或化解人口方面可能出现的局部性或全局性危机。[①] 人口安全与粮食安全、能源安全、卫生安全、经济安全、国防安全等国家安全密切相关，并对这些安全起着制约作用，成为国家安全的基础。[②] 20 世纪 80 年代，我国资源相对于人口过于紧缺，出于对经济和社会安全的考虑，和许多西方国家在二战之后采取的限制人口政策一样，我国采取了计划生育政策。但是在计划生育实施过程中，暴露出来许多社会矛盾问题、伦理问题、“失独”家庭父母养老问题等一系列社会问题。此外，独生子女政策还造成了人口的系统内安全问题，使得人口再生产水平不能维持在一个正常范围之内。全国总和生育率（TFR）已经低于 1.8（维持人口再生产的总和生育率为 2.1）。[③] 自 2011 年起，中国各地全面实施“双独”二孩政策，2013 年 12 月，中国开始实施单独二孩政策，并在 2015 年 10 月中国共产党第十八届中央委员会第五次全体会议公报中指出：坚持计划生育基本国策，积极开展应对人口老龄化行动，实施全面二孩政策。自此标志着中国的“二胎”时代来临，随着我国全面开放二胎政策的步步推进，生育水平较之前有很大的提高。但是随着政策和社会现实的发展，逐渐暴露出其他社会制度的缺位，使得缺乏制度保障的女性职工在二胎问题上不得不选择放弃生育二胎，来保证工作岗位和生活来源。所以完善生育保障制度，发展幼儿照护事业，完善产假制度，帮助女性应对就业与生育之间的冲突，在现阶段十分重要。[④]

---

① 张维庆：《关注人口安全　促进协调发展》，《市场与人口分析》2003 年第 5 期，第 1 ~ 6 页。

② 陆杰华、傅崇辉：《关于我国人口安全问题的理论思考》，《人口研究》2004 年第 3 期，第 11 ~ 15 页。

③ 米红、李骅：《重议人口安全：安全化的视角》，《浙江大学学报》（人文社会科学版）2016 年第 2 期，第 136 ~ 146 页。

④ 翟振武：《2017 年中国人口学研究：以解决人口问题为目标》，《中国社会科学报》2018 年 2 月 7 日第 6 版。

一 中国未来幼儿出生数量预测及其社会压力

（一）国民人口生命表的计算

本文的研究思路是在2010年全国第六次人口普查数据的基础上，不考虑人口迁移因素的影响，构建全国人口封闭模型。模型包括人口的年龄性别结构、分年龄生育率和分年龄死亡概率。预测方案包括对生育率（总和生育率）、死亡率（平均预期寿命）、出生性别比的假设，并假定生育模式和死亡模式保持不变。

人口年龄移算的依据在于年龄增长与时间推移的一致性，[①] 根据基期分年龄人口数据和死亡率或存活率进行推算。本研究的基期设定为2010年（$t_0 = 2010$）。并根据2010年全国第六次人口普查数据汇总得到2010年全国分年龄人口数，结合存活率进行移算。

年龄移算的公式为：

$$P_{x+1,t+1} = P_{x,t} \times r_x$$

式中 $P_{x+1,t+1}$ 为第 $t+1$ 年 $x+1$ 岁人口数，$P_{x,t}$ 为 t 年 x 岁人口数，r_x 为 x 岁人口数存活概率。

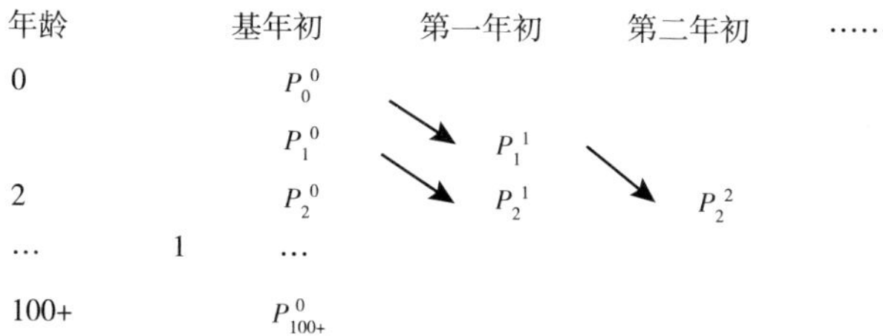

图1 人口年龄移算示意

① 温勇：《人口统计学》，东南大学出版社，2006，第280页。

另外再考虑各年0岁组人口，进行单独计算，其预测模型为：

$$P_{0,t+1} = B_t \times r_B$$

式中 $P_{0,t+1}$ 为 $t+1$ 年0岁人口数，B_t 为全年出生人口数，r_B 为婴儿当年存活概率。得到0岁组人口再进行年龄移算。

根据年龄移算结果，2015年末全国人口约为14亿人。假设2015年末全国分性别、分年龄人口占总人口的比例与2010年第六次人口普查相同，以此构建2015年末全国分年龄、分性别人口，如表1所示。

表1　2015年全国人口分年龄性别分布

单位：人

年龄	男性	女性	年龄	男性	女性
0	9320780	8876933	22	10736537	10003978
1	8556188	7168379	23	10784858	10098844
2	8544323	7161555	24	12591087	12132204
3	8538063	7157028	25	14069954	13855323
4	8533688	7154133	26	12779184	12702124
5	8530775	7150037	27	12753382	12693570
6	8502533	7062083	28	11856444	11923213
7	8462242	7125691	29	10553329	10619487
8	8284426	6997428	30	9836969	9823519
9	8060344	6818755	31	9654751	9602792
10	8070311	6817204	32	10419774	10245982
11	7426431	6235668	33	10871210	10631701
12	7483897	6309303	34	9309590	9115442
13	7452654	6277430	35	10164563	9781429
14	7735695	6537336	36	9876776	9570656
15	7785744	6618843	37	9427465	9087185
16	7977849	6826074	38	9934794	9525794
17	8079930	6973159	39	10595561	10204072
18	8352311	7278408	40	11029862	10638309
19	9086765	8039595	41	11853999	11393423
20	9542089	8657882	42	12583808	12033487
21	10162431	9442381	43	12646811	12056484

续表

年龄	男性	女性	年龄	男性	女性
44	13253853	12723125	73	3399086	3523874
45	13127994	12670944	74	3225758	3338025
46	13785371	13334712	75	2867425	3034541
47	11685181	11370489	76	2781145	2965420
48	11168966	10867724	77	2691373	2883966
49	12184696	11743934	78	2426231	2695915
50	11827452	11470320	79	2225033	2581751
51	12635549	12261972	80	1953693	2337055
52	12707944	12187849	81	1846569	2205787
53	6971048	6902409	82	1520818	1881756
54	6013460	5984889	83	1289211	1621150
55	6818827	6502779	84	1168485	1497605
56	7415361	7062299	85	932130	1250781
57	9080196	8655873	86	768485	1081101
58	8583153	8388648	87	657458	955009
59	8163522	8049714	88	494884	747330
60	8880076	8720992	89	390487	625506
61	8240173	8222134	90	312318	528087
62	7936646	7955050	91	235626	425711
63	6981448	7084382	92	168791	312888
64	6433039	6479861	93	128338	245611
65	6683408	6499262	94	97375	196052
66	5590394	5556270	95	65737	136894
67	5190335	5153284	96	44207	95398
68	4885351	4895509	97	31760	69844
69	4423498	4529495	98	23873	51755
70	4001320	4058739	99	18531	39798
71	3746280	3806714	100 +	13628	28451
72	3542087	3617583			

数据来源：浙江大学人口大数据与政策仿真工作坊。

（二）总和生育率（TFR）预测

根据二胎政策的开放趋势以及近两年的出生人口数量（国家统计局公布的数据：2016 年为 1786 万，2017 年为 1723 万），并考虑到出生人口存在至少 10% 漏报和瞒报的情况，[①] 在 2015 年国民生命表人口年龄结构的基础上，对 2016 ~ 2025 年的总和生育率进行预测，结果如表 2 所示。

表 2　2016 ~ 2025 年总和生育率预测

年份	2016	2017	2018	2019	2020	2021	2022	2023	2024	2025
TFR	1.700	1.800	1.900	2.000	2.100	2.100	2.100	2.100	2.100	2.100

数据来源：浙江大学人口大数据与政策仿真工作坊。

（三）育龄妇女年龄别生育率预测

育龄妇女一般生育率可以说明育龄妇女的总体生育水平，但是不同年龄的育龄妇女其生育率差异很大，30 ~ 34 岁年龄段以及 35 ~ 39 岁年龄段的育龄妇女生育率显著增高。形成这一现象的原因主要有：国民文化程度普遍提高，学业时间长，婚恋观的变化，整体倾向晚婚；二胎政策开放，选择生育二胎的家庭增多。

育龄妇女生育率与总和生育率的关系公式如下：

$$TFR = 5 \times \sum_{x=15\sim19}^{44\sim49} fx$$

式中 *TFR* 为总和生育率，*fx* 为不同年龄段的育龄妇女生育率（$x = 15 \sim 19$，$20 \sim 24$，$25 \sim 29$，$30 \sim 34$，$35 \sim 39$，$40 \sim 44$，$45 \sim 49$）单位为‰。

本研究预测的育龄妇女生育率是在第六次人口普查数据的基础上进行估算的，数据如表 3 所示。

① 米红、杨明旭：《总和生育率、出生性别比的修正与评估研究——基于 1982 ~ 2010 年历次人口普查、1% 抽样调查数据》，《人口与发展》2016 年第 2 期，第 12 ~ 19 页。

表 3　预测 2016～2025 年育龄妇女年龄别生育率

单位：‰，岁

年份＼年龄	15～19	20～24	25～29	30～34	35～39	40～44	45～49
2016	0.001061	0.006021	0.050152	0.160373	0.117021	0.004685	0.000969
2017	0.001123	0.006376	0.053102	0.169807	0.123905	0.004961	0.001026
2018	0.001186	0.006730	0.056052	0.179240	0.130788	0.005236	0.001083
2019	0.001248	0.007084	0.059002	0.188674	0.137672	0.005512	0.001140
2020	0.001310	0.007438	0.061952	0.198108	0.144555	0.005788	0.001197
2021	0.001310	0.007438	0.061952	0.198108	0.144555	0.005788	0.001197
2022	0.001310	0.007438	0.061952	0.198108	0.144555	0.005788	0.001197
2023	0.001310	0.007438	0.061952	0.198108	0.144555	0.005788	0.001197
2024	0.001310	0.007438	0.061952	0.198108	0.144555	0.005788	0.001197
2025	0.001310	0.007438	0.061952	0.198108	0.144555	0.005788	0.001197

数据来源：浙江大学人口大数据与政策仿真工作坊。

（四）出生人口预测

本研究运用 PADIS 人口预测软件，结合由第六次人口普查数据移算所得起始人口规模和育龄妇女年龄别生育率并在此基础上进行估算，最终形成 0～2 岁人口预测结果。

表 4　2016～2025 年出生人口预测

单位：人

年份	2016	2017	2018	2019	2020	2021	2022	2023	2024	2025
人数	17198451	18462919	19825935	21286199	22767851	23111341	23323499	23375065	23214785	22786380

数据来源：浙江大学人口大数据与政策仿真工作坊。

从未来出生人口的预测趋势来看，可以发现我国未来出生人口会处于年均 1900 万～2330 万人的水平，这一预测与之前学者的预测基本相符①。

① 王金营、戈艳霞：《全面二孩政策实施下的中国人口发展态势》，《人口研究》2016 年第 6 期，第 3～21 页。

（五）2018～2025年中国0～2岁人口预测

表5　2018～2025年0～2岁人口分性别分年龄预测

单位：人，岁

年份	年龄	男性	女性	共计
2018	0	11102524	8723411	19825935
	1	10300813	8091978	18392791
	2	9584227	7529834	17114061
2019	0	11920271	9365928	21286199
	1	11061266	8689365	19750631
	2	10288880	8083445	18372325
2020	0	12749997	10017854	22767851
	1	11875975	9329373	21205348
	2	11048452	8680201	19728653
2021	0	12942351	10168990	23111341
	1	12702616	9978755	22681371
	2	11862217	9319534	21181751
2022	0	13061159	10262340	23323499
	1	12894256	10129301	23023557
	2	12687901	9968232	22656133
2023	0	13090036	10285029	23375065
	1	13012623	10222286	23234909
	2	12879319	10118619	22997938
2024	0	13000280	10214505	23214785
	1	13041393	10244887	23286280
	2	12997548	10211506	23209054
2025	0	12760373	10026007	22786380
	1	12951969	10174639	23126608
	2	13026285	10234083	23260368

数据来源：自制。

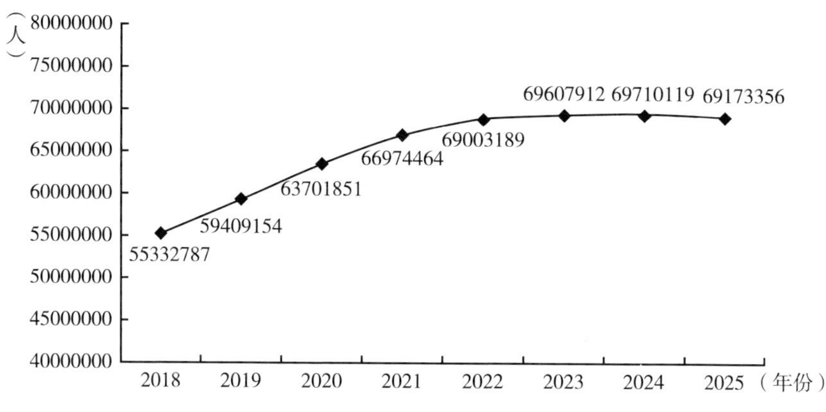

图 2　2018～2025 年 0～2 岁总人口变化趋势

由图 2 可知，根据预测，未来 0～2 岁人口将会保持持续增长的态势。根据预测，到 2025 年，中国 0～2 岁人口将达到 69173356 人，为 2017 年的 139%。

总而言之，根据全国第六次人口普查数据建立国民生命表，并对未来总和生育率、育龄妇女年龄别生育率和 0～2 岁幼儿人口数据进行预测，并以通过估计得出的人口数来衡量目前中国面临的幼儿照护的压力，以及对生育政策的影响，得出如下结论：（1）根据国家统计局公布的数据和全面开放二胎政策之后社会反馈以及考虑到出生人口存在漏报、瞒报等情况，我国总和生育率预计在 2020 年达到 2.1，并在 2025 年之前维持这一生育水平。（2）我国育龄妇女生育率与之前相比出现较大变化，由于全面开放二胎政策的影响，30～34 岁年龄段以及 35～39 岁年龄段的育龄妇女生育率会呈现显著增高的趋势。（3）根据总和生育率和育龄妇女生育率以及 2015 年国家年龄别人口规模，预测 2018～2025 年中国每年新生儿数量会增加 1900 万～2330 万。

如此庞大的人口数字说明了我国目前所面临的婴幼儿照护方面的压力。这样的压力为我国相关的人口政策带来了巨大的考验，面对即将到来的婴幼儿人口高峰，社会各方面都应该做好采取应对措施的准备。

二　中国婴幼儿照护制度存在的问题及其影响

2015 年以来，中国虽然改变了以往的生育政策全面开放二胎，但是在与其配套相关的其他社会制度的建设上还有所欠缺，特别是在幼儿照护制度方面严重不足。

（一）中国婴幼儿照护制度存在的问题

1. 我国婴幼儿照护制度不够完善，幼儿家庭的各项利益缺乏保护

中国目前是世界上人口最多的国家，而且在全面开放二胎之后人口总量也在持续增长。由于过去中国实施的计划生育政策自 2013 年才开始逐步放开，与其他各项社会制度还处于一个适应的过程，所以在“二胎时代”到来的现在出现了许许多多的问题。其实在目前全面开放二胎政策的大背景下，“红黄蓝事件”的形成也折射出我国在与生育政策相配套的制度建设上还做得不够。以婴幼儿照护制度为例，在中国双职工家庭中普遍情况是婴儿出生之后，由长辈或者聘请保姆负责看护。但是现在，这一情况已经发生变化，聘请保姆价格飞涨，使得家庭经济负担变重；另外对于年龄较大的长辈，没有精力和能力看护多个孙辈。这样的社会现实，使得婴幼儿照护成为很大的社会问题。如果不能加以解决，则可能会出现职工放弃就业或放弃生育等影响国家经济和生育政策的问题。而在 OECD 国家里，对于幼儿家庭的福利非常高，包含儿童津贴、税收减免、育儿假等项目，OECD 国家官方数据显示，2013 年 OECD 国家家庭福利支出总体水平占 GDP 水平的 2.146%，① 相比之下中国在幼儿照护制度方面的社会福利显然还不够。

2. 婴幼儿产品、产业市场监察管理力度不够

发生在红黄蓝幼儿园的虐童案，从中可以看出针对幼儿园产业的监管力

---

① “Family Benefits Public Spendin”，https：//data. oecd. org/socialexp/family - benefits - public - spending. htm.

度不够，出现政策缺位的现象。据报道，“红黄蓝于1998年创建中国第一家亲子园，并经过十七年的发展，先后创建红黄蓝亲子园、幼儿园等四个服务品牌，凭借标准化管理和独特、系统的教科研体系优势，将红黄蓝发展成为中国规模最大的一体化、综合性教育机构。目前红黄蓝幼儿园有10多家被评为北京市一级一类幼儿园，2家被评为北京市区级示范园，几十家红黄蓝亲子园成为当地的早期教育或亲子教育基地，成为中国民办学前教育机构的标杆企业”。①

不难看出北京市对于红黄蓝幼儿园的评价非常高，那么对于受害儿童的家庭来说，在发生了“虐童案”之后，他们可能无法继续相信政府的评价，不仅影响了正常的市场秩序，也使得民众对政府产生误解。因为对于消费者来说，选择唯一可以信任、可以选择的就是来自政府监督和管理之后的市场，如果政府不能很好地履行自己的监管职责，那么消费者的消费安全在信息不对称以及资本市场过于庞大的社会当中就会面临严重的威胁和挑战。

3. 从社会舆论和各项社会制度来看，妇女就业、生育权利缺乏保护

近年来，社会舆论普遍反映对女性职工就业歧视的趋势不断加强，在一些单位的招聘启事中更是明确给出“仅限男性”的标注，还有单位每年规定女性职工怀孕生产的“指标”，没有“指标”的女职工不允许生育，还有涉及产假和生育补助纠纷的社会现实使得女性职工的就业权利和生育权利遭遇到不公正的待遇。尤其在“全面二胎”背景下，女性职工更是因为存在生育二胎会被单位解雇等压力，选择放弃生育二胎。这不仅不利于我国男女平等的国家政策，也不利于我国全面二胎政策的实施。

4. 没有充分发挥教育机构的作用

在“二胎时代”，出生人口多，学龄前儿童增量巨大，学前教育机构供不应求。2012年颁布的《学前教育三年行动计划》严格限制了幼儿园入园年龄，导致不少公办幼儿园陆续取消“托儿所”。这样的社会现实，给未来

① 丛笑：《红黄蓝：孩子成长的摇篮》，《工会博览》2015年第4期，第39页。

中国预计数量庞大的0~2岁人口带来了极大不便。在OECD国家中，将儿童看作十分重要的社会资本，对儿童的教育和培养也是对未来人力资本的积累。[①] 所以充分考虑到教育儿童的重要性之后，中国没有将0~6岁儿童看作社会资本从教育的角度去培养，这不仅不利于儿童个人的发展，也不利于社会资本的持续积累，产生儿童贫困等问题。

（二）中国婴幼儿照护制度缺失的影响

改革开放之初，中国就在应对非传统安全威胁的过程中面临人口问题，[②] 和现在我们所面临的人口问题恰恰是一个问题的两个方面。从之前的人口政策和生育政策，可以看出人口问题和生育政策，涉及经济、政治、法律、社会制度的方方面面，每一个领域都与国家发展、社会治理密不可分，而且需要在国家强有力调控的背景下进行解决。现如今，即使开放二胎政策之后，我国依然陷入了“低生育率的陷阱”。我国目前面临的幼儿照护制度缺失，使得国家人口安全面临着一种潜在的“威胁”。这种“没有威胁者的威胁”[③]，从非传统安全视角分析，可以看出生育政策及其配套的幼儿照护制度与人口安全、食品安全、资源安全、经济安全等领域的多样性联系。例如，由于缺少食品安全管制，2008年爆发的“三聚氰胺毒奶粉”事件，对中国奶制品行业造成了严重的影响。以及在2017年11月，经各大媒体曝出的位于北京朝阳区红黄蓝幼儿园（新天地分园）国际小二班的幼儿遭遇幼儿园老师扎针、喂不明白色药片虐待的事件。这起事件虽然在依法审查之后对涉案教师刘某某以涉嫌虐待被看护人罪批准逮捕，但是其背后给幼儿和幼儿家庭带来的伤害却无法弥补。

从家庭的角度来看，由于家庭核心化的趋势，以及开放二胎之后，家庭

① 李莹、赵媛媛：《儿童早期照顾与教育：当前状况与我国的政策选择》，《人口学刊》2013年第2期，第31~41页。

② 余潇枫、李佳：《非传统安全：中国的认知与应对（1978~2008年）》，《世界经济与政治》2008年第11期，第89~96页。

③ Non-Traditional Security Challenges in International Politics. George Fidas. Global Development . 2001.

中长辈的普遍选择，由爷爷奶奶、外公外婆带孩子的情况越来越少，这使得家庭中父母的责任越来越重，如果没有针对幼儿的经济政策或者社会政策的保障，将会影响未来父母的生育意愿以及工作意愿；从社会现实的角度看，公立幼儿园数量少、私立幼儿园价格高昂、幼儿园教师普遍层次低等各种各样的问题使得目前幼儿园市场混乱，家庭负担沉重，不利于我国生育政策的推广；而从人口安全的角度来看，在幼儿应该受到教育和保护的阶段，不论是家庭还是教育机构都没有享受到国家的政策倾斜，容易被属于资本方的园方所导向，不利于我国长期的人口安全。

三　幼儿人口安全案例：虐童事件分析

2017 年 11 月，携程亲子园教师虐待儿童的视频在网上广泛流传，引爆舆论。监控视频中教师不仅殴打、虐待孩子，还强喂幼儿食用疑似芥末物。据当事家长向《北京青年报》记者反映，在家长聚集查看亲子园内所有监控录像时发现，这已经不是第一次在携程亲子园出现这种虐童事件了，最早的一起虐童事件发生在 2017 年 8 月 9 日，较为密集的虐童事件是发生在 8 月 30 日之后，截至 2017 年 11 月 10 日又发现了两名老师参与虐童。

在视频发布之后，引起网上群众热议，携程官方也立刻进行报警处理，并与涉事员工解除合同关系。携程 CEO 孙洁和创始人梁建章也就此事进行道歉，担任亲子园监管方代表的携程 HR 高级总监邵某也引咎辞职。上海妇联也就没有对亲子园进行监督与管理进行道歉。但是仔细分析事件起因可以发现很多问题：第一，携程亲子园创办之初是经上海长宁区妇联牵头，由携程公司委托《现代家庭》杂志社下属“为了孩子”学苑进行亲子园的运营和管理。这一杂志社下属的学苑是否有资格进行亲子园的运营，而在这个过程中亲子园所聘用的保育员是否具备照护幼儿的资质，是否进行过专业培训，上海妇联在这一过程中是否起到切实的监管作用？第二，在亲子园运营过程中应由携程官方负责履行监管职责，那么是否有专门规章制度规范相关事务，是否接受幼儿家长的监督？第三，最初的虐童事件发生在 2017 年 8

月份，为什么在 11 月份才发现并且进行调查。而且在案件中涉事教师其实只是园内保洁人员，且并不具有保育资格，而这样的人员在对幼儿进行看护虐待的时候为什么没有相关人员进行管理？第四，在携程亲子园教师虐童案件中涉及的亲子园没有在上海市教育局进行备案，所以并不属于正规的教育机构，而是属于企业内部幼儿托管部门，应由妇联进行监管。但是从约束力的角度来看，妇联的监管不能采取强制等手段对亲子园内部的教职工进行管理，那么在这样的情况下，如何针对亲子园这类机构进行有效的监管？

根据所收集到的反馈我们可以发现，家长们对于虐童事件是非常愤慨的，在审理的过程中，对涉案女教师表示强烈不满。但是在携程亲子园闭园整顿期间，又有家长发声称希望亲子园不要关闭，因为在幼儿没有达到规定的上幼儿园的年龄之前，双职工家庭里是没有能力对幼儿进行看护的，而由公司承办的亲子园则是幼儿看护的非常好的选择。所以很多家长也希望携程能够对亲子园进行整顿，希望规范运营的携程亲子园能够继续为携程员工开放服务。

如果说虐童案会出现在类似携程亲子园这类非正式的幼儿园中，而发生在北京红黄蓝幼儿园的虐童案则说明即使在正规的幼儿园中也会出现虐童现象。2017 年 11 月 22 日，北京市朝阳区管庄红黄蓝幼儿园（新天地分园）国际小二班的部分幼儿因不按时睡觉遭遇老师刘某某以扎针、喂食白色药片的方式进行“管教”。目前刘某某因涉嫌虐待被看护人罪，已被刑事拘留。

这已经不是红黄蓝集团旗下幼儿园第一次出现虐童事件了，在 2015 年 12 月，吉林省四平市铁西区红黄蓝幼儿园被曝有近 30 名幼儿遭针扎，经审判涉事四名教师犯虐待被监护人罪，被判处有期徒刑二年十个月和二年六个月不等。2017 年 4 月，北京大红门红黄蓝幼儿园也被曝出存在教师殴打儿童的事件。

出现在幼儿园内的虐童事件，在法律上有更加完善的刑法修正案对虐待被看护人罪进行规范。但是从受害者的角度来看，幼儿在受到侵害之后，所受到的心理和身体上的创伤无法被弥补。所以我们应该从虐童事件发生根源的角度出发去看待这一问题。

2015 年的吉林省红黄蓝幼儿园教师虐童案涉及 30 名幼儿遭遇针扎等虐待，但是在法庭宣判之后，根据裁判文书网的记录，涉案女教师依旧认为自己无罪，未向幼儿家庭进行道歉。可以看出红黄蓝幼儿园所聘用的这四名幼教不管是从职业素质还是人文素养，都不适合担任看护幼儿的职责。另外，从 2013 年教育部颁布的《幼儿园教职工配备标准（暂行）》来看，规定全日制幼儿园的教职工与幼儿的比例需达 1∶5 至 1∶7。但是在实际工作过程中，幼儿园的幼师与幼儿的比例为 1∶19，可以看出我国幼教的工作压力和职业缺口非常大。然而这样的高负荷工作量，在薪资上并没有使幼教群体得到更多的优待，在待遇上也没有使得幼教的社会地位有所提高。幼教的月薪大多在 2000～3000 元。在这样的薪资水平下，首先很难招聘到职业素养高并且受教育水平高的幼师，而且在开放二胎政策，新生儿剧增的社会现实下，如果不提高幼教的待遇，则会使幼教缺口越来越大，幼儿园可能会为了弥补缺口不得不雇用没有资质的幼教，那么在未来虐童案的发生也会呈现增多的趋势。

另外，从幼儿家庭教育的角度来看，家长应该密切关注孩子的成长和教育。在携程亲子园虐童事件首次发生的三个月之后家长才采取查看监控的方式进行调查，如果家长早日发现，那么在这期间幼儿遭受的虐待则是完全可以避免的。而且“父母是孩子的第一任老师”，在红黄蓝幼儿园虐童案中，幼教表示自己是由于幼儿不接受“管教”，而采取的过激行为。这也从侧面提醒各位家长在家庭中应该对幼儿进行良好的教育和约束，不能只依靠在幼儿园的教育。

从 2012 年温岭幼儿园教师虐童案到 2017 年的红黄蓝幼儿园虐童案多次的发生，看出幼儿教师没有认识到对幼儿所采取的虐待行为是构成犯罪的。但是在 2015 年公布的刑法修正案中明确规定了负有看护责任的人对被看护人的虐待行为构成虐待罪。从法律的角度，可以看出我国是对像幼儿、老年人等弱势群体采取保护措施的。但是从北京红黄蓝幼儿园虐童案监控视频丢失可以看出，在园方掌握监控视频等证据的情况下仅仅有虐待的罪名是不足以保护幼儿等弱势群体的利益的。

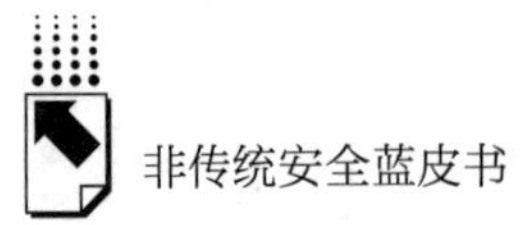

虐童事件的出现不仅给受伤害的儿童和家庭留下了不可磨灭的心理阴影也在社会上造成了极其严重的负面影响。从非传统安全的视角来看，在这些虐童案的背后隐藏的则是中国目前的人口安全问题、社会福利问题和经济社会发展的其他问题。

作为核心化家庭的父母为了支撑家庭的经济负担选择工作，将子女委托给专门的照顾机构，但是有资历的看护机构供不应求，而且价格不菲。所以防止虐童案的发生从幼儿人口安全和幼儿教育市场管理的角度来看，都是具有十分重要的意义。目前我国正处于构建和谐社会的关键时期，人口安全系统中任意子系统的不稳定都会影响到其他系统，所以在目前的发展阶段重视人口问题有着非常重要的意义。

在开放二胎政策这一大背景下，0～2 岁儿童的看护成为全国二胎家庭的重大问题，而完善与生育政策相配套的社会制度也是十九大报告的重要内容。所以政府和国家也应该对托儿机构承担一定的责任和义务，应对各地、各企业承办的托儿所进行切实的管理并对保育员、教师进行培训，明确其职责并确保其专业素质足够担任幼教职责再为其颁发资格证明，并且要对幼儿园聘用人员采取审查、备案的方式进行监管。在此基础上对资质合格的托儿机构和保育员、教师给予经济上的补助和政策上的倾斜。并且在针对企业内部承办的托儿部门是否能够采取外包的形式，以及外包机构的资质要有明确的规定。而在针对幼儿园内部监控等问题上，应由具有资质的专业的第三方公司进行管理，保护园内幼儿的合法权益。

四　加强幼儿照护制度建设，维护幼儿人口安全的方案路径

（一）针对学前教育领域公共政策的缺失，完善与生育政策配套相关的社会制度

在美国有专门的联邦政府的儿童与家庭局（Administration for Children

and Families)。它隶属于美国卫生和公共服务部，是儿童保护工作的最高行政机关，负责管理、指导、支持、资助、协调和推动各州及地区开展儿童保护工作。在各州也有社会服务厅负责各州儿童福利和儿童保护工作，该机构一方面负责监管联邦儿童保护项目的实施和执行；另一方面负责制订本州的儿童保护政策和儿童保护服务计划，筹措资金，帮助县、市以及公、私地方机构执行保护项目。在中国政商关系一直都是十分敏感的话题，尤其是现在教育产业化的背景下，各地区政府在招商引资方面缺乏谨慎的审查。在涉及学前教育领域更应该有专门的机构进行管理和协调，来保障幼儿的权益。另外政府也要切实履行自己的监管职责，处理好政商关系，做到"亲""清"，维护消费者的消费安全和市场环境。另外也要出台严格的学前教育行业的人才选用标准，并保证园方严格执行。进入幼儿园的门槛较低，很容易使得低素质的人员进入幼教领域，使幼儿更容易受到侵犯。所以提高幼教职业准入门槛，进行专业的岗前培训，包括专业技能、教育教学能力、创新实践能力等，使幼儿教师具备应有的基础职业素质。

（二）合理分配资源，对学前教育阶段的家庭和园方提供政策支持

在澳大利亚，为了使学前教育的教师具备专业的职业素质，由政府严格要求学前教育的学生至少要具备 80 天的专业训练，内容包括至少照顾 0～2 岁婴幼儿 10 天，大部分时间可用于照顾 3～5 岁儿童，余下时间可照顾 5 岁以上儿童。如果承担教育任务的学校不能提供这样的实习训练，则被政府认定不合格。[①] 由上述预测结果可知，目前中国 0～3 岁儿童的学前教育市场缺口巨大，但是国家在教育上的投资很多，不过主要集中在初高等教育上，在学前教育的投资极少。学前教育的经费投入不够，教师的工资待遇不高，幸福感不强，无法吸引高素质人才进入学前教育领域。所以应提高幼教待

---

① Enhancing the Australian early childhood teacher education curriculum about very young children Garvis, Susanne; Lemon, Narelle. *Early Child Development and Care*, 2015 Vol. 185, No. 4, 549－563.

遇，对于学前教育领域提供财政政策支持。另外，也应对有幼儿的家庭和具备合格资历的幼儿园提供消费和财政的补贴，保障更多家庭的权益和学前教育产业的公平竞争，避免资本市场的恶性竞争。

（三）社会舆论应对暴力行为进行正确引导，用法律的途径解决虐待、暴力问题

在各类社交媒体的平台上，有很多暴力行为通过网络进行传播。2012年温岭女幼教虐童案的肇事者在接受采访时表示，只是觉得虐待幼儿好玩。从这样不负责任的言论中可以看出，很多人没有把虐待这样的暴力行为认为是触犯法律。而在目前新出台的刑法修正案（九）中对虐待罪做了更加详细的补充规定，有监护、看护责任的人虐待被监护、看护的人，也可以构成虐待罪，幼师可以成为虐待罪行为主体。所以，应倡导社会大众明确法律的界线，对暴力事件应该采取正确的态度。

（四）在经济政策上对婴幼儿家庭进行补贴

为鼓励生育，国际上普遍采用经济补偿的方法。通过减免税收、发放补助基金等形式鼓励生育，减轻育儿的家庭负担。如在澳大利亚，每名新生儿父母会获得5000美元的补助，考虑到通货膨胀的因素，每两周支付一次；在英国，每名产妇则享有39周的带薪休假，休假结束之后，可以继续回到单位工作；在法国，产妇享有带薪休假权利的同时，新生儿父亲也享有14天带薪休假的权利，如果是多胞胎则可以顺延至21天。但是这种制度也有其缺陷，就中国而言，对国家财政来说为全国各地提供经济补偿，增加了财政负担等。而且由于全国各地经济发展水平存在差异，各地区只能根据经济实力进行补贴，容易引发公平问题。基于这种情况，在比较人均的同时，本文提出地均减税的概念。这样既可以通过政府补贴进行合理的调控，履行政府的职责，也可以推动生育政策的落实。另外还可以通过对幼儿用品的补贴和税收减免的方式，对幼儿家庭进行补贴。

（五）充分发挥社会组织在婴幼儿照护制度中的作用

新加坡的幼儿照护制度则是充分依靠社会组织的力量，1990 年成立亚洲区域儿童照护与教育咨询中心，由伯纳讯利尔基金会与新加坡职工总会合资兴办为 3 ~6 岁儿童提供学前教育。另外为了防止虐待儿童和促进儿童的福利，新加坡的志愿者组织为儿童、青少年与家庭提供经济上、医药上和心理上的服务。① 而挪威作为 1998 年 5 月第一批参与幼儿教育与照护政策（Early Childhood Education and Care，ECEC）计划的成员国之一，虽然没有将幼儿教育作为义务教育，但是仍然属于正式教育系统中的一部分。并且为 0 ~5 岁幼儿提供幼儿园早期服务教育。所以在中国也应该将教育机构和社会组织主体作用考虑到幼儿照护制度中去，充分发挥社会组织的作用。

（六）家长与孩子应和园方之间进行交流与沟通，建立良好的家庭关系和家园关系

曾有过家长要求 24 小时监控幼儿园情况，却遭到幼儿园教师集体辞职的回应的报道；也有过孩子在幼儿园出现状况，家长冲进幼儿园殴打幼教的报道。这说明在很大程度上家长、孩子和园方是站在一个对立面上的，但其实要想真正地使孩子在一个健康良好的环境中成长，需要家长和园方双方的沟通与合作，在一个相对和谐的氛围中开展教育。另外，也需要家长以正常的眼光去看待、理解幼教工作。在红黄蓝幼儿园虐童案中，涉事幼教并没有教师资格证，而且监控设备也因为管理人员失误造成无法恢复录像。由此可见，在卖方市场当中，作为园方所雇用的幼教和其他管理人员的资历又没有经过严格的考察制度筛选，很容易使得资历不够的人员进入幼教行列。但是家长会因为幼儿园名额有限、转园困难、接送不方便等种种原因无法自由选择。长此以往，不但幼儿没有接受到合格的教育，而且不利于整个学前教育

① 孙毓洁：《新加坡重视发挥社会组织在幼儿教育中的作用》，《幼儿教育》1993 年第 5 期，第 26 页。

产业的发展。园方的责任固然重要，但是学前教育不能只依靠幼儿园，毕竟家长才是孩子的第一任老师。良好的家庭教育使得孩子能够适应学前教育；不恰当的家庭教育使得孩子在学前教育阶段表现欠佳，容易成为幼儿园被孤立、被虐待的对象，所以家庭教育的缺失也是发生虐童案的原因之一。因此，良好的家庭教育在婴幼儿时期也十分必要。

B.18 吉尔吉斯斯坦劳务移民与社会稳定

朱士松*

摘　要： 贫穷与失业是产生极端主义与恐怖主义的根源之一，也是吉尔吉斯斯坦面临的主要社会问题。在政府引导和支持下，充分发挥劳动力市场主导作用，通过国际合作，劳动力转移成为吉解决失业，提高居民收入，解决地区发展不平衡重要而有效的途径。俄罗斯是吉劳务移民的主要目的地，并且劳动力转移规模呈现出逐年增长的趋势。因此，劳务移民对吉社会安全稳定起到重要作用。

关键词： 吉尔吉斯斯坦　劳务移民　就业　反贫穷　社会稳定

当前面对本地区宗教极端主义沉渣泛起，我们要标本兼治、多措并举、协调一致地打击“三股势力”。[①] 而要解决产生恐怖主义等非传统安全，就必须努力解决地区冲突、贫困等问题，消除产生恐怖主义的根源。[②] 面对这些挑战，任何一个国家都难以独自应对，我们必须加强合作，联合自强，弘扬和落实“上海精神”，不断增进成员国互信，在平等、协商、互谅互让的

---

* 朱士松，博士，新疆师范大学丝绸之路经济带研究中心主任，副教授，主要从事丝绸之路经济带研究。

① 习近平：《凝心聚力　精诚协作　推动上海合作组织再上新台阶——在上海合作组织成员国元首理事会第十四次会议上的讲话》（2014 年 9 月 12 日，杜尚别），http：//cpc. people. com. cn/n/2014/0913/c64094 －25654082. html。

② 胡锦涛：《加强务实合作共谋和平发展》，http：//news. ifeng. com/special/hjtsh/detail_ 2007_ 08/13/1434991_ 0. shtml。

基础上开展互利合作，顺应和平与发展的时代潮流。[①] 吉尔吉斯斯坦作为上海合作组织成员国之一，苏联解体后，获得独立，其经济发展相比较于苏联时期，增长乏力，沦落为世界上最贫穷的国家之一，国民贫穷和失业率较高，尤其是2005年和2010年发生两次“流血政变”，而贫穷和青年人的失业是主要原因之一。此外，吉国内社会还遭受“三股势力”的威胁，吉学者认为，经济因素和对自身社会经济状况的不满是产生恐怖主义和宗教极端主义的重要原因之一。[②] 因此，如何快速发展经济提高居民生活、创造就业岗位成为吉历届政府改善民生的重要内容。然而，历经二十几年痛苦的经济转型，吉始终无法单靠自身市场解决居民就业，提高居民生活水平。所以，“向外看”成为吉政府和民众的共同选择，向国外输出劳动力不仅能提高居民收入，减少贫困，而且能快速地解决、扩大就业。

吉尔吉斯斯坦的劳动移民问题，相对于其国内政局而言，一直以来受外界关注的较少，但近年来，随着全球对非传统安全的重视，尤其联合国的千年规划，对贫穷、失业的发展关注，特别是近年吉尔吉斯斯坦籍恐怖分子通过移民加入ISIS[③]，尤其是2017年4月吉尔吉斯斯坦人阿克巴尔容·贾利洛夫在俄罗斯圣彼得堡制造的地铁爆炸案，使得吉劳动移民这个群体又进入了“主流视线”。综观美欧和俄罗斯的相关权威机构与学者的文献，有关吉跨国劳动移民问题，一直没有脱离他们的视线，美国的USAID、俄罗斯的移民局、世界银行、欧洲复兴银行，以及亚洲开发银行等，这些机构几乎每年都会出台有关吉尔吉斯斯坦劳务移民的报告，要么直接涉及吉跨国劳动移民问题，要么涉及国际劳务汇款，或者涉及吉反贫困和生活水平等与劳动力转移

① 习近平在上海合作组织成员国元首理事会第十三次会议上的讲话：《弘扬“上海精神”促进共同发展》，http：//cpc. people. com. cn/n/2013/0914/c64094 - 22920565. html。

② Религиозный экстремизм в Кыргызстане: причины появления, проявления и вероятные сценарии развития/http：//www. stanradar. com/news/full/23017 - religioznyj - ekstremizm - v - kyrgyzstane - prichiny - pojavlenija - projavlenija - i - verojatnye - stsenarii - razvitija. html.

③ Доклад USAID: Боевики из Центральной Азии в Сирии и Ираке - что ими движет и как противостоять вербовке / http：//caa - network. org/archives/5692.

相关联的问题。因此，跟踪观察吉劳动移民问题，对于研究吉的相关非传统安全问题有着基础性的重要意义，对于我国新疆农村劳动力转移相关问题也有一定的参考价值。

一 吉移民汇款与反贫穷

吉尔吉斯斯坦是世界上较为贫穷的国家，贫困发生范围广，深度贫困较多。虽然近年来该国在反贫困方面取得了较为明显的成绩，但2016年该国的贫困率仍高达25.4%，相较2015年下降了6.7%。2016年贫困标准也相应地有所提高，即人均年收入为31151索姆（按索姆与美元的汇率，约480美元），极度贫穷标准为17052索姆。[①] 虽然吉在反贫穷方面有所成效，2016年贫困率是近十年最低水平，首次低于30%，绝对贫困率首次达到1.1%，深度贫困率首次低于5%，达到4.1%，但2016年仍有155.7万人生活在贫困线以下，4.4万人处于极端贫困之中，其中74%的贫困人口生活在农村地区。从近十年吉反贫困情况看，并没有从结构上、根源上解决贫困问题，贫困率也时有起伏，并不相对稳步的下降。

当然，吉尔吉斯斯坦不仅农村地区贫穷人口多，城市贫穷发生率也很高（见图1）。此外，贫困发生率高呈现整体性，区域连片的结构性特点（见表1）。从地域看，吉全国各州市，除首都比什凯克外，贫困率几乎没有低于20%的地区；吉南北贫困发生率有明显差距，南部的巴特肯、贾拉拉阿巴德、塔拉斯、奥什州和奥什市的整体贫困率要高于北部州市。此外，吉近十年的贫困率呈现出波浪式的特点，但总体上也呈现下降趋势，农村的减贫成效要好于城市，2016年与2007年相比，城市贫困率只下降了4.6%，而农村贫困率下降了12.7%。

① 吉尔吉斯斯坦国家统计委员会。

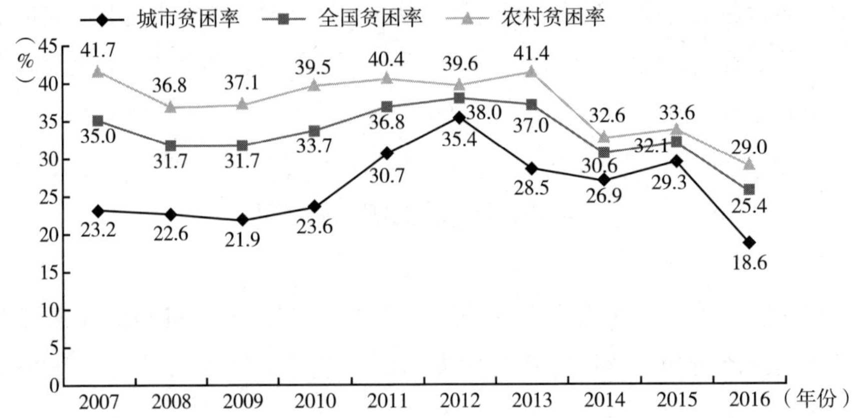

图1　2007～2016年吉尔吉斯斯坦贫困率城市和农村结构情况

数据来源：吉国家统计委员会。

表1　2006～2016年吉尔吉斯斯坦各州市贫困率

单位：%

年份	2006	2007	2008	2009	2010	2011	2012	2013	2014	2015	2016
吉全国	39.9	35.0	31.7	31.7	33.7	36.8	38.0	37.0	30.6	32.1	25.4
巴特肯州	50.9	40.4	20.7	31.5	33.6	35.6	34.2	53.9	40.7	41.2	37.0
贾拉拉阿巴德州	58.3	53.0	40.1	36.9	44.7	45.3	55.7	46.4	46.4	45.1	32.2
塔拉斯州	40.0	35.3	43.0	33.0	42.3	50.2	39.6	23.1	19.0	21.5	18.1
奥什州①	52.1	46.6	37.5	38.3	41.9	44.7	51.4	43.4	31.7	28.9	22.0
奥什市	—	—	—	—	—	—	—	40.9	33.4	38.3	24.6
依塞克湖州	43.9	38.6	52.2	46.1	38.0	29.5	28.1	39.5	26.0	28.9	24.7
纳伦州	49.3	45.2	42.7	44.1	53.5	49.9	39.9	43.8	30.6	38.0	37.8
楚河州	20.1	15.0	15.8	21.2	21.9	28.6	16.6	23.6	21.6	24.8	30.3
比什凯克市	5.5	5.0	15.2	13.2	7.9	18.4	21.4	20.4	17.6	23.5	9.8

注：①2006～2012年奥什州的数据包括奥什市。

数据来源：吉国家统计委员会。

吉尔吉斯斯坦的贫困呈现这样的总体特点有其诸多原因，首先根本原因是吉经济发展落后；其次解决贫困问题，国家并没有形成一套相对有效的脱贫机制。劳务移民汇款恰是对吉尔吉斯斯坦的反贫困起到重要的作用，当然，劳务汇款作用大小受到汇款流出国经济周期的波动影响较大。非常精确统计吉尔吉斯斯坦的劳务移民汇入款的数额是非常困难的，很多国际务工者并不总是使用银行等正规渠道进行资金往来。首先，对于一些人而言，暴露财富会带来安全隐患；其次，银行的手续费用，相对于贫穷的家庭和个人而言也是一笔不小的支出。所以，吉政府通过银行等正规系统进行外汇流入统计，很难能够做到精准，统计数额要少于实际汇款规模。

汇款对低收入国家，尤其是对许多小型经济体，是一个越来越重要的外部融资来源，劳动移民与发展进程具有密不可分的联系。[①] 移民汇款是吉尔吉斯斯坦最富有争议的经济政策制定因素之一，也是居住在吉尔吉斯斯坦以外的劳务移民者和其亲人之间的重要问题。尽管汇款可能对吉尔吉斯斯坦的整体经济和政治影响并非举足轻重，但对很多吉尔吉斯斯坦家庭来说汇款是其家庭收入的主要来源，是其家庭的经济支柱。然而吉每年从外部接受的汇款对其经济社会影响并非微不足道，每年接受的国外劳务移民汇款占其 GDP 的份额超过 30%，2017 年高达 34%，创近年新高。根据吉尔吉斯中央银行数据，2018 年 1 月吉接收的侨汇总额为 1.46 亿美元，比上年同期增加了近 15%，其中有 1.43 亿美元来自俄罗斯，而 2017 年全年接收的侨汇总额为 24.82 亿美元，其中 24.35 亿美元来自俄罗斯（见图 2）。纵观近十年的侨汇数量变化，可以发现，吉每年的侨汇量取决于俄罗斯侨汇量，其占吉侨汇收入的 95% 以上，且越来越趋于集中（见表 2）。而俄经济不振以及卢布大幅贬值常常是吉侨汇收入锐减的主要原因，这也对吉的居民收入和国内经济发展、内需疲软等产生负面影响。[②] 如 2014 年乌克兰危机，俄罗斯受西方制裁，经济遭受打击，引致吉当年侨汇下滑，虽然随后三年接收的侨汇有所上升，但直到 2017 年吉接收的侨汇数额才超过 2014 年。同样，2015 年吉贫困率相较于 2014 年大幅上升 1.5 个百分点，尤其是城市的贫困率上升幅度高达 2.4 个百分点。

---

① 《世界银行预测 2015 年移民汇款增速减慢》，http://www.shihang.org/zh/news/press-release/2015/10/22/world-bank-forecasts-a-slowdown-in-migrant-remittances-in-2015。

② 中华人民共和国驻吉尔吉斯斯坦共和国大使馆经济商务参赞处，http://kg.mofcom.gov.cn。

表 2　吉 2006～2017 年接收的侨汇和从俄罗斯接收的侨汇

单位：亿美元

年份	2006	2007	2008	2009	2010	2011	2012	2013	2014	2015	2016	2017
接收国外侨汇总额	4. 70	6. 88	12. 05	9. 67	12. 53	16. 95	20. 18	22. 68	22. 35	16. 84	19. 91	24. 82
接收俄罗斯侨汇	4. 37	6. 42	11. 14	8. 63	11. 64	15. 98	19. 46	22. 19	21. 68	16. 22	19. 39	24. 35

数据来源：吉尔吉斯斯坦中央银行。

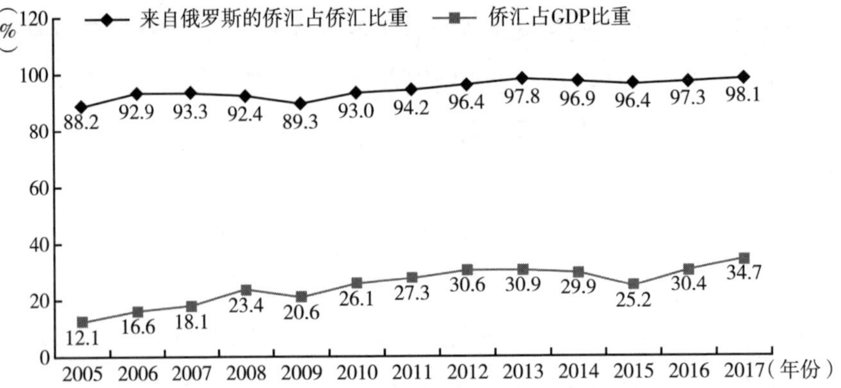

图 2　吉接收的侨汇占 GDP 比重和接收的俄侨汇占当年侨汇总量的比重

所以，吉接受的侨汇量，对于吉经济发展具有重要意义，是其外汇的主要来源，这些侨汇主要是流入移民的家庭，直接增加家庭收入，为一些家庭脱贫，间接帮助吉降低国内的贫困率。另外，侨汇占吉 GDP 呈现增高趋势，从 2005 年的 12. 1%，增加到 2017 年的 34. 7%，这对于缺乏经济增长引擎的吉尔吉斯斯坦而言，为国内扩大消费、投资，增加公共品供给提供了潜在的能力。而且国际汇款也成为吉一个重要的外汇流入来源，仅次于出口，是吉平衡国际收支的重要来源。国家宏观经济层面，吉尔吉斯斯坦正在经历严重和长期的贸易失衡，难以吸引大规模的外国直接投资，移民汇款弥补绝大部分的外汇缺口，但大量的汇款也可能会增加本币汇率上涨的压力，导致实际的汇率升值，[①] 损害本地

① 这种情况在乌克兰危机发生后，俄罗斯受制裁已经发生，索姆相对于俄罗斯卢布并没有随着俄罗斯卢布的贬值而同幅度的贬值，相对于俄罗斯卢布而言，索姆升值幅度较大。

产品的竞争力，这反过来又限制进出口贸易的发展，进而降低就业潜力。尤其是对非矿业的就业部门的发展产生阻碍作用相对较大，可能进一步导致有些现有文献认为的已经发生的“荷兰病”问题进一步严重。

对于吉南部的一些家庭和个体而言，侨汇不仅仅是增加家庭收入、促进个人发展，更是关乎家庭生计问题的重要经济来源。而对于政府而言，侨汇尤其来自俄罗斯的侨汇不仅是改善国际收支，更重要的是帮助政府扶贫、减贫，减少区域贫困失衡问题的重要依托。2016 年吉居民可支配收入的主要来源是劳动工资性收入，占总收入的 65%，社会转移支付占 16.5%，个人生产销售的私有产品（包括农产品）收入占 12.8%。人均可支配收入结构中，工资份额达到了 42.3%，自谋职业达到 17%，当然现有的统计中有 5.8% 的收入来自国外劳动移民汇款，相较于前几年，移民汇款收入在全国平均可支配收入中的份额在逐年下降，2008 年高达 10.9%，2009 年也有 10.8%，2010 年则下降到 7.5%，2014 年则进一步下降到 5.6%。然而，南北地区发展的不平衡严重，相较于北部的各州，吉南部州的国外劳动移民汇款占居民可支配收入的份额较高，如巴特肯州侨汇占居民可支配收入的 20.6%，贾拉拉巴德州为 12.2%，奥什州为 11.2%。而南部州是吉相对贫穷的州，是贫穷多发区，其贫困率每年都高于全国贫困率，2016 年巴特肯州的贫困率为 37%，比全国高 11.6%，贾拉拉巴德为 32.2%，奥什州为 22%，而奥什州 2012 ~ 2015 年贫困率分别为 51.4%、43.4%、31.7%、28.9%，只有 2015 年和 2016 年低于全国贫困率；奥什市 2016 年贫困率为 24.6%。根据现有统计，如果剔除来自国外移民汇款的收入，则吉尔吉斯斯坦 2014 年的全国贫困率要上升 5.8 个百分点，而巴特肯州则要上升 14.7%，贾拉拉巴德州则上升 11%，奥什州上升 11.2%（见图 3）。所以，向国外劳动移民对吉尤其是南部的反贫穷做出了重大贡献，劳动移民更是成为吉反贫穷的主要途径之一。

侨汇对于吉经济社会如此重要，但是目前还没有最能反映吉侨汇和劳动转移数量的公开权威精确数据记录，现有的统计大多是基于不完整

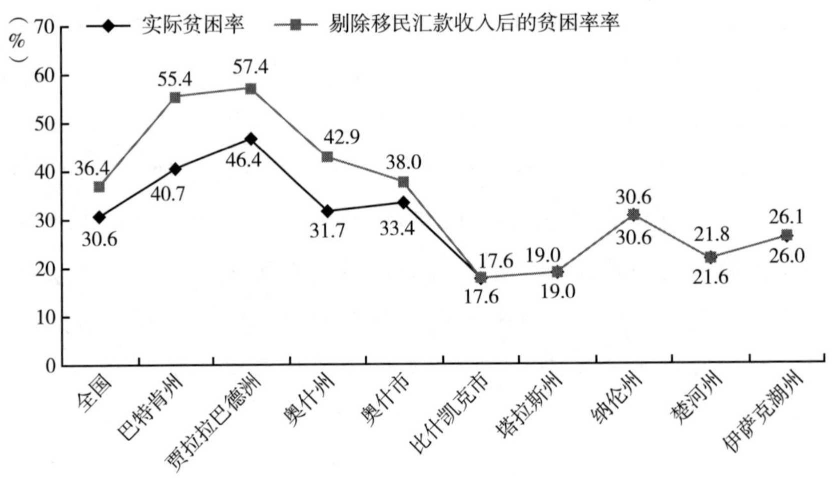

图3　吉各地州剔除移民汇款后的实际贫困率

资料来源：吉国家统计委员会。

的信息。现有的吉官方公布的侨汇数量，也只是通过吉银行系统进行监测统计，而有些不经过银行系统，经过其他渠道的侨汇，则很难被监控到，这部分的侨汇有多少，无法获知，只能根据现有一些其他统计数据的推测。因此，劳务移民汇款的实际数量可能远高于官方公布的总数，许多吉尔吉斯斯坦移民，尤其是那些生活在偏远地区的出国劳务者，往往倾向于非官方的渠道带回他们的收入。一直以来，吉贸易和经常账户赤字较大，吉政府的融资主要是由国际金融机构提供的贷款，但最近十年以来，经常账户赤字出现显著降低，从国外转移（外国捐赠款和劳务移民汇款）已经开始发挥更加重要的作用。侨汇不仅是外汇的多寡，对于吉减少贫困而言，则显得尤为重要。但更重要的是侨汇背后的劳动力转移的数量，毕竟，劳动移民明显减轻了吉国内失业问题，是目前吉政府反失业最重要的途径之一。①

① Samagan Aitymbetov/ Emigrant Remittances：Impact on Economic Development of Kyrgyzstan/ the Economic policy institute/ Working Paper No 31. ICEG European center. June 2006，Bishkek，Kyrgyzstan.

二 劳务移民与反失业和社会稳定

吉尔吉斯斯坦每年有大量的出国务工人员，主要的目的地是俄罗斯和哈萨克斯坦。根据俄罗斯官方的统计，每年有近 20 万吉尔吉斯斯坦人在俄工作，也有非官方认为，在俄工作的吉尔吉斯斯坦人接近百万。但无论是 20 万还是百万人，对于吉而言，都是庞大的劳动力，对吉的内外政策产生重要的影响，是国内劳动力市场无法提供更优质岗位的劳动大军，向外劳动移民缓解了吉就业压力，对反失业、社会稳定起到了积极作用。虽然受世界经济危机影响，吉外派劳务移民数量及其收入都有所下降，特别是受俄罗斯的经济下行的拖累，近年来吉国际劳务的数量，受到俄罗斯和哈萨克斯坦斯坦经济创造就业岗位的影响，但劳动力向俄罗斯转移就业，则成为欧亚经济联盟劳动力市场一体化的重要议题。

吉尔吉斯斯坦对外劳务输出，并不是近几年才兴起，自苏联时期就存在，苏联解体以后，这种在内部加盟共和国之间的劳动力转移，变成了对外劳务输出，但这种劳动力输出的趋势没有因苏联解体而中断。随着吉和各劳务输入目的国的经济发展，产业结构的变化，及其发展差异程度的增加，苏联地区的国际劳务需求市场也在发生变化，进而引致劳动力供给市场也随之变化，特别是俄罗斯的经济发展，对吸纳吉劳动力就业有绝对的影响。目前对于吉尔吉斯斯坦到国外工作的人数没有相对统一的、较为准确的数据。官方的统计数据与实际的就业数据可能存在较大差异，因为有大量的劳务移民未在就业地进行就业登记，同时吉与俄罗斯和哈萨克斯坦之间的人员往来基本上无出入境限制，相对自由外出劳务的吉劳动力通常也并不需要在国内进行劳动登记，因此，给准确统计劳务移民数量带来了困难。但是近年来，随着国际非传统安全威胁通过移民外溢，以及加强国际反恐合作的需要，对国际移动人口的管控显得越来越迫切。所以，吉尔吉斯斯坦究竟有多少在外务工人员，吉在俄罗斯有多少务工人员，成为吉和利益相关国家官方都较为关注的问题（近年来有关吉尔吉斯斯坦人参与非传统安全犯罪的报道也常见报端，如通过移民参加 ISIS 的吉尔吉斯斯坦恐怖分子，2015 年时超过 420 人；[①] 再如2017 年4 月3 日吉尔吉斯斯坦人阿克巴尔容·贾利洛夫在圣彼得堡地铁实施了自杀式恐怖袭击）。根据吉统计委员会的抽样调查统计，[②] 2006 年吉在外一次就业人员共计 16.14 万人，2009 年为 22.24 万人，2010 年的抽样调查统计为 13.74 万人，2014 年的抽样调查为 18.74 万人。其中，在俄务工人数占吉外出劳务移民总数的 90% 以上。吉统计委员会的调查和统计结果，显然低估了在外实际就业人数。那么究竟有多少人在外务工，又有多少人分布在主要务工国家？2014 年吉劳动、移民和青年部进行了一次测算，得出有 35 万 ~70 万吉尔吉斯斯坦人在国外工作或是自由贸易或从事服务业。此外，如亚洲发展银行的报告以及另外一些吉企业家和高层人士则认为，有近百万的吉务工人员常年在国外工作。[③] 当然，这样的数据来源主要源于官方每年的出境人员的统计，2012 年吉前往独联体国家的人次首次超过百万，达 118.64 万人次，以后逐年递增，其中外出人员以劳务移民为主，相关机构由此得出近年来每年在外务工人员达百万之众。吉在外务工人员主要从事体力劳动，尤其是建筑和清洁等技术含量低的工种。2014 年俄罗斯移民局的统计数据则显示在俄的吉务工人员为 28.13 万人；而俄罗斯其他口径的统计则显示，2015 年初在俄罗斯有 55.3 万名来自吉尔吉斯斯坦的移民劳动者，2016 年初则达到 61.6 万人，在哈萨克斯坦有 8.0 万 ~8.5 万人。[④]

造成这种各方统计和测算吉在外务工人员的总数差别大的主要原因在

① Киргизский вице – премьер：более 420 граждан Киргизии воюют в рядах ИГ，http：//ria. ru/world/20150626/1091034711. html.

②《Проблемы измерения основных показателей рынка труда и трудовой миграции при переписях населения и обследованиях рабочей силы》，4 – 6 августа 2015г.，Кыргызская Республика.

③ Глобальная практика бедности Регион Европы и Центральной Азии / Трудовая миграция и благосостояние в Кыргызской/Республике（2008 – 2013 гг.），Отчет No. 99771 – KG，world bank group/2015 – 7.

④ Кыргызстанцы в России стали больше зарабатывать，https：//www. kp. kg/daily/26711/3736612/.

于：（1）统计口径不一样，采用的统计方法也不一样；（2）吉加入欧亚经济联盟后，务工条件在改善，也使得吉到俄、哈务工人员增多。如今在欧亚经济联盟内，尤其是俄罗斯境内，务工的成本在降低，不再需要排队等候工作配额，也不再需要花钱购买工作许可。联盟内促进劳动力自由流动的一项制度性改革措施就是落地签的时间期限，以前要求入境必须在 7 个工作日内完成，现在时间改革为 30 日。[①] 这样就留给吉务工人员有充足的时间找到相对稳定和合法的工作，之后到移民局办理落地签，而非以前在 7 天之内找不到工作，无法办理落地签，从而导致很多务工人员最终成“黑户”。这种劳动力市场准入制度的改善，让更多的吉外来劳动力能够较为自由和宽松地向同为欧亚经济联盟的哈、俄两国流动。此外，吉务工人员的工资也在增加，之前主要依靠寻找非专业技能型的工作，而 2015 年加入欧亚经济联盟后吉教育机构所颁发的各专业技能证书与俄同等对待。可见就业市场的准入条件更利于吉劳动力，一些限制性条件被逐渐取消，从而让欧亚经济联盟劳动力市场趋于一体化。2014 年俄罗斯遭受西方经济制裁，导致俄罗斯近几年经济增长乏力，卢布汇率大幅下跌，进而以美元计价的俄国内工资下降幅度较大，但 2015 年吉加入欧亚经济联盟后，从俄罗斯接受的以美元计价的侨汇却有较快的增长。2017 年在俄吉务工人员数量大幅增加，以美元计价的侨汇额度超过吉入盟前的 2014 年，可见入盟后吉在俄务工人员数量增长较多，欧亚经济联盟劳动力市场的一体化程度在逐步加深。此外，正是由于联盟内的劳动力市场一体化程度加深，劳动力市场准入门槛比吉入盟前低，从而导致联盟内劳动力由低报酬的吉尔吉斯斯坦向工资相对较高、劳动机会相对较多的俄罗斯和哈萨克斯坦流动。根据吉统计委员会数据，2013 年吉全国平均工资为 14918 索姆，折合 220 美元左右，2016 年为每月 19110 索姆，折合 290 美元左右，2017 年 1～11 月平均月工资为 14874 索姆，折合 216.2 美元左右，虽然近几年国内工资增长较快（2017 年相比 2016 年工资

---

① Кыргызстанцы в России стали больше зарабатывать, https://www.kp.kg/daily/26711/3736612/.

下降明显），但俄罗斯的工资要远高于吉尔吉斯斯坦。尽管受制裁影响，卢布大幅度贬值，以美元计价的俄罗斯月平均工资相较以前下降，2014 年俄全国月均工资约为 550 美元，2017 年约为 600 美元，仍然是吉的月工资两倍多。[①] 特别是俄罗斯劳动力市场，低技能、劳动强度高和餐饮、零售等行业劳动力短缺较为严重，而吉劳动力刚好能满足俄就业市场低技能劳动密集型产业和服务行业的要求。同时俄语在吉的普及率较高，以及吉劳动力对俄文化的认同和适应性，吉务工人员能够较好地适应俄劳动力市场环境，从而进一步促进了吉劳动力向俄转移。当然，吉在外务工人员并不都是严格遵守其所在国的法律，目前有超过十万吉公民进入俄罗斯执法机构的视野，由于违反俄罗斯法律，他们被禁止进入俄罗斯联邦领土。这其中，大约 40% 被"禁令"进入者是较为轻微的行政违法行为，另外一些人则因为更严重违法行为，如：事故、流氓行为、提供有关自我虚假信息和伪造文件等。[②]

当然，无论是吉方给出的在外务工人员数字，还是俄方的统计数据，无论是官方的统计，还是非官方的测算，相对于人口不到 600 万，2016 年全国适龄劳动力人口仅为 249 万人而言（吉劳动力适龄人口年龄段为 15～60 岁），国际劳务移民解决了吉劳动力 10%～40% 的就业人口。相对于多孩家庭的吉尔吉斯斯坦，这也就意味着几乎平均每个家庭有一个劳动力在国外工作。大量地向国外转移劳动力，大大减轻了吉国内就业压力，极大地解决了吉就业问题。根据吉统计委员会的数据，最近几年吉官方失业率在 8%～8.5%，2016 年全国就业人口为 235.2 万人，吉统计委员会的分类统计中第二产业就业人数仅为 49.17 万人，仅占就业人口的 20.9%。因此，吉在国外从事劳务人员的数量基本在就业统计中没有显示，根据产业就业的特点，第二产业就业的统计相对准确。所以，吉国际劳务移民基本上算在第一产业和第三产业就业的商贸物流服务行业中，并没有单独进行统计，也很难进行精确统计。此外，吉国际劳动移民的岗位，尤其在俄罗斯的务工岗位，呈现

① 数据来源俄罗斯统计委员会。

② 数据来源俄罗斯统计委员会。

出季节性的特点。根据2014年吉统计委员会对出国务工人员在各领域的工作情况抽样调查结果显示：农业领域的务工人数占出国务工总人数的3%，工业领域占6.4%，建筑领域占33.8%，商贸领域占31.4%，运输领域占2.6%，宾馆餐饮业占15%。建筑业是吸纳吉劳动力向外流动的最主要领域，且由于俄罗斯和哈萨克斯坦的气候原因，寒冷的冬天无法施工，所以，吉劳动力也呈现出“候鸟”型的季节性特点。而吉国内有很大部分就业是非长期性，不稳定性的，而是临时性的，波动性的。根据吉2006～2015年就业时间的统计，周工作时间小于10小时的就业人数2015年为23.82万人，周工作时间为11～20小时的就业人数2015年为24.86万人，周工作时间21～30小时的就业人数2015年为21.12万人，周工作时间31～40小时的就业人数2015年为102.29万人。可见，吉就业市场中临时性的、不稳定的工作岗位较多，占到总就业岗位的30%。所以，虽然统计困难，但国际劳动力转移不仅极大地帮助吉解决就业问题，大幅度降低吉尔吉斯斯坦的失业率，还维持了吉尔吉斯斯坦的社会稳定。

随着欧亚经济联盟内的俄罗斯劳动市场对联盟内成员劳动力转移限制的进一步减少，劳动力市场一体化程度的加深，未来吉尔吉斯斯坦劳动力向俄罗斯转移的趋势不会改变，数量将会有所增长，从俄罗斯流入吉境内的侨汇将会有所增长，对吉国内的反贫困和反失业，尤其是南部地区和农村地区的反贫困成效将更加显著。

当前，我国新疆面临着“三股势力”的威胁，尤其是新疆南疆地区与吉尔吉斯斯坦接壤，在经济发展条件上具有一定的相似性。所以，通过研究吉劳务移民对社会稳定发挥的作用，对我国新疆反“三股势力”也有着一定的启示。首先，劳动力转移不仅是解决就业的重要途径之一，更是解决贫困，是当前新疆，尤其是南疆的精准扶贫的重要途径之一。其次，做好劳动力转移的技能、交流等培训工作，特别是通用语言的培训是劳动力转移的前提条件。最后，市场因素以及亲情、老乡等族群关系在劳动力转移过程中发挥了重要作用，政府的引导和支持起到决定作用。

B.19

中国质量安全研究的现状与趋势

——基于14个学科研究内容的解读*

潘临灵**

摘　要： 本文认为目前国内关于质量安全的研究是在内源性威胁普遍存在、外源性威胁逐步加剧、国家安全治理能力受到挑战的背景下兴起的。本文从14个学科角度梳理目前中国学界在质量安全领域的研究现状，认为目前关于质量安全的研究已将其主要内容、价值目标、保障机制、一般路径等做了论述，对中国质量安全做了一种背景式的解读和分析，但缺乏对研究内容和方法的统一规范、缺乏突破学科和领域限制的数据库建立、缺乏"跨国界"和"跨场域"的研究视角、缺乏从总体国家安全角度总揽全局的立意高度。研究趋势是视角从微观转向宏观、内容从溯源转向追踪、关注从国内转向全球、方法从单一转向复合。

关键词： 质量安全　多学科　研究现状　趋势分析

一　质量安全研究的时代背景

质量问题曾被普遍认为是一个影响个人安危或企业生存发展的社会问

---

* 本文是海关总署2018年署级课题"构建人类命运共同体视角下的国门安全治理体系研究"的阶段性成果。

** 潘临灵，浙江大学公共管理学院非传统安全管理专业博士生，主要从事非传统安全研究。

题，由此应运而生一系列质量危机应对与质量管理方法的研究。但随着国家内部质量危机爆发引起国家信任危机与国家安全动荡，国家间贸易往来频繁与合作剧增引起国家间质量安全博弈与争端，国际质量合作机制缺失引起国际质量安全困境，质量问题从一个社会问题上升成为一个安全问题。关于质量安全的研究主要是在内源性威胁普遍存在、外源性威胁逐步加剧、国家安全治理能力受到挑战的背景下兴起的。

第一，改革开放后中国国内质量总体水平稳步提升，但质量问题由于其广泛性而成为一种普遍性威胁，国内质量事故时有发生，“质量安全”由此成为社会治理中的高频词。一方面，我国国内质量总体水平在新中国成立后，特别是改革开放后，实现了历史性跨越发展：国内产品质量合格品率从1995 年的 47.7% 上升为 2016 年的 93.4%[①]，产品质量国家监督抽查合格率近年来稳定在 90% 以上；出口总额从 1987 年的 1470 亿元人民币上涨为2016 年的 138419 亿元人民币[②]，自 2011 年起成为世界上最大的产品出口国，且出口国主要是美国、欧盟等质量发达国家；全国宏观质量状况调查显示，国内质量安全形势良好，并没有出现全局性的、系统性的不安全。[③] 另一方面，质量威胁普遍存在，质量事故频发，质量安全已成为社会治理中的缺失。近年来国内发生一些影响恶劣的质量安全事件，如三鹿奶粉事件、皮革胶囊事件、非法经营疫苗系列事件、校园毒跑道事件、电梯安全事件、高速失控奔驰车事件，这些事件对社会安全产生重大冲击。据统计，每年因消费品安全造成的人身伤害事件达数万起，因制造业质量问题造成的直接损失达 1700 亿元。在 2012 ~2017 年连续五年公布的“中国国家安全年度十大事件”中，产品质量安全危机事件、工程质量安全危机事件、环境质量安全

① 资料来源：国家统计局网站，http：//data. stats. gov. cn，《产品质量合格品率统计数据从1995 年开始》。

② 资料来源：国家统计局网站，http：//data. stats. gov. cn。

③ 程虹：《2012 年中国质量状况——消费者感知与模型构建》，《宏观质量研究》2013 年第 1 期，第 33 ~48 页。

危机事件均榜上有名。[①] 有研究认为，目前国内质量现状可用“言行悖论”（说起来重要，做起来次要）“消费悖论”（物品要高档，价格要低廉）“监管悖论”（重事后灭火，轻事前防火）“供求悖论”（供非需所求，求非供所给）“产用悖论”（产者非自用，用着非自产）“外贸悖论”（外销高质量，内销低质量）“海购悖论”（国内东西贵，国外东西好）来描述，以上七个悖论现象的普遍存在及其负面影响，造成质量安全的应对难度与复杂性远已非目前的社会治理体系所及。[②]

第二，当前质量安全面临大量外源性安全威胁，愈加复杂、综合、动态的外源性安全威胁进一步加剧我国质量安全形势。除了影响国内公共安全、社会安全的内源性安全，外源性安全威胁愈加复杂多变，成为当前极为紧迫、极为现实、极为重大的安全挑战。近几十年来，世界主要国家在迅速发展各国比较优势产业，以“质量”为核心的竞争日趋激烈。据原国家质检总局公布《2016 年度国外技术性贸易措施对我国出口企业影响的问卷调查报告》显示，2016 年度我国有 34.1% 的出口企业遭受影响，全年出口贸易直接损失额为 3265.6 亿元，企业因国外技术性贸易措施而新增加的成本为 2047.4 亿元，在经济损失外还对中国国家形象和企业声誉造成恶劣影响。全球层面以“质量安全”为实质内容的博弈普遍存在，尤其是以技术贸易措施为主要形式的质量壁垒逐渐成为贸易保护的主要手段。如 21 世纪初以来，中国与欧美在纺织品贸易方面的争端以及对多种商品的“反倾销”几乎都以“质量壁垒”为借口与手段；2000 年韩国政府对大蒜进口采取保护性措施，2006 年中韩关于出口泡菜质量问题引发“泡菜大战”，2001 年日本政府对从中国进口的大葱、鲜香菇和灯芯草实施紧急限制进口措施爆发中日蔬菜贸易战，除了贸易双方国利益受损，还波及欧美其他国家；新西兰和

① 这些危机事件主要有：2012 年“黄金大米”事件，2013 年全国性持续雾霾事件，2013 年关于粮食转基因安全的广泛争论，2014 年京津冀等多地雾霾持续事件，2015 年天津港爆炸事件，2015 年深圳滑坡事故，2015 年多地雾霾事件，2015 年北京空气红色预警事件等，2016 年网络病毒肆虐事件。

② 余潇枫、潘临灵、卢厚林等：《质量安全与中国社会治理模式的创新》，《中国社会公共安全研究报告》2017 年第 1 期，第 21 ~42 页。

澳大利亚就苹果是否安全这个问题开展近百年的“苹果贸易战”，严重影响两国正常外交与贸易；2018 年美国基于对华“301 调查”报告，指令有关部门对从中国进口约600 亿美元商品大规模加征关税，引发中美贸易战。这些国家间贸易战被比喻为“没有硝烟的战争”，引发了世界各国对质量的广泛关注。特别值得关注的是，这些质量安全事件除了事件引起的威胁与后果，还引发国内大量连带的安全威胁从而再次影响国际质量安全，如当韩国政府对中国进口大蒜采取保护性措施后，中国对韩国进口的手机和聚乙烯采取反制措置，中国依赖韩国的原材料生产手机的企业生产处于半停产状态，损失巨大。党的十九大报告中指出“明确中国特色大国外交要推动构建新型国际关系，推动构建人类命运共同体”。能否承担大国职责，化解、减少、消除此类安全威胁，并利用“质量外交”作为巧实力与隐形武器，维护正当的国家利益，塑造正面的国际形象，是中国构建新型国际关系的一个重要路径。

第三，中国政府为质量安全保障做出了不懈努力，但面对的威胁愈加复杂多变，对国家安全治理能力提出重大挑战。近年来，中国政府为保障质量安全已做出重大努力并取得成效：在工作制度方面，1992 年召开首次全国质量工作会议，会议总结自改革开放以来的质量工作，明确了要用市场机制和行政监管相结合的办法加强质量监管，以“打假治劣”为重点，提出“质量意识是存亡意识”；1999 年召开第二次全国质量工作会议，以“打假工作行政领导责任制”和“质量监管分工协作机制”为重点，提出“质量是经济发展战略的核心问题”；2007 年召开第三次全国质量工作会议，重点关注“出口产品质量和食品安全问题”，配合重点开展专项整治行动，提出“质量工作关系人民群众根本利益”。自此次会议后，全国质量工作会议例行召开，往后的会议中提出“质量获得感”“建设质量强国”“质量提升行动”等重要的思路与做法。2012 年起，国务院批复建立全国质量工作部际联席会议制度，由原国家质量监督检验检疫总局牵头，17 个部门共同参与，各单位根据职责分工，共同参与宏观质量管理工作，协调解决质量工作中的重大问题，制定并实施政府质量工作绩效考核评价制度，研究建立质量信息共享机制；在政策法规体系方面，国务院颁布实施《质量振兴纲要（1996～2010年）》《质量发展纲要（2011～2020年）》两个中长期质量发展规划，并发布相应贯彻实施行动计划。《中华人民共和国产品质量法》《中华人民共和国农产品质量安全法》《中华人民共和国国境卫生检疫法》《中华人民共和国食品安全法》等相继颁布实施，为全面加强和改进质量安全工作，提升质量安全水平，提供了有力的法律制度保障；在交流合作方面，中国于2014年召开首届中国质量（北京）大会，党和国家领导人首次宣布我国的“经济社会发展将迈向质量时代”，提出“维护质量安全是世界共同责任”，号召各国共同致力于维护质量安全。第二届中国质量（上海）大会进一步呼吁建立“全球质量治理体系”“携手处置质量安全突发事件”。但面对愈加复杂多变的质量安全威胁，尤其是“交互型”安全威胁，传统安全思维与体制已无法有效应对这一挑战。党的十九届三中全会通过《深化党和国家机构改革方案》对政府机构职能重大改革，将国家质量监督检验检疫总局的职责、国家食品药品监督管理总局的职责、国家发展和改革委员会的价格监督检查与反垄断执法职责、商务部的经营者集中反垄断执法以及国务院反垄断委员会办公室等职责整合，组建国家市场监督管理总局，初步形成大质量工作格局，国家的质量安全监管职能将在理念、体制、机制、制度、职能、法律等方面进行相应转变。在这样的背景下，如何全面、准确、理性地分析我国目前质量安全现状，对其威胁进行评估与分析，并提出思路与对策，构成国家安全能力建设的重大理论问题与现实问题。

二　质量安全研究现状的综述

本文认为“质量安全”是一国或一个区域不因质量问题而遭受发展困境并能保障国家与社会可持续发展的整体状态和保有这一状态的综合能力。[①] 由于

① 余潇枫等：《质量安全与中国社会治理模式的创新》，载杜志淳主编《中国社会公共安全研究报告（第10辑）》，中央编译出版社，2017，第30页。

质量安全涉及多领域的研究，不同领域学者从不同学科[①]角度对“质量安全”的研究内容作了界定。本文从经济学、管理学、社会学、心理学、历史学、新闻传播学、文化学、教育学、法学、政治学、建筑工程学、环境科学、农学、安全科学等14个学科的角度对研究现状做出大致描述。

从经济学角度，程抱全著《质量经济学》应该是我国最早从质量角度谈经济学的专著，初步在经济学研究中引入“质量”和“质量安全”的视角，书中特别强调了产品质量与经济安全之间的联系。[②] 郭克莎著《质量经济学概论》则是我国第一本较为系统阐述质量问题在社会经济发展中的地位与作用以及质量范畴所反映的社会经济关系，建立质量经济学理论体系。[③] 但两者研究层次主要停留在微观层面，主要讨论产品质量的经济学分析，为应对当时产品质量下降引起社会不安全的现实问题起到了重要的作用。后续任保平等从研究微观、中观和宏观质量问题入手，对相对应的经济活动提供价值判断和评判标准，为提高经济质量安全提出了具体的做法与建议。[④] 除了质量经济学中对质量安全的研究，关于微观产品质量与宏观经济增长质量成为经济学领域中质量安全研究的重要领域，这些研究主要集中在说明产品质量对经济安全和增长的影响[⑤]、宏观质量竞争评价指标[⑥]、宏观

---

① 学科分类根据中华人民共和国学科分类与代码简表（国家标准 GBT 13745—2009）。

② 程抱全：《质量经济学》，科学普及出版社，1985。

③ 郭克莎：《质量经济学概论》，广东人民出版社，1992。

④ 任保平、魏婕、郭涵：《超越数量：质量经济学的范式与标准研究》，人民出版社，2017。

⑤ 李艳、刘国歌：《出口产品质量如何影响区域经济增长质量？——来自广东出口消费品质量调查的证据》，《宏观质量研究》2017年第3期，第17～26页；任保平、甘海霞：《中国经济增长质量提高的微观机制构建》，《贵州社会科学》2016年第5期，第111～118页；程虹：《宏观质量管理的基本理论研究——一种基于质量安全的分析视角》，《武汉大学学报》（哲学社会科学版）2010年第1期，第129～134页。

⑥ 马小平：《宏观质量指数研究》，《数理统计与管理》2009年第5期，第921～925页；程虹：《2012年中国质量状况——消费者感知与模型构建》，《宏观质量研究》2013年第1期，第33～48页；杨芷晴：《基于国别比较的制造业质量竞争力评价》，《管理学报》2016年第2期，第306～314页；余红伟、胡德状：《中国区域制造业质量竞争力测评及影响因素分析》，《管理学报》2015年第11期，第1703～1709页；程虹、陈川：《制造业质量竞争力理论分析与模型构建》，《管理学报》2015年第11期，第1695～1702页；程虹、李清泉：《我国区域总体质量指数模型体系与测评研究》，《管理世界》2009年第1期，第2～9页。

经济发展质量评价和区域总体质量指数测评①等。

从管理学角度，研究内容主要是质量管理及质量危机管理，对象分为企业和公共部门。针对企业的质量管理，目前已经成为一个较为成熟的新学科，相关教材中对质量管理理念、过程、体系结构、主要使用工具和方法、国内外先进经验引介等作了较为清楚的解读。② 其他研究包括企业质量危机的产生原因、演变过程及事件结果，预防预警、应对控制及管理建议。③ 面向于公共部门的质量安全研究是近期新兴的研究，较多借鉴了企业质量管理理论，主要着重于政府质量和公共服务质量评价④、质量危机应急管理⑤、质量安全政府规制⑥、质量安全治理体系建设研究⑦等方面。

---

① 罗文、徐光瑞：《中国工业发展质量研究》，《中国软科学》2013 年第 1 期，第 50 ~ 60 页；罗连发：《居民对我国经济增长质量主观感知的评价》，《华南农业大学学报》（社会科学版）2015 年第 3 期，第 132 ~ 140 页；程虹、李丹丹：《一个关于宏观经济增长质量的一般理论——基于微观产品质量的解释》，《武汉大学学报》（哲学社会科学版）2014 年第 3 期，第 79 ~ 86 页。

② 辽宁省质量管理协会：《质量管理》，辽宁科学技术出版社，1985；郭瑞昌：《质量管理》，人民邮电出版社，1988；洪生伟：《质量管理》，中国计量出版社，1989；陈运涛：《质量管理》，北京交通大学出版社，2014；马风才、谷炜：《质量管理》，机械工业出版社，2017。

③ 方正、江明华、杨洋等：《产品伤害危机应对策略对品牌资产的影响研究——企业声誉与危机类型的调节作用》，《管理世界》2010 年第 12 期，第 105 ~ 118 页；王小毅、熊伟：《质量问题危机处置的微观视角》，《宏观质量研究》2014 年第 1 期，第 61 ~ 68 页；刘书庆、李平：《产品质量危机管理对策实证研究》，《工业工程与管理》2013 年第 4 期，第 1 ~ 9 页。

④ 肖陆军：《论政府公共服务质量管理体系建构》，《宁夏社会科学》2008 年第 4 期，第 16 ~ 19 页；陈振明、耿旭：《公共服务质量管理的本土经验——漳州行政服务标准化的创新实践评析》，《中国行政管理》2014 年第 3 期；刘武、刘钊、孙宇：《公共服务顾客满意度测评的结构方程模型方法》，《科技与管理》2009 年第 4 期，第 40 ~ 44 页；罗英：《共享与善治：质量公共服务对质量监管效果的影响——基于我国宏观质量观测数据的实证分析》，《宏观质量研究》2013 年第 1 期，第 59 ~ 67 页。

⑤ 钟莉：《政府公共危机管理能力的提升——基于风险社会理论的视角》，《行政论坛》2009 年第 4 期，第 17 ~ 19 页；周德翼、杨海娟：《食物质量安全管理中的信息不对称与政府监管机制》，《中国农村经济》2002 年第 6 期，第 29 ~ 35 页。

⑥ 李丹丹：《政府质量监管满意度影响因素——基于质量观测数据的分析》，《宏观质量研究》2013 年第 1 期，第 76 ~ 88 页；罗英：《产品质量规制如何影响经济增长质量——原理与案例的双重诠释》，《武汉大学学报》（哲学社会科学版）2014 年第 5 期，第 32 ~ 38 页；李酣、马颖：《过度问责与过度规制——中国质量安全规制的一个悖论》，《江海学刊》2013 年第 5 期，第 74 ~ 80 页。

⑦ 程虹、李丹丹：《中国质量出现转折——我国质量总体状况与发展趋势分析》，《宏观质量研究》，2014 年第 2 期，第 28 ~ 37 页；胡虎林：《当前食品安全存在的问题、原因及对策——以浙江省为主要视角》，《法治研究》2012 年第 5 期，第 62 ~ 69 页。

从社会学角度，主要关注面对质量问题的社会回应和社会质量研究。李正权《质量问题大剖析：对质量的社会学研究》是我国较早从社会学视角对质量问题回应的书籍，书中提出了质量问题从企业内部向社会扩展的趋势，把质量问题放在整个社会背景中多角度、多方位、多层次的研究。[①] 社会质量理论是目前研究社会发展问题较为新颖的视角之一，基于此，一些学者展开了关于社会质量维度测定的研究，如李勇等通过对深圳市的实证调查测量社会质量对社区创新的实际作用，为社区场域中实现社会创新提供新的政策思路。[②] 如孙秀林等利用上海地区调查数据从社会经济保障维度检验社会质量指标的有效性。[③] 另一些学者更多关注社会质量视域下的政策构建，如林卡以建设“和谐社会”为分析起点，从社会质量理论中提取出社会团结、社会包容和社会赋权这三个概念，为中国社会建设提供理论基础。[④] 高红等通过借鉴社会质量理论为包容性社会建设提供政策建议。[⑤]

从心理学角度，主要是研究应对质量问题或危机时的心理现象和心理机制。陈炳权是较早、较系统阐述质量心理学的研究者，认为在质量管理中人的因素的重要性，分析了质量心理学的研究对象与学科基础，质量形成过程的心理因素，质量管理过程中的心理机制以及质量安全与心理活动的直接联系。[⑥] 后续研究者有从心理学角度对质量安全问题进行分析，[⑦] 有研究相关

① 李正权：《质量问题大剖析：对质量的社会学研究》，电子科技大学出版，1992。

② 李勇、徐延辉、兰林火：《社会质量测量维度与城市社区创新——基于深圳市的实证分析》，《中国社会科学》2014 年第 3 期，第 42 ~ 164 页。

③ 孙秀林、梁海祥：《社会质量测量指标的信度与效度分析——以社会经济保障维度为例》，《江海学刊》2014 年第 6 期，第 105 ~ 109 页。

④ 林卡：《社会质量理论：研究和谐社会建设的新视角》，《中国人民大学学报》2010 年第 2 期，第 105 ~ 111 页。

⑤ 高红、刘凯政：《社会质量理论视域下中国包容性社会建设的政策构建》，《学习与实践》2011 年第 2 期，第 98 ~ 103 页。

⑥ 陈炳权：《质量心理学导论》，机械工业出版社，1991。

⑦ 杨辉：《食品质量安全的心理学解读》，《中国乳业》2010 年第 9 期，第 72 ~ 74 页；熊继、刘一波、谢晓非：《食品安全事件心理表征初探》，《北京大学学报》（自然科学版）2011 年第 1 期，第 175 ~ 184 页；许如亮：《安全心理学在建筑安全中的运用》，《安全与健康月刊》2002 年第 8 期，第 25 ~ 27 页。

媒体报道对受众的心理影响，[①] 有从心理感知角度研究宏观质量状况，[②] 有从心理学角度研究如何预防事故发生[③]等。

从历史学角度，研究内容主要是追溯古代中国质量安全状况、保障手段以及古为今用。宋时磊总结了中国古代产品的质量安全状况、质量管理手段及相关制度、质量思想文化，从宏观和微观两个角度论述中国质量安全与质量发展的不足与经验。[④] 程虹等通过对历史文献的梳理、整理，说明秦汉、唐宋、明清时期政府质量管理机构、职官和管理方式，分析政府质量管理发展演变的过程、理念和特点。[⑤] 如裘涵等通过研究古代技术标准，总结出其“政治化”“形而下”“孤立化”的特点，并认为这些特点延续至今，对现代质量安全管理制度产生重要影响。[⑥] 黄文杰论述了中国古代每个历史阶段的质量管理特色，认为中国古代质量管理体制受政治思想和统治者文化影响深刻，建议我国质量管理体制建设应以史为鉴。[⑦]

从新闻传播学角度，研究主要是关注质量危机的媒体报道。随着中国对外开放的不断扩大与深入，国内外媒体关于中国质量安全的报道影响日益增多，相关研究涉及媒体报道与国家形象塑造的关系，其中大部分研究结论认为外媒对“中国制造”的歪曲报道是导致质量危机和国家形象危机的重要

---

① 何其冲：《食品安全报道的受众心理研究》，中国传媒大学出版社，2009；刘远方：《食品安全背后的公众及媒体心理解析》，《农家科技》2011 年第 4 期，第 15 ~ 15 页。

② 王常伟、顾海英：《我国食品安全态势与政策启示——基于事件统计、监测与消费者认知的对比分析》，《社会科学》2013 年第 7 期，第 24 ~ 38 页；程虹：《2012 年中国质量状况——消费者感知与模型构建》，《宏观质量研究》2013 年第 1 期，第 33 ~ 48 页。

③ 张舒、史秀志：《安全心理与行为干预的研究》，《中国安全科学学报》2011 年第 1 期，第 23 ~ 31 页；易灿南、胡鸿、胡武：《基于安全心理因素的安全事故模式研究》，《价值工程》2014 年第 20 期，第 298 ~ 300 页。

④ 宋时磊：《中国古代质量管理研究进展综述》，《宏观质量研究》2015 年第 2 期，第 59 ~ 70 页。

⑤ 程虹、陈昕洲：《我国古代政府质量管理体制发展历程研究》，《华中师范大学学报》（人文社会科学版）2016 年第 2 期，第 32 ~ 48 页。

⑥ 裘涵、盛晓明：《中国古代技术标准化研究》，《科学学研究》2009 年第 9 期，第 1322 ~ 1328 页。

⑦ 黄文杰：《中国古代质量管理体制的演变》，《宏观质量研究》2013 年第 3 期，第 43 ~ 49 页。

决定因素①。其他研究主要涉及质量危机事件中媒体的责任与作用②、媒体话语分析③、媒体应对策略和应对结果评价④、媒体与政府和公众之间关系协调。⑤

从文化学角度，主要研究质量安全文化与国家或民族文化匹配性的问题。如在中国传统文化与质量管理方法相关性方面，倪建文从中国传统文化构建入手研究适合中国当代国情的质量管理方法与文化。⑥ 郑立伟等分析了质量文化的结构特征并以航空企业为例建立企业质量文化评价框架进行实证研究。⑦ 如在传统质量文化与社会发展适应性方面，李唐通过梳理传统质量安全文化，总结出重道德自律、轻法律他律的特点，尤其是以亲缘和地缘为

---

① 廖卫民：《是“中国制造”的问题，还是媒体制造的“恐慌”？——海外媒体关于中国出口产品质量和安全问题报道的研究》，《新闻记者》2007 年第 9 期，第 55 ~ 58 页；张敏、宣长春、林升栋：《中国制造在海外社交媒体上的形象研究——基于 Twitter 上的数据》，《现代传播》2016 年第 5 期，第 121 ~ 126 页；潘霁、刘晖：《归罪政府与商家：美国主流报纸“中国制造”产品质量问题的报道》，《新闻与传播研究》2013 年第 6 期，第 65 ~ 78 页。

② 高辉、段淳林：《产品质量危机中企业的媒体应对策略》，《当代传播》（汉文版）2011 年第 6 期，第 116 ~ 117 页；鲁津、栗雨楠：《形象修复理论在企业危机传播中的应用——以“双汇瘦肉精”事件为例》，《现代传播》2011 年第 9 期，第 49 ~ 53 页；房宁：《农产品质量安全突发事件中的媒体沟通管理研究》，《农产品质量与安全》2012 年第 2 期，第 62 ~ 64 页。

③ 许静、李扬、郭丽霞：《食品安全风险交流视域下的媒体话语分析——以央视〈每周质量报告〉相关调查节目为例》，《中国食品卫生杂志》2014 年第 2 期，第 189 ~ 192 页；张新平、庄宏韬：《中国国际话语权：历程、挑战及提升策略》，《南开学报》（哲学社会科学版）2017 年第 6 期，第 1 ~ 10 页。

④ 高辉、段淳林：《产品质量危机中企业的媒体应对策略》，《当代传播》2011 年第 6 期，第 116 ~ 117 页；王倩、刘诗洋、鲁捷等：《媒体监管对药品质量安全的作用分析与策略研究》，《中国医药导报》2016 年第 29 期，第 11 ~ 114 页。

⑤ 汪青云、李慧芳：《突发事件中政务微博互动系统构建研究》，《新闻世界》2016 年第 4 期，第 58 ~ 61 页；张斌、张良武：《媒体在突发事件中的角色定位》，《新闻前哨》2008 年第 8 期，第 68 ~ 68 页；王移霖、高萍、高慧军：《三角互动沟通模式在公共危机事件的应用研究——以天津滨海新区危险品仓库爆炸事故为例》，《阴山学刊》2016 年第 8 期，第 88 ~ 92 页。

⑥ 倪建文：《质量与企业文化建设——对质量文化的进一步探究》，《江西社会科学》2012 年第 4 期，第 232 ~ 236 页。

⑦ 郑立伟、商广娟、采峰：《质量文化评价及实证研究》，《标准科学》2008 年第 10 期，第 34 ~ 38 页。

纽带的传统质量传承体系，与中国传统儒家文化较为贴合。[①]

从教育学角度，主要是关于质量安全意识的培育和质量安全环境的塑造。如在食品安全方面，主要是关注特殊人群（如学龄儿童、大学生、农民）的质量安全教育[②]、不同群体安全教育的差距与比较[③]、对发达国家安全教育情况与经验的介绍[④]。在产品质量安全方面，有研究企业文化教育对员工产出的作用[⑤]、消费者教育对质量安全的促进作用。[⑥] 另外，学者们对工程质量[⑦]、环境质量[⑧]、网络质量[⑨]等方面的安全教育均有论述。除此之外，也有学者对国内外高校质量安全相关学科教育现状和趋势进行研究。[⑩]

从法学角度，研究主要集中在对相关法律法规的解析和对法律体系完善的

① 李唐：《中国传统质量文化的主要特质》，《宏观质量研究》2015 年第 3 期，第 1 ~ 15 页。

② 刘文萃：《协同治理视域下农村食品安全教育问题探讨》，《西北农林科技大学学报》（社会科学版）2015 年第 3 期，第 140 ~ 145 页；谢兴伟、孙亚慧、栾国翠：《大学生食品安全认知影响因素和食品安全教育对策研究》，《中国健康教育》2014 年第 12 期，第 1094 ~ 1097 页；李云：《全方位立体化开展学校食品安全教育方案的策划》，《职业与健康》2011 年第 7 期，第 823 ~ 825 页。

③ 史根生、张卫民、刘亦农等：《广东、吉林、四川、湖北四省居民食品安全教育前后知信行的比较》，《中国健康教育》2004 年第 6 期，第 532 ~ 534 页；何坪华、焦金芝、刘华楠：《消费者对重大食品安全事件信息的关注及其影响因素分析——基于全国 9 市（县）消费者的调查》，《农业技术经济》2007 年第 6 期，第 4 ~ 11 页。

④ 李世敏：《美国食品安全教育体系及其特点》，《中国食物与营养》2006 年第 11 期，第 11 ~ 14 页；边红彪、李长文、白晓丽等：《日本食品安全教育的做法和经验》，《标准科学》2016 年第 2 期，第 94 ~ 96 页；陈松、叶志华、王敏：《欧盟食品质量安全体系建设的特点及对我国的启示》，《产品研究与开发》2007 年第 10 期，第 185 ~ 188 页。

⑤ 程虹、田宏邈：《工匠精神的不足导致产品质量不高吗？——来自中国企业员工匹配调查（CEES）的经验证据》，《宏观质量研究》2016 年第 4 期，第 1 ~ 10 页。

⑥ 田汉族、杨柳：《教育消费者、学校与政府之间的博弈——中小学择校现象及治理研究述评》，《中国教育学刊》2009 年第 3 期，第 14 ~ 17 页；齐向东：《日本的消费者教育》，《国外社会科学》1997 年第 3 期，第 67 ~ 69 页。

⑦ 张菊、杨雄利：《浅谈建筑质量安全的意识教育》，《建材与装饰》2014 年第 24 期。

⑧ 孙小银、单瑞峰：《论环境安全教育的内涵及其在环境灾害防治中的作用》，《环境科学与管理》2006 年第 4 期，第 14 ~ 16 页。

⑨ 贾廷秀：《网络安全教育探析》，《经济与社会发展》2003 年第 4 期，第 140 ~ 143 页。

⑩ 宋时磊、黄太进：《国外高校质量学科教育的现状、趋势及其启示》，《宏观质量研究》2014 年第 2 期，第 91 ~ 101 页；武德昆、佘元冠、刘东：《质量管理学科的新进展》，《标准科学》2004 年第 6 期，第 14 ~ 15 页。

建议上。对相关法律法规解析，主要是相关的法律解读手册，如《产品质量法律手册》[①]《建设工程质量事故法律对策》[②]《消费者权益保护法律手册》[③]等。其余研究如汪全胜等辨析《食品安全法》中对“不安全食品”主管部门的认定，认为清晰明确的职责认定对监管有促进作用。[④] 庄红蕾对产品质量相关法律做了条理性的说明。[⑤] 关于对法律体系完善的研究，如廖丽等认为在法律体系中不仅要重视具有预防和惩戒功能的硬法，还要健全作为技术支持的软法即标准的设立。[⑥] 叶明认为农产品质量问题频发的重要原因是农产品质量管理法律制度存在缺陷，需构建操作性较强的法律法规体系。[⑦] 罗英认为应将质量公共服务纳入国家公共服务体系中，有助于提高质量安全法制水平。[⑧] 在其他方面，还涉及对质量安全法律责任[⑨]、质量安全法律制度的中外比较[⑩]等研究。

从政治学角度，研究主要关注质量安全与国家利益的关系。在国内政治方面，主要研究质量安全对中国政治社会发展的作用，涉及话语体系、权力博弈、治理结构等内容[⑪]。在国际政治方面，主要是通过维护和提升质量安

---

① 产品质量法律手册编委会：《产品质量法律手册》，机械工业出版社，1988。

② 彭国元、冯湘勇：《建设工程质量事故法律对策》，湖南大学出版社，2000。

③ 法律出版社法律中心编《消费者权益保护法律手册》，法律出版社，2004。

④ 汪全胜、黄兰松：《食品召回制度中“不安全食品”的认定问题探讨》，《宏观质量研究》2016 年第 4 期，第 112 ~ 119 页。

⑤ 庄红蕾：《产品质量相关法律问题探析》，《行政与法》2006 年第 1 期，第 60 ~ 61 页。

⑥ 廖丽、程虹：《法律与标准的契合模式研究——基于硬法与软法的视角及中国实践》，《中国软科学》2013 年第 7 期，第 164 ~ 176 页。

⑦ 叶明：《农产品质量管理法律制度的回顾与展望》，《农业展望》2008 年第 5 期，第 36 ~ 39 页。

⑧ 罗英：《共享与善治：质量公共服务对质量监管效果的影响——基于我国宏观质量观测数据的实证分析》，《宏观质量研究》2013 年第 1 期，第 59 ~ 67 页。

⑨ 金诺：《农产品生产经营者质量安全法律责任问题探析》，《农产品质量与安全》2015 年第 1 期，第 48 ~ 51 页；李玫：《析产品质量的法律责任》，《现代法学》1999 年第 2 期，第 109 ~ 11 页。

⑩ 陈建新、王慧萍、陈澍：《对完善我国产品质量担保法律制度的思考——欧盟与美国消费品质量担保法律制度的比较及启示》，《中国标准化》2009 年第 10 期，第 21 ~ 23 页。

⑪ 潘临灵等：《质量安全：语境扩展与能力建设——基于 1996 年至 2016 年间政策文本的研究》，《中国非传统安全研究报告（2016 ~ 2017）》，社会科学文献出版社，2017，第 335 ~ 346 页；于涛、刘长玉：《政府与生产企业间产品质量问题博弈分析》，《山东大学学报》（哲学社会科学版）2014 年第 2 期；臧雷振、徐湘林：《政府质量：国家治理结构性指标研究的兴起》，《公共行政评论》2013 年第 6 期，第 109 ~ 133 页。

全来维护国家在国际竞争中的利益不受损害，如余潇枫等从构建新型国际关系入手研究质量安全，认为其是合作共赢、相互尊重、公平正义等价值实现的保障；中国国家形象因质量问题受损已有普遍性，正当有力的“质量外交”手段对塑造国际形象有正面促进作用；呼吁建构“全球质量安全共同体”，为我国参与“全球质量治理”与构建新型国际关系寻找新的路径。①

从建筑工程角度，研究主要集中在建筑质量安全监管。工程领域质量问题纳入质量安全研究范畴是在“大质量”概念提出后，质量从原有面向于企业的产品领域，扩展到服务、生态、工程等领域。② 部分学者探索了发达国家工程质量安全监督管理的内容、体制、法制、运行机制等方面的特征与经验并对我国借鉴与启示。③ 部分学者回顾我国建筑工程监管体系发展历史沿革，分析现状问题，归纳发展趋势。④ 除此之外，也有研究讨论建筑工程质量危机事件治理⑤、技术在建筑工程质量管理中的运用⑥等问题。

从环境科学角度，主要是研究有关环境质量安全对人类发展的影响。从个体感知角度，如程虹等基于不同群体对环境质量的主观感受，对全国空气质量、水资源质量、噪声污染、植被覆盖与土壤质量进行调查，认为地域、

---

① 余潇枫、潘临灵：《“质量安全”与新型国际关系构建》，《国际观察》2018 年第 2 期，第 16 ~ 34 页。

② 程虹、李清泉：《我国区域总体质量指数模型体系与测评研究》，《管理世界》2009 年第 1 期，第 2 ~ 9 页。

③ 孟宪海：《中外工程质量监督管理模式的比较研究》，《施工技术》1999 年第 4 期，第 47 ~ 50 页；郭汉丁、刘应宗：《发达国家建设工程质量监督管理特征研究》，《西北工业大学学报》（社会科学版）2004 年第 4 期，第 52 ~ 56 页。

④ 谢琳琳、何清华、乐云：《我国建设工程质量监管模式的现状分析及改革设想》，《建筑经济》2007 年第 5 期，第 6 ~ 9 页；董群忠、王全意：《探讨运用信息技术建立建筑工程质量安全国家直管模式——新形式下工程质量安全监督管理模式改革的设想》，《工程质量》2007 年第 1 期，第 5 ~ 12 页。

⑤ 潘明远：《建筑工程质量事故分析与处理》，中国电力出版社，2007；张俊杰：《建筑工程质量事故及施工质量监理的探析》，《城市建筑》2013 年第 2 期，第 189 ~ 189 页。

⑥ 王显清：《视频监控技术在建筑施工安全监管工作中的应用》，《工程质量》2007 第 14 期，第 50 ~ 53 页。

社会地位、经济水平这些因素会影响个体对环境质量的感受度。[①] 从与经济社会关系角度，韩文科等认为我国空气质量日益恶化主要原因是城市化发展质量滞后，城市经济结构和能源结构、机动车排放控制、大气污染治理措施均为城市发展质量的有力呈现。[②] 余红伟等通过省级面板数据的研究，认为我国技术紧密型产业的比重上升并未对空气质量造成显著改善，但资产紧密型产业比重的整体上升却加剧了空气污染程度，最终导致制造业结构升并未显著改善区域空气质量。[③] 从政府管制角度，如毛文娟等从环境污染引起的食品安全事件入手，辨析事件的类型，分析政府部门权衡各主体的利益诉求，提出环境安全监管要突破原有封闭框架，从自身监管走向社会监督，并注重监管机构的能力建设。[④]

从农学角度，研究主要是关注农产品质量安全及相关技术应用。2006年《中华人民共和国农产品质量安全法》中对农产品质量安全标准、产地、生产、包装和标识、监督检查、法律责任等问题做了规定。在农产品质量安全研究方面，如邓少军等认为农产品市场存在信息不对称影响农产品质量安全。[⑤] 朱丽莎等认为农产品生产企业与认证机构之间存在博弈关系，从认证机构监管、违规处罚力度、信息披露机制、认证标准等方面提出建设性意见使博弈结果最利于质量安全的实现。[⑥] 费威分析合作社农户行为对农产品质量安全的影响因素和决策水平，认为合作社规模和农户数量对质量安全有直

---

① 程虹、陈昕洲：《我国不同群体对环境质量评价的调查和分析——基于2013年全国29省77市的问卷调查》，《中国地质大学学报》（社会科学版）2014年第5期，第28~35页。

② 韩文科、朱松丽、高翔等：《从大面积雾霾看改善城市能源环境的紧迫性》，《价格理论与实践》2013年第4期，第27~29页。

③ 余红伟、张洛熙：《制造业结构升级促进了区域空气质量改善吗？——基于2004~2013年省级面板数据的实证分析》，《中国地质大学学报》（社会科学版）2015年第5期，第33~42页。

④ 毛文娟：《环境安全与食品安全风险的利益框架和社会机制分析》，《经济问题探索》2012年第2期，第10~15页。

⑤ 邓少军、樊红平：《农产品质量安全信息不对称与农产品认证》，《中国农业资源与区划》2013年第1期，第87~90页。

⑥ 朱丽莉、王怀明：《农产品质量认证中信息失真的原因分析——基于信息发布博弈视角》，《江西财经大学学报》2013年第2期，第80~85页。

接影响。[①] 冯忠泽等通过全国调查对消费者对农产品质量安全认知状况和消费者行为的影响因素进行实证分析。[②] 在技术应用方面，主要是关于供应链的组织模式、环节设立、质量控制、风险评估。[③]

从安全科学角度，主要研究集中在技术进步对质量安全的推动作用，目的在于预防未来事故。如在管理制度方面，为了安全制度更有效执行，部分学者将研究重点放在安全管理系统构建上，从而改善安全管理状况。[④] 如在具体技术应用与推广方面，研究涉及风险评估技术在农产品质量安全保障中的作用[⑤]、物联网技术在质量安全监管体系中的应用、计算机信息技术在安全检测中的作用[⑥]、技术扩散对安全保障的影响[⑦]等。

三 质量安全研究态势的评析

整体来看，上述研究对质量安全研究的主要内容、价值目标、保障机

---

① 费威：《基于溢出效应的合作社农户努力决策分析——农产品质量安全的视角》，《宏观质量研究》2016 年第 2 期，第 71 ~79 页。

② 冯忠泽、李庆江：《消费者农产品质量安全认知及影响因素分析——基于全国 7 省 9 市的实证分析》，《中国农村经济》2008 年第 1 期，第 23 ~29 页。

③ 张东玲、朱秀芝、邢恋群等：《农产品供应链的质量系统集成与风险评估》，《华南农业大学学报》（社会科学版）2013 年第 1 期，第 24 ~34 页；汪普庆、周德翼、吕志轩：《农产品供应链的组织模式与食品安全》，《农业经济问题》2009 年第 3 期，第 8 ~12 页。

④ 冯群、陈红：《基于动态博弈的煤矿安全管理制度有效性研究》，《中国安全科学学报》2013 年第 2 期，第 15 页；张丽梅、杜守军、刘卫然：《基于可拓理论的建筑施工安全管理系统研究》，《中国安全科学学报》2011 年第 8 期，第 138 ~144 页。

⑤ 张星联、杨桂玲、陈晨等：《农产品质量安全风险评估技术研究现状及发展趋势》，《农产品质量与安全》2016 年第 5 期，第 3 ~7 页；宋卫国、赵志辉：《农产品安全风险评估方法及应用探讨》，《中国农学通报》2008 年第 2 期，第 101 ~105 页。

⑥ 高爱莲、刘晓慧、刘增磊等：《计算机信息技术在食品质量安全与检测中的应用》，《食品安全质量检测学报》2016 年第 9 期，第 3418 ~3423 页；韦银：《大数据下计算机信息技术在食品企业食品安全管理中的应用》，《食品与机械》2016 年第 2 期，第 226 ~228 页；张臻竹、张丽：《大数据时代背景下的食品安全供应链的发展演变初探》，《食品研究与开发》2014 年第 18 期，第 209 ~212 页。

⑦ 宋英杰、李中东：《政府管制对农产品质量安全技术扩散影响的实证研究》，《科研管理》2013 年第 7 期，第 61 ~70 页；钟真、孔祥智：《农产品质量安全问题产生原因与治理措施》，《中南民族大学学报》（人文社会科学版）2013 年第 2 期，第 125 ~129 页。

制、一般路径等进行了论述，对中国质量安全研究现状做了一种背景式的解读和分析。尤其是多学科的全方位解读、跨领域的交叉合作、新技术的实施利用，拓宽了质量安全研究的理论与实践探索。同时，以上研究较好地贴合了当前的政策要点，符合社会发展的基本形式。

然而，研究还存在以下不足：一是对质量安全的内涵与研究内容未有统一的规定，未建立规范的研究方法，未达成一致的研究对象。尽管在《质量振兴纲要（1996～2010）》《质量发展纲要（2011～2020）》等规章中均将质量安全的研究范围规定为主要是产品质量、服务质量、工程质量、环境质量等四大类。现有较多研究仍然使用依靠经验性的描述来识别安全威胁、分析安全事故、提供指导意见，并未从"安全"分析的学术性角度来描述、识别、分析质量问题，这就使得许多并不具备成为"安全议题"的公共问题被默认纳入安全研究的框架，也造成"质量安全"研究的泛化。二是部分学者有意识地使用调查问卷、数据挖掘、内容分析等方式收集数据与案例，但由于研究领域的局限性和质量安全问题呈现的复合的、交织的、多元的特点相互冲突，并未能做到突破学科限制或领域限制的数据收集。而建立全局性、整体性、科学化、精细化的案例数据库对剖析研究问题有重要的基础作用。三是大多数研究局限于对国内安全的研究，缺少了"跨国界""跨场域"的视角。在此方面，余潇枫等从全球角度论述构建"质量安全共同体"，为从国际安全角度谈质量安全创下先河。四是未能从总体国家安全角度来全面审视当前及未来的质量安全问题，未能从建立国家安全治理体系的高度来推动理论发展和提供现实解释。因而导致中国质量安全研究与实践多停留在"头痛医头，脚痛医脚"的应急层面，缺乏对基本问题的学理性阐释、解决手段的价值评估和未来定位的科学论证。

整体观之，未来国内关于质量安全的研究趋势将主要集中在四方面：一是研究视角从微观转向宏观，即从对"小质量"的研究走向对"大质量"的研究。如在对策研究方面，很多研究者开始从微观技术，如质量监督、检测技术、风险防控、信息技术等，转向综合化的考量，提出"大质量工作机制""质量共治"等理念；在评估方式上，大多数研究从单一技术性的指标，转向了多维、复合的技术性与价值性相结合的指标；在研究数据选择上，大多数研究者开始摒弃微观数据，而是采用宏观数据来说明与解释现状。二是研究内容从溯源转向追踪，即更紧密贴合国内外新形势、新动态、新特征。如2018年中美爆发贸易战，严重影响正常的经济秩序与对外交往，关于贸易战中的法律解读、应急措施、反制手段等成为新兴的研究内容，技术和价值层面的质量安全成为研究国家安全实践与安全战略的重大议题。又如党的十九届三中全会通过《深化党和国家机构改革方案》后，国务院机构设置和职责分配做了重大调整，新形势下如何加强和完善政府职能，实现高质量发展，成为新的研究热点，尤其是关于质量安全治理中各新部门的职责分配与合作路径立即成为重要的研究内容。三是关注从国内转向全球，即研究视角从关注国内质量安全转向全球质量安全，研究队伍随着“共治”转向“全域”。从全球角度研究质量问题，倡导质量合作，已经成为新的研究视角。在此背景下，国内质量安全“共治”格局受到挑战，强调国内外共同治理的“全域”治理更适应当前质量安全形势。四是研究方法从单一转向复合，即理论方法的交叉与技术方法的交叉。理论方法的交叉体现在：如国际关系学中安全化理论（Securitization）在质量安全理论建构中的使用；应急管理中承灾体脆弱性理论（Vulnerability）在诱发危机环境的分析中的使用等；数学中博弈论（Game Theory）对各主体行为的分析与预测时的使用等。在技术方面具体体现有：大数据方法（Big Data）在获取、存储、处理分析数据与案例中的使用；因子分析法（Factor Analysis Method）在对于简化质量安全评价指标中的使用；公共安全能力与脆弱性评估框架（如CVA、DRMI等）在安全评估中的使用；案例分析法（Case Analysis Method）在研究典型质量危机事件中的使用等。

皮书起源

“皮书”起源于十七、十八世纪的英国，主要指官方或社会组织正式发表的重要文件或报告，多以“白皮书”命名。在中国，“皮书”这一概念被社会广泛接受，并被成功运作、发展成为一种全新的出版形态，则源于中国社会科学院社会科学文献出版社。

皮书定义

皮书是对中国与世界发展状况和热点问题进行年度监测，以专业的角度、专家的视野和实证研究方法，针对某一领域或区域现状与发展态势展开分析和预测，具备原创性、实证性、专业性、连续性、前沿性、时效性等特点的公开出版物，由一系列权威研究报告组成。

皮书作者

皮书系列的作者以中国社会科学院、著名高校、地方社会科学院的研究人员为主，多为国内一流研究机构的权威专家学者，他们的看法和观点代表了学界对中国与世界的现实和未来最高水平的解读与分析。

皮书荣誉

皮书系列已成为社会科学文献出版社的著名图书品牌和中国社会科学院的知名学术品牌。2016 年，皮书系列正式列入“十三五”国家重点出版规划项目；2013~2018 年，重点皮书列入中国社会科学院承担的国家哲学社会科学创新工程项目；2018 年，59 种院外皮书使用“中国社会科学院创新工程学术出版项目”标识。

权威报告·一手数据·特色资源

皮书数据库

ANNUAL REPORT(YEARBOOK) DATABASE

当代中国经济与社会发展高端智库平台

所获荣誉

- 2016年，入选“‘十三五’国家重点电子出版物出版规划骨干工程”
- 2015年，荣获“搜索中国正能量 点赞2015”“创新中国科技创新奖”
- 2013年，荣获“中国出版政府奖·网络出版物奖”提名奖
- 连续多年荣获中国数字出版博览会“数字出版·优秀品牌”奖

WWW.PISHU.COM.CN

成为会员

通过网址www.pishu.com.cn访问皮书数据库网站或下载皮书数据库APP，进行手机号码验证或邮箱验证即可成为皮书数据库会员。

会员福利

- 使用手机号码首次注册的会员，账号自动充值100元体验金，可直接购买和查看数据库内容（仅限PC端）。
- 已注册用户购书后可免费获赠100元皮书数据库充值卡。刮开充值卡涂层获取充值密码，登录并进入“会员中心”—“在线充值”—“充值卡充值”，充值成功后即可购买和查看数据库内容（仅限PC端）。
- 会员福利最终解释权归社会科学文献出版社所有。

社会科学文献出版社 SOCIAL SCIENCES ACADEMIC PRESS (CHINA) 皮书系列
卡号：261177136934
密码：

数据库服务热线：400-008-6695
数据库服务QQ：2475522410
数据库服务邮箱：database@ssap.cn
图书销售热线：010-59367070/7028
图书服务QQ：1265056568
图书服务邮箱：duzhe@ssap.cn

中国社会发展数据库（下设 12 个子库）

全面整合国内外中国社会发展研究成果，汇聚独家统计数据、深度分析报告，涉及社会、人口、政治、教育、法律等 12 个领域，为了解中国社会发展动态、跟踪社会核心热点、分析社会发展趋势提供一站式资源搜索和数据分析与挖掘服务。

中国经济发展数据库（下设 12 个子库）

基于"皮书系列"中涉及中国经济发展的研究资料构建，内容涵盖宏观经济、农业经济、工业经济、产业经济等 12 个重点经济领域，为实时掌控经济运行态势、把握经济发展规律、洞察经济形势、进行经济决策提供参考和依据。

中国行业发展数据库（下设 17 个子库）

以中国国民经济行业分类为依据，覆盖金融业、旅游、医疗卫生、交通运输、能源矿产等 100 多个行业，跟踪分析国民经济相关行业市场运行状况和政策导向，汇集行业发展前沿资讯，为投资、从业及各种经济决策提供理论基础和实践指导。

中国区域发展数据库（下设 6 个子库）

对中国特定区域内的经济、社会、文化等领域现状与发展情况进行深度分析和预测，研究层级至县及县以下行政区，涉及地区、区域经济体、城市、农村等不同维度。为地方经济社会宏观态势研究、发展经验研究、案例分析提供数据服务。

中国文化传媒数据库（下设 18 个子库）

汇聚文化传媒领域专家观点、热点资讯，梳理国内外中国文化发展相关学术研究成果、一手统计数据，涵盖文化产业、新闻传播、电影娱乐、文学艺术、群众文化等 18 个重点研究领域。为文化传媒研究提供相关数据、研究报告和综合分析服务。

世界经济与国际关系数据库（下设 6 个子库）

立足"皮书系列"世界经济、国际关系相关学术资源，整合世界经济、国际政治、世界文化与科技、全球性问题、国际组织与国际法、区域研究 6 大领域研究成果，为世界经济与国际关系研究提供全方位数据分析，为决策和形势研判提供参考。

法律声明